# LPO
# Leistungs-Prüfungs-Ordnung

– Ausgabe 2000 –

Gültig ab 1. Januar 2000

## Regelwerk für den Deutschen Turniersport

**Deutsche Reiterliche Vereinigung e.V. (FN)**

Die Deutsche Bibliothek – CIP-Einheitsaufnahme

**Deutsche Reiterliche Vereinigung:**
Leistungs-Prüfungs-Ordnung / Deutsche Reiterliche Vereinigung e.V.
(FN) : gültig ab 1. Januar 2000 / [bearb. und hrsg. von der Deutschen
Reiterlichen Vereinigung e.V. (FN), Bereich Sport]. - Ausg. 2000,
3. Aufl. - Warendorf: FN-Verl. der Dt. Reiterl. Vereinigung, 1999
  Nebent.: LPO
  ISBN 3-88542-350-2

Bearbeitet und herausgegeben von der Deutschen Reiterlichen Vereinigung e.V. (FN),
Bereich Sport, Freiherr-von-Langen-Straße 13, 48231 Warendorf,
Telefon (0 25 81) 63 62-0, Telefax (0 25 81) 6 21 44

© 1999 **FN**verlag der Deutschen Reiterlichen Vereinigung GmbH,
Freiherr-von-Langen-Straße 8a, 48231 Warendorf.
Alle Rechte vorbehalten. Nachdruck, auch auszugsweise, nur mit schriftlicher
Genehmigung des Herausgebers oder des Verlages gestattet.

3. Auflage Februar 2000

Satz und Layout: **FN**verlag, Warendorf

Druck: Darpe Industriedruck Warendorf

*Der Text dieser Ringbuchausgabe entspricht den Regeln der neuen deutschen
Rechtschreibung!*

ISBN 3-88542-350-2

Die
# Deutsche Reiterliche Vereinigung e.V.
Hauptverband für Zucht und Prüfung deutscher Pferde
– Fédération Equestre Nationale – (FN)

erlässt die nachstehende, von der Delegiertenversammlung des FN-Bereiches Sport am 28. April 1999 beschlossene

# Leistungs-Prüfungs-Ordnung
# LPO

In Kraft getreten am 1. Januar 2000

## Abkürzungen der LV-/LK-Bereiche

| | |
|---|---|
| **BAW** | Baden-Württemberg |
| **BAY** | Bayern |
| **BBG** | Berlin-Brandenburg |
| **HAM** | Hamburg |
| **HAN** | Hannover-Bremen |
| **HES** | Hessen |
| **MEV** | Mecklenburg-Vorpommern |
| **RHL** | Rheinland |
| **RPF** | Rheinland-Pfalz |
| **SAL** | Saarland |
| **SAC** | Sachsen |
| **SAN** | Sachsen-Anhalt |
| **SHO** | Schleswig-Holstein |
| **THR** | Thüringen |
| **WES** | Weser-Ems |
| **WEF** | Westfalen |

## Verzeichnis der Abkürzungen

| | |
|---|---|
| APO | Ausbildungs- und Prüfungsordnung |
| BGB | Bürgerliches Gesetzbuch |
| BGBl. | Bundesgesetzblatt |
| BRAGO | Bundesgebührenordnung für Rechtsanwälte |
| BUK | Berufsreiter-Unterstützungs-Kasse |
| BZ | Bestzeit |
| CI | Concours International (Internationale PLS) |
| CN | Concours National (Nationale PLS) |
| DKThR | Deutsches Kuratorium für Therapeutisches Reiten e.V. |
| DRV | Deutsche Richtervereinigung für Pferdeleistungsprüfungen |
| DVR | Direktorium für Vollblutzucht und Rennen e.V. |
| EBU | European Broadcasting Union |
| EWU | Erste Westernreiterunion Deutschland e.V. |
| EZ | Erlaubte Zeit |
| FAH | Fahrer |
| FEI | Fédération Equestre Internationale (Internationale Reiterliche Vereinigung) |
| FN | Fédération Equestre Nationale (Deutsche Reiterliche Vereinigung) |
| HVT | Hauptverband für Traber-Zucht und Rennen e.V. |
| HZ | Höchstzeit |
| IFM | Institut für Medienanalyse |
| IPZV | Islandpferde-, -reiter- und -züchterverband |
| JF | Junge Fahrer |
| JUN | Junioren |
| JR | Junge Reiter |
| Kat. | Kategorie |
| Kl. | Klasse |
| LK | Landeskommission für Pferdeleistungsprüfungen |
| LP | Leistungsprüfung |
| LPO | Leistungs-Prüfungs-Ordnung |
| LV | Landesverband der Reit- und Fahrvereine |
| PLS | Pferdeleistungsschau |
| PS | Pferdeschau |
| REI | Reiter |
| RG | Règlement Général der FEI |
| RL | Richtlinien für Reiten und Fahren |
| SEN | Senioren |
| V | Voltigieren |
| V-WB | Voltigier-Wettbewerb |
| V-LP | Voltigier-Leistungsprüfung |
| V-PS | Voltigier-Pferdeschau |
| V-PLS | Voltigier-Pferdeleistungsschau |
| VDD | Verein Deutscher Distanzreiter e.V. |
| WB | Wettbewerb |

## Landeskommissionen für Pferdeleistungsprüfungen

**Baden-Württemberg**
Murrstr. 1/2, 70806 Kornwestheim, Tel.: (0 71 54) 83 28-0, Fax: (0 71 54) 83 28-29

**Bayern**
Landshamer Str. 11, 81929 München, Tel.: (0 89) 90 60 71, Fax: (0 89) 90 60 72

**Berlin-Brandenburg**
Passenheimer Str. 30, 14053 Berlin, Tel.: (0 30) 30 09 22 10, Fax: (0 30) 30 09 22 20

**Hamburg**
Schützenstr. 107, 22761 Hamburg, Tel.: (0 40) 8 50 30 06 oder (0 40) 8 50 30 07, Fax: (0 40) 8 51 42 33

**Hannover-Bremen**
Johannssenstr. 10, 30159 Hannover, Tel.: (05 11) 32 57 68, Fax: (05 11) 32 57 59

**Hessen**
Wilhelmstr. 24, 35683 Dillenburg, Tel.: (0 27 71) 80 34-0, Fax: (0 27 71) 80 34-20

**Mecklenburg-Vorpommern**
Leute-Wiese 2, 18276 Mühlengeez, Tel.: (03 84 50) 2 01 60, Fax: (03 84 50) 2 01 62

**Rheinland**
Endenicher Allee 60, 53115 Bonn, Tel.: (02 28) 7 03 13 79, Fax: (02 28) 65 77 70

**Rheinland-Pfalz**
Burgenlandstr. 7, 55543 Bad Kreuznach, Tel.: (06 71) 89 40 30, Fax: (06 71) 89 40 3 29

**Saarland**
Hermann-Neuberger-Sportschule, Gebäude 54, 66123 Saarbrücken,
Tel.: (06 81) 38 79-240 oder (06 81) 38 79-241, (06 81) 38 79-239, Fax: (06 81) 38 79-268

**Sachsen**
Käthe-Kollwitz-Platz 2, 01468 Moritzburg, Tel.: (03 52 07) 8 96 10, Fax: (03 52 07) 8 96 12

**Sachsen-Anhalt**
Parkstr. 13, 06780 Prussendorf, Tel.: (03 49 56) 2 29 65 oder 2 29 66,
Fax: (03 49 56) 2 29 67

**Schleswig-Holstein**
Eutiner Str. 27, 23795 Bad Segeberg, Tel.: (0 45 51) 88 92-0, Fax: (0 45 51) 88 92 20

**Thüringen**
Schützenstr. 4, 99096 Erfurt, Tel.: (03 61) 3 46 07 42, Fax: (03 61) 3 46 07 43

**Weser-Ems**
Mars-la-Tour-Str. 6, 26121 Oldenburg, Tel.: (04 41) 88 23 70, Fax: (04 41) 8 31 63

**Westfalen**
Sudmühlenstr. 33, 48157 Münster, Tel.: (02 51) 3 28 09-30 , Fax: (02 51) 3 28 09-66

# Inhaltsverzeichnis

Abkürzungen der LV-/LK-Bereiche .................................................................. 2
Verzeichnis der Abkürzungen ........................................................................... 3
Landeskommissionen für Pferdeleistungsprüfungen ........................................ 4

## Teil A: Allgemeine Bestimmungen

### Abschnitt A I: Grundbestimmungen

§ 1   Definition und Geltungsbereich der Leistungs-Prüfungs-Ordnung (LPO) .............. 17
§ 2   Kategorien der Wettbewerbe (WB) und Leistungsprüfungen (LP),
      Genehmigungspflicht und Aufsicht ................................................................ 17
§ 3   Definition nationaler Pferdeschauen (PS) und
      Pferdeleistungsschauen (PLS) – Turniere – .................................................. 18
§ 4   Aufgaben der Deutschen Reiterlichen Vereinigung (FN) ............................. 18
§ 5   Aufgaben der Landeskommissionen für Pferdeleistungsprüfungen (LK) ..... 19

### Abschnitt A II: Voraussetzungen für die Beteiligung
### im Pferdeleistungssport gemäß LPO

§ 6   Verpflichtung ........................................................................................ 21
§ 7   Veranstalter .......................................................................................... 21
§ 8   Olympiareitergroschen/Ausbildungsförderungsbeiträge ..................... 21
§ 9   Fernsehübertragungen ........................................................................ 21
§ 10  Veranstaltungstermine ........................................................................ 22
§ 11  Züchter ................................................................................................ 22
§ 12  Besitzer ............................................................................................... 22
§ 13  Deckname des Besitzers ..................................................................... 22
§ 14  Besitzwechsel ..................................................................................... 22
§ 15  Turnierpferde/-ponys ........................................................................... 23
§ 16  Eintragung von Turnierpferden/-ponys ............................................... 23
§ 17  Turnierteilnehmer/Altersklassen .......................................................... 24
§ 18  Stamm-Mitgliedschaft .......................................................................... 25
§ 19  Professionals (Berufssportler) ............................................................. 25
§ 20  Reit-/Fahr-/Longenführer-/Voltigierausweise ...................................... 25

### Abschnitt A III: Ausschreibungen

§ 23  Inhalt der Ausschreibungen ................................................................ 27
§ 24  Geld- und Ehrenpreise, Andenken, Stallplaketten und Preisschleifen ... 27
§ 25  Mindest-Gesamtgeldpreise und Aufteilung in Einzelgeldpreise ......... 29
§ 26  Nenngeld, Startgeld, Einsatz, Stallgeld ............................................... 29
§ 27  Höhe von Nenngeld, Startgeld, Einsatz .............................................. 29
§ 28  Züchterprämien ................................................................................... 29

| | | |
|---|---|---|
| § 29 | Transportkostenentschädigungen | 30 |
| § 30 | Genehmigung und Gültigkeit der Ausschreibungen | 30 |
| § 31 | Änderung der Ausschreibungen | 30 |
| § 32 | Zurückziehen der Ausschreibungen | 31 |

## Abschnitt A IV: Nennungen

| | | |
|---|---|---|
| § 33 | Nennungsvordrucke, Inhalt der Nennungen | 33 |
| § 34 | Nennungsschluss | 33 |
| § 35 | Gültigkeit der Nennungen | 33 |
| § 36 | Zurückziehen einer Nennung | 34 |

## Abschnitt A V: Ergebnisse

| | | |
|---|---|---|
| § 37 | Ergebnislisten, Meldung der Ergebnisse | 35 |
| § 38 | Registrierung der Ergebnisse und Veröffentlichung | 35 |

## Abschnitt A VI: Durchführung von WB und LP

| | | |
|---|---|---|
| § 39 | Turnierleitung | 37 |
| § 40 | Arzt, Tierarzt, Hufschmied | 37 |
| § 41 | Parcourschef | 38 |
| § 42 | Meldestelle, Rechenstelle | 38 |
| § 43 | Zeiteinteilung | 38 |
| § 44 | Programm | 39 |
| § 45 | Meldeschluss | 39 |
| § 46 | Teilnehmernachtrag und Pferde-/Ponynachtrag | 39 |
| § 47 | Nummernschilder, Rücken-, Gespann- bzw. Arm-Nummern | 40 |
| § 48 | Startfolge | 40 |
| § 49 | Start | 40 |
| § 50 | Teilung von Wettbewerben/Prüfungen | 41 |
| § 51 | Prüfungs- und Vorbereitungsplätze | 43 |
| § 52 | Verhalten auf PS/PLS und Aufsicht | 45 |

## Abschnitt A VII: Beaufsichtigung von WB und LP, Platzierung und Beurteilung

| | | |
|---|---|---|
| § 53 | LK-/FN-Beauftragter | 47 |
| § 54 | Richter, Richteranwärter, Hilfsrichter | 48 |
| § 55 | Aufgabe der Richter | 48 |
| § 56 | Richtereinsatz | 49 |
| § 57 | Richtverfahren | 50 |
| § 58 | Richterspruch | 51 |
| § 59 | Platzierung | 51 |
| § 60 | Berichtigung eines Richterspruches | 52 |
| § 61 | Schiedsgericht | 52 |

## Abschnitt A VIII: Teilnahmeberechtigung

| § 62 | Erfolgsanrechnung | 53 |
|---|---|---|
| § 63 | Teilnahmevoraussetzungen und Leistungsklassen | 53 |
| § 64 | Teilnahmeberechtigung der Pferde/Ponys | 54 |
| § 65 | Allgemeine Teilnahmebeschränkungen von Reitern und Fahrern, Longenführern und Voltigierern | 55 |
| § 66 | Allgemeine Teilnahmebeschränkungen von Pferden und Ponys | 55 |
| § 67 | Medikationskontrollen, Verfassungsprüfungen und Pferdekontrollen | 57 |
| § 67a | Liste der kontrollierten Substanzen | 58 |

## Abschnitt A IX: Ausrüstung von Teilnehmern und Pferden/Ponys

| § 68 | Ausrüstung der Reiter | 61 |
|---|---|---|
| § 69 | Ausrüstung der Fahrer und Beifahrer | 63 |
| § 70 | Ausrüstung der Reitpferde/-ponys | 63 |
| § 71 | Ausrüstung der Fahrpferde und Fahrponys sowie der Gespanne | 65 |
| § 72 | Ausrüstung der Voltigierer und Voltigierpferde/-ponys | 68 |
| § 73 | Produktkennzeichnung und Werbung | 68 |

## Abschnitt A X: Einteilung der WB und LP

| § 74 | Einteilung der WB und LP | 71 |
|---|---|---|

# Teil B: Besondere Bestimmungen

## Abschnitt B I.1: Breitensportliche Wettbewerbe

| § 100 | Wettbewerbe im Umgang mit dem Pferd/Pony | 73 |
|---|---|---|
| § 101 | Geschicklichkeitswettbewerbe | 73 |
| § 102 | Allroundwettbewerbe | 73 |
| § 103 | Reiterspiele | 73 |
| § 104 | Voltigierspiele | 73 |
| § 105 | Mannschaftsballspiele | 73 |
| § 106 | Formationsreiten und -fahren | 74 |
| § 107 | Strecken-Wettbewerbe für Reiter und Fahrer | 74 |

## Abschnitt B I.2: Reiter-/Fahrer-Wettbewerbe

| § 110 | Führzügelklassen-WB | 75 |
|---|---|---|
| § 111 | Longenreiter-WB | 75 |
| § 112 | Reiter-WB | 75 |
| § 113 | Dressurreiter-WB | 76 |
| § 114 | Springreiter-WB | 76 |
| § 115 | Geländereiter-WB | 76 |
| § 116 | Fahrer-WB | 77 |

## Abschnitt B I.3: IPZV-Wettkampfbestimmungen

§ 170 Bestimmungen des IPZV für Turnierprüfungen .................................................. 78

## Abschnitt B I.4: EWU-Wettkampfbestimmungen

§ 180 Bestimmungen der EWU für Turnierprüfungen .................................................. 78

## Abschnitt B I.5: IGV-Wettkampfbestimmungen

§ 190 Bestimmungen der IGV für Turnierprüfungen .................................................... 78

## Abschnitt B II.1: Voltigier-Wettbewerbe und -Leistungsprüfungen der Kat. C, B und A

| § 200 | Ausschreibungen | 79 |
|---|---|---|
| § 201 | Beurteilung | 79 |
| § 202 | Durchführung | 79 |
| § 203 | Richtverfahren | 79 |
| § 204 | Bewertung und Errechnung der Endnote | 80 |
| § 205 | Platzierung | 80 |
| § 206 | Anforderungen | 80 |
| § 207 | Protokoll | 81 |
| § 208 | Zeitmessung | 81 |
| § 209 | Besondere Vorkommnisse | 82 |
| § 210 | Ausschlüsse und „fremde Hilfe" | 82 |

## Abschnitt B II.2: Distanzreiten/-fahren

§ 250 Bestimmungen des VDD für Turnierprüfungen ................................................. 83

## Abschnitt B III: Basis- und Aufbauprüfungen

### 1. Basisprüfungen

#### 1.1 Reitpferde-/Reitponywettbewerbe/-prüfungen und Championate für „Deutsche Reitpferde" und „Deutsche Reitponys"

| § 300 | Ausschreibungen | 85 |
|---|---|---|
| § 301 | Beurteilung | 85 |
| § 302 | Anforderungen und Bewertung | 85 |

#### 1.2 Eignungswettbewerbe/-prüfungen und Eignungschampionate für Reitpferde und -ponys

| § 310 | Ausschreibungen | 86 |
|---|---|---|
| § 311 | Beurteilung | 86 |
| § 312 | Anforderungen und Bewertung | 86 |

## 1.3 Eignungswettbewerbe/-prüfungen und Eignungschampionate für Reitpferde und -ponys (mit Teilprüfung Gelände)

§ 315 Ausschreibungen .................................................................................. 87
§ 316 Beurteilung ................................................................................... 87
§ 317 Anforderungen und Bewertung ................................................................ 87

## 1.4 Eignungsprüfungen und Eignungschampionate für Fahrpferde und -ponys

§ 320 Ausschreibungen .................................................................................. 88
§ 321 Beurteilung ................................................................................... 88
§ 322 Anforderungen und Bewertung ................................................................ 88

## 1.5 Zuchtstutenprüfungen

§ 330 Ausschreibungen .................................................................................. 89
§ 331 Beurteilung ................................................................................... 89
§ 332 Anforderungen und Bewertung ................................................................ 89

## 1.6 Hengstleistungsprüfungen

§ 335 Bestimmungen für Hengstleistungsprüfungen ................................................ 90

## 1.7 Mindestleistungen

§ 340 Allgemeines .................................................................................. 90
§ 341 Mindestleistungen in Reitpferde-/Reitpony- und Eignungsprüfungen .................... 90

## 2. Aufbauprüfungen für Pferde und Ponys

### 2.1 Dressurpferde-/Dressurponyprüfungen

§ 350 Ausschreibungen .................................................................................. 91
§ 351 Beurteilung ................................................................................... 91
§ 352 Anforderungen und Bewertung ................................................................ 91

### 2.2 Springpferde-/Springponyprüfungen

§ 360 Ausschreibungen .................................................................................. 91
§ 361 Beurteilung ................................................................................... 92
§ 362 Anforderungen ................................................................................. 92
§ 363 Bewertung ................................................................................... 92

### 2.3 Geländepferde-/Geländeponyprüfungen

§ 370 Ausschreibungen .................................................................................. 94
§ 371 Beurteilung ................................................................................... 94
§ 372 Anforderungen ................................................................................. 94
§ 373 Bewertung ................................................................................... 94

### 2.4 Jagdpferde-/Jagdponyprüfungen

§ 380 Ausschreibungen .................................................................................. 95
§ 381 Beurteilung ................................................................................... 95

§ 382   Anforderungen ..................................................................................................95
§ 383   Bewertung ........................................................................................................96
§ 384   Platzierung .......................................................................................................96

**2.5   Kombinierte Aufbauprüfungen**
§ 390   Ausschreibungen, Anforderungen und Bewertung ........................................96

## Abschnitt B IV: Dressurprüfungen

§ 400   Ausschreibungen ...........................................................................................101
§ 401   Beurteilung ....................................................................................................101
§ 402   Richtverfahren ...............................................................................................102
§ 403   Durchführung .................................................................................................102
§ 404   Bewertung .....................................................................................................102
§ 405   Anforderungen an das Reiten in Dressurwettbewerben/-prüfungen
        und Dressurreiterprüfungen ...........................................................................103
§ 406   Ausschlüsse ..................................................................................................103

## Abschnitt B V: Springprüfungen

§ 500   Ausschreibungen ...........................................................................................105
§ 501   Beurteilung und Richtverfahren .....................................................................107
§ 502   Bestimmungen für Stechen ...........................................................................108
§ 503   Bewertung .....................................................................................................109
§ 504   Anforderungen ...............................................................................................109
§ 505   Prüfungsplatz und Parcours ..........................................................................113
§ 506   Parcoursskizze ..............................................................................................114
§ 507   Hindernisse ...................................................................................................114
§ 508   Kombinationen ..............................................................................................115
§ 509   Flaggen/Schilder ...........................................................................................115
§ 510   Glockenzeichen .............................................................................................115
§ 511   Durchreiten von Start- und Ziellinie, Überwinden der Hindernisse ..............116
§ 512   Hindernisfehler ..............................................................................................116
§ 513   Sturz ..............................................................................................................116
§ 514   Ungehorsam ..................................................................................................117
§ 515   Verreiten ........................................................................................................118
§ 516   Fehler an Kombinationen ..............................................................................118
§ 517   „Fremde Hilfe" ...............................................................................................118
§ 518   Zeitmessung ..................................................................................................119
§ 519   Ausschlüsse ..................................................................................................119

**Spezialspringprüfungen**
§ 520   Stilspringprüfungen Kat. C und B .................................................................121
§ 521   Stafettenspringprüfungen Kat. C, B und A ...................................................121
§ 522   Glücksspringprüfungen Kat. C, B und A .......................................................123
§ 523   „Jagd um Punkte" Kat. A ...............................................................................124

| | | |
|---|---|---|
| § 524 | Punktespringprüfungen Kat. B und A | 124 |
| § 525 | Zwei-Phasen-Springwettbewerbe/-prüfungen Kat. C, B und A | 125 |
| § 526 | Wahlspringprüfungen Kat. A | 125 |
| § 527 | Zwei-Pferde-Springprüfungen Kat. B und A | 125 |
| § 528 | Zweikampfspringprüfungen Kat. A | 125 |
| § 529 | Mannschaftsspringwettbewerbe/-prüfungen Kat. C, B und A | 126 |
| § 530 | Mächtigkeitsspringprüfungen – Springprüfungen Kl. S Kat. A | 126 |
| § 531 | Barrierenspringprüfungen Kat. A | 127 |
| § 532 | Rekordspringprüfungen Kat. A | 127 |

## Abschnitt B VI: Vielseitigkeits- und Geländeprüfungen

### A. Vielseitigkeitsprüfungen und große Vielseitigkeitsprüfungen

#### 1. Ausschreibungen, Beurteilung, Reihenfolge

| | | |
|---|---|---|
| § 600 | Ausschreibungen | 129 |
| § 601 | Beurteilung | 130 |
| § 602 | Reihenfolge | 130 |

#### 2. Anforderungen und Bewertung

**2.1 Dressurprüfung**

| | | |
|---|---|---|
| § 610 | Anforderungen | 130 |
| § 611 | Bewertung | 130 |

**2.2 Geländeprüfung**

| | | |
|---|---|---|
| § 620 | Anforderungen | 131 |

**2.3 Geländestrecke/Bewertung der Geländeprüfung**

| | | |
|---|---|---|
| § 630 | Offizielle Besichtigung, technische Ausstattung | 132 |
| § 631 | Richtungszeichen, Flaggen/Schilder, Tore | 132 |
| § 632 | Geländeskizze | 132 |
| § 633 | Hindernisse/Sprünge | 133 |
| § 634 | Kombinationen | 133 |
| § 636 | Besondere Schwierigkeiten an einem Hindernis/Sprung | 134 |
| § 640 | Bewertung der Geländeprüfung | 134 |
| § 641 | Zeitwertung | 134 |
| § 642 | Zeitmessung, Zeitplan, Start | 134 |
| § 643 | Hindernisfehler bei Geländeprüfungen | 135 |
| § 644 | Fehler an Kombinationen | 136 |
| § 645 | Hindernisfehler Bewertung | 136 |
| § 646 | Ausschlüsse und „fremde Hilfe" | 136 |

**2.4 Springprüfung**

| | | |
|---|---|---|
| § 650 | Anforderungen | 137 |
| § 651 | Bewertung | 138 |

**2.5 Platzierung**

| | | |
|---|---|---|
| § 660 | | 138 |

## B. Geländeritte

§ 670 Ausschreibungen ..................................................................138
§ 671 Anforderungen ....................................................................138
§ 672 Bewertung von Geländeritten ............................................139
§ 673 Beurteilung von Stilgeländeritten .......................................139
§ 674 Beurteilung von Geländeritten mit Stilwertung ..................139
§ 675 Geländestrecke ..................................................................139

## C. Gruppengeländeritte

§ 680 Ausschreibungen ..................................................................139
§ 681 Beurteilung ..........................................................................139
§ 682 Anforderungen ....................................................................140
§ 683 Bewertung ..........................................................................140
§ 684 Geländestrecke ..................................................................140

## Abschnitt B VII: Fahrprüfungen

### 1. Traditionsprüfungen und Gespannkontrolle

§ 700 Traditionsprüfungen ............................................................145
       **Gespannkontrollen**
§ 701 Ausschreibungen ................................................................145
§ 702 Beurteilung ..........................................................................145
§ 703 Durchführung, Anforderungen und Bewertung ..................145

### 2. Gebrauchsprüfungen

§ 705 Ausschreibungen ................................................................146
§ 706 Beurteilung ..........................................................................146
§ 707 Durchführung ......................................................................147
§ 708 Anforderungen und Bewertung ..........................................147

### 3. Dressurprüfungen

§ 710 Ausschreibungen ................................................................147
§ 711 Beurteilung ..........................................................................148
§ 712 Richtverfahren ....................................................................149
§ 713 Durchführung ......................................................................149
§ 714 Bewertung ..........................................................................149
§ 715 Anforderungen an das Fahren in Dressurprüfungen ........150
§ 716 Ausschlüsse ........................................................................150

### 4. Hindernisfahren

§ 720 Ausschreibungen ................................................................151
§ 721 Beurteilung und Richtverfahren, Stechen ..........................152
§ 722 Bewertung ..........................................................................153

| § 723 | Anforderungen | 154 |
|---|---|---|
| § 724 | Parcours | 156 |
| § 725 | Zutritt zum Prüfungsplatz | 157 |
| § 726 | Parcoursskizze | 157 |
| § 727 | Hindernisse | 157 |
| § 728 | Flaggen/Durchfahrtbegrenzungen | 158 |
| § 729 | Glockenzeichen | 158 |
| § 730 | Durchfahren von Start- und Ziellinie und Hindernissen | 158 |
| § 731 | Zeitmessung | 159 |
| § 732 | Ungehorsam | 159 |
| § 733 | Verfahren | 160 |
| § 734 | „Fremde Hilfe" | 160 |
| § 735 | Ausschlüsse | 160 |

## 5. Spezialhindernisfahren

| § 736 | Stilhindernisfahren Kat. B | 161 |
|---|---|---|
| § 737 | Stafettenhindernisfahren | 162 |
| § 738 | Glückshindernisfahren | 162 |
| § 739 | „Jagd um Punkte" | 163 |
| § 740 | Wahlhindernisfahren | 163 |
| § 741 | Zwei-Phasen-Hindernisfahren | 163 |
| § 742 | Kombiniertes Hindernisfahren mit Geländehindernissen – grundsätzlich nur in Kat. A | 163 |

## 6. Geländefahrten, Gelände- und Streckenfahrten

| § 750 | Ausschreibungen | 164 |
|---|---|---|
| § 751 | Beurteilung | 165 |
| § 752 | Anforderungen | 166 |
| § 753 | Bewertung | 167 |
| § 754 | Richtungszeichen, Flaggen/Schilder, Tore | 169 |
| § 755 | Geländeskizze | 170 |
| § 756 | Geländestrecke | 170 |
| § 757 | Hindernisse und Strafzonen | 171 |
| § 758 | Zeitmessung, Zeitplan, Start | 172 |
| § 759 | Ausschlüsse – „fremde Hilfe" | 172 |

## 7. Vielseitigkeits- und kombinierte Prüfungen für Fahrpferde oder -ponys

| § 760 | Ausschreibungen | 173 |
|---|---|---|
| § 761 | Anforderungen | 173 |
| § 762 | Beurteilung | 174 |
| § 763 | Bewertung | 174 |

## Abschnitt B VIII: Kombinierte Prüfungen

### 1. Kombinierte Prüfungen

§ 800   Ausschreibungen ................................................................. 177
§ 801   Beurteilung .......................................................................... 177
§ 802   Bewertung ........................................................................... 177
§ 803   Platzierung .......................................................................... 177

### 2. Kombinierte Dressur-/Springprüfungen

§ 810   Ausschreibungen ................................................................. 178
§ 811   Beurteilung .......................................................................... 178
§ 812   Anforderungen ..................................................................... 178
§ 813   Bewertung ........................................................................... 178
§ 814   Platzierung .......................................................................... 179

### 3. Kombinierte Dressur-/Stilspringprüfungen

§ 820   Ausschreibungen ................................................................. 179
§ 821   Beurteilung .......................................................................... 179
§ 822   Anforderungen ..................................................................... 179
§ 823   Bewertung ........................................................................... 179
§ 824   Platzierung .......................................................................... 180

### 4. Kombinierte Dressur-/Springprüfungen analog Eignungsprüfungen

§ 830   Ausschreibungen ................................................................. 180
§ 831   Beurteilung .......................................................................... 180
§ 832   Anforderungen ..................................................................... 180
§ 833   Bewertung ........................................................................... 180
§ 834   Platzierung .......................................................................... 181

# Teil C: Rechtsordnung

## Abschnitt C I: Allgemeine Bestimmungen

§ 900   Grundsätze ......................................................................... 185
§ 901   Schiedsgericht einer PS/PLS ............................................... 185
§ 902   Schiedsgericht einer LK ....................................................... 185
§ 903   Großes Schiedsgericht der FN ............................................. 186
§ 904   Bekanntgabe ....................................................................... 186
§ 905   Geschäftsstellen .................................................................. 186
§ 906   Verfahren vor den Schiedsgerichten .................................... 186
§ 907   Ungebühr, unentschuldigtes Fernbleiben ............................. 187

## Abschnitt C II: Einsprüche

§ 910 Einspruchsberechtigter ..................................................................... 189
§ 911 Einspruchsgegner ............................................................................ 189
§ 912 Einlegung der Einsprüche ................................................................ 189
§ 913 Fristen .............................................................................................. 189
§ 914 Gütliche Erledigung .......................................................................... 190
§ 915 Entscheidung über Einsprüche ........................................................ 190
§ 916 Auswirkungen eines Einspruchs ...................................................... 190

## Abschnitt C III: Ordnungsmaßnahmen

§ 920 Verstöße .......................................................................................... 191
§ 921 Arten der Ordnungsmaßnahmen ..................................................... 192
§ 922 Bemessen der Ordnungsmaßnahmen ............................................. 192
§ 923 Unrichtige Nennung, unberechtigte Teilnahme ................................ 193
§ 924 Befugnis und Zuständigkeit der Turnierleitung ................................ 193
§ 925 Befugnis und Zuständigkeit der LK .................................................. 194
§ 926 Befugnis und Zuständigkeit der FN .................................................. 194
§ 927 Ermittlungen .................................................................................... 194
§ 927a Einstellung des Verfahrens ............................................................ 195
§ 928 Anordnung einer Ordnungsmaßnahme, Veröffentlichung ............... 195
§ 929 Beschwerde ..................................................................................... 195
§ 930 Vorläufige Maßnahme ..................................................................... 195
§ 931 Beschwerde gegen vorläufige Maßnahmen .................................... 196
§ 932 Ordnungsliste .................................................................................. 196

## Abschnitt C IV: Berufung und Revision

§ 940 Berufung .......................................................................................... 197
§ 941 Revision ........................................................................................... 197
§ 942 Berufung durch die LK ..................................................................... 197

## Abschnitt C V: Wiederaufnahme des Verfahrens

§ 950 Zulässigkeit ...................................................................................... 199
§ 951 Antrag .............................................................................................. 199
§ 952 Entscheidung ................................................................................... 199

## Abschnitt C VI: Ausführung der Schiedssprüche, Kostenvorschuss, Kosten und Gnadenrecht

§ 960 Ausführung der Schiedssprüche ...................................................... 201
§ 961 Verfall des Kostenvorschusses ........................................................ 201
§ 962 Kosten .............................................................................................. 201
§ 963 Gnadenrecht .................................................................................... 202
       Resolution zur reiterlichen Haltung gegenüber dem Pferd/Pony ...... 203

**Auszug aus dem Tierschutzgesetz** ..................................................205

**Die Ethischen Grundsätze des Pferdefreundes** ...........................................207

## Teil D: Durchführungsbestimmungen

Durchführungsbestimmungen zu § 9 (ab 1. Januar 1999) ...............................209
Durchführungsbestimmungen zu § 20.5 ..................................................211
Durchführungsbestimmungen zu § 25 ....................................................212
Durchführungsbestimmungen zu § 27 ....................................................217
Durchführungsbestimmungen zu § 28 ....................................................218
Durchführungsbestimmungen zu § 38 ....................................................219
Durchführungsbestimmungen zu § 40.2 ..................................................219
Durchführungsbestimmungen zu § 63 ....................................................219
Durchführungsbestimmungen zu § 66.3.7 ................................................225
Durchführungsbestimmungen zu § 66.3.10 ...............................................226
Durchführungsbestimmungen zu § 67 ....................................................226
Durchführungsbestimmungen Voltigieren ................................................229

## Anhang

Wettkampfordnung für Menschen mit Behinderung im Pferdesport .................277
Umrechnungstabellen (Strafpunkte in Wertnoten) ....................................278
Alphabetisches Sachverzeichnis .......................................................293

# Teil A: Allgemeine Bestimmungen

## Abschnitt A I: Grundbestimmungen

### § 1
**Definition und Geltungsbereich der Leistungs-Prüfungs-Ordnung (LPO)**
1. Die LPO dient der Durchführung von Wettbewerben (WB) und Leistungsprüfungen (LP) zur Förderung des Reit-, Fahr- und Voltigiersports, der deutschen Pferdezucht und der Pferdehaltung. WB und LP sind Leistungsvergleiche von Pferden und/oder Ponys und Reitern und/oder Fahrern und/oder Voltigierern.
2. Die LPO gilt für alle nationalen WB und LP, Pferdeschauen (PS) und Pferdeleistungsschauen (PLS) – Turniere – in der Bundesrepublik Deutschland. §§ 6.1, 20.1 und 920 ff. gelten auch außerhalb von nationalen PS/PLS.
3. Die LPO, ihre Durchführungsbestimmungen, das Aufgabenheft zur LPO, die Richtlinien für Reiten, Fahren und Voltigieren sowie ggf. die in den Anschlussverbänden geltenden Richtlinien sind verbindlich für alle in der Deutschen Reiterlichen Vereinigung (FN) zusammengeschlossenen natürlichen und juristischen Personen, die WB, LP, PS oder PLS vorbereiten, durchführen, beaufsichtigen sowie für alle natürlichen und juristischen Personen, die an ihnen teilnehmen.
Alle in der LPO erwähnten Personenbezeichnungen gelten für Männer und Frauen, auch wenn sie lediglich in der männlichen Sprachform ausgedrückt sind.
4. Für **internationale LP/PLS** gelten das RG der FEI sowie die genehmigte Ausschreibung und die Bestimmungen der §§ 2, 4, 6–10, 23–32, 37, 38, 59.1, 63.3 und 920 ff. entsprechend.

### § 2
**Kategorien der Wettbewerbe (WB) und Leistungsprüfungen (LP),**
**Genehmigungspflicht und Aufsicht**
1. WB und LP unterliegen der Genehmigungspflicht durch die FN oder die zuständige Landeskommission (LK). Es werden nach ihrer Bedeutung unterschieden:
    1.1 WB der Kat. C von grundsätzlich lokaler Bedeutung um Geldpreise von DM 200,– oder Ehrenpreise; bei V-WB nur um Ehrenpreise
    1.2 LP der Kat. B von grundsätzlich regionaler Bedeutung mit Geldpreisen von DM 300,– bis 900,–; bei V-LP um Ehrenpreise oder Geldpreise von DM 300,– bis 400,–;
    1.3 LP der Kat. A von überregionaler Bedeutung mit Geldpreisen von mindestens DM 1.000,–; bei V-LP um Ehrenpreise oder Geldpreise ab DM 500,–;
2. Die Abgrenzung der Teilnehmerkreise für WB der Kat. C (Abschnitt B I.2) erfolgt durch die LK im Rahmen ihrer besonderen Bestimmungen, für LP der Kat. B und A in Form von Rahmenrichtlinien, die gemeinsam mit den angrenzenden LK und der FN abgestimmt werden. Für WB der Kat. C (Abschnitt B I.1) kann der Veranstalter den Teilnehmerkreis festlegen.
3. Die Genehmigung erfolgt für Kat. C und B durch die LK, für Kat. A und ggf. internationale LP über die LK durch die FN. Bei V-WB/-LP aller Kategorien erfolgt die Genehmigung durch die LK.

4. Die Aufsicht über WB und LP obliegt den LK.
5. Die Aufsicht bei internationalen PLS/LP, bei Bundesveranstaltungen/-prüfungen und von der FN vergebenen Veranstaltungen/Prüfungen aller Kategorien erfolgt durch einen Beauftragten der FN sowie ggf. gemäß RG der FEI.

## § 3
## Definition nationaler Pferdeschauen (PS) und Pferdeleistungsschauen (PLS) – Turniere –

1. PS der Kat. C sind Veranstaltungen mit mehr als 50% WB der Kat. C, LP der Kat. A sind nicht zugelassen (Ausnahme V-LP).
2. PLS der Kat. B sind Veranstaltungen mit mindestens 50% LP der Kat. B.
3. PLS der Kat. A sind Veranstaltungen mit mehr als 50% LP der Kat. A.

## § 4
## Aufgaben der Deutschen Reiterlichen Vereinigung (FN)

1. Die FN lenkt und koordiniert als Spitzenfachverband den Reit-, Fahr- und Voltigiersport und das Leistungsprüfungswesen und erläßt die LPO.
2. Sie ist insbesondere zuständig für:
    2.1 die Genehmigung der Termine und Ausschreibungen im Einvernehmen mit der zuständigen LK für LP der Kat. A und für internationale LP/PLS;
    2.2 die Anerkennung von Veranstaltern für PLS der Kat. A und für PLS mit internationalen LP sowie die Anerkennung und Vergabe LK-übergreifender Veranstaltungen und Serien einschließlich ihrer Titel;
    2.3 die Vergabe der Rechte und Koordinierung überregionaler Fernsehübertragungen;
    2.4 die Ausstellung der Reit-/Fahr-/Longenführer-/Voltigierausweise und Startgenehmigungen;
    2.5 die Einstufung von Reitern, Fahrern und Voltigierern in Leistungsklassen;
    2.6 die Registrierung von Pferden/Ponys;
    2.7 die Einziehung der Züchterprämien zur Weiterleitung an die Empfangsberechtigten;
    2.8 die Festsetzung und Einziehung der FN-Gebühren/-Abgaben. Die Gebührenordnung wird jeweils zum Anfang eines Jahres im Kalender veröffentlicht.
    2.9 den Erlass der Durchführungsbestimmungen zur LPO sowie die Herausgabe des Aufgabenheftes und der Richtlinien für Reiten, Fahren und Voltigieren;
    2.10 die Genehmigung von Ausnahmen von der LPO in besonders begründeten Fällen in Abstimmung mit der zuständigen LK und ggf. dem Veranstalter;
    2.11 die Herausgabe des „Kalender für Bekanntmachungen, Pferdeleistungsprüfungen und Turniersport" (Kalender) als offizielles Mitteilungsorgan der FN;
    2.12 die Registrierung der Ergebnisse nationaler und internationaler LP der Kat. B und A sowie von V-WB/-LP aller Kategorien;
    2.13 die Herausgabe der „Jahrbücher Sport und Zucht" (Jahrbuch);
    2.14 die Anerkennung der Turnierfachleute (Richter, Parcourschefs, Tierärzte, technische Delegierte, Stewards) für internationale LP im Geltungsbereich der LPO im Einvernehmen mit der zuständigen LK und der Deutschen Richtervereinigung für Pferdeleistungsprüfungen (DRV) sowie ihre Nominierung gegenüber der FEI;
3. Die vorstehenden Aufgaben und Rechte werden vom Bereich Sport der FN wahrgenommen.

## § 5
## Aufgaben der Landeskommissionen für Pferdeleistungsprüfungen (LK)
1. Die LK sind in ihrem Bereich insbesondere zuständig für:
    1.1 die Koordinierung und Beaufsichtigung der WB, LP, PS, PLS;
    1.2 die Abgrenzung der Teilnehmerkreise gemäß § 2.2;
    1.3 die Genehmigung der Termine für PS, PLS und Ausschreibungen für WB und LP der Kat. C und B sowie für V-WB/V-LP aller Kategorien;
    1.4 die Anerkennung von Veranstaltern von PLS Kat. B und PS Kat. C sowie die Anerkennung und Vergabe LK-interner Veranstaltungen und Serien einschließlich ihrer Titel;
    1.5 die Prüfung der Termine und Ausschreibungen für die Kat. A;
    1.6 die Weiterleitung der Termine und Ausschreibungen für die Kat. B und A an die FN;
    1.7 den Erlass von Richtlinien für die Teilnahmeberechtigung nach Wechsel der Stamm-Mitgliedschaft;
    1.8 die Registrierung der Ergebnisse von WB der Kat. C – soweit erforderlich (Ausnahme V-WB);
    1.9 die Anerkennung der Turnierfachleute (Richter, Parcourschefs etc.) sowie die Führung der entsprechenden Listen;
    1.10 die Kennzeichnung der Turnierpferde/-ponys der Listen II und III mit unverkennbaren Identitätskennzeichen;
    1.11 die Festsetzung und Einziehung der LK-Gebühren/-Abgaben.
2. Die LK können besondere Bestimmungen für ihren Bereich erlassen. Diese müssen dem Sinn und Zweck der LPO entsprechen und sind der FN mitzuteilen.

Notizen

# Abschnitt A II: Voraussetzungen für die Beteiligung im Pferdeleistungssport gemäß LPO

## § 6
**Verpflichtung**
1. Die im Pferdeleistungssport gemäß § 1 beteiligten Personen sind zu reiterlichem Verhalten gegenüber dem Pferd/Pony (siehe auch Tierschutzgesetz) und zu sportlich-fairer Haltung untereinander verpflichtet.
2. Die Ausrüstung der Pferde/Ponys und der Teilnehmer (Reiter/Fahrer/Voltigierer) muss den Regeln der jeweiligen Reit-, Fahr- und Voltigierlehre sowie den Grundsätzen der Unfallverhütung und des Tierschutzes und ggf. der Straßenverkehrsordnung entsprechen. Für die Einhaltung dieser Grundsätze und Regeln sowie die Beachtung der korrekten Teilnahmevoraussetzungen ist der Teilnehmer verantwortlich.

## § 7
**Veranstalter**
1. Veranstalter müssen anerkannt sein
   1.1 für Kat. C und B von der LK;
   1.2 für Kat. A und PLS mit internationalen LP von der FN und LK.
2. Die Anerkennung eines Veranstalters erfolgt nur, wenn er – bei Veranstaltergemeinschaften wenigstens ein Partner – über den zuständigen LV (bei Durchführung/Ausschreibung von LP der Kat. A und B <u>als Verein</u>) der FN korporativ angeschlossen ist. Er muss die Voraussetzungen für eine sportgerechte und sachgemäße Durchführung der Veranstaltung bieten und die Bestimmungen der LPO mit Anmeldung des Veranstaltungstermins und Vorlage der Ausschreibung anerkennen.

## § 8
**Olympiareitergroschen/Ausbildungsförderungsbeiträge**
Jeder Veranstalter hat im Namen und für Rechnung der FN „Olympiareitergroschen/Ausbildungsförderungsbeiträge" zu erheben. Einzelheiten sind in der Gebührenordnung geregelt.

## § 9
**Fernsehübertragungen**
Die FN ist ermächtigt und zuständig im Geltungsbereich der LPO zur Vergabe, Regelung, Koordinierung und Genehmigung der – auch teilweisen – Fernsehübertragungsrechte der nationalen und internationalen PS/PLS aller Kategorien und Arten, die innerhalb der Bundesrepublik Deutschland stattfinden und soweit sie von Fernsehanstalten zur Übertragung vorgesehen sind.
Die Einzelheiten hierzu werden in den Durchführungsbestimmungen zu § 9 festgelegt.

## § 10
**Veranstaltungstermine**
1. Bei der FN sind über die LK Veranstaltungstermine zu beantragen:
   → bis zum 15. September des Vorjahres für internationale PLS
   → bis zum 1. November des Vorjahres für PLS der Kat. A
   Bei der LK sind bis zum 1. Dezember des Vorjahres Veranstaltungstermine für PLS der Kat. B und PS mit LP der Kat. B sowie für V-PLS der Kat. B und A zu beantragen. Bei der LK sind rechtzeitig Veranstaltungstermine für PS der Kat. C ohne LP der Kat. B anzumelden.
2. Die Genehmigung nachträglich beantragter Veranstaltungstermine bedarf der Zustimmung der zuständigen LK, bei Veranstaltungsterminen für internationale PLS und PLS der Kat. A erfolgt die Genehmigung nur nach Zustimmung der FN und der LK, in deren Bereich Veranstalter betroffen sein können.
3. Die Veranstaltungstermine für PLS mit LP der Kat. A werden im Kalender veröffentlicht.

## § 11
**Züchter**
Sofern die jeweilige Zuchtbuchordnung nichts anderes bestimmt, ist Züchter eines Pferdes/Ponys der Besitzer der Mutterstute z. Z. der Bedeckung. Im Zweifelsfall entscheidet die durchschnittliche Trächtigkeitsdauer.

## § 12
**Besitzer**
Besitzer eines Pferdes/Ponys im Sinne der LPO ist im Zweifelsfall der Eigentümer nach den Bestimmungen des BGB.

## § 13
**Deckname des Besitzers**
1. Einzelpersonen oder Personengemeinschaften als Pferdebesitzer können einen Decknamen verwenden. Der Deckname bedarf der Genehmigung der FN. Er wird im Kalender veröffentlicht.
2. Die Genehmigung des Decknamens gilt für das laufende Kalenderjahr.
3. Die wechselnde Verwendung des Besitzer- oder des Decknamens ist unzulässig.

## § 14
**Besitzwechsel**
1. Der Besitzwechsel eines bei der FN eingetragenen Pferdes/Ponys ist der FN vom neuen Besitzer unverzüglich **schriftlich** anzuzeigen. Beizufügen ist die Originalbescheinigung über die Eintragung dieses Pferdes/Ponys in die Liste der Turnierpferde/-ponys.
2. Erst mit erfolgter Anzeige kann das Pferd/Pony unter dem Namen des neuen Besitzers genannt und gestartet werden.

## § 15
**Turnierpferde/-ponys**
1. **Name**
   1.1 Für jedes Turnierpferd/-pony ist ein Name festzulegen. Turnierpferde/-ponys mit gleichem Namen erhalten bei der Eintragung gemäß § 16 eine zum Namen gehörende Zahl. Die FN kann die Eintragung bestimmter Pferdenamen ablehnen.
   1.2 Namensänderungen sind auf Antrag bei der FN zulässig.
2. **Alter**
   Sofern die jeweilige Zuchtbuchordnung nichts anderes bestimmt, gilt für die Altersangabe von im November und Dezember geborenen Pferden/Ponys der 1. Januar des folgenden, bei allen anderen Pferden/Ponys der 1. Januar des Geburtsjahres als Geburtsdatum.
3. **Geschlecht**
   Das Geschlecht der Turnierpferde/-ponys (Stuten, Wallache, Hengste) ist bei Eintragung und Anzeige des Besitzwechsels vom Antragsteller anzugeben.

## § 16
**Eintragung von Turnierpferden/-ponys**
1. Die Eintragung von Turnierpferden/-ponys erfolgt ausschließlich durch die FN. An LP der Kat. B und A (Ausnahme V-LP) können nur Pferde/Ponys teilnehmen, die als Turnierpferde/-ponys bei der FN eingetragen sind und für die die FN eine generelle Starterlaubnis erteilt hat.
   Für internationale V-LP müssen Voltigierpferde/-ponys bei der FN eingetragen sein und einen FEI-Pferdepass besitzen.
   Für die Eintragung von Turnierponys und deren Teilnahme an Pony-LP der Kat. B ist eine Messbescheinigung der zuständigen LK erforderlich. Für G-Ponys (= 1,38–1,48 m Stockmaß) muss bis zum Alter von 7 Jahren jedes Jahr mit der Beantragung der Fortschreibung eine aktuelle Messbescheinigung der LK bei der FN vorgelegt werden. Im Zweifelsfall kann – unabhängig vom Alter des Ponys, jedoch höchstens einmal jährlich – auf Antrag der zuständigen LK oder der FN eine Nachmessung durch einen von der FN beauftragten FEI-Tierarzt erfolgen.
   Ponys, die nicht ausdrücklich als Turnierpony eingetragen wurden, sind als Turnierpferd einzutragen und werden, unabhängig von ihrer Größe, wie Pferde gemäß Ausschreibung behandelt (vgl. § 64.3).
   Die Regelung für Pony-WB Kat. C obliegt den LK.
2. Die Eintragung gilt jeweils für ein Kalenderjahr und wird auf Antrag zum Jahreswechsel fortgeschrieben.
3. Eintragung und generelle Starterlaubnis sind vom Pferdebesitzer unter Beifügung der in Ziffer 4 und 5 sowie § 15 aufgeführten Unterlagen/Nachweise schriftlich bei der FN zu beantragen.
4. Jedes einzutragende Pferd/Pony muss mit einem eindeutigen und im Rahmen einer PS/PLS ablesbaren Identitätskennzeichen versehen sein. Das ist der Nummernbrand (entweder separat oder in Kombination mit einem Zuchtbrand) oder der implantierte Transponder. Ein Transponderkennzeichen gilt im Rahmen einer PS/PLS nur dann als ablesbar, wenn der Teilnehmer ein entsprechendes Ablesegerät mitführt.

5. Für die Eintragung als Turnierpferd/-pony ist ein Pferdepass gemäß EU-Richtlinien erforderlich.
6. Turnierpferde/-ponys sind bei Erfüllung der entsprechenden Voraussetzungen in eine der nachstehenden Listen bei der FN einzutragen:

**Liste I:** „Deutsches Reitpferd" und „Deutsches Reitpony"
Für den Fall der Eintragung sind Pferde und Ponys eintragungsberechtigt, für die ein Pferdepass mit integrierter/m Zuchtbescheinigung/Abstammungsnachweis oder einer/s Zuchtbescheinigung/ Abstammungsnachweises einer Züchtervereinigung vorliegt, die der FN, dem DVR oder dem HVT angeschlossen ist oder einer der staatlichen Pferdezuchtorganisationen der ehemaligen DDR angeschlossen war.

**Liste II:** Andere deutsche Pferde und Ponys
Für den Fall der Eintragung sind Pferde und Ponys eintragungsberechtig, für die ein Pferdepass mit integrierter Zuchtbescheinigung/Geburtsbescheinigung oder einer Zuchtbescheinigung/Geburtsbescheinigung – bestätigt von einer der unter Liste I aufgeführten Züchtervereinigungen – bzw. ein Pferdepass mit integrierter/m Zuchtbescheinigung/Abstammungsnachweis oder einer/s Zuchtbescheinigung/Abstammungsnachweises einer anderen deutschen Züchtervereinigung vorliegt.

**Liste III:** Übrige Pferde und Ponys
Für den Fall der Eintragung sind Pferde und Ponys eintragungsberechtigt, die nicht in die Liste I oder II eingetragen werden können.

7. Sind für ein einzutragendes Pferd/Pony die in Ziffer 5 und 6 benannten Dokumente weder im Original noch als Zweitausliefung beibringbar, ist für die Eintragung eine schriftliche Versicherung des Antragstellers vorzulegen, mit der er seine Verfügungsberechtigung glaubhaft machen kann. Für die Eintragung in Liste I oder II ist zusätzlich eine schriftliche Abstammungsmitteilung einer der in Liste I aufgeführten Züchtervereinigungen erforderlich.

## § 17
**Turnierteilnehmer/Altersklassen**

1. WB/LP sind grundsätzlich für männliche und weibliche Teilnehmer auszuschreiben.
2. Es werden folgende Altersklassen unterschieden:
   2.1 **Junioren (JUN)** – werden im laufenden Kalenderjahr höchstens 18 Jahre alt.
   2.2 **Junge Reiter (JR)/Junge Fahrer (JF)** – werden im laufenden Kalenderjahr mindestens 19, aber höchstens 21 Jahre alt.
   Junioren, die im laufenden Kalenderjahr 16, 17 oder 18 Jahre alt werden, können sich für die Altersgruppe „Junge Reiter" bzw. „Junge Fahrer" entscheiden. Diese Entscheidung gilt für das laufende Kalenderjahr.
   2.3 **Reiter (REI)/Fahrer (FAH)** – werden im laufenden Kalenderjahr mindestens 22, aber höchstens 39 Jahre alt. Junge Reiter bzw. Junge Fahrer können sich für die Altersgruppe „Reiter" bzw. „Fahrer" entscheiden. Diese Entscheidung gilt für das laufende Kalenderjahr.
   2.4 **Senioren (SEN)** – werden im laufenden Kalenderjahr mindestens 40 Jahre alt.

2.5 **In V-WB/-LP** werden unterschieden:
    2.5.1 **Longenführer** – unterliegen keiner altersmäßigen Beschränkung
    2.5.2 **Gruppenvoltigierer** – werden im laufenden Kalenderjahr höchstens 18 Jahre alt.
    2.5.3 **Einzelvoltigierer** – werden im laufenden Kalenderjahr mindestens 16 Jahre alt.
    2.5.4 **Doppelvoltigierer** – werden im laufenden Kalenderjahr mindestens 16 Jahre alt.

## § 18
## Stamm-Mitgliedschaft

1. Für die Teilnahme an LP der Kat. B und A sowie an internationalen LP ist die Stamm-Mitgliedschaft in einem Verein erforderlich, mit Ausnahme für Inhaber von Gastlizenzen gemäß RG der FEI. Der Verein muss über den LV der FN korporativ angeschlossen sein.
2. Die Stamm-Mitgliedschaft ist auf einen Verein beschränkt (Ausnahme Voltigieren), unbeschadet der Mitgliedschaft in anderen Vereinen. Für die Teilnahme nach Wechsel der Stamm-Mitgliedschaft sind die Richtlinien der LK maßgebend.
3. Die Stamm-Mitgliedschaft ist maßgebend bei allen räumlichen Begrenzungen der Teilnehmerkreise in den Ausschreibungen. Für WB der Kat. C können zu diesem Zweck auch andere Kriterien wie Mitgliedschaft, Wohnort, Aufenthaltsort u. a. herangezogen werden.

## § 19
## Professionals (Berufssportler)

– ersatzlos gestrichen –

## § 20
## Reit-/Fahr-/Longenführer-/Voltigierausweise

Für die Teilnahme an LP der Kat. A und B ist der Besitz eines Reit-/ Fahr-/Longenführer-/Voltigierausweises erforderlich. Für die Teilnahme lediglich an WB der Kat. C ist kein Ausweis erforderlich (Ausnahme V-WB).

1. Die Ausstellung von Reit-/Fahr-/Longenführer-/Voltigierausweisen erfolgt ausschließlich durch die FN. Die Ausstellung kann aus wichtigem Grund verweigert, ein bereits ausgestellter Ausweis entzogen werden. Als wichtiger Grund kommt insbesondere eine durch die FEI ausgesprochene Ordnungsmaßnahme oder ein Verstoß gegen die sportlich-faire Haltung und die reiterliche Disziplin in Betracht.
2. Für die Erstausstellung eines Reit-/Fahrausweises ist der Besitz des Reit- bzw. Fahrabzeichens Kl. IV oder höher nachzuweisen (vgl. Durchführungsbestimmungen zu § 63). Für die Erstausstellung eines Longenführer-/Voltigierausweises vgl. Durchführungsbestimmungen Voltigieren.
3. Anträge auf Erst- und Wiederausstellung sind schriftlich auf dem entsprechenden Formblatt über den Stammverein an die FN einzureichen.
Wird in drei aufeinanderfolgenden Jahren eine Wiederausstellung nicht beantragt, wird ein erneuter Antrag auf Erstausstellung gemäß Ziffer 2 erforderlich.

4. Reit-/Fahr-/Longenführer-/Voltigierausweise werden jeweils für das laufende Kalenderjahr ausgestellt; bei Vereinswechsel im laufenden Jahr ist ein Neuantrag erforderlich.
5. Gastlizenzen werden gemäß RG der FEI ausgestellt. Einzelheiten hierzu sind in den Durchführungsbestimmungen zu § 20.5 geregelt.
6. **Ausweise**
   Die Ausweise sind wie folgt gekennzeichnet:
   1. der Reitausweis mit den entsprechenden Disziplin-Leistungsklassen D 1–6, S 1–6 und V 3 oder V 6
   2. der Fahrausweis mit der entsprechenden Leistungsklasse F 1, 2, 3, 5 oder 6
   3. der Longenführerausweis mit dem Vermerk „LF"
   4. der Voltigierausweis mit Leistungsklassen GV A–D (= Gruppenvoltigierer) bzw. EV A und B (Einzelvoltigierer).

**§ 21**
– gestrichen –

**§ 22**
– gestrichen –

# Abschnitt A III: Ausschreibungen

## § 23
**Inhalt der Ausschreibungen**
1. Ausschreibungen für PS/PLS müssen Angaben enthalten über:
   1.1 Veranstaltungsort und -datum, Veranstalter mit Anschrift, Telefonnummer und Unterschrift des/der Bevollmächtigten sowie die Turnierleitung;
   1.2 Termin/e des Nennungsschlusses/der Nennungsschlüsse;
   1.3 Art der WB/LP, Anforderungen, Bewertung, Richtverfahren, Mindestzahl der verlangten Nennungen;
   1.4 Teilnahmeberechtigung von Reitern, Fahrern, Longenführern, Voltigierern sowie Pferden und Ponys;
   1.5 Ehren- und Geldpreise, Dotierung, Aufteilung;
   1.6 Höhe von Einsatz bzw. Nenn- und Startgeld;
   1.7 Nur bei Ausschreibungen für LP der Kat. B und A:
   Züchterprämien und ggf. Transportkostenentschädigungen;
   1.8 Quartiere, Stallungen (Entfernung, Art), evtl. Stallgeld;
   1.9 bei Hallen-PS/PLS: Angabe über Maße des Prüfungsplatzes sowie Maße und ggf. Überdachung des Vorbereitungsplatzes;
   1.10 Vorläufiger Zeitplan mit Angabe der Tage, an denen die einzelnen WB/LP stattfinden sollen. Flutlicht-WB/-LP sind gesondert anzugeben.
   1.11 Hinweis auf Verbindlichkeit der LPO für alle beteiligten Personen.
2. In der Ausschreibung von PS/PLS sind WB/LP fortlaufend zu nummerieren, die Ausschreibung von Abteilungen ist nicht zulässig.
3. Bei Ausschreibungen von PS der Kat. C und PLS der Kat. B sind gesonderte WB/LP für junge Pferde/Ponys und/oder Junioren und/oder Senioren und/oder Ponys in angemessenem Umfang zu berücksichtigen.
4. **Die für die Ausschreibungen maßgebenden allgemeinen und besonderen Bestimmungen der LPO sind Rahmenanforderungen, die durch die Ausschreibung eingeengt werden können.**

## § 24
**Geld- und Ehrenpreise, Andenken, Stallplaketten und Preisschleifen**
1. **Geldpreise**
   1.1 Geldpreise sind die in der Ausschreibung veröffentlichten und/oder im Ergebnisbericht gemäß Durchführungsbestimmungen zu § 25 festgesetzten Beträge. Sofern in der Ausschreibung nicht anders geregelt, handelt es sich bei den Geldpreisen um Bruttobeträge. Sie sind binnen 14 Tagen nach der Platzierung an die Besitzer der platzierten Pferde/Ponys auszuzahlen.
   Alle ausgezahlten Geldpreise dienen als Aufwandsentschädigung zur teilweisen Deckung der Kosten, die dem <u>Besitzer</u> durch den Unterhalt, das Training und den Transport der Pferde/Ponys entstehen.
   1.2 Der Siegergeldpreis sowie die weiteren Einzelgeldpreise richten sich in Prüfungen mit einem Gesamtgeldpreis von bis zu DM 4.000,– nach der Anzahl der Nennungen und sind gemäß den Durchführungsbestimmungen zu § 25 auszuzahlen.

Der ausgezahlte Geldpreis je Letztplaziertem beträgt mindestens das Zweifache des Nenn- und Startgeldes bzw. Einsatzes (Ausnahme V-LP).

1.3 Für LP der Kat. A mit Gesamtgeldpreisen von mehr als DM 4.000,– und internationale LP sind der Gesamtgeldpreis und die Aufteilung in Einzelgeldpreise in der Ausschreibung festzulegen.
Der Siegergeldpreis beträgt 1/4 bis 1/5 des Gesamtgeldpreises der LP, der ausgezahlte Geldpreis je Letztplaziertem beträgt mindestens das Zweifache des Nenn- und Startgeldes.

1.4 Sind bei Spring-WB/-LP gemäß § 501.1.c.1, § 520.3.d und § 525 sowie Springpferde/Springpony-LP gemäß § 363.2.a, b, d–g mehr als 1/4 der Teilnehmer zu platzieren, so beträgt der ausgezahlte Geldpreis je Letztplaziertem mindestens die Höhe des Einsatzes.

1.5 Bei festgelegter Höchstzahl von Teilnehmern sind alle ausgeschriebenen Einzelgeldpreise auszuzahlen, soweit genügend Teilnehmer für eine Platzierung in Frage kommen.

1.6 Startet in einem/r WB/LP nur ein Teilnehmer und erfüllt die Anforderungen, muss er den Siegergeldpreis erhalten.

1.7 Bei Teilung eines/r WB/LP sind in den einzelnen Abteilungen entsprechend der Anzahl der Nennungen bzw. Starter die in den Durchführungsbestimmungen zu § 25 festgelegten Einzelgeldpreise auszuzahlen. Bei Teilung von LP der Kat. A kann je Abteilung bis auf den Mindestgeldpreis gemäß Durchführungsbestimmungen zu § 25 zurückgegangen werden, sofern in der Ausschreibung festgelegt. Das Startgeld ist entsprechend anzupassen.

1.8 In V-WB/-LP der Leistungsklassen D und C sind keine Geldpreise zulässig.

## 2. Ehrenpreise, Andenken

2.1 Ehrenpreise und Andenken sind Erinnerungsgaben für die platzierten Teilnehmer.

2.2 Der Sieger eines/r WB/LP um Geldpreise sowie der Sieger eines WB mit reduziertem Einsatz erhalten einen Ehrenpreis in angemessenem Wert. In WB mit regulärem Einsatz, jedoch ohne Geldpreise, sowie in V-WB/-LP der Leistungsklassen D und C erhalten alle Platzierten Ehrenpreise in angemessenem Wert.

## 3. Stallplaketten und Preisschleifen

3.1 Preisschleifen sind an die platzierten Teilnehmer in nachstehender Reihenfolge zu vergeben:
1. Platz gold, 2. Platz silber, 3. Platz weiß, 4. Platz blau, 5. Platz rot, 6. Platz und weitere grün.

3.2 Weitere Preisschleifen sind in anderer Farbe als Andenken zugelassen.

3.3 Die Preisschleifen als Kennzeichnung der Platzierung sowie evtl. überreichte Stallplaketten erhalten die Besitzer der platzierten Pferde/Ponys.

## § 25
**Mindest-Gesamtgeldpreise und Aufteilung in Einzelgeldpreise**
Die Mindest-Gesamtgeldpreise je WB/LP sind grundsätzlich in der Ausschreibung anzugeben. Einzelheiten und Aufteilung in Einzelgeldpreise sind in den Durchführungsbestimmungen zu § 25 geregelt.

## § 26
**Nenngeld, Startgeld, Einsatz, Stallgeld**
1. Für internationale LP und LP der Kat. A ist Nenn- und Startgeld, für LP der Kat. B und WB der Kat. C Einsatz vorgeschrieben. Nenn- und Startgeld bzw. Einsatz wird niemandem erlassen. Für Nenngeld und Einsatz haftet der Nenner, für Startgeld der Teilnehmer.
2. Das Nenngeld bzw. der Einsatz ist bei Nennungsschluss fällig; Rückerstattung der Teilnehmergebühren sowie ggf. des Stallgeldes erfolgt:
   2.1 bei Zurückziehen der Nennung bis Nennungsschluss
   2.2 wenn der Teilnehmer aufgrund der Verlängerung einer PS/PLS gemäß § 43.2 oder aufgrund der Änderung der vorläufigen Zeiteinteilung (§ 23.1.10) in einem/r oder mehreren WB/LP nicht starten kann, sofern er dies innerhalb von 10 Tagen nach PS-/PLS-Ende geltend gemacht hat. Zur Wahrung der Frist genügt die rechtzeitige Absendung des Rückforderungsschreibens (Datum des Poststempels).
   2.3 wenn ein/e oder mehrere WB/LP aufgrund höherer Gewalt abgesagt werden.
3. Das Startgeld wird mit (auch telefonischer) Erklärung der Startbereitschaft fällig. Rückerstattung ist nur zulässig bei Streichung bis Meldeschluss.
4. Evtl. Stallgeld wird mit der Stallbestellung fällig. Erlass bzw. Rückerstattung erfolgt nur bei Zurückziehen der Stallbestellung vor Nennungsschluss.
5. Weitere Veranstalter-Gebühren im Zusammenhang mit der Teilnahme an PS/PLS dürfen nicht erhoben werden.
6. Sofern in der Ausschreibung nicht anders geregelt, handelt es sich bei Nenn- und Startgeld, Einsatz und Stallgeld um Bruttobeträge.
7. Mehreinnahmen aus Nenn- und Startgeld bzw. Einsatz gegenüber den auszuzahlenden Geldpreisen verbleiben dem Veranstalter zur Bereitstellung der erforderlichen Infrastruktur, der Ehrenpreise, des notwendigen Personals, der Notfallvorsorge sowie zur Begleichung der Gebühren.

## § 27
**Höhe von Nenngeld, Startgeld, Einsatz**
Die Höhe des Nenn- und Startgeldes bzw. des Einsatzes sowie des Gewinngeldes ist abhängig von der ausgeschriebenen WB-/LP-Art und WB-/LP-Klasse. Einzelheiten sind in den Durchführungsbestimmungen zu § 27 geregelt.

## § 28
**Züchterprämien**
Bei jeder LP sind zusätzlich Züchterprämien auszuschreiben. Einzelheiten sind in den Durchführungsbestimmungen zu § 28 sowie in der Gebührenordnung geregelt.

## § 29
**Transportkostenentschädigungen**
Transportkostenentschädigungen können gewährt werden; Einzelheiten sind in der Ausschreibung festzulegen.

## § 30
**Genehmigung und Gültigkeit der Ausschreibungen**
1. Jede nationale Ausschreibung ist, falls in den LK-Bestimmungen nichts anderes bestimmt wird, spätestens 11 Wochen, jede internationale spätestens 20 Wochen vor Nennungsschluss der LK vorzulegen.
Sie genehmigt die Ausschreibungen der Kat. C und B. Sie gibt die Ausschreibungen der Kat. B zur Kenntnisnahme und Überprüfung gemäß § 4.2.1 an die FN weiter. Ausschreibungen der Kat. A sowie internationaler LP/PLS werden von der LK zur Genehmigung und vollständigen Veröffentlichung im Kalender an die FN weitergeleitet. Die FN prüft und/oder genehmigt die Ausschreibungen internationaler LP/PLS und gibt diese an die FEI weiter.
Die Ausschreibungen aller nationalen V-WB/-LP werden von der zuständigen LK genehmigt, die Ausschreibungen internationaler V-LP von FN und FEI.
2. Ausschreibungen haben erst Gültigkeit nach der Genehmigung. Bei allen im Kalender zu veröffentlichenden Ausschreibungen ist der Wortlaut des im Kalender veröffentlichten Textes maßgebend. Bei LP der Kat. B ist der im Verbandsblatt veröffentlichte Text maßgebend, soweit eine Veröffentlichung erfolgt.
3. Die Versendung oder anderweitige Bekanntmachung von Ausschreibungen durch den Veranstalter darf nur nach Genehmigung und nur im genehmigten Wortlaut erfolgen.
4. Die Genehmigung von Ausschreibungen kann ganz oder teilweise abgelehnt werden, insbesondere wenn z. B.
    4.1 die Ausschreibung nicht den Bestimmungen der LPO und/oder sportfachlichen Grundsätzen entspricht;
    4.2 organisatorische oder andere Voraussetzungen nicht im notwendigen Umfang gegeben sind;
    4.3 der Veranstalter aus früheren PS/PLS seinen Verpflichtungen nicht nachgekommen ist.

## § 31
**Änderung der Ausschreibungen**
1. Änderungen sollen vor Nennungsschluss erfolgen und müssen bei allen im Kalender veröffentlichten Ausschreibungen im Kalender bekannt gegeben werden. Im übrigen gilt § 30.1 entsprechend.
2. Kann eine Änderung erst nach Nennungsschluss erfolgen, ist der Nennungsschluss für WB/LP bzw. PS/PLS neu festzulegen. Alle Nenner sind zu unterrichten, darüber hinaus gilt Ziffer 1 entsprechend.
3. Ist eine Neufestsetzung des Nennungsschlusses nicht mehr möglich, bedarf die Änderung vor Beginn der PS/PLS der Zustimmung aller Nenner – Nichtantwort gilt als Zustimmung – und der genehmigenden Stelle.

Änderungen während einer PS/PLS sind nur mit Zustimmung aller Starter und des LK-Beauftragten (bei internationalen LP des FN-Beauftragten) zulässig.
Sie sind der genehmigenden Stelle spätestens mit der Ergebnismeldung mitzuteilen.
4. **Nicht als Änderung der Ausschreibung gelten:**
   4.1 Teilung von WB/LP in Abteilungen mit eigener Platzierung
   4.2 vermehrte oder verminderte Platzierungen gemäß § 59
   4.3 Abänderungen des vorläufigen Zeitplanes

## § 32
### Zurückziehen der Ausschreibungen
1. Die Ausschreibung eines/r WB/LP kann binnen 7 Tagen nach Nennungsschluss zurückgezogen werden, wenn die gemäß § 23.1.3 verlangte Mindestzahl an Nennungen nicht erreicht ist.
2. Die Ausschreibung einer PS/PLS kann binnen 7 Tagen nach Nennungsschluss zurückgezogen werden, wenn 1/3 der WB/LP gemäß Ziffer 1 zurückgezogen wird.
3. Für alle im Kalender veröffentlichten Ausschreibungen ist ein Zurückziehen gemäß Ziffer 2 unverzüglich im Kalender bekannt zu geben. Alle Nenner müssen über zurückgezogene Ausschreibungen von WB/LP unmittelbar benachrichtigt werden.
Teilnehmergebühren – ggf. auch Stallgeld – sind zurückzuzahlen.
4. WB/LP können aufgrund höherer Gewalt abgesagt werden.
5. Jede/r nicht gemäß Ziffer 1 oder 4 zurückgezogene/r WB/LP ist durchzuführen.

## Notizen

## Abschnitt A IV: Nennungen

### § 33
**Nennungsvordrucke, Inhalt der Nennungen**
1. Für jede Nennung für internationale LP im Inland sowie für LP der Kat. B und A und V-WB/-LP aller Kategorien sind nur die von der FN ausgegebenen Nennungsvordrucke bzw. -aufkleber zu verwenden.
2. Für die Nennung für WB der Kat. C kann die Verwendung eines Formblattes vorgeschrieben werden.
3. Jede Nennung muss die auf dem Vordruck oder Formblatt verlangten Angaben in der geforderten Form enthalten und von dem Nenner oder seinem Bevollmächtigten unterzeichnet sein.
4. Die Verwendung falscher oder ungültiger Vordrucke sowie unvollständige oder falsche Angaben führen zur Nichtberücksichtigung der Nennung.
5. Nenner, Besitzer und Teilnehmer erkennen mit Abgabe der Nennungen die LPO, bei internationalen LP die LPO und das RG der FEI als verbindlich an.

### § 34
**Nennungsschluss**
1. Nennungen für LP der Kat. B und A sowie für V-WB/-LP aller Kategorien sind bis zum Nennungsschluss an den Veranstalter zu richten. Maßgebend ist das Datum des Poststempels. Der Nennungsschluss ist, soweit nicht durch Termintabelle der LK geregelt, in der Ausschreibung festzulegen; ggf. sind zwei verschiedene Termine möglich.
2. Der Nennungsschluss für LP mit vorausgehenden Qualifikationen während derselben PS/PLS entspricht dem Meldeschluss gemäß § 45.
3. Für WB der Kat. C kann der Veranstalter dieses Verfahren nach eigenem Ermessen regeln, wobei für Kat. C ein anderer Nennungsschluss als für Kat. B festgelegt werden kann.
4. Der Veranstalter ist verpflichtet, jede vollständige und termingerecht eingehende Nennung zu berücksichtigen.

### § 35
**Gültigkeit der Nennungen**
1. Nennungen für LP der Kat. B und A berechtigen grundsätzlich erst zur Teilnahme, wenn sie von der FN bestätigt sind (Ausnahme V-LP). Bei LP mit vorausgehenden Qualifikationen während derselben PLS entfällt die Bestätigung.
2. Der Veranstalter hat der FN grundsätzlich jeweils die Erstschrift der Nennungsvordrucke innerhalb von 5 Werktagen nach Nennungsschluss zu übersenden.
3. Innerhalb weiterer 10 Werktage erhält der Veranstalter von der FN eine Liste der genannten Pferde/Ponys (inklusive Züchter und Besitzer sowie ggf. weiterer Informationen) und Teilnehmer der betreffenden PLS. Diese Liste gilt als Bestätigung der FN gemäß Ziffer 1.
4. Der Start von Teilnehmern bzw. Pferden/Ponys, deren Nennung nicht schriftlich von der FN bestätigt wurde, ist grundsätzlich nicht möglich. Anträge auf Nennungsbestätigung für nicht fristgemäß zum Nennungsschluss eingehende Nennungen sind nur mit Einver-

ständnis des Veranstalters über die FN möglich. In begründeten Ausnahmefällen ist eine Nennungsbestätigung der FN auch nach PLS-Ablauf möglich (nachträgliche Nennungsbestätigung). Teilnehmerwechsel und Pferde-/Ponytausch gemäß § 46 gelten nicht als Nennungsbestätigung.
5. Mit der Nennung verbundene Vorbehalte des Nenners sind für den Veranstalter nicht verbindlich.

## § 36
**Zurückziehen einer Nennung**
Das Zurückziehen einer Nennung ist nur schriftlich und nur bis zum Nennungsschluss zulässig. Maßgebend ist das Datum des Poststempels.

# Abschnitt A V: Ergebnisse

## § 37
**Ergebnislisten, Meldung der Ergebnisse**
1. Für die Meldung der Ergebnisse von nationalen und internationalen LP der Kat. B und A gemäß Richterspruch sind nur die dem Veranstalter von der FN gemäß § 35 übersandten Listen bzw. TORIS-Disketten zu verwenden. Für jede LP der Kat. B und A hat der Veranstalter je ein Exemplar an FN und LK binnen 14 Tagen nach Beendigung der PLS einzureichen.
2. Beizufügen sind je eine Durchschrift der Ergebniszettel gemäß § 58.1, ein Programm sowie Mitteilungen über evtl. Änderungen der Ausschreibung, Einsprüche und Schiedsgerichtsentscheidungen.
3. Zusätzlich beizufügen sind:
   3.1 bei Grand Prix und Grand Prix Special die Gesamt-Notenspiegel der Prüfung bzw.
   3.2 die kompletten Ergebnisse aller Teilnehmer in allen Teilprüfungen
   → bei Vielseitigkeits-LP der Kl. M und S
   → bei großen Vielseitigkeits-LP ab Kl. L
   → bei kombinierten/Vielseitigkeits-LP der Kl. S (Fahren).
4. Die Ergebnismeldung für WB der Kat. C wird durch die LK, für V-WB der Kat. C durch die FN geregelt.

## § 38
**Registrierung der Ergebnisse und Veröffentlichung**
1. Die gemäß Ziffer 2 anzurechnenden Erfolge werden für LP der Kat. B und A, für V-WB/-LP aller Kategorien, für alle internationalen LP sowie für nationale LP im Ausland (vgl. Durchführungsbestimmungen zu § 38) bei der FN registriert.
2. 1/4 der Teilnehmer ist grundsätzlich zu platzieren, generell werden jedoch nur für bis zu 1/3 der Teilnehmer die Erfolge registriert (Ausnahme vgl. § 24.1.5).
3. Die Ergebnisse gemäß Ziffer 1 für internationale LP und LP der Kat. A werden im Kalender veröffentlicht.

Notizen

# Abschnitt A VI: Durchführung von WB und LP

## § 39
**Turnierleitung**
1. Für jede PS/PLS ist eine Turnierleitung einzusetzen, deren namentliche Besetzung im Programm oder am „schwarzen Brett" bekanntzugeben ist. Während der Veranstaltung muss immer ein Mitglied der Turnierleitung anwesend sein.
2. Die Turnierleitung ist für die Bereitstellung der erforderlichen Infrastruktur sowie für den ordnungsgemäßen Ablauf der PS/PLS verantwortlich.
3. Die Turnierleitung ist befugt, gegen jede Person einzuschreiten oder sie des Platzes zu verweisen, die den allgemeinen Anordnungen für einen geregelten Ablauf der PS/PLS zuwiderhandelt oder diese auf andere Weise stört. Die Anordnung der Maßnahme kann mündlich erfolgen. Gegen eine derartige Maßnahme ist ein Einspruch nicht zulässig. Einer derartigen Maßnahme steht ein Ordnungsverfahren nicht entgegen.

## § 40
**Arzt, Tierarzt, Hufschmied**
Der Veranstalter hat für die Dauer einer PS/PLS sicherzustellen:
1. Sanitätsdienst und ärztliche Versorgung
   → Bei Anwesenheit eines Sanitätsdienstes (mindestens zwei Personen mit der Mindestqualifikation „Sanitätshelfer") mit Ausrüstung, u. a. Notfallarztkoffer gemäß DIN 13232: Anwesenheit eines Arztes
   → Bei Anwesenheit eines Sanitätsdienstes, dem eine Person mit der Mindestqualifikation „Rettungssanitäter" angehört: Schnellste Einsatzbereitschaft eines Arztes sowie
2. Tierärztliche Versorgung
   → Bei allen PLS Kat. B und A sowie allen WB/LP im Gelände (Reiten und Fahren): Die Anwesenheit eines Tierarztes sowie ggf. erforderlichen Hilfspersonals (vgl. Durchführungsbestimmungen zu § 40.2).
   → Für PS Kat. C und V-PS/-PLS können die LK für ihren Bereich hierzu besondere Bestimmungen festlegen sowie
3. Transportmöglichkeit für verletzte Pferde/Ponys sowie
4. Hufschmied
   → Bei großen Vielseitigkeits-LP, Teilprüfung Gelände sowie Geländeprüfungen Fahren: Anwesenheit
   → Sonstige WB/LP: Anwesenheit oder schnellste Einsatzbereitschaft.
5. Das Vorhandensein mindestens einer Möglichkeit für die Durchführung von Medikationskontrollen.

**Die Anzahl und Ausrüstung der unter 1.–4. genannten Notfallvorsorgedienste sind den örtlichen Gegebenheiten sowie dem Veranstaltungsprofil der PS/PLS anzupassen und mit den für die unter 1.–4. genannten Dienste Verantwortlichen vor der Veranstaltung zu regeln.**

Bei allen PS/PLS muss ein funktionstüchtiges Telefon zur Verfügung stehen.

## § 41
**Parcourschef**
1. Für Spring- und Geländeprüfungen sowie Hindernisfahren ist ein Parcourschef einzusetzen.
   Grundsätzlich hat der Parcourschef oder der von ihm beauftragte qualifizierte Assistent bei WB/LP, die er betreut, anwesend zu sein.
2. Als Parcourschef kann nur eingesetzt werden, wer eine Prüfung gemäß APO der FN abgelegt hat und als Sachverständiger mit der entsprechenden Qualifikation auf der betreffenden Liste der LK geführt wird.
3. Der Parcourschef ist von der Teilnahme an allen WB/LP ausgeschlossen, an deren Aufbau er beteiligt ist.
4. Parcourschefanwärter:
   Als Parcourschefanwärter gelten diejenigen Personen, die auf der Parcourschefliste der Landeskommissionen mit dem entsprechenden Vermerk geführt werden.

## § 42
**Meldestelle, Rechenstelle**
1. Bei jeder PS/PLS ist eine Meldestelle und ggf. eine Rechenstelle einzurichten. Für offizielle Bekanntmachungen ist eine Tafel – das „schwarze Brett" – anzubringen.
2. In der Meldestelle müssen bei PS/PLS vorhanden sein:
   2.1 die LPO mit Durchführungsbestimmungen sowie allen Änderungen und Ergänzungen sowie die gültigen Besonderen Bestimmungen der jeweiligen LK;
   2.2 ein Aufgabenheft zur LPO mit allen Änderungen und Ergänzungen;
   2.3 ein FN-Medi-Kontroll-Kit;
   2.4 Informationen für die Presse;
   2.5 grundsätzlich EDV bei Durchführung von LP der Kat. A;
   2.6 Telefon.
3. Der Meldestelle obliegen insbesondere folgende Aufgaben:
   3.1 die Beantwortung bzw. Regelung allgemeiner organisatorischer Fragen;
   3.2 die Entgegennahme von Startmeldungen sowie die Registrierung von Teilnehmer- bzw. Pferdenachträgen, Einziehung von Startgeldern etc.;
   3.3 die Erstellung der Starterlisten;
   3.4 die Ausgabe der Rücken-, Gespann- bzw. Arm-Nummern sowie ggf. der Nummernschilder;
   3.5 ggf. die Überprüfung der Reit-/Fahr-/Longenführer-/Voltigierausweise;
   3.6 die Entgegennahme von Anträgen, Einsprüchen und Beschwerden;
   3.7 die Zusammenstellung und Bekanntgabe der Ergebnisse;
   3.8 ggf. die Auszahlung der Geldpreise.

## § 43
**Zeiteinteilung**
1. Die endgültige Zeiteinteilung inklusive Startfolgeregelung ist allen Nennern bzw. genannten Teilnehmern sowie der LK zur Kenntnisnahme spätestens 8 Tage vor Beginn einer PS/PLS zuzusenden. Die Telefonnummer des Turnierbüros o. ä. ist in der Zeiteinteilung anzugeben.

2. PLS der Kat. B und A können bei großem Nennungsergebnis bis zu einem Tag früher beginnen oder später enden, als es in dem vorläufigen Zeitplan gemäß § 23 vorgesehen war.
3. Jede wesentliche Änderung der Zeiteinteilung nach der Veröffentlichung bedarf der Zustimmung des LK-Beauftragten. Sie ist während der PS/PLS am „schwarzen Brett" und über Lautsprecher bekannt zu machen.
4. Muss ein/e WB/LP infolge höherer Gewalt unterbrochen werden, ist sie baldmöglichst da fortzusetzen, wo sie unterbrochen wurde. Die rechtzeitige und eindeutige Unterrichtung der Teilnehmer über den Zeitpunkt der Fortsetzung ist sicherzustellen.

## § 44
**Programm**

Für jede PS/PLS der Kat. B und A ist ein Programm zu erstellen, aus dem alles Wesentliche über den zeitlichen und organisatorischen Ablauf hervorgehen muss. Für LP der Kat. B und A sind ferner grundsätzlich Angaben über die genannten Pferde/Ponys, deren Abstammung, Züchter und Besitzer sowie die Namen der Teilnehmer erforderlich.

## § 45
**Meldeschluss**

1. Für jede/n WB/LP ist ein Meldeschluss festzulegen. Sofern nicht anders geregelt, ist der Meldeschluss jeweils eine Stunde vor Beginn des/r WB/LP gemäß Zeiteinteilung bzw. bei mehreren Abteilungen eine Stunde vor Beginn der entsprechenden Abteilung gemäß Zeiteinteilung.
2. Bis zum Meldeschluss sind die tatsächlich startenden Teilnehmer und Pferde/Ponys anzugeben. Nicht gemeldete Pferde/Ponys und Teilnehmer sind nicht startberechtigt. Ausnahmen kann die Turnierleitung nur mit Zustimmung der Richter des/r entsprechenden WB/LP zulassen.
3. Pferde/Ponys, die entgegen der Meldung gemäß Ziffer 2 nicht starten sollen, sind unverzüglich an der Meldestelle abzumelden.
4. Bei V-WB/-LP mit Verfassungsprüfungen ist der Meldeschluss im Anschluss an diese festzulegen.

## § 46
**Teilnehmernachtrag und Pferde-/Ponynachtrag**

1. Teilnehmernachtrag
    1.1 Ein Teilnehmernachtrag ist unter Nachweis der Teilnahmeberechtigung bis zum Meldeschluss an der Meldestelle anzugeben.
    1.2 Ein Teilnehmernachtrag ist nur bei ordnungsgemäß genannten WB/LP zulässig. Für Starts in LP der Kat. A und B ist hierfür die Vorlage eines gültigen Nennungsschecks erforderlich.
    1.3 Ein nicht termingerecht angegebener oder den Bestimmungen der Ausschreibung bzw. der LPO-Vorschriften nicht entsprechender Teilnehmernachtrag führt zum Ausschluss.
2. Pferde-/Ponynachtrag
    Ein Pferde-/Ponynachtrag ist unter folgenden Voraussetzungen zulässig:

2.1 Das nachgetragene Pferd/Pony darf nur in WB/LP gestartet werden, in denen es gemäß LPO und Ausschreibung startberechtigt ist und für die der Teilnehmer ordnungsgemäß genannt hat.
2.2 Der Nachtrag muss bis Meldeschluss des/r jeweiligen WB/LP, in der das nachgetragene Pferd/Pony gestartet werden soll, erfolgt sein. Für Starts in LP der Kat. B und A ist hierfür die Vorlage eines gültigen Nennungsaufklebers und des Pferdepasses erforderlich (Ausnahme V-LP).
2.3 Nachgetragene Pferde/Ponys sind stichprobenartig anhand des Pferdepasses auf ihre Identität zu überprüfen.

## § 47
### Nummernschilder, Rücken-, Gespann- bzw. Arm-Nummern

Während der gesamten PS/PLS sind die vom Veranstalter ausgegebenen oder zugelassenen Nummernschilder (während eines/r WB/LP beidseitig) deutlich sichtbar anzubringen. Bei Geländeritten bzw. der Teilprüfung Gelände bei Vielseitigkeits-WB/-LP sowie bei Geländefahrten und Gelände- und Streckenfahrten bzw. der Teilprüfung Gelände bei Fahr-LP und bei V-WB/-LP sind außerdem grundsätzlich die vom Veranstalter ausgegebenen oder zugelassenen Rücken-, Gespann- bzw. Arm-Nummern anzubringen.

## § 48
### Startfolge

1. Grundsätzlich bestimmt bei jedem/r WB/LP die alphabetische Startfolgeregelung die Reihenfolge der Starter (maßgeblich ist in der Regel der Familienname des Teilnehmers), sofern die Ausschreibung nicht etwas anderes besagt; bei Teilnehmern mit mehreren Pferden/Ponys gilt die alphabetische Startfolge auch für die Reihenfolge der jeweiligen Pferde/Ponys (maßgeblich ist dann der Name des Pferdes/Ponys). Die Startfolge eines/r WB/LP ist sofort nach Meldeschluss bekanntzugeben.
2. Teilnehmer mit mehreren Starts in einem/r WB/LP sind nach Möglichkeit so einzuordnen, dass zwischen zwei Starts **wenigstens** acht, möglichst mehr, andere Teilnehmer starten. Wird dazu eine Verschiebung in der Starterliste erforderlich, ist diese, wenn möglich, nach vorne vorzunehmen.

## § 49
### Start

1. Jedes Pferd/Pony darf in jedem/r WB/LP nur einmal gestartet werden. Dies gilt nicht für V-WB/-LP sowie für WB des Abschnittes B I.1 (§§ 100–106) und B I.2 (§§ 110–115); maßgeblich ist die Festlegung gemäß Ausschreibung.
2. Bei Stafetten- und Mannschafts-WB/LP gilt die Stafette bzw. die Mannschaft als ein Starter.
3. Vor dem Start ist der Gruß der Teilnehmer vor den Richtern grundsätzlich vorgeschrieben.
4. Als gestartet gilt, wer nach entsprechender Aufforderung durch die Richter die Aufgabe begonnen oder die Startlinie passiert hat.

5. Jeder Teilnehmer hat selbst Sorge für seine rechtzeitige Startbereitschaft zu tragen und muss wenigstens 1/2 Stunde vor Beginn des/r WB/LP gemäß Zeiteinteilung zur Verfügung sein. Der Aufforderung zum Einreiten/Einfahren/Einlaufen auf den Prüfungsplatz ist sofort nachzukommen. Jeder Teilnehmer, der dieser Aufforderung nicht innerhalb von 60 Sekunden nachkommt, kann ausgeschlossen werden.
6. Der Veranstalter ist für den ordnungsgemäßen Ablauf am Einlass verantwortlich.

## § 50
### Teilung von Wettbewerben/Prüfungen

Nationale WB/LP können bzw. müssen je nach Nennungs- bzw. Starterzahl (vgl. Ziffer 2) geteilt werden; nach Möglichkeit sind sie, sowohl bei Teilung nach Zahl der Nennungen als auch bei Teilung nach Zahl der Starter, in ihren Abteilungen getrennt durchzuführen. Bei Teilung nach Zahl der Nennungen sind die Abteilungen in der Zeiteinteilung anzugeben. **Grundsätzlich soll nach Zahl der Nennungen geteilt werden (Ausnahme Ziffer 4). Die Teilung ist nach sportfachlichen Kriterien wie z.B. Alter der Pferde/Ponys, Altersklasse der Teilnehmer, Leistungsklassen, Ranglistenpunkte Teilnehmer bzw. Pferde/Ponys, vorzunehmen. Bei Teilung nach Zahl der Starter ist dies in der Ausschreibung anzugeben.**
**Bei Teilung nach dem Kriterium „erbrachte Leistung" sind Teilnehmer mit gleicher Leistung an gleicher Stelle zu platzieren.**
1. Die Teilung von WB/LP der Abschnitte B I.1 (Breitensportliche WB), B I.2 (Reiter-/Fahrer-WB) und B III (Basis- und Aufbauprüfungen) erfolgt nach Ermessen des Veranstalters und der Richter sinngemäß mindestens wie unter 2 a).
2. Teilung von WB/LP des Abschnitts B IV (Dressur-WB/-LP), B V (Spring-WB/-LP), B VI (Vielseitigkeits- und Gelände-WB/-LP) und B VIII (kombinierte WB/LP):
   a) Kat. B/Kat. C (Klasse E)

   | Teilung nach Zahl der Nennungen: | muss | kann | darf nicht |
   |---|---|---|---|
   | 2 Abteilungen: | 51 – 80 | 36 – 50 | unter 36 |
   | 3 Abteilungen: | 81 – 120 | 57 – 80 | unter 57 |
   | 4 Abteilungen: | 121 – 160 | 85 – 120 | unter 85 |
   | 5 Abteilungen: | 161 – 200 | 113 – 160 | unter 113 |
   | Teilung nach Zahl der Starter: | muss | kann | darf nicht |
   | 2 Abteilungen: | 31 – 50 | 22 – 30 | unter 22 |
   | 3 Abteilungen: | 51 – 70 | 36 – 50 | unter 36 |
   | 4 Abteilungen: | 71 – 90 | 50 – 70 | unter 50 |
   | 5 Abteilungen: | 91 – 110 | 64 – 90 | unter 64 |

   b) Kat. A
   1. LP des Abschnittes B IV (Dressur-LP)
      1.1 Dressur-LP (Ausnahme Grand Prix, Grand Prix Special und Grand Prix Kür): wie Kat. B
      1.2 Grand Prix, Grand Prix Special und Grand Prix Kür:
         **muss nicht, kann:**
         in höchstens zwei Abteilungen, wenn die Summe der Nenngelder den ausgeschriebenen Gesamtgeldpreis der LP übersteigt.

2. LP des Abschnittes B V (Spring-LP)
   2.1 Spring-LP Kl. M/A:
   Teilung nach Zahl der Nennungen:

   |                | muss      | kann      | darf nicht |
   |----------------|-----------|-----------|------------|
   | 2 Abteilungen: | 71 – 120  | 50 – 70   | unter 50   |
   | 3 Abteilungen: | 121 – 180 | 85 – 120  | unter 85   |
   | 4 Abteilungen: | 181 – 240 | 127 – 180 | unter 127  |
   | 5 Abteilungen: | 241 – 300 | 169 – 240 | unter 169  |

   Teilung nach Zahl der Starter:

   |                | muss      | kann      | darf nicht |
   |----------------|-----------|-----------|------------|
   | 2 Abteilungen: | 51 – 80   | 36 – 50   | unter 36   |
   | 3 Abteilungen: | 81 – 120  | 57 – 80   | unter 57   |
   | 4 Abteilungen: | 121 – 160 | 85 – 120  | unter 85   |
   | 5 Abteilungen: | 161 – 200 | 113 – 160 | unter 113  |

   2.2 Spring-LP Kl. S:
   Teilung in höchstens zwei Abteilungen mit folgendem Spielraum:
   a) wenn die Summe der Nenngelder den ausgeschriebenen Gesamtgeldpreis übersteigt = **muss**;
   b) wenn die Summe der Nenngelder 70–100% des ausgeschriebenen Gesamtgeldpreises beträgt = **kann**;
   c) wenn die Summe der Nenngelder nicht mindestens 70% des ausgeschriebenen Gesamtgeldpreises beträgt = **darf nicht**.

3. LP des Abschnittes B VI (Vielseitigkeits-LP):
   Teilung wie unter 2.b) 2.1 (Spring-LP Kl. M/A)

3. Teilung von LP des Abschnittes B VII (Fahr-LP)
   Teilung nach Zahl der genannten Gespanne:

   |                | muss    | kann    | darf nicht |
   |----------------|---------|---------|------------|
   | 2 Abteilungen: | 31 – 50 | 19 – 30 | unter 19   |
   | 3 Abteilungen: | 51 – 70 | 33 – 50 | unter 33   |
   | 4 Abteilungen: | 71 – 90 | 47 – 70 | unter 47   |

   Teilung nach Zahl der startenden Gespanne:

   |                | muss    | kann    | darf nicht |
   |----------------|---------|---------|------------|
   | 2 Abteilungen: | 26 – 40 | 17 – 25 | unter 17   |
   | 3 Abteilungen: | 41 – 55 | 27 – 40 | unter 27   |
   | 4 Abteilungen: | 56 – 70 | 38 – 55 | unter 38   |

4. Teilung von V-WB/LP des Abschnittes B II.1 (V-WB/-LP)
   Teilung nur nach Zahl der Starter:
   4.1 bei mehr als 12 Gruppen,
   4.2 bei mehr als 20 Einzelvoltigierern,
   4.3 bei mehr als 10 Paaren.
   Eine Teilung ist nach den folgenden Kriterien zulässig:
   → Leistung
   → Geschlecht
   Es bleibt dem Veranstalter überlassen, ggf. zwei WB/LP mit denselben Anforderungen zusammenzufassen, wenn weniger als drei Gruppen oder sechs Einzelvoltigierer für eine/n WB/LP genannt werden.

## § 51
## Prüfungs- und Vorbereitungsplätze
### A. Prüfungsplätze
Die Prüfungsplätze müssen für die Durchführung des/r betreffenden WB/LP geeignet sein.
Der Veranstalter hat für eine den Erfordernissen entsprechende Pflege Sorge zu tragen.

1. **Springplatz**
   1.1 Der Platz für die Durchführung von Spring-WB/-LP oder einer Teilprüfung Springen muss folgende Mindestmaße haben:
   
   **In der Halle:**
   Kat. C und B:      800 m² (Mindestbreite 20 m)
   Kat. A:            1.200 m² (Mindestbreite 20 m)
   **Im Freien:**
   Kat. C und B:      2.800 m² (Mindestbreite 40 m)
   Kat. A:            4.000 m² (Mindestbreite 50 m)
   
   1.2 Ein Springplatz im Freien, auf dem Spring-LP Kl. L und höher ausgetragen werden, muss über mindestens einen, ggf. mobilen, Wassergraben verfügen.
   1.3 Der Springplatz ist in geeigneter Weise zu umgrenzen.

2. **Dressurplatz und -viereck, Platz für Reitpferde-/Reitpony- und Eignungs-WB/-LP sowie Gebrauchs-LP**
   2.1 Der Platz für die Durchführung von Dressur-WB/-LP oder einer Teilprüfung Dressur sowie Reitpferde-/Reitpony- und Eignungs-WB/-LP muss eben sein.
   Mindestgröße:
   a) bei Reitpferde-/Reitpony-WB/-LP:
      Mindestens 1.200 m² (Mindestbreite 20 m) bei Hallen-WB/LP mindestens 20 x 40 m
   b) bei Dressur-WB/-LP für Reitpferde/-ponys:
      je nach Ausschreibung die Maße 20 x 40 m oder 20 x 60 m;
   c) Dressur-LP für Einspänner:
      40 x 80 m, bei Hallen-LP mindestens 20 x 40 m;
   d) Dressur-LP für Zweispänner:
      je nach Ausschreibung 40 x 80 m oder 40 x 100 m, bei Hallen-LP mindestens 20 x 40 m;
   e) Dressur-LP für Vier- und Mehrspänner:
      40 x 100 m, bei Hallen-LP mindestens 30 x 60 m
   f) Gebrauchs-LP für Fahrpferde/-ponys:
      30 x 60 m, bei Hallen-LP je nach Ausschreibung, jedoch mindestens 20 x 60 m.
   
   2.2 Für die Durchführung von Dressur-WB/-LP ist das Dressurviereck deutlich zu markieren, mindestens durch
   a) Kennzeichnung der Ecken mit Stangen oder bis zu 40 cm hohen Begrenzungen,
   b) Kennzeichnung der Mittelpunkte der langen und kurzen Seiten mit Stangen oder bis zu 40 cm hohen Begrenzungen und Kegeln,

LPO 2000 – Teil A

    c) Kennzeichnung der Zirkel- und Wechselpunkte mit Kegeln und Anbringung der Buchstaben gemäß Aufgabenheft zur LPO.
2.3 Der Dressurplatz ist im Freien in geeigneter Weise zu umgrenzen. Die Umgrenzung muss mindestens 5 m von der Viereckbegrenzung entfernt sein.
2.4 Für die Richtergruppe sollen (ca. 50 cm hohe) erhöhte Arbeitsplätze (z. B. Podium) bereitgestellt werden.

3. **Platz für Hindernisfahren**
3.1 Der Platz für die Durchführung von Hindernisfahren muss folgende Mindestmaße aufweisen
    **In der Halle:**
    Kat. B:    800 m² (Mindestbreite 20 m)
    Kat. A:    1.200 m² (Mindestbreite 25 m)
    **Im Freien:**
    Kat. B:    4.000 m² (Mindestbreite 50 m)
    Kat. A:    5.000 m² (Mindestbreite 50 m)
3.2 Der Platz für Hindernisfahren ist in geeigneter Weise zu umgrenzen.

4. **Ponyrennbahn**
4.1 Die Bahn für die Durchführung von Ponyrennen soll mindestens 5 m breit, sie kann oval oder gerade sein. Bei ovaler Bahn muss die Mindestlänge 400 m betragen, die kürzeste Gerade muss 100 m lang sein.
4.2 Das Geläuf der Bahn ist eindeutig auszuflaggen und außen in geeigneter Weise zu umgrenzen.

5. **Platz für Mindestleistungen**
Ziffer 4.1 gilt entsprechend.

6. **Voltigierplatz**
Der Prüfungsplatz muss mindestens einen Durchmesser von 20 m haben. Der Boden des Platzes muss eben, federnd, trittfest und darf weder zu tief noch zu fest sein. Bei überdachten Prüfungsplätzen sollte die lichte Höhe mindestens 5 m betragen. Der Abstand zwischen Prüfungsplatz und Umgrenzung muss mindestens 2 m betragen.

B. **Vorbereitungsplätze**
1. Bei jeder PS/PLS muss mindestens ein Vorbereitungsplatz vorhanden sein. Der Vorbereitungsplatz muss in der Nähe des Prüfungsplatzes liegen und als solcher ausgewiesen sein. Seine Größe muss in angemessenem Verhältnis zum Prüfungsplatz stehen und im Regelfall 40 x 80 m – Vorbereitungshallen 20 x 40 m – betragen. Er ist in geeigneter Form abzugrenzen.
2. Die Bodenverhältnisse auf dem Vorbereitungsplatz sind ebenso sorgfältig zu beachten und in Ordnung zu halten wie auf dem Prüfungsplatz.
3. Werden neben Spring-WB/-LP gleichzeitig andere Prüfungen, z. B. Dressur-WB/-LP, ausgetragen, so ist für die Vorbereitung der an diesen Prüfungen teilnehmenden Pferde/Ponys ein gesonderter Vorbereitungsplatz bereitzustellen.
4. Für das Longieren von Pferden/Ponys ist nach Möglichkeit ein gesonderter Platz bereitzustellen.
5. Auf dem Vorbereitungsplatz ist grundsätzlich nur das vom Veranstalter bereitgestellte Hindernismaterial zugelassen. Das Hindernismaterial muss in einwandfreiem Zu-

stand sein und ist in Sprung- bzw. Fahrrichtung dauerhaft auszuflaggen oder zu markieren. Der Veranstalter hat mindestens aufzustellen:
- für Spring-WB/-LP: mindestens je einen Hochsprung (zwei Ständer und mindestens drei Stangen) und einen Hoch-Weit-Sprung (vier Ständer und mindestens vier Stangen) sowie nach Möglichkeit einen Trabsprung, maximale Höhe 1,00 m
- für Hindernisfahren: mindestens vier Kegelpaare.
6. Für Geländeritte, Geländepferde-/Geländepony-LP und die Teilprüfung Gelände bei Vielseitigkeits-WB-/LP etc. sind geeignete Vorbereitungsmöglichkeiten mit mindestens einem Übungshindernis bereitzustellen. Der Platz für die Ruhephase bei großen Vielseitigkeits-LP bzw. die 1. Wegestrecke (Phase A) bei Vielseitigkeits-LP gelten nicht als Vorbereitungsplatz.
7. Für die Aufsicht auf dem Vorbereitungsplatz ist ein ausgewiesener, angemessener Arbeitsplatz mit Verbindungsmöglichkeiten zu den übrigen Richtern des/r betreffenden WB/LP bereitzustellen.
8. Für Voltigier-WB/-LP muss mindestens ein Vorbereitungsplatz, der wie der Prüfungsplatz beschaffen sein soll, zur Verfügung stehen.

## § 52
### Verhalten auf PS/PLS und Aufsicht
1. Teilnehmer an PS/PLS sind auf dem gesamten dem Turnierablauf dienenden Gelände sowie in dessen Umgebung zu sportlich-fairer Haltung und reiterlicher Disziplin verpflichtet.
2. **Unreiterliches Benehmen:**
   Als unreiterliches Benehmen ist insbesondere anzusehen:
   a) Anwendung unzulässiger Trainingsmethoden bzw. Benutzung unzulässiger Hilfsmittel/Ausrüstung; dazu zählt auch das Festhalten eines Hindernisteils (auch Ständer) sowie das bewusste „Hineinreiten" in ein Hindernis;
   b) Überforderung des Leistungsvermögens eines Pferdes/Ponys;
   c) unangemessenes Strafen eines Pferdes/Ponys;
   d) rücksichtsloses Verhalten gegenüber anderen.
3. **Aufsicht:**
   a) **Vorbereitungsplätze:**
      1. Ein für den/die jeweilige/n WB/LP zuständiger Richter, für V-WB/-LP sowie WB gemäß Abschnitt B.I.1 mindestens eine Person mit APO-Ausbilderqualifikation, ist für die Aufsicht auf dem Vorbereitungsplatz einzuteilen. Diese Position muss spätestens 1/2 Stunde vor Beginn des/r ersten WB/LP bis zum Ende des/r jeweils letzten WB/LP der PS/PLS bzw. des Tages besetzt sein.
      2. Die Aufsicht auf dem Vorbereitungsplatz ist berechtigt und verpflichtet, die Ordnung aufrechtzuerhalten.
      3. Sie hat unreiterliches Benehmen zu **rügen**.
      4. Sie kann bei wiederholtem oder grobem unreiterlichen Benehmen oder bei Gefahr für die Gesundheit von Pferden/Ponys und Teilnehmern den **sofortigen Ausschluss** von dem/r betreffenden WB/LP verfügen.
      5. Gegen die Rüge bzw. den Ausschluss von dem/r WB/LP ist ein Einspruch nicht zulässig.

LPO 2000 – Teil A

6. Die Aufsicht auf dem Vorbereitungsplatz hat **Verstöße gemäß § 920** dem LK-Beauftragten und/oder Veranstalter zur Einleitung eines Ordnungsverfahrens unverzüglich anzuzeigen.

b) **Laufende WB/LP:**
   – vgl. § 55.3 –
c) **Übriges Turniergelände:**
   Im Übrigen obliegt die Aufsicht – ggf. in Abstimmung mit dem LK-Beauftragten (vgl. § 53) – der Turnierleitung (vgl. § 39.2 und 3).

# Abschnitt A VII: Beaufsichtigung von WB und LP, Platzierung und Beurteilung

## § 53
**LK-/FN-Beauftragter**
1. Die LK haben für jede PS/PLS einen Sachverständigen als Beauftragten zu benennen.
2. LK-Beauftragte sind Sachverständige, die auf einer Liste der LK geführt werden und auf PS/PLS die FN und die LK vertreten.
3. Der LK-Beauftragte ist zuständig für die Abnahme der technischen Voraussetzungen, u. a.
   → Prüfungs- und Vorbereitungsplätze einschließlich Aufsicht, ggf. Geländestrecke
   → Hindernismaterial
   → Zeitnahme
   → Melde- und Rechenstelle
   → Notfallvorsorgedienste – z.B. Arzt und Sanitätsdienst, Tierarzt, Hufschmied etc. (vgl. § 40)
   → Pferdeunterbringung, Behandlungsmöglichkeiten für verletzte Pferde/Ponys, ggf. separate Boxen für Medikationskontrollen sowie Einrichtungen für die Pfleger
   → Parkmöglichkeiten für Pferdetransporter
   Hierzu hat er rechtzeitig vor Beginn der PS/PLS mit dem Veranstalter Verbindung aufzunehmen. Eine Delegierung von Einzelbereichen auf andere Richter ist möglich.
4. Der LK-Beauftragte hat das Recht, im Benehmen mit der Turnierleitung und ihren zuständigen Mitarbeitern notwendige Änderungen in Organisation und Anforderungen vornehmen zu lassen. Er ist über alle wesentlichen Entscheidungen der Turnierleitung zu unterrichten, bestimmte Entscheidungen können nicht ohne seine Zustimmung getroffen werden; dazu gehören insbesondere:
   4.1 Änderung der Ausschreibung während einer PS/PLS (§ 31.3)
   4.2 Abbruch/Absage von WB/LP bei höherer Gewalt (§ 32.4)
   4.3 ggf. Kontrolle der Ergebnislisten (§ 37)
   4.4 wesentliche Änderungen der bekanntgegebenen Zeiteinteilung (§ 43)
   4.5 Kontrolle bzw. Genehmigung von LPO-Ausnahmen hinsichtlich folgender Bestimmungen:
     a) Teilnehmernachtrag (§ 46),
     b) Pferde-/Ponynachtrag (§ 46),
     c) Ausnahmen zu Startfolge (§ 48), Startbereitschaft (§ 49.5),
     d) ggf. Teilnahmeberechtigung von Teilnehmern und Pferden/Ponys (§§ 64/65),
     e) sonstiger LPO-Vorschriften, sofern dazu gemäß LPO ermächtigt.
   4.6 Anordnung von/Anwesenheit bei Verfassungsprüfungen/Identitätskontrollen/Pferdekontrollen/Medikationskontrollen (§ 67)
   4.7 Nachträgliche Veränderung bereits abgenommener/zur Besichtigung freigegebener Geländestrecken/Hindernisse bei Geländeprüfungen Vielseitigkeit und Fahren (§§ 630.3/632.3/755.3/756.4)
   4.8 Tätigwerden bei jeder Art von Verstößen gegen die LPO
   4.9 Abfassung eines LK-Beauftragten-Berichts.
5. Der LK-Beauftragte hat die Pflicht, bei Streitfällen vermittelnd einzugreifen. Er ist über alle Einsprüche, Sitzungen des Schiedsgerichts und Schiedsgerichtsentscheidungen zu

unterrichten und ist vor einem evtl. Ordnungs- oder Schiedsgerichtsverfahren hinzuzuziehen; insbesondere
- 5.1 bei Änderung eines Richterspruchs (§ 60.2)
- 5.2 im Rahmen der gütlichen Erledigung eines Einspruchs (§ 914)
- 5.3 bei evtl. Ordnungsmaßnahmen der Turnierleitung (§ 924)
- 5.4 bei Einleitung eines Ordnungsverfahrens wegen Verstoßes gegen die Bestimmungen des § 52 (Verhalten auf PS/PLS und Aufsicht) bzw. § 55.6.
6. Der Name des LK-Beauftragten ist im Programm oder am „schwarzen Brett" bekannt zu geben.
7. Bei Bundesveranstaltungen bzw. von der FN vergebenen Veranstaltungen oder Prüfungen wird der LK-Beauftragte im Einvernehmen mit der FN benannt.
8. Bei internationalen PLS aller Kategorien wird die Funktion durch einen Beauftragten der FN wahrgenommen.

## § 54
**Richter, Richteranwärter, Hilfsrichter**
1. **Richter**
    - 1.1 Richter sind Sachverständige, die auf der Richterliste der LK mit den entsprechenden Qualifikationen geführt werden.
    - 1.2 Die Anerkennung als Richter für nationale WB/LP zunächst bis zur Kl. L im Reiten, bis zur Klasse M im Fahren bzw. als Voltigierrichter erteilt die LK nach bestandener Richterprüfung gemäß APO. Für die Fortschreibung der Anerkennung ggf. erforderliche Fortbildungsmaßnahmen sind in der APO geregelt.
    - 1.3 Das Verfahren zur Höherqualifikation ist in der APO geregelt.
    - 1.4 Die für internationale LP anerkannten Richter werden in einer Liste bei der FN geführt, die im Jahrbuch Sport, das jährlich erscheint, veröffentlicht wird.
2. **Richteranwärter**
    Als Richteranwärter gelten diejenigen Personen, die auf der Richterliste der Landeskommissionen mit dem entsprechenden Vermerk geführt werden.
3. **Hilfsrichter**
    Hilfsrichter können zur Unterstützung der Richter eingesetzt werden. Ihre Aufgabe ist die Feststellung einzelner Vorgänge, die sich der Beobachtung durch die Richter entziehen. Voraussetzung für den Einsatz von Hilfsrichtern ist ihre vorhergehende eingehende Unterweisung durch einen Richter.

## § 55
**Aufgabe der Richter**
1. Die Richter sind an die Ausschreibung und an die LPO gebunden. Sie beurteilen nach freiem Ermessen nach den in den Richtlinien für Reiten und Fahren festgelegten Grundsätzen, was sie während des/r WB/LP wahrnehmen und fällen danach ihren Richterspruch.
2. Nur die zuständigen Richter erteilen verbindliche Auskunft über die Prüfungsbedingungen.
3. Die Richter sind dem Veranstalter für die regelrechte Durchführung des/der WB/LP verantwortlich. In diesem Sinne sind sie unbeschadet der Zuständigkeit des LK-Beauftragten auch verantwortlich für die Kontrolle/Abnahme der technischen Voraussetzungen und die Tätigkeit der damit befassten Mitarbeiter; dazu gehören insbesondere:

3.1 ggf. Abnahme von Spring-/Hindernisfahr-Parcours sowie Geländestrecken Vielseitigkeit und Fahren
3.2 ggf. Teilung von WB/LP (vgl. § 50.1)
3.3 Aufsicht auf dem Vorbereitungsplatz, sofern entsprechend eingeteilt (vgl. § 52)
3.4 Wahrnehmung von LK-Beauftragten-Aufgaben (vgl. § 53) nach entsprechender Delegierung
3.5 Kontrolle und Abzeichnung der Richterkarten und Ergebnisunterlagen (vgl. § 58.1)
3.6 Entscheidungen bzgl. Platzierung sowie Vornahme der Platzierung (vgl. § 59.1)
3.7 ggf. Ausschluss von Teilnehmern (Reiter/Fahrer/Longenführer/Voltigierer bzw. Pferde/Ponys) mangels Teilnahmeberechtigung gemäß §§ 65.4/66.4
3.8 ggf. Vornahme von Verfassungsprüfungen, Identitätskontrollen, Pferdekontrollen (vgl. § 67)
3.9 Tätigwerden bei jedweder Art von Verstößen gegen die LPO
3.10 ggf. Genehmigung von Ausnahmen zu LPO-Vorschriften, sofern dazu gemäß LPO ermächtigt (z. B. Meldeschluss (§ 45)).
4. Kein amtierender Richter, Richteranwärter oder Hilfsrichter darf einem Teilnehmer während eines/r WB/LP, außer bei Not- und Unfällen, irgendeine Hilfe gewähren.
5. Wenigstens ein Richter ist verpflichtet, bis eine halbe Stunde nach der Platzierung an Ort und Stelle zu verbleiben, um bei Einsprüchen zur Verfügung zu stehen.
6. Die Richter können in Fällen einer offensichtlich groben Misshandlung eines Pferdes/ Ponys den Teilnehmer von den WB/LP bzw. der Platzierung in diesen WB/LP ausschließen. Bei stark herabgesetzter Leistungsfähigkeit des Pferdes/Ponys können die Richter das Pferd/Pony von den WB/LP ausschließen. Diese Maßnahmen sind der Turnierleitung und von dieser dem Beauftragten der LK sofort mitzuteilen. Diese Maßnahmen können mündlich erfolgen. Sie sind nicht anfechtbar und stehen einem Ordnungsverfahren wegen desselben Verstoßes nicht entgegen.

## § 56
**Richtereinsatz**

1. Gemeinsames Richtverfahren:
   für jede WB/LP ist mindestens ein anerkannter Richter mit der erforderlichen Qualifikation einzusetzen.
   Bei V-WB/V-LP sind mindestens ein Richter mit der erforderlichen Qualifikation, sowie mindestens ein V-Richteranwärter einzusetzen.
2. Getrenntes Richtverfahren:
   für jede LP sind wenigstens drei, bei Vielseitigkeits-LP wenigstens zwei anerkannte Richter mit der entsprechenden Qualifikation einzusetzen. Für V-LP der Leistungsklasse A sowie für Landes- und Bundesmeisterschaften Voltigieren muss zusätzlich ein Zeitnehmer eingesetzt werden.
3. Als Aufsicht auf dem Vorbereitungsplatz ist ein anerkannter Richter einzusetzen. Bei V-WB/V-LP sowie WB der Kat. C gemäß Abschnitt B I.1 kann als Aufsicht auch eine Person mit Ausbilderqualifikation gemäß APO eingesetzt werden. Je nach örtlichen Gegebenheiten kann der Aufsicht führende Richter bzw. die Aufsicht führende Person für mehrere parallel stattfindende WB/LP eingesetzt werden.
4. Für internationale LP gelten die Bestimmungen des RG der FEI.

5. Die personelle Besetzung (einschließlich Aufsicht auf dem Vorbereitungsplatz) ist in die Zeit- bzw. Richtereinteilung oder das Programm aufzunehmen.
6. In WB/LP mit beurteilendem Richtverfahren sind Richter und Veranstalter gemeinsam dafür verantwortlich, dass keine Besorgnis der Befangenheit (z. B. Verwandtschaft, Besitzer, Ausbilder, Arbeitgeber-Arbeitnehmer-Verhältnis, wirtschaftliche Beziehungen) geltend gemacht werden kann.
7. Das Richten und die Teilnahme an WB/LP bei derselben PS/PLS ist unzulässig.
8. Die Zusammensetzung einer Richtergruppe darf während eines/r WB/LP bzw. separat ausgetragener Abteilungen eines/r WB/LP nicht geändert werden.
Dies gilt nicht für die Teilprüfungen eines/r mehrteiligen oder kombinierten WB/LP, wenn dabei verschiedene Richtverfahren zur Anwendung kommen sowie für den Richter auf dem Vorbereitungsplatz.
9. Bei Eignungs-WB/-LP und Jagdpferde-/Jagdpony-LP haben die Richter die Möglichkeit, für die Platzierung in Frage kommende Pferde unter dem Sattel auf ihre Rittigkeit – ohne Springen – zu prüfen. Bei Eignungs-LP für Fahrpferde/-ponys haben die Richter die Möglichkeit, für die Platzierung in Frage kommende Pferde/Ponys vom Bock auf ihr Gefahrensein zu prüfen.
10. Die Durchführung von „Testreiter-Überprüfungen" ist nur in Basis- und Aufbauprüfungen (Abschnitt B III) bei Landesverbands-/Bundeschampionaten zulässig (Ausnahme Zuchtstutenprüfungen gemäß §§ 330 ff. bzw. Hengstleistungsprüfungen gemäß § 335).

## § 57
**Richtverfahren**

Die Bewertung der WB/LP erfolgt entsprechend den Vorschriften in Teil B nach folgenden Richtverfahren:

**1. Beobachtendes/beurteilendes Richtverfahren:**

1.1 Beim beobachtenden Richtverfahren sind vorwiegend Kriterien wie „Hindernisfehler", „Zeit" u. a. maßgebend.

1.2 Beim beurteilenden Richtverfahren wird nach freiem Ermessen nach den in den Richtlinien für Reiten und Fahren festgelegten Grundsätzen entschieden. Hierbei finden die folgenden Wertnoten Anwendung:

| | | | | |
|---|---|---|---|---|
| 10 = | ausgezeichnet | 4 | = | mangelhaft |
| 9 = | sehr gut | 3 | = | ziemlich schlecht |
| 8 = | gut | 2 | = | schlecht |
| 7 = | ziemlich gut | 1 | = | sehr schlecht |
| 6 = | befriedigend | 0 | = | nicht ausgeführt |
| 5 = | genügend | | | |

Dezimalstellen sind außer bei der Verwendung von Notenbogen in Dressur-WB/-LP zulässig. Sind andere Wertnoten anzuwenden, ergibt sich dieses aus den Vorschriften im Teil B.

**2. Gemeinsames/getrenntes Richtverfahren:**

2.1 Beim gemeinsamen Richtverfahren drücken die Richter ihr gemeinsames Urteil über die Gesamtleistung jedes Teilnehmers durch eine mündlich oder schriftlich zu begründende Wertnote von 10–0 (vgl. 1.2) aus.

2.2 Beim getrennten Richtverfahren erteilt jeder Richter für jede Vorstellung bzw. Lektion einer Aufgabe eine Wertnote von 10–0 (vgl. 1.2). Bei Verwendung von Notenbogen in Dressur-LP bzw. der Teilprüfung Dressur bei Vielseitigkeits-LP (Reiten/Fahren) – nur bei diesem Richtverfahren erlaubt – sind nur volle Wertnoten zulässig. Das getrennte Richten ist nur bei Dressur-LP bzw. der Teilprüfung Dressur bei Vielseitigkeits-LP (Reiten/Fahren) und bei V-WB/-LP zugelassen.

## § 58
### Richterspruch
1. Der Richterspruch, ggf. jede Teilwertung, ist im Einzelnen schriftlich festzuhalten. Die platzierten Teilnehmer und die im Ergebnis folgenden zwei Teilnehmer sind auf den von der LK zugelassenen Ergebniszetteln aufzuführen. Richterkarten und Ergebniszettel sind von den Richtern zu unterschreiben.
2. Wenn der Richterspruch nicht direkt nach den Bestimmungen der LPO gefällt werden kann, ist die Entscheidung zu fällen, die dem Sinn der Bestimmungen am nächsten kommt. In Zweifelsfällen soll ohne Benachteiligung anderer Teilnehmer zugunsten des Teilnehmers entschieden werden.
3. Die Richterunterlagen jedes/r WB/LP sind unverzüglich an der Melde-/Rechenstelle abzugeben.
4. Das Ergebnis jedes/r WB/LP ist unverzüglich am „schwarzen Brett" bekannt zu geben, den Teilnehmern ist danach Einsicht in die betreffenden Richterunterlagen zu gewähren.

## § 59
### Platzierung
1. Die Platzierung ist ein Bestandteil des/r WB/LP. Sie wird durch die Richter entschieden, bei eventuellen Mehrplatzierungen im Einvernehmen mit dem Veranstalter festgelegt und durch einen Richter vorgenommen. Wenigstens ein Viertel der Teilnehmer, jedoch mindestens vier, sind zu platzieren, sofern sie die Platzierungsvoraussetzungen (vgl. 5 a und b) erfüllen.
2. Für die Zahl der Platzierungen ist grundsätzlich die Zahl der gestarteten Teilnehmer in dem/r WB/LP, bei geteilten WB/LP in der Abteilung, maßgebend.
3. Die Teilnahme an der Platzierung ist grundsätzlich für alle an 1.–6. Stelle platzierten Teilnehmer mit dem platzierten Pferd/Pony Pflicht. Nichtteilnahme dieser Teilnehmer hat die Aberkennung der Platzierung zur Folge. Teilnehmer, die sich mit mehreren Pferden/Ponys platzieren konnten, sollen mit dem höchstplatzierten Pferd/Pony teilnehmen. Aus wichtigem Grund kann mit vorheriger Zustimmung der Turnierleitung und der Richter eine Ausnahme zugelassen werden.
Bei V-WB/-LP ist die Teilnahme an der Platzierung grundsätzlich für alle Teilnehmer und Pferde/Ponys Pflicht. Über Ausnahmen entscheidet der LK-Beauftragte in Abstimmung mit der Turnierleitung.
4. In WB/LP, die nach beurteilendem Richtverfahren bewertet werden, kann der Platzierung eine Vorstellung der Teilnehmer vorausgehen. Für jede Teilnahme an der Vorstellung gilt Ziffer 3 entsprechend. Nichtteilnahme hat die Aberkennung der Platzierung zur Folge. Aus wichtigem Grund kann mit vorheriger Zustimmung der Turnierleitung und der Richter eine Ausnahme zugelassen werden.

# LPO 2000 – Teil A

5. Für die Platzierung ist der Richterspruch maßgebend. Es kommt für eine Platzierung nur in Frage, wer den/die WB/LP beendet und
   a) bei Bewertung nach dem beobachtenden Richtverfahren mindestens 50% der Hindernisse des/r WB/LP ohne Strafpunkte bzw. -sekunden überwunden hat,
   b) bei Bewertung nach dem beurteilenden oder nach dem beurteilenden und beobachtenden Richtverfahren mindestens 50% der erreichbaren Wertnotensumme oder Wertnote erreicht hat.
   Bei V-WB/-LP werden keine Mindestwertnoten verlangt.
6. Zeigt sich während eines/r WB/LP oder einer Teilprüfung eindeutig, dass keine Aussicht auf Platzierung besteht oder die gestellten Anforderungen nicht erfüllt werden, können die Richter für diesen Teilnehmer auf vorzeitige Beendigung von WB/LP entscheiden.
7. Erfüllt ein Teilnehmer infolge eines durch den Veranstalter oder die Richter zu vertretenden offensichtlichen Verschuldens eine oder mehrere Anforderungen eines/r WB/LP nicht, soll er, wenn möglich, den/die WB/LP beenden und ist entsprechend seiner Leistung zusätzlich zu bewerten bzw. zu platzieren.
8. Bei mehreren Teilnehmern mit gleichem Ergebnis ist nach folgendem Beispiel zu platzieren: 1., 1., 1., 4., 5., 5., 7.
9. Die besondere Handhabung der Platzierung bei Stechen ergibt sich aus den Vorschriften im Teil B.

## § 60
**Berichtigung eines Richterspruches**
1. Wird aufgrund der Berichtigung eines Richterspruches die Änderung einer Platzierung erforderlich, müssen die Richter die neue Platzierung unmittelbar der Turnierleitung bekannt geben. Diese hat eine Bekanntmachung am „schwarzen Brett" vorzunehmen und ausschließlich nach der neuen Platzierung zu verfahren.
2. Sind die Richter nicht bereit, den Richterspruch zu ändern, ist der LK-Beauftragte zur Vermittlung einzuschalten. Erreicht dieser keine Einigung, hat er von Amts wegen eine Entscheidung des Schiedsgerichts der PS/PLS herbeizuführen.
3. Nach Beendigung der PS/PLS liegt die Zuständigkeit für die Berichtigung eines Richterspruches bei der LK bzw. FN.
4. Die Berichtigung eines Richterspruches von Amts wegen ist ausgeschlossen, solange ein Schiedsgerichtsverfahren anhängig ist.
5. Disqualifikationen platzierter Teilnehmer aufgrund fehlender Teilnahmeberechtigung sind vom Veranstalter unverzüglich vorzunehmen, sobald er Kenntnis davon erlangt hat. Nach der PS/PLS liegt die Zuständigkeit hierfür bei der LK bzw. FN.
   Der Teilnehmer hat Geldpreis, Preisschleife und ggf. Ehrenpreis unverzüglich an den Veranstalter zurückzugeben.

## § 61
**Schiedsgericht**
Für jede PS/PLS ist ein Schiedsgericht gemäß der Rechtsordnung – Teil C – zu bilden.

## Abschnitt A VIII: Teilnahmeberechtigung

### § 62
**Erfolgsanrechnung**
1. Die Erfolgsanrechnung für Reiter/Fahrer/Voltigierer und Pferde/Ponys wird wie folgt gehandhabt:
   In der Zeit vom 1. Januar bis 31. Dezember:
   Erfolge des vorletzten Jahres und Erfolge des letzten Jahres bis zum 30. September. Für gemäß Ausschreibung verlangte Mindesterfolge gilt grundsätzlich der Nennungsschluss der betreffenden PS/PLS.
   Der Erfolgsanrechnungszeitraum kann durch die Ausschreibung maximal bis zum Nennungsschluss ausgedehnt werden.
2. Angerechnet werden die gemäß § 38 registrierten Siege und Platzierungen. Als Sieg und Platzierung gelten nur Erfolge in Einzel-LP und kombinierten Dressur-/Spring-LP gemäß §§ 810/820/830 bzw. in kombinierten LP für Fahrpferde/-ponys gemäß § 760. Gleichgestellt sind Nationenpreise und offizielle Mannschaftschampionate der FEI.

### § 63
**Teilnahmevoraussetzungen und Leistungsklassen**
1. Die Teilnahmevoraussetzungen in nationalen WB/LP ergeben sich aufgrund der Ausschreibung sowie der Zugehörigkeit zu einer bestimmten Leistungsklasse.
   1.1 Reiten:
   Die Teilnahmeberechtigung in LP der Abschnitte B IV (Dressur-WB/-LP), B V (Spring-WB/-LP) und B VI (Vielseitigkeits-WB/-LP) hängt von der Zugehörigkeit zu einer bestimmten Leistungsklasse ab, die auf dem Reitausweis vermerkt wird. Die Zugehörigkeit zu einer Leistungsklasse berechtigt je nach Einstufung zum Start in WB/LP bestimmter Kategorien und Klassen. Für die Teilnahme ausschließlich an WB der Kat. C ist kein Reitausweis erforderlich.
   1.2 Fahren:
   Die Teilnahmeberechtigung an Fahr-LP des Abschnitts B VII hängt von der Zugehörigkeit zu einer bestimmten Leistungsklasse ab, die auf dem Fahrausweis vermerkt ist. Die Zugehörigkeit zu einer Leistungsklasse berechtigt je nach Einstufung zum Start in WB/LP bestimmter Kategorien, Klassen und Anspannungsarten. Für die Teilnahme ausschließlich an WB der Kat. C (Abschnitt B I und B II) ist kein Fahrausweis erforderlich.
   1.3 Voltigieren:
   Für die Teilnahme an V-WB/-LP ist der Besitz eines Voltigier- bzw. Longenführerausweises erforderlich.
2. Einzelheiten über die Leistungsklassen, die Einstufungskriterien und die damit verbundenen Startberechtigungen sowie die Kriterien für die Höher- und Rückstufung werden jeweils zum Ende eines Jahres für das folgende Kalenderjahr vom FN-Bereich Sport im Rahmen von Durchführungsbestimmungen festgelegt und bei Änderungen im Kalender veröffentlicht.
3. Teilnahmevoraussetzungen/Startgenehmigungen für internationale LP und nationale LP im Ausland.

3.1 Die Startgenehmigung für internationale LP im In- und Ausland sowie für nationale LP im Ausland regelt sich nach der Ausschreibung sowie den einschlägigen Bestimmungen der FEI. Teilnehmer, die von der FN oder einer LK gesperrt sind, dürfen auch in internationalen LP bzw. nationalen LP im Ausland nicht starten.

3.2 Für die Teilnahme an internationalen LP im Ausland ist gemäß RG der FEI die Nennung über die FN vorgeschrieben. Nennungen für internationale LP sind spätestens 28 Tage vorher schriftlich bei der FN zu beantragen.

3.3 Für die Teilnahme an nationalen LP im Ausland ist eine Startgenehmigung der FN (für LP ≈ der Kat. A) bzw. der zuständigen LK (für LP ≈ der Kat. B) erforderlich.

3.4 Jeder Teilnehmer und Pferdebesitzer bei internationalen LP im In- und Ausland unterwirft sich dem RG der FEI einschließlich seiner Rechtsordnung mit Strafbestimmungen. Das gilt bei Teilnehmern unter 18 Jahren auch für die Erziehungsberechtigten. Daneben gelten bei Verstößen auch die Vorschriften der LPO (§§ 920 ff.).

## § 64
### Teilnahmeberechtigung der Pferde/Ponys

Die generelle Teilnahmeberechtigung ergibt sich aufgrund der Ausschreibung und Eintragung in eine der Listen für Turnierpferde/-ponys der FN (vgl. § 16). In WB der Kat. C und in V-WB/-LP sind auch Pferde/Ponys ohne Eintragung teilnahmeberechtigt.

1. Die für die einzelnen WB/LP geltenden Rahmenbestimmungen sind in den Abschnitten B I–VIII der LPO geregelt.

2. Auf der gleichen PS/PLS sind Pferde und Ponys in WB/LP einer Disziplin nur teilnahmeberechtigt in:

   Reiten:                    Fahren:
   Kl. A und L oder           Kl. A und M oder
   Kl. L und M oder           Kl. M und S
   Kl. M und S

   Von dieser Regelung sind ausgenommen:
   → Mannschafts-WB/-LP
   → WB der Kat. C
   → LP der Kl. A, sofern das Pferd/Pony von einem Teilnehmer der Leistungsklassen 5 oder 6 gestartet wird.

3. **Ponys gemäß § 16.1 sind in Reit-WB der Kat. C und Reit-LP der Kat. B zugelassen, wenn die Ausschreibung dies nicht ausdrücklich ausschließt. Fahren vgl. § 700 ff.**
   Folgende Ponygrößen werden unterschieden:
   K-Ponys:        bis 127 cm Stockmaß
   M-Ponys:        128 – 137 cm Stockmaß
   G-Ponys:        138 – 148 cm Stockmaß
   Maßgeblich ist die Angabe laut Meßbescheinigung (vgl. § 16.1)

## § 65
**Allgemeine Teilnahmebeschränkungen von Reitern und Fahrern, Longenführern und Voltigierern**
1. Zu PS/PLS sind nicht zugelassen:
   1.1 Von der FN, den LK, den FN-Anschlussverbänden, dem DVR oder dem HVT z. Z. gesperrte oder von Turnier- und/oder Rennplätzen verwiesene Teilnehmer.
   1.2 Mit einer bis zum Nennungsschluss nicht erledigten unanfechtbaren Ordnungsmaßnahme belegte Teilnehmer.
   1.3 Teilnehmer, solange gegen sie eine Sperre nach den Bestimmungen der FEI verhängt ist (und keine anders lautende Entscheidung der FN vorliegt).
2. Zu WB/LP sind nicht zugelassen und ggf. zu disqualifizieren:
   2.1 Teilnehmer, die während der PS/PLS mit einer entsprechenden Ordnungsmaßnahme belegt werden bzw. gemäß § 52.3.a.4 von der Teilnahme an dem/r betreffenden WB/LP ausgeschlossen wurden.
   2.2 Teilnehmer mit stark herabgesetzter Leistungsfähigkeit (z. B. nach schwerem Sturz) oder offensichtlichem Unvermögen oder unvorschriftsmäßiger Ausrüstung;
   2.3 Je Teilnehmer mehr als drei Pferde/Ponys/zwei Gespanne in allen WB/LP. Auch bei einer Teilung darf jeder Teilnehmer höchstens bis zu drei Pferde/Ponys bzw. zwei Gespanne insgesamt in allen Abteilungen des/r geteilten WB/LP reiten bzw. fahren. Voltigierer dürfen je WB/LP nur einmal starten.
3. Inhaber von Gastlizenzen sind in lokalen, regionalen und überregionalen Mannschafts-WB/-LP, Meisterschaften und ähnlichen WB/LP nicht zugelassen.
4. Teilnehmer, die nach Ziffer 1–3 nicht teilnahmeberechtigt sind, sind sofort von dem/r betreffenden WB/LP auszuschließen. Die Entscheidung kann von jedem Richter der betreffenden PS/PLS sowie vom LK-Beauftragten getroffen werden. Der Ausschluss erfolgt mündlich gegenüber dem Teilnehmer. Gegen diese Entscheidung ist ein Einspruch gemäß LPO nicht zulässig. Sie steht jedoch einem Ordnungsverfahren wegen desselben Verstoßes nicht entgegen.

## § 66
**Allgemeine Teilnahmebeschränkungen von Pferden und Ponys**
1. Zu PS/PLS sind nicht zugelassen:
   Pferde und Ponys, deren Besitzer von der FN, den LK, den Anschlussverbänden, dem DVR oder dem HVT oder deren regionalen Organisationen z. Z. gesperrt oder von PS/PLS oder Turnier- und/oder Rennplätzen verwiesen sind.
2. Die Teilnahmeberechtigung je Pferd/Pony auf PS/PLS ist beschränkt:
   Je Tag drei Starts (Ausnahme Mannschafts-WB/-LP; WB gemäß Abschnitte B I.1 (§§ 100–106) und B I.2 (§§ 110–116)): gemäß Ausschreibung bzw. gemäß den jeweiligen LK-Bestimmungen. In Vielseitigkeits- und kombinierten WB/LP im Reiten, Fahren und Voltigieren gilt jede Teilprüfung als ein Start.
   Je Tag ist maximal ein Start in
   a) Geländeritten (Ausnahme Geländepferde-/Geländepony-WB/-LP und Stilgeländeritte) bzw. Teilprüfung Gelände bei Vielseitigkeits-WB/-LP;
   b) Gelände- bzw. Gelände- und Streckenfahrten (nach Teilnahme an einer Gelände- bzw. Gelände- und Streckenfahrt darf max. eine weitere Prüfung absolviert werden) zulässig.

LPO 2000 – Teil A

Je PS/PLS ist ein Pferd/Pony nur einmal in einer Gelände- bzw. Gelände- und Streckenfahrt startberechtigt.
Die Teilnahmeberechtigung für V-PS/-PLS ist in den Durchführungsbestimmungen Voltigieren geregelt.

3. Zu WB/LP sind nicht zugelassen und ggf. zu disqualifizieren:
   3.1 Pferde/Ponys, die außer Konkurrenz gestartet werden sollen.
   3.2 Pferde/Ponys, die in den betreffenden WB/LP oder einer ihrer Unterabteilungen bereits gestartet sind:
   Ausnahme WB gemäß Abschnitte B I.1 (§§ 100–106) und B I.2 (§§ 110–116) sowie Abschnitt B II.1 (§§ 200 ff.) gemäß Ausschreibung.
   3.3 Pferde/Ponys, die aufgrund ihrer Verfassung den Anforderungen offensichtlich nicht gewachsen sind, z. B. nach schwerem Sturz oder Pferde/Ponys, die für lahm befunden werden.
   3.4 Pferde/Ponys,
   → die seit Beginn der PS/PLS mit unzulässigen Trainingsmethoden bzw. unter Benutzung unzulässiger Hilfsmittel/Ausrüstung (dazu gehört auch das Festhalten eines Hindernisteils (auch Ständer), das bewusste „Hineinreiten" in ein Hindernis sowie die Arbeit an der Hand durch eine weitere Person) auf den/die WB/LP vorbereitet wurden;
   → deren Leistungsvermögen auf dem Vorbereitungsplatz bewusst überfordert wurde;
   → die misshandelt oder unangemessen bestraft wurden.
   3.5 Pferde/Ponys, die sich im Verlauf eines/r WB/LP oder auf dem Vorbereitungsplatz mehrfach der Einwirkung des Teilnehmers entziehen. Sie können von der Turnierleitung für die Dauer der Gesamtveranstaltung ausgeschlossen werden.
   3.6 Pferde/Ponys, die an ansteckenden Krankheiten leiden, sich in Gesundheitsbeobachtung befinden oder bösartig sind.
   3.7 Pferde/Ponys, bei denen eine vorübergehende lokale Schmerzausschaltung oder Neurektomie vorgenommen wurde oder bei denen akute Veränderungen der Haut bestehen sowie Pferde/Ponys mit implantiertem Tracheotubus.
   3.8 Pferde/Ponys, denen gemäß § 920.2 e) eine Dopingsubstanz oder ein verbotenes Arzneimittel verabreicht oder an denen eine verbotene Methode angewendet oder zur Beeinflussung der Leistung, Leistungsfähigkeit oder Leistungsbereitschaft irgendein Eingriff oder eine Manipulation vorgenommen wurde.
   Die Disqualifikation erfolgt unabhängig davon, ob wegen des Verstoßes eine Ordnungsmaßnahme zu verhängen ist.
   3.9 Pferde/Ponys, die zu einer nach § 67 angeordneten Maßnahme nicht gestellt werden.
   3.10 Pferde/Ponys, die nicht gegen Influenza-Viren geimpft sind (vgl. Durchführungsbestimmungen zu § 66.3.10).
   3.11 Pferde/Ponys, die am selben Tag auf einer anderen PS/PLS gestartet werden.
4. Nicht teilnahmeberechtigte Pferde/Ponys (vgl. Ziffer 1–3) sind sofort von dem/r betreffenden WB/LP bzw. PS/PLS (bei Vorliegen eines Verstoßes gegen Ziffer 3.11 bei beiden Veranstaltungen) auszuschließen bzw. zu disqualifizieren. Bei Verstoß gegen Ziffer 3.10 ist das betreffende Pferd/Pony unverzüglich vom Veranstaltungsgelände zu entfernen.

Die Entscheidung kann von jedem Richter der betreffenden PS/PLS sowie vom LK-Beauftragten getroffen werden. Der Ausschluss erfolgt mündlich gegenüber dem Teilnehmer. Gegen diese Entscheidung ist ein Einspruch gemäß LPO nicht zulässig. Sie steht jedoch einem Ordnungsverfahren wegen desselben Verstoßes nicht entgegen.

## § 67
### Medikationskontrollen, Verfassungsprüfungen und Pferdekontrollen

1. Verfassungsprüfungen/Pferdekontrollen können bei allen WB/LP vorgenommen werden; verpflichtend vorgeschrieben sind:
   1.1 Reiten:
   a) Verfassungsprüfung oder Pferdekontrolle bei allen Vielseitigkeits-LP (VA–VS) vor der 3. Teilprüfung sowie bei allen GVA, GVL, GVM vor oder nach der Dressur.
   b) Verfassungsprüfung bei allen GVA, GVL, GVM vor Phase D und vor der Teilprüfung Springen.
   c) GVS analog CCI*** (gemäß RG FEI)
   Es muss bei allen Verfassungsprüfungen ein „Holding-Areal" vorhanden sein.
   Bei Verfassungsprüfungen ist außer Zäumung keine andere Ausrüstung zugelassen.
   1.2 Fahren:
   Verfassungsprüfungen (angespannt) bei Vielseitigkeits- und kombinierten LP für Fahrpferde/-ponys mit Gelände- bzw. Gelände- und Streckenfahrt sowie bei Gelände- bzw. Gelände- und Streckenfahrten vor Phase E und vor dem Hindernisfahren sowie Pferdekontrollen nach Ziel E.
   Wird eine andere Reihenfolge der Teilprüfungen als die herkömmliche gewählt, entfällt die Verfassungsprüfung vor dem Hindernisfahren.
   1.3 Voltigieren:
   Verfassungsprüfungen bei Landes- und Bundesmeisterschaften.
2. Die FN/LK/zuständigen Richter können bei jedem/r WB/LP jederzeit im Rahmen einer PS/PLS Pferde/Ponys bestimmen, an denen Medikationskontrollen und/oder Verfassungsprüfungen/Pferdekontrollen vorzunehmen sind. Nach der Absolvierung von Geländeritten bzw. der Teilprüfung Gelände bei Vielseitigkeits-WB/-LP sind die teilnehmenden Pferde/Ponys einer Pferdekontrolle gemäß Durchführungsbestimmungen zu § 67 zu unterziehen.
   Bei Tod oder Nottötung eines Pferdes/Ponys im Rahmen einer PS/PLS ist ggf. eine Medikationskontrolle vorzunehmen.
3. Proben sind durch einen vom Veranstalter bestellten oder von der FN beauftragten Tierarzt zu entnehmen und an das von der FN bestimmte Untersuchungsinstitut einzusenden.
4. Verfassungsprüfungen/Pferdekontrollen sind von einem vom Veranstalter bestellten Tierarzt gemeinsam mit dem LK-Beauftragten und/oder einem Richter vorzunehmen, bei den Verfassungsprüfungen gemäß Ziffer 1 sind Richter des/r WB/LP beteiligt.
5. Die aufgrund des Ergebnisses einer Verfassungsprüfung/Pferdekontrolle erforderliche Entscheidung wird bei vorgeschriebenen Verfassungsprüfungen gemäß Ziffer 1 durch die Richter des/r WB/LP – in allen anderen Fällen durch den LK-Beauftragten und einen

Richter – in Abstimmung mit dem untersuchenden Tierarzt getroffen. Gegen diese Entscheidung ist ein Einspruch nicht zulässig.
6. Einzelheiten zu Medikationskontrollen und Pferdekontrollen sind in den Durchführungsbestimmungen zu § 67 geregelt.

## § 67 a
**Liste der kontrollierten Substanzen:**
1. **Dopingsubstanzen**
sind Substanzen, die geeignet sind, die Leistung eines Pferdes/Ponys im Wettkampf zu beeinflussen.
Das sind:
→ Stimulantia
→ Sedativa und Narkotika
→ Anabolika
→ Diuretika
→ Peptidhormone und Analoge
Grenzwerte gelten für:
→ Testosteron:
   * bei Wallachen: freies und gekoppeltes Testosteron in einer Konzentration von 0,02 Mikrogramm pro Milliliter Urin
   * bei Stuten: freies und gekoppeltes Testosteron in einem Verhältnis zu Epitestosteron von 12:1
→ Nandrolon:
   frei und gekoppelt 5α-estrane-3β, 17α-diol bis 5(10)-estrene-3β, 17α-diol im Urin in einem Verhältnis von 1
→ Theobromin:
   in einer Konzentration ab 2,0 Mikrogramm pro Milliliter Urin
→ Cortisol:
   in einer Konzentration ab 1,0 Mikrogramm pro Milliliter Urin
Außerdem gilt die Verabreichung von Vollblut und/oder Zubereitungen, die rote Blutkörperchen enthalten, sowie jede Manipulation einer Probe als Doping.

2. **Verbotene Arzneimittel**
sind Substanzen, die als Arzneimittel eingesetzt werden, jedoch im Wettkampf verboten sind, und zwar solche, die
→ auf das Nerven-System
→ auf das Herz-Kreislauf-System
→ auf das Atmungs-System
→ auf das Verdauungs-System
→ auf das Harn-System
→ auf die Geschlechtsorgane
→ auf das Muskel- und Skelett-System
→ auf die Haut
→ gegen Infektionserreger
wirken.

Grenzwerte gelten für:
→ Salizylsäure:
in einer Konzentration ab 750,0 Mikrogramm pro Milliliter Urin oder 6,5 Mikrogramm pro Milliliter Blutplasma
→ Arsen:
in einer Konzentration ab 0,3 Mikrogramm pro Milliliter Urin
→ Dimethylsulfoxyd (DMSO):
in einer Konzentration ab 15,0 Mikrogramm pro Milliliter Urin
oder in einer Konzentration ab 1,0 Mikrogramm pro Milliliter Blutplasma
→ Verfügbares $CO_2$:
in einer Konzentration ab 37 Millimol pro Liter Blutplasma.

3. **Ausnahmen**
Die Anwendung/Verabreichung folgender Substanzen in zeitlichem Zusammenhang mit der Wettkampfteilnahme ist erlaubt (dies betrifft nur die Anwendung von für Pferde/Ponys in Deutschland zugelassene Substanzen), da sie der Vorbeugung und Pflege dienen und unterstützend bei der Gesunderhaltung des Pferdes/Ponys wirken:
→ Impfstoffe gemäß Durchführungsbestimmungen zu § 66.3.10
→ Substanzen zur Bekämpfung von Endoparasiten
→ Paramunitäts-Inducer
→ externe Desinfektionsmittel und Insektenschutzmittel.

# Notizen

# Abschnitt A IX: Ausrüstung von Teilnehmern und Pferden/Ponys

## § 68
**Ausrüstung der Reiter**
**Vorbemerkung:**
Die Ausrüstung der Reiter muss den Regeln der betreffenden Reitlehre und den Grundsätzen der Unfallverhütung und des Tierschutzes entsprechen (vgl. auch § 6 LPO).
Im Einzelnen gelten die folgenden Bestimmungen:
A. **Dressur-WB/-LP sowie Führzügelklassen-, Longenreiter-, Reiter- und Dressurreiter-WB; Reitpferde-/Reitpony-WB-/LP**
  I. **Anzug:**
  Der Anzug richtet sich nach Art und Anlass von WB/LP.
  Vorgeschrieben ist:
  1. In WB der Kat. C:
      Beliebiger, zweckmäßiger Reitanzug mit Stiefelhose und Stiefeln bzw. Jodhpurhose und Stiefeletten oder gemäß Ziffer 2.
  2. In LP der Kat. B und A:
      Helle Stiefelhose und Stiefel, gedecktes Jackett, dazu passendes Hemd mit Plastron oder Krawatte. Zulässig sind auch Stiefeletten und gleichfarbige, eng anliegende Glattleder-Chaps (Gamaschen), sofern sie optisch durchgehenden Reitstiefeln entsprechen.
      In allen Kategorien ist zugelassen: Vereins- oder Klubdress in Anlehnung an Ziffer 2, für Bundeswehr- und Polizeiangehörige Uniform. Anderer Anzug kann von der Turnierleitung mit Zustimmung des LK-Beauftragten zugelassen werden.
  3. In internationalen Dressuraufgaben der FEI für Senioren und Reiter: Tiefdunkler Reitfrack und Handschuhe. Für Junioren und Junge Reiter ist auch in diesen LP gedecktes Jackett zugelassen.
  II. **Kopfbedeckung:**
  Vorgeschrieben ist:
  1. In WB der Kat. C: Junioren gemäß § 17:
      Bruch- und splittersicherer Reithelm mit Drei- bzw. Vierpunktbefestigung.
      Empfohlen wird ein Schutzhelm, der der europäischen Norm „EN 1384" 1996 genügt.
      Junge Reiter, Reiter und Senioren dto. bzw. gemäß Ziffer 2.
  2. In LP der Kat. B- und A, alle Altersklassen: Zum Anzug passende/r Reitkappe oder Reithelm, Melone oder Zylinder.
  3. In internationalen Dressuraufgaben der FEI für Senioren und Reiter: Zylinder. Für Junioren und Junge Reiter ist auch in diesen LP Melone zugelassen.
  III. **Hilfsmittel** in WB-/LP aller Kategorien:
  1. Gerte: max. 120 cm lang (inkl. Schlag) zugelassen.
  2. Sporen: zugelassen, sofern sie bei normaler Anwendung nicht geeignet sind, Stich- oder Schnittverletzungen zu verursachen, max. Dornlänge 4,5 cm (inkl. Rädchen), für Ponyreiter max. Dornlänge 3,5 cm (inkl. Rädchen) (gilt auch für den Vorbereitungsplatz).

## LPO 2000 – Teil A

B. **Spring-WB/-LP sowie Springreiter-WB; Springpferde-/Springpony-LP, Eignungs-WB/-LP sowie Eignungs-WB/-LP mit Teilprüfung Gelände; Kombinierte Dressur-/Spring-WB/-LP**

I. **Anzug:** Der Anzug richtet sich nach Art und Anlass von WB/LP.
Vorgeschrieben ist:
1. In WB der Kat. C: Beliebiger, zweckmäßiger Reitanzug mit Stiefelhose und Stiefeln bzw. Jodhpurhose und Stiefeletten oder gemäß Ziffer 2.
2. In LP der Kat. B/A: Helle Stiefelhose und Stiefel; gedecktes, in LP der Kat. A auch rotes Jackett, dazu passendes Hemd mit Plastron oder Krawatte. Zulässig sind auch Stiefeletten und gleichfarbige, eng anliegende Glattleder-Chaps (Gamaschen), sofern sie optisch durchgehenden Reitstiefeln entsprechen.

In allen Kategorien ist zugelassen: Vereins- oder Klubdress in Anlehnung an Ziffer 2, für Bundeswehr- und Polizeiangehörige Uniform. Anderer Anzug kann von der Turnierleitung mit Zustimmung des LK-Beauftragten zugelassen werden. Schutzweste erlaubt.

II. **Kopfbedeckung:**
Vorgeschrieben ist (auch beim Springen auf dem Vorbereitungsplatz) in WB/LP aller Kategorien: Bruch- und splittersicherer Reithelm mit Drei- bzw. Vierpunktbefestigung. Empfohlen wird ein Schutzhelm, der der europäischen Norm „EN 1384" 1996 genügt.

III. **Hilfsmittel** in WB/LP aller Kategorien:
1. Gerte: max. 75 cm lang (inkl. Schlag) zugelassen.
2. Sporen: zugelassen, sofern sie bei normaler Anwendung nicht geeignet sind, Stich- oder Schnittverletzungen zu verursachen, max. Dornlänge 4,5 cm (inkl. Rädchen), für Ponyreiter max. Dornlänge 3,5 cm (inkl. Rädchen) (gilt auch für den Vorbereitungsplatz).

C. **Vielseitigkeits- und Gelände-WB/-LP; Geländereiter-WB; Geländepferde-/Geländepony- sowie Jagdpferde/Jagdpony-LP**

I. **Teilprüfung Dressur:** wie A.
**Ausnahmen**
1. **Anzug/Kopfbedeckung:**
Tiefdunkler Frack, Zylinder und Handschuhe in GVS vorgeschrieben.
2. **Hilfsmittel:**
a) Gerte in der Prüfung nicht erlaubt (auf dem Vorbereitungsplatz zugelassen).
b) Metall-Sporen in der Prüfung vorgeschrieben: Dornlänge max. 3,5 cm, ohne Rädchen, Spitzen oder rechtwinklige Kanten, mit ovalen bzw. runden Endflächen erlaubt (Beschaffenheitsvorschriften gelten auch für den Vorbereitungsplatz).

II. **Teilprüfung Gelände:** (inkl. Rennbahn und Wegestrecken)
1. **Anzug:**
Stiefelhose und Stiefel (in WB der Kat. C auch Jodhpurhose und Stiefeletten) sowie Schutzweste vorgeschrieben; ansonsten beliebig. In Jagdpferde-LP der Kat. A helle Stiefelhose, Stiefel und rotes/gedecktes Jackett vorgeschrieben. Zulässig sind auch Stiefeletten und gleichfarbige, eng anliegende Glattleder-Chaps (Gamaschen), sofern sie optisch durchgehenden Reitstiefeln entsprechen.
2. **Kopfbedeckung** (auch beim Springen auf dem Vorbereitungsplatz):
Bruch- und splittersicherer Reithelm mit Drei- bzw. Vierpunktbefestigung vorge-

schrieben. Empfohlen wird ein Schutzhelm, der der europäischen Norm „EN 1384" 1996 genügt.

3. **Hilfsmittel:**
   a) Gerte: max. 75 cm lang (inkl. Schlag) zugelassen.
   b) Sporen: Metallsporen, Dornlänge max. 3,5 cm ohne Rädchen, Spitzen oder rechtwinklige Kanten mit ovalen bzw. runden Endflächen erlaubt (Beschaffenheitsvorschriften gelten auch für den Vorbereitungsplatz).

III. **Teilprüfung Springen:** wie B.
Ausnahme
**Sporen:** Metallsporen, Dornlänge max. 3,5 cm ohne Rädchen, Spitzen oder rechtwinklige Kanten mit ovalen bzw. runden Endflächen erlaubt (Beschaffenheitsvorschriften gelten auch für den Vorbereitungsplatz).

## § 69
### Ausrüstung der Fahrer und Beifahrer
**Vorbemerkung:**
Die Ausrüstung der Fahrer und Beifahrer muss den Regeln der Fahrlehre und den Grundsätzen der Unfallverhütung und des Tierschutzes entsprechen.
Im Einzelnen gelten die folgenden Bestimmungen:
Anzug und Ausrüstung der Fahrer und Beifahrer richten sich nach der Art des Wagens und dem Stil der Anspannung. Einheit des Gesamtbildes und reiner Stil sind anzustreben.

A. **Gespannkontrollen, Eignungs- und Gebrauchs-LP, Dressur- und Hindernisfahren der Kat. A und B:**
Vorgeschrieben ist je nach Anspannung:
   I. Fahrer: Gedecktes/r Jackett oder Anzug mit Melone oder Zylinder oder Jackettanzug mit weichem oder Strohhut; Damen entsprechend mit Kopfbedeckung. Reitanzug ohne Sporen bzw. Uniform. Handschuhe und Kniedecke. Bogen- oder Stockpeitsche, bei Vier- und Mehrspännern mit Schlag von 3,60 bis 4 m Länge; bei Ponygespannen entsprechend.
   II. Beifahrer: Zum Stil passend, Handschuhe vorgeschrieben.

B. **Kat. C-WB und WB/LP im Gelände:**
   Fahrer und Beifahrer: Zweckmäßiger, dem Prüfungsanlass entsprechender Anzug mit Kopfbedeckung, im Gelände (Phase E) bruch- und splittersicherer Reithelm mit Drei- bzw. Vierpunktbefestigung vorgeschrieben, empfohlen wird ein Schutzhelm, der der europäischen Norm „EN 1384" 1996 genügt; Schutzweste empfohlen; Peitsche vorgeschrieben.

## § 70
### Ausrüstung der Reitpferde/-ponys
**Vorbemerkung:**
Die Ausrüstung der Pferde/Ponys muss den Regeln der Reitlehre und den Grundsätzen der Unfallverhütung und des Tierschutzes entsprechen.

Im Einzelnen gelten die folgenden Bestimmungen:
Zulässige Ausrüstung in Reit-WB/-LP gemäß LPO (Ausnahme für WB gemäß Abschnitt B I.1: gemäß Ausschreibung):

**A. Sattel** (englische Sattelform) einschließlich Steigbügeln/Steigbügelriemen (frei von der Sturzfeder herabhängend) und ggf. Vorgurt. In Pony-WB auch Decke und Schweifriemen; Schweifriemen für Ponys auch in Kat. B zugelassen.

**B. Zäumung und Reithalfter**
   I. Alle Prüfungsarten, Zäumung auf Trense (siehe Klapptafel Abb.1–8) und Reithalfter (siehe Klapptafel Abb. 1–5)
   II. Dressur-LP Kat. B und A und Teilprüfung Dressur bei Vielseitigkeits-LP Kat. A, Zäumung auf Kandare, wenn gemäß Ausschreibung vorgeschrieben/zugelassen (siehe Klapptafel Abb. 9a–c) und englisches Reithalfter (siehe Klapptafel Abb. 2)
   III. Springpferde-/Springpony-, Geländepferde-/Geländepony-, Jagdpferde-/Jagdpony- sowie Spring- und Gelände-LP Kat. B und A, Zäumung auf Trense/Springkandare/Pelham (zusätzlich zu 1) (siehe Klapptafel Abb. 1–8; 10–15) und Reithalfter (siehe Klapptafel Abb. 1–5 bzw. 2–4).
   IV. Spring-LP Kat. A, Teilprüfungen Gelände und Springen bei Vielseitigkeits-LP Kat. A sowie Jagdpferde-LP Kat. A: Beliebige Zäumung mit Gebiss und/oder gebisslose Zäumung mit oder ohne Reithalfter.

Maßgeblich ist grundsätzlich die Form des Gebisses gemäß den Abbildungen der Klapptafel (vgl. auch Richtlinien für Reiten und Fahren). Die Materialvorschriften sind nur bei den Gebissen verbindlich, bei denen das verwendete Material in der Abbildung ausdrücklich erwähnt wird; für Pferde/Ponys gesundheitsschädigende Materialien sind unzulässig.

**C. Sonstige erlaubte Ausrüstung bzw. Zubehör:**
   I. Vorderzeug: Zugelassen in allen WB/LP über Hindernisse sowie in der Teilprüfung Dressur bei Vielseitigkeits-WB/-LP.
   II. Bandagen, Gamaschen, Streichkappen, Kronen-/(Fessel-)ringe und Springglocken: Zugelassen in allen WB/LP über Hindernisse, Führzügelklassen-, Longenreiter-, Reiter- und Dressurreiter-WB sowie bei Mindestleistungen gemäß § 340. In Eignungs-WB/-LP für Reitpferde/-ponys gemäß §§ 310 ff. und §§ 315 ff. sowie in kombinierten WB/LP gemäß §§ 830 ff. sind nur Gamaschen bzw. Bandagen zugelassen.
   III. Fell- oder sonstige schonende Unterlagen an den Ausrüstungsgegenständen: Zugelassen in allen WB/LP.
   IV. Fliegenschutz an den Ohren:
   Als Fliegenschutz zugelassen in allen WB/LP; in Dressur, Dressurpferde-/Dressurpony-, Reitpferde-/Reitpony- und Eignungsprüfungen sowie in der Teilprüfung Dressur bei Vielseitigkeitsprüfungen nur mit Genehmigung des LK-Beauftragten.
   V. Nicht gestattet sind mit Gewichten beschwerte Gamaschen, Springglocken etc. (ob sichtbar oder unsichtbar).

**D. Erlaubte Hilfszügel:**
   I. Gleitendes Ringmartingal (auch Rennmartingal/mit Lederdreieck):
   Zugelassen in allen WB/LP über Hindernisse (Ausnahme Eignungs-WB/-LP gemäß §§ 310 ff. und §§ 315 ff. und kombinierten WB/LP gemäß §§ 830 ff.) sowie in Führzügelklassen-, Longenreiter-, Reiter- und Dressurreiter-WB (siehe Klapptafel Abb. 1).

II. Einfache oder doppelte (Dreiecks-, Lauffer-) beidseitige Ausbindezügel oder Stoßzügel aus Leder oder Gurtband (auch mit Gummiverbindungen): Zugelassen in Führzügelklassen-, Longenreiter-, Reiter- und Dressurreiter-WB (siehe Klapptafel Abb. 2–4).

**E. Hufbeschlag/Hufpflege:**
Müssen zweckdienlich und in Ordnung sein; nicht gestattet sind Bleiplatten oder Gewichte, ob sichtbar oder unsichtbar.

**F. Bestimmungen für den Vorbereitungsplatz:**
I. Führzügelklassen-, Longenreiter-, Reiter-, Dressurreiter-, Springreiter- und Geländereiter-WB: Ausrüstung wie in den jeweiligen WB vorgeschrieben.

II. Dressur- und Spring-WB Kat. C (= Kl. E):
Ausrüstung wie im jeweiligen WB vorgeschrieben. Erlaubte Hilfszügel: einfache oder doppelte (Dreiecks-, Lauffer-) beidseitige Ausbindezügel oder Stoßzügel aus Leder oder Gurtband (auch mit Gummiverbindungen): (Ausnahme: nicht beim Überwinden von Hindernissen). Bandagen, Gamaschen, Streichkappen zusätzlich erlaubt.

III. Reitpferde-/Reitpony-WB/-LP, Eignungs-WB/-LP, Eignungs-WB/-LP mit Teilprüfung Gelände, Dressurpferde-/Dressurpony- und Dressur-LP ab Kl. A, kombinierten WB/LP gemäß Eignungsprüfung: Ausrüstung wie in den jeweiligen WB/LP vorgeschrieben. Bandagen, Gamaschen, Streichkappen zusätzlich erlaubt. Zäumung gemäß § 70 B I. Abb. 1–7 (gebrochenes Trensengebiss) ist immer zugelassen.

IV. Springpferde-/Springpony- und Spring-LP ab Kl. A:
Ausrüstung wie in den jeweiligen LP vorgeschrieben. Erlaubte sonstige Hilfszügel: Schlaufzügel; jedoch nicht beim Überwinden von Hindernissen.

V. Geländepferde-/Geländepony-, Jagdpferde-/Jagdpony-, Vielseitigkeits-WB/-LP und Geländeritte: Ausrüstung wie in den jeweiligen (Teil-)WB/LP vorgeschrieben; keine sonstigen Hilfszügel erlaubt.

VI. Longieren: Vgl. Vorbemerkung.

**G. Platzierung gemäß § 59:**
Ausrüstung wie in dem/r jeweiligen WB/LP vorgeschrieben; zusätzlich Bandagen und ggf. Pferdedecke erlaubt.

**H. Jede andere, nicht ausdrücklich erwähnte Ausrüstung ist nicht zugelassen.**

## § 71
### Ausrüstung der Fahrpferde und Fahrponys sowie der Gespanne
**Vorbemerkung:**
Die Ausrüstung der Fahrpferde und Fahrponys sowie der Gespanne muss den Regeln der Fahrlehre und den Grundsätzen der Unfallverhütung und des Tierschutzes entsprechen.
Im Einzelnen gelten die folgenden Bestimmungen:

**A. Anspannung und Geschirr:**
Die Anspannung muss gepflegt, zweckmäßig, passend und verkehrssicher sein. Einheit des Gesamtbildes und reiner Stil sind anzustreben. Das Festbinden des Schweifes eines Pferdes/Ponys an Teilen des Wagens oder Geschirres ist verboten.
Bei Gelände- bzw. Gelände- und Streckenfahrten kann Geschirr (inkl. Leinen) jeden Stils verwendet werden.

In Dressur-LP mit Gespannkontrolle muss in der Gespannkontrolle und in der Dressur-LP dasselbe Geschirr verwendet werden. Bei Hindernisfahren aller Art können beliebige Leinen verwendet werden.

In Vielseitigkeits-/kombinierten Prüfungen muss in der Teilprüfung Dressur sowie Hindernisfahren dasselbe Geschirr (Ausnahme Leinen/Gebisse) verwendet werden.

Grundsätzlich sind Hinterzeuge sowie Koppelriemen zwischen den Kummeten bzw. Brustblättern der Vorderpferde/-ponys in allen Fahr-LP zugelassen.

B. **Zäumung:**
   I. Erlaubte Gebisse:
   Maßgeblich ist grundsätzlich die Form des Gebisses gemäß den nachfolgenden Abbildungen der Klapptafel (vgl. auch Richtlinien für Reiten und Fahren). Die Materialvorschriften zu den Abbildungen gelten gemäß Vorspann; für Pferde/Ponys gesundheitsschädigende Materialien sind unzulässig.
   1. Alle Prüfungsarten (siehe Klapptafel Abb. 1–10).
   2. Gelände-, Gelände- und Strecken- und Hindernisfahrprüfungen Kat. B und A (siehe Klapptafel Abb. 11–12).
   3. Alle Prüfungsarten Kat. A: beliebig.
   II. Erlaubtes Zubehör:
   1. Blendklappen sind bei allen LP auf dem Prüfungsplatz vorgeschrieben.
   2. Der Sperrriemen gemäß Abb. 12 (siehe Klapptafel) ist nur in LP der Kat. A zugelassen (Ausnahme Gelände: Bei Zäumung auf Doppelringtrense in Kat. B erlaubt.).
   3. Fliegenschutz an den Ohren ist in allen WB/LP zugelassen.

C. **Sonstige erlaubte Ausrüstung:**
   I. Bandagen, Gamaschen, Streichkappen und Springglocken sind bei Gelände-, Gelände- und Streckenfahrten, beim Hindernisfahren sowie auf dem Vorbereitungsplatz zulässig.
   II. Hufbeschlag/Hufpflege:
   Müssen zweckdienlich und in Ordnung sein.
   III. Fell- oder sonstige schonende Unterlagen an den Ausrüstungsgegenständen sind in allen WB/LP zugelassen.

D. **Wagen:**
   I. <u>Gebrauchs- und Eignungs-LP, Dressur- und Hindernisfahren</u>
   Es sind nur vierrädrige Wagen zulässig, ausgenommen für Tandem und Random. Die Wagen müssen gemäß StVO mit Feststellbremse, Wagenlaternen, Rückstrahlern und Reflektoren sowie Eisen- oder Vollgummireifen ausgerüstet sein. Wagen mit Ballenbereifung und/oder Drahtspeichenrädern sind nur zulässig für WB gemäß Abschnitt B I.2 (Kat. C-WB Fahren) und LP Kl. A sowie Eignungs- und Gebrauchs-LP für Ein- und Zweispänner.
   Wagen mit aktivierter Lenkverzögerung sind nicht zulässig. Docken müssen am äußersten seitlichen Ende der Bracke angebracht sein und dürfen nicht verändert werden; wird nicht an den Ortscheiten angespannt, müssen die Stränge an den Docken befestigt sein. Bracke und Ortscheit müssen mindestens mit der äußeren Spurbreite abschließen.

| Spurbreiten: | Kat. A (Minimum) (keine maximale Spurbreite vorgeschrieben) | Kat. B (Maximum) (keine minimale Spurbreite vorgeschrieben) |
|---|---|---|
| Vier-/Mehrspänner Pferde | 158 cm | 160 cm |
| Vier-/Mehrspänner Ponys | 138 cm | 140 cm |
| Zweispänner Pferde | 148 cm | 160 cm |
| Zweispänner Ponys | 138 cm | 140 cm |
| Einspänner Pferde | 138 cm | 160 cm |
| Einspänner Ponys | 138 cm | 140 cm |
| Tandem Pferde | 148 cm | 160 cm |
| Tandem Ponys | 138 cm | 140 cm |

In beiden Prüfungen (Dressur-/Hindernisfahren) einer Vielseitigkeits-LP/kombinierten Wertung muss derselbe Wagen verwendet werden.

II. Gelände- sowie Gelände- und Streckenfahrt Kat. B und A

Es sind nur vierrädrige Wagen (Ausnahme Tandem/Random) mit Holz-/Stahl o.ä. Speichenrädern (keine Drahtspeichenräder) mit glatter Lauffläche, geschützt durch flaches Eisenband und/oder Gummiauflage, zulässig. Lenkverzögerung und Abweiser sind zulässig, jedoch keine Geschwindigkeits- und Streckenmesser. Kein Teil des Wagens darf breiter sein als die äußere Spurbreite (hintere Räder) mit Ausnahme der Radnaben und Ortscheite.

Die Vorderbracke bei Vierspännern muss mindestens 1 m breit und die Strangbefestigung an den Vorderortscheiten mindestens 50 cm auseinander sein.

In den Phasen A–D müssen die Ortscheite für Pferde 60 cm, für Ponys 55 cm breit sein, in Phase E können diese, jedoch nur beidseitig gleich, um maximal 5 cm reduziert werden. Die Stränge sind an den äußeren Ortscheitenden zu befestigen. Die Mindestdistanz des Pferdes muss zu den Abweisern 40 cm, zu den Docken 50 cm betragen; beim Einspänner 50 cm, Ponys entsprechend.

Die Länge der Deichsel soll ca. 2,40 m betragen und bis zur Mitte der Pferdehälse reichen, Ponys entsprechend. Bei Jochanspannung kann die Deichsel kürzer sein; Mindestjochbreite bei Pferden 50 cm, bei Ponys 40 cm. Das Joch muss horizontal und vertikal beweglich sein.

Spurbreite und Gewichte:

|  | Mindestspurbreite | Mindestgewicht |
|---|---|---|
| Vier-/Mehrspänner Pferde | 125 cm | 600 kg (Kat. B 350 kg) |
| Vier-/Mehrspänner Ponys | 120 cm | 300 kg (Kat. B 225 kg) |
| Zweispänner Pferde | 125 cm | 350 kg |
| Zweispänner Ponys | 120 cm | 225 kg |
| Einspänner Pferde | 125 cm | 150 kg |
| Einspänner Ponys | 120 cm | 90 kg |
| Tandem Pferde | 125 cm | 150 kg |
| Tandem Ponys | 120 cm | 90 kg |

III. Kat. C:

Beliebige Wagen gemäß Vorbemerkung zu § 71 und 71.D.1. Einachsige Wagen sind nur zugelassen, wenn dieses ausdrücklich laut Ausschreibung vorgesehen ist.

IV. Das Festschnallen des Fahrers an den Wagen ist verboten.

E. **Mindestbesetzung der Wagen:**
   I. Kat. B und A, Vierspänner:
      1. Gespannkontrolle:
         Fahrer und zwei Beifahrer; weitere Passagiere erlaubt.
      2. Dressurprüfung:
         Fahrer und zwei Beifahrer; keine weiteren Passagiere erlaubt.
      3. Gelände- bzw. Gelände- und Streckenfahrt:
         mindestens vier Personen einschließlich Fahrer und Richter; weitere Passagiere erlaubt. Bei Geländefahrten ohne Bockrichter mindestens drei Personen.
         Während einer LP darf die Wagenbesetzung (Ausnahme Bockrichter) nicht gewechselt werden.
      4. Hindernisfahren:
         Fahrer und zwei Beifahrer; keine weiteren Passagiere erlaubt.
   II. Kat. B und A, Zweispänner:
      1. Gespannkontrolle:
         Fahrer und ein Beifahrer; weitere Passagiere erlaubt.
      2. Dressurprüfung:
         Fahrer und ein Beifahrer; keine weiteren Passagiere erlaubt.
      3. Gelände- bzw. Gelände- und Streckenfahrt:
         mindestens drei Personen einschließlich Fahrer und Richter; weitere Passagiere erlaubt. Bei Geländefahrten ohne Bockrichter mindestens zwei Personen.
         Während einer LP darf die Wagenbesetzung (Ausnahme Bockrichter) nicht gewechselt werden.
      4. Hindernisfahren:
         Fahrer und ein Beifahrer; keine weiteren Passagiere erlaubt.
   III. Kat. B und A, Einspänner:
      Fahrer und ein Beifahrer (Ausnahme Eignungs- und Gebrauchs-LP)
   IV. Kat. C:
      Fahrer und ein Beifahrer; weitere Passagiere erlaubt (Ausnahme Einspänner).
   V. Bei der Platzierung sind zusätzliche Passagiere erlaubt.
   VI. Der Bockrichter hat neben dem Fahrer zu sitzen.
   VII. In LP Kat. A und B haben Beifahrer hinter dem Fahrer zu sitzen.
F. **Vorbereitungsplatz:**
Die Ausrüstungsbestimmungen A–D sind in allen WB/LP auch für den Vorbereitungsplatz bindend. Longieren/Reiten vgl. Vorbemerkung.
G. **Jede andere, nicht ausdrücklich erwähnte Ausrüstung ist nicht zugelassen.**

## § 72
**Ausrüstung der Voltigierer und Voltigierpferde/-ponys**
Die Ausrüstung von Voltigierern und Voltigierpferden/-ponys ist in den Durchführungsbestimmungen Voltigieren festgelegt.

## § 73
**Produktkennzeichnung und Werbung**
1. **Produktkennzeichnung**
   Produktkennzeichnung an Ausrüstungsgegenständen und Kleidung gilt während WB/LP

inkl. Siegerehrung nicht als Werbung, sofern sie die folgenden Größen nicht überschreitet:
→ an Ausrüstungsgegenständen und Kleidung auf einer Fläche von 3 cm²
→ an Kutschen auf einer Fläche von je 50 cm² an beiden Fahrzeugseiten

2. **Werbung**
<u>Werbung</u> an Ausrüstungsgegenständen und Kleidung während WB/LP inkl. Siegerehrung ist zugelassen, sofern sie die folgenden Größen nicht überschreitet:

| | |
|---|---|
| → Satteldecke: | auf einer Fläche von 200 cm² auf jeder Seite |
| → Jackett bzw. sonstige zulässige Oberbekleidung: | auf einer Fläche von 80 cm² in Höhe der Brusttasche |
| → Hemdkragen: | auf einer Fläche von 16 cm² auf jeder Seite |
| → Oberbekleidung während Geländeprüfungen und Distanzritten: | auf einer Fläche von 200 cm² am Ärmel |
| → Oberbekleidung der Beifahrer während der Geländefahrt bzw. während der Gelände- und Streckenfahrt: | auf einer Fläche von 1.260 cm² am Rückenteil |
| → Kutschen: | |
|    * Dressur- und Hindernisfahren: | auf einer Fläche von 400 cm² auf jeder Seite |
|    * Gelände bzw. Gelände- und Streckenfahrt: | auf einer Fläche von 2.520 cm² auf jeder Seite sowie am Spritzbrett |
| → Voltigierdecke: | auf einer Fläche von 400 cm² auf jeder Seite |
| → Voltigieranzug: | auf einer Fläche von einmalig 100 cm² |

Jegliche andere Form von Produktkennzeichnung bzw. Werbung an Teilnehmern und Pferden/Ponys während WB/LP inkl. Siegerehrung ist verboten.

**Ausnahme:** Vom Veranstalter gestellte Rückennummer sowie Pferdedecken mit Sponsorenlogo während der Siegerehrung.

## Notizen

# Abschnitt A X: Einteilung der WB und LP

**§ 74**
**Einteilung der WB und LP**
1. Die WB/LP werden im Teil B in nachstehenden Abschnitten zusammengefasst:
   - B I.1:    §§ 100 ff.  = Breitensportliche Wettbewerbe
   - B I.2:    §§ 110 ff.  = Reiter-/Fahrer-Wettbewerbe
   - B I.3:    § 180       = IPZV-Wettkampfbestimmungen
   - B I.4:    § 190       = EWU-Wettkampfbestimmungen
   - B II.1:   §§ 200 ff.  = Voltigier-Wettbewerbe und -Leistungsprüfungen der Kat. C, B und A
   - B II.2:   § 250       = Distanzreiten/-fahren
   - B III:    §§ 300 ff.  = Basis- und Aufbauprüfungen
   - B IV:     §§ 400 ff.  = Dressurprüfungen
   - B V:      §§ 500 ff.  = Springprüfungen
   - B VI:     §§ 600 ff.  = Vielseitigkeits- und Geländeprüfungen
   - B VII:    §§ 700 ff.  = Fahrprüfungen
   - B VIII:   §§ 800 ff.  = Kombinierte Prüfungen
2. Zur Kennzeichnung unterschiedlicher Anforderungen werden die WB/LP in folgende Klassen eingeteilt:
   - Klasse E = Eingangsstufe
   - Klasse A = Anfangsstufe
   - Klasse L = Leicht
   - Klasse M = Mittelschwer
   - Klasse S = Schwer

Notizen

# Teil B: Besondere Bestimmungen

## Abschnitt B I.1:   Breitensportliche Wettbewerbe

Die nachfolgenden WB dienen einerseits der Ausbildung zum korrekten Umgang mit dem Pferd/Pony im weitesten Sinne, andererseits sollen sie den spielerischen Umgang mit dem Pferd/Pony in Einzel- und insbesondere Mannschaftswettbewerben fördern.
Zugelassen sind 4-jährige und ältere Pferde und Ponys.
Einzelheiten und Ausschreibungsbeispiele sind im FN-Handbuch Pferdesport Teil III – Breitensportliche Wettbewerbe – bzw. in den Einzelveröffentlichungen der FN zu diesem Thema nachzulesen.

### § 100
**Wettbewerbe im Umgang mit dem Pferd/Pony**
z. B. 
- a) Herausbringen des Pferdes/Ponys
- b) Zäumen und Satteln
- c) Anschirren
- d) Mustern
- e) Verladen
- f) Longieren

etc.

### § 101
**Geschicklichkeitswettbewerbe**
z. B.
- a) Geschicklichkeitsparcours
- b) Handpferdereiten
- c) Fahrschule vom Sattel
- d) Ringstechen
- e) Slalomrennen

etc.

### § 102
**Allroundwettbewerbe**

### § 103
**Reiterspiele**

### § 104
**Voltigierspiele**

### § 105
**Mannschaftsballspiele**
z. B.
- a) Pferdefußball
- b) Pferdekorbball

etc.

## § 106
## Formationsreiten und -fahren
z. B.  a) Paarklasse
       b) Dreierklasse (Familienklasse)
       c) Reit-Quadrillen
       d) Fahrquadrillen
       etc.

## § 107
## Strecken-Wettbewerbe für Reiter und Fahrer
z. B.  a) Ponyrennen
       b) Wettkampfmäßiges Streckenreiten und -fahren
       c) Rallye- und Streckenfahren
       d) Ride-and-Tie
       etc.

## Abschnitt B I.2: Reiter-/Fahrer-Wettbewerbe

Die nachfolgenden WB dienen der Hinführung zu den Wettbewerben und Leistungsprüfungen des Turniersports.
Zugelassen sind 4-jährige und ältere Pferde und Ponys.
Zur Durchführung vgl. entsprechende FN-Merkblätter.

### § 110
### Führzügelklassen-WB
1. **Anforderungen**
   a) **Wettbewerb:**
      Pferd/Pony und Reiter werden durch eine Person am Führzügel in Schritt und Trab nach Weisung der Richter vorgeführt.
   b) **Platzierung:**
      Vorstellung nach Weisung der Richter.
2. **Beurteilung**
   Beurteilt werden der Sitz des Reiters und der Gesamteindruck (einschließlich Führer), ausgedrückt in einer Wertnote zwischen 10 und 0 gemäß § 57. Die Rangierung kann einzeln oder in Gruppen ohne Vergabe von Wertnoten vorgenommen werden.

### § 111
### Longenreiter-WB
1. **Anforderungen**
   a) **Wettbewerb:**
      Pferd/Pony und Reiter werden von einer Person an der Longe vorgestellt. Der Reiter zeigt verschiedene Übungen in Schritt, Trab und Galopp nach Weisung der Richter.
   b) **Platzierung:**
      Vorstellung nach Weisung der Richter.
2. **Beurteilung:**
   Beurteilt wird der Sitz des Reiters.
   Die Rangierung kann einzeln oder in Gruppen ohne Vergabe von Wertnoten vorgenommen werden.

### § 112
### Reiter-WB
1. **Anforderungen**
   a) **Wettbewerb:**
      Einzel- oder Abteilungsreiten nach Weisung der Richter unterhalb der Anforderungen der Kl. E. Das Überwinden einzelner Gehorsamssprünge (bis ca. 50 cm hoch) kann je nach Ausschreibung verlangt werden.
   b) **Platzierung:**
      Vorstellung nach Weisung der Richter.
2. **Beurteilung**
   Beurteilt werden Sitz und Einwirkung des Reiters sowie der Gesamteindruck, ausgedrückt in einer Wertnote zwischen 10 und 0 gemäß § 57.

## § 113
**Dressurreiter-WB**
1. **Anforderungen**
   a) **Wettbewerb:**
   Einzel- oder Abteilungsreiten nach Weisung der Richter in Anlehnung an die Anforderungen der Kl. E.
   b) **Platzierung:**
   Vorstellung nach Weisung der Richter.
2. **Beurteilung**
   Beurteilt werden Sitz und Einwirkung des Reiters, insbesondere das Einhalten der Hufschlagfiguren sowie der Gesamteindruck ausgedrückt in einer Wertnote zwischen 10 und 0 gemäß § 57.

## § 114
**Springreiter-WB**
1. **Anforderungen**
   a) **Wettbewerb:**
   Absolvieren von Hindernisfolgen und Parcoursausschnitten verbunden mit reiterlichen Aufgaben nach Weisung der Richter in Anlehnung an die Anforderungen der Kl. E.
   b) **Platzierung:**
   Vorstellung nach Weisung der Richter.
2. **Beurteilung**
   Beurteilt werden leichter Sitz und Einwirkung des Reiters, insbesondere die harmonische Bewältigung der gestellten Aufgabe sowie der Gesamteindruck während des Wettbewerbs ausgedrückt in einer Wertnote zwischen 10 und 0 gemäß § 57 ohne Abzüge für Hindernisfehler, Ungehorsam oder Sturz; 3. Ungehorsam bzw. 2. Sturz führen jedoch zum Ausschluss.

## § 115
**Geländereiter-WB**
1. **Anforderungen**
   a) **Wettbewerb:**
   Einzelnes Überwinden von Geländehindernissen (50–70 cm hoch, Hoch-Weit-Sprünge nicht über 100 cm weit) oder Geländehindernisfolgen oder einer Geländestrecke (ca. 500–1.000 m Länge mit ca. sieben Geländehindernissen) nach Weisung der Richter in angemessenem Tempo.
   b) **Platzierung:**
   Vorstellung nach Weisung der Richter.
2. **Beurteilung**
   Beurteilt werden leichter Sitz und Einwirkung des Reiters, insbesondere die harmonische, selbstverständliche Bewältigung der gestellten Aufgaben sowie der Gesamteindruck ausgedrückt in einer Wertnote zwischen 10 und 0 gemäß § 57 ohne Abzüge für Ungehorsam oder Sturz; 3. Ungehorsam bzw. 2. Sturz führen jedoch zum Ausschluss.

## § 116
## Fahrer-WB
1. **Anforderungen**
   a) **Wettbewerb:**
   Einzel- oder Abteilungsfahren eines Ein- oder Zweispänners nach Weisung der Richter bzw. Fahren einer Aufgabe gemäß Aufgabenheft zur LPO.
   Das Durchfahren einzelner Hindernisse (Kegelpaare, Spurbreite plus 50 cm) kann je nach Ausschreibung verlangt werden; ohne Abzüge für Umwerfen eines Hindernisses oder Abwurf eines Balles bzw. Ungehorsam oder Absteigen des Fahrers/Beifahrers.
   3. Ungehorsam oder 3. Absteigen des Fahrers/Beifahrers führen jedoch zum Ausschluss.
   **Rahmenbestimmungen für Teilnehmer:**
   **Pferde**
   **1. Fahrer:**
   Zugelassen sind Fahrer ab 18 Jahren bzw. ab 12 Jahren, sofern der Beifahrer mindestens 18 Jahre alt.
   **2. Beifahrer:**
   mindestens 12 Jahre
   **Ponys**
   **1. Fahrer:**
   Zugelassen sind Fahrer ab 18 Jahren bzw. ab 10 Jahren, sofern der Beifahrer mindestens 16 Jahre alt ist.
   **2. Beifahrer:**
   mindestens 12 Jahre
   b) **Platzierung:**
   Vorstellung nach Weisung der Richter.
2. **Beurteilung**
   Beurteilt werden Haltung, Leinen- und Peitschenführung des Fahrers sowie der Gesamteindruck, ausgedrückt in einer Wertnote zwischen 10 und 0 gemäß § 57.

## Abschnitt B I.3: IPZV-Wettkampfbestimmungen

### § 170
**Bestimmungen des IPZV für Turnierprüfungen**
Die Bestimmungen des IPZV für Turnierprüfungen sind im Regelwerk des IPZV (Islandpferde-Prüfungsordnung IPO) niedergelegt; diese sportfachlichen Bestimmungen sind Bestandteil der LPO. Im Übrigen gelten die allgemeinen Bestimmungen.

## Abschnitt B I.4: EWU-Wettkampfbestimmungen

### § 180
**Bestimmungen der EWU für Turnierprüfungen**
Die Bestimmungen der EWU für Turnierprüfungen sind im Regelwerk der EWU (Regelbuch der EWU) niedergelegt; diese sportfachlichen Bestimmungen sind Bestandteil der LPO. Im Übrigen gelten die allgemeinen Bestimmungen.

**Hinweis:**
**Alle WB des Abschnitts I des Teils B der LPO können gemäß §§ 800 ff. beliebig zu kombinierten Wettbewerben zusammengefasst werden.**
**Möglich sind auch kombinierte Wettbewerbe mit Teilprüfungen aus den Abschnitten IV bis VII des Teils B der LPO oder aus anderen Sportarten (Mehrkampf-WB).**

## Abschnitt B I.5: IGV-Wettkampfbestimmungen

### § 190
**Bestimmungen der IGV für Turnierprüfungen**
Die Bestimmungen der IGV für Turnierprüfungen sind im Regelwerk der IGV (Regelbuch der IGV) niedergelegt; diese sportfachlichen Bestimmungen sind Bestandteil der LPO. Im Übrigen gelten die allgemeinen Bestimmungen.

# Abschnitt B II.1: Voltigier-Wettbewerbe und -Leistungsprüfungen der Kat. C, B und A

## § 200
### Ausschreibungen
PS/PLS können mit WB/LP für Gruppen-, Doppel- und Einzelvoltigierer ausgeschrieben werden. Einteilung der WB/LP siehe Durchführungsbestimmungen zu § 200.
Bei PS/PLS können WB/LP aller Leistungsklassen durchgeführt werden. Zusatzwettbewerbe sind möglich. Zugelassen sind 6-jährige und ältere Pferde/Ponys.
Unabhängig von den WB/LP können andere Prüfungsarten ausgeschrieben werden; Voraussetzung ist die Genehmigung der überwachenden Stelle.

## § 201
### Beurteilung
1. **Gruppen:**
   Beurteilt werden die Leistungen von Voltigierer und Longenführer sowie Pferd/Pony (Pflicht, Kür, Pferdenote und Gesamteindruck).
2. **Einzel- und Doppelvoltigieren:**
   Beurteilt werden die Leistungen der/des Voltigierer/s (Pflicht und Kür) sowie die Leistungen von Pferd/Pony und Longenführer (Pferdenote).

## § 202
### Durchführung
1. **Pferd/Pony**
   Das Pferd/Pony galoppiert auf der linken Hand auf einem Zirkel mit einem Mindestdurchmesser von 15 m.
2. **Einlaufen, Gruß, Auslaufen**
   Das Einlaufen erfolgt im Trab und direkt auf Richter A zu. Beim Gruß müssen Natürlichkeit gewahrt und alle Schauelemente vermieden werden. Vor dem Anlaufen des ersten Voltigierers ist das Pferd/Pony nach Weisung der Richter mindestens eine Runde im Trab auf dem Zirkel vorzustellen. Nach Beendigung der Vorstellung erfolgt die Grußaufstellung vor Richter A und anschließend das Auslaufen im Trab.
3. **Musik**
   Pflicht und Kür werden nach einer selbst gewählten Musik präsentiert. Während der gesamten Prüfung darf lediglich Instrumentalmusik benutzt werden.

## § 203
### Richtverfahren
Die Bewertung der WB/LP erfolgt gemäß den Vorschriften und der Ausschreibung im gemeinsamen oder getrennten Richtverfahren. Es ist das beurteilende Richtverfahren gemäß Richtlinien für Reiten und Fahren, Band 1, 3 und 6 anzuwenden.
Bei LP der Kat. A und Landesmeisterschaften ist getrenntes Richtverfahren vorgeschrieben.

## § 204
### Bewertung und Errechnung der Endnote
Die Bewertung der WB/LP erfolgt nach den in den Durchführungsbestimmungen zu § 204 beschriebenen Kriterien. Die Zwischen- und Endnoten werden bis auf drei Stellen hinter dem Komma errechnet und **nicht** gerundet.
Bei getrenntem Richtverfahren werden die Endnoten aller Richter addiert und durch die Anzahl der Richter dividiert. Die Endnote ist unverzüglich bekannt zu geben.

## § 205
### Platzierung
Bei Endnotengleichheit entscheidet die höhere Pflichtnotensumme, bei mehreren Wertungsprüfungen/Durchgängen die höchste Pflichtnotensumme aller Wertungsprüfungen/Durchgänge.
Bei Endnotengleichheit im Doppelvoltigieren mit einer Wertungsprüfung/einem Durchgang wird gleichplatziert, mit zwei Wertungsprüfungen/Durchgängen entscheidet die Wertnote der/des zweiten Wertungsprüfung/Durchganges.

## § 206
### Anforderungen
Die Anforderungen für die Leistungsklassen (A, B, C, D, EA, EB, DV) sowie die Bewegungsbeschreibungen der Pflichtübungen sind in den Durchführungsbestimmungen enthalten.
Alle Übungen müssen im Galopp ausgeführt werden.
Eine zeitlich getrennte Durchführung von Pflicht und Kür ist möglich. Dies muss in der Ausschreibung festgelegt sein.

1. **Gruppen-WB/-LP**

    Die Gruppenwettbewerbe und -prüfungen bestehen aus Pflicht und Kür bzw. Pflichtkür. Für LP der Kat. A mit zwei Wertungsprüfungen/Durchgängen kann in der zweiten Wertungsprüfung/im zweiten Durchgang eine Kurzpflicht ausgeschrieben werden.
    Jeder Voltigierer muss jede vorgeschriebene Pflichtübung der entsprechenden Leistungsklasse zeigen bzw. beginnen und zusätzlich mit mindestens einem Übungsteil an der Kür/Pflichtkür teilnehmen.
    Alle Voltigierer (Nr. 1–8) zeigen zuerst den ersten Übungsblock, dann in gleicher Reihenfolge den zweiten Übungsblock.

    **1.1 Zusammensetzung der Voltigiergruppe**
    Eine Gruppe besteht aus:
    → Pferd/Pony
    → Longenführer
    → 8 Voltigierern und ggf. einem Ersatzvoltigierer.

    Bei Ausfall eines Voltigierers durch Verletzung während eines/r WB/LP kann der Ersatzvoltigierer, wenn er als Mitglied der Gruppe gemeldet und eingelaufen ist, nach derjenigen Übung einspringen, bei welcher der Ausfall erfolgte.
    Bei WB/LP mit mehreren Durchgängen/Wertungsprüfungen darf der Ersatzvoltigierer von einem Durchgang zum nächsten eingewechselt werden. Der ausgefallene Voltigierer darf in diesem/r WB/LP nicht mehr zum Einsatz kommen.

## 2. Einzelvoltigier-WB/-LP

Einzelvoltigier-WB/-LP bestehen aus Pflicht und Kür. Alle Teilnehmer auf einem Pferd/Pony zeigen zunächst die Pflichtübungen. Anschließend folgen in gleicher Reihenfolge die Kürvorführungen.

LP der Kat. A mit zwei Wertungsprüfungen/Durchgängen können bestehen aus:
1. Pflicht und Kür,
2. Technikprogramm und Kür

oder

1. Pflicht und Kür,
2. Technikprogramm.

Während der Vorführung befinden sich keine weiteren Personen in der Zirkelmitte. Der nächste Starter darf erst dann zur Zirkelmitte laufen, wenn der vorherige Voltigierer die letzte Übung beginnt.

## 3. Doppelvoltigier-WB/-LP

Doppelvoltigier-WB/-LP werden als Kürwettbewerb ausgeschrieben.

Wird ein „Pas-de-Deux-WB" ausgeschrieben, so sind nur gemischtgeschlechtliche Paare startberechtigt.

## § 207
### Protokoll

Es ist ein Protokoll in kurzer Form schriftlich oder mündlich zu erstellen. Darin soll das Wesentliche über die Leistungen, die Schwächen und den Ausbildungsstand vermerkt werden.

In Einzel-/Doppelvoltigier-WB/-LP müssen die gezeigten Schwierigkeiten und Ausführungsabzüge der Kür im Protokoll vermerkt werden.

## § 208
### Zeitmessung

Spätestens eine Minute nach dem Gruß muss mit der Vorführung begonnen werden.

Die Zeitmessung bei Gruppen beginnt mit dem Berühren der Griffe bzw. des Pferdes/Ponys durch den ersten Voltigierer. Die Pflichtzeit für die Gruppe endet mit der Landung nach der letzten Pflichtübung des letzten Voltigierers. Bei getrennter Vorführung von Pflicht und Kür muss nach der Pflicht die Restzeit für die Kür in den Wertungsbogen eingetragen und vor dem Kürstart bekannt gegeben werden.

Die Zeitmessung in der Kür bei den EV/DV beginnt mit dem Berühren der Griffe bzw. des Pferdes/Ponys zum Aufsprung und endet nach Ablauf von einer Minute (EV) bzw. 2 Minuten (DV).

Jeweils erlaubte Zeiten siehe Durchführungsbestimmungen zu § 206.

Ein akustisches Signal/Klingelzeichen durch Richter A erfolgt:
→ zum Einlaufen in den Prüfungszirkel
→ zur Startfreigabe
→ zum Ende der erlaubten Zeit
→ bei besonderen Vorkommnissen
→ beim EV zu Beginn der Kürvorführung
→ bei einem Sturz während der Einzel-Kür

LPO 2000 – Teil B

Die Zeit wird angehalten bis zum Anfassen der Griffe zum unmittelbar darauf folgenden Wiederaufsprung. Die Kür muss spätestens innerhalb einer Minute fortgesetzt werden.
→ Zwischen den Kürvorführungen der einzelnen Voltigierer kann eine Pause je nach Weisung der Richter eingelegt werden.
→ Ist auf einem Pferd/Pony nur ein Voltigierer am Start, so ist zwischen Pflicht und Kür eine Pause von 30 Sekunden zu gewähren.

## § 209
**Besondere Vorkommnisse**
Bei besonderen Vorkommnissen, z. B. Unfall oder akuter Gefährdung von Voltigierern, Longenführern oder Pferd/Pony, kann die Vorführung auf Anweisung des Richters A unterbrochen oder beendet werden. Bei Unterbrechung wird auf Anweisung des Richters A die Vorführung wieder fortgesetzt. Die Zeit wird angehalten und vergütet.

## § 210
**Ausschlüsse und „fremde Hilfe"**
1. **In allen nachfolgenden Fällen erfolgt Ausschluss**
   a) Wenn ein Teilnehmer/Pferd/Pony in einem/r WB/LP nicht teilnahmeberechtigt ist.
   b) Bei Verwendung nicht erlaubter Ausrüstung.
   c) Bei offensichtlicher Misshandlung eines Pferdes/Ponys auf dem Prüfungs- oder Vorbereitungszirkel.
   d) Bei verbotener „fremder Hilfe".
   e) Bei Nichtbeachtung von Vorschriften der LPO.
   f) Wenn sich mehr als drei Voltigierer auf dem Pferd/Pony befinden.
   g) Wenn bei Dreierübungen zwei Voltigierer keinen Kontakt mehr zum Pferd/Pony haben.
   h) Bei Einsatz des Ersatzvoltigierers ohne ersichtlichen Grund.
   i) Wenn die Vorführung von EV/DV nach einem Sturz nicht innerhalb einer Minute fortgesetzt wird.
   j) Beim dritten Sturz von EV/DV während eines/r WB/LP.
   k) Bei Teilnehmern mit stark herabgesetzter Leistungsfähigkeit oder offensichtlichem Unvermögen.
2. **Verbotene „fremde Hilfe"**
Als verbotene „fremde Hilfe" wird jede Einmischung eines Dritten mit der Absicht, die Aufgabe der Teilnehmer zu erleichtern, angesehen. Unerheblich ist, ob der Dritte dazu aufgefordert wurde oder nicht. In Zweifelsfällen entscheiden die Richter endgültig.
3. **Erlaubte „fremde Hilfe"**
   a) Jede Hilfeleistung bei bzw. zur Vermeidung von Unfällen.
   b) Übergabe einer Ersatzpeitsche/Ersatzlonge.

## Abschnitt B II.2: Distanzreiten/-fahren

**§ 250**
**Bestimmungen des VDD für Turnierprüfungen**
Die Bestimmungen des VDD für Turnierprüfungen sind im Regelwerk des VDD (Reglement für das Distanzreiten und -fahren) niedergelegt; diese sportfachlichen Bestimmungen sind Bestandteil der LPO. Im Übrigen gelten die allgemeinen Bestimmungen.

Notizen

# Abschnitt B III: Basis- und Aufbauprüfungen

## 1. Basisprüfungen

### 1.1 Reitpferde-/Reitponywettbewerbe/-prüfungen und Championate für „Deutsche Reitpferde" und „Deutsche Reitponys"

**§ 300**
**Ausschreibungen**
Zulässig sind:
In Kat. C: Reitpferde-/Reitponywettbewerbe für 3- und 4-jährige „Reitpferde" und/oder „M- und G-Reitponys" ohne Mindestleistung.
In Kat. B: Reitpferde-/Reitponyprüfungen für 3- und 4-jährige „Reitpferde" und/oder „M- und G-Reitponys" mit oder ohne Mindestleistung und Championate für 3- und 4-jährige „Deutsche Reitpferde" und/oder „Deutsche M- und G-Ponys" mit oder ohne Mindestleistung.
In Kat. A: Championate für 3- und 4-jährige „Deutsche Reitpferde" und/oder „Deutsche M- und G-Ponys" mit oder ohne Mindestleistung.
Championate für „Deutsche Reitpferde" oder „Deutsche M- und G-Reitponys" dürfen einmal im Jahr auf Landesreiterverbands-, Züchterverbands- und Bundesebene durchgeführt werden.
3-jährige Pferde/Ponys sind erst ab 1. Mai des laufenden Jahres zugelassen.
Für Prüfungen mit Mindestleistung gelten die §§ 340 f.

**§ 301**
**Beurteilung**
Beurteilt werden die **natürlichen Bewegungen** des Pferdes/Ponys in den drei Grundgangarten, der Typ und die Qualität des Körperbaus sowie der Gesamteindruck auf der Grundlage der Kriterien der Ausbildung zum Reitpferd/-pony.

**§ 302**
**Anforderungen und Bewertung**
1. Prüfung: Vorführung der Pferde/Ponys unter dem Reiter und an der Hand nach Weisung der Richter oder gemäß Aufgabenheft zur LPO in Gruppen mit bis zu vier Pferden/Ponys.
2. Platzierung: Vorstellung der Pferde/Ponys unter dem Reiter.
3. Bewertung: Gemäß § 57; als Dezimalstellen sind nur halbe Noten zulässig.

## 1.2 Eignungswettbewerbe/-prüfungen und Eignungschampionate für Reitpferde und -ponys

### § 310
**Ausschreibungen**
Zulässig sind:
In Kat. C: Eignungswettbewerbe für 4- und 5-jährige Reitpferde und/oder M- und G-Reitponys ohne Mindestleistung.
In Kat. B: Eignungsprüfungen für 4- bis 6-jährige Reitpferde und/oder M- und G-Reitponys mit oder ohne Mindestleistung.
In Kat. A: Eignungschampionate für 4- bis 6-jährige „Deutsche Reitpferde" oder „Deutsche M- und G-Reitponys" mit Mindestleistung.
Eignungschampionate für „Deutsche Reitpferde" oder „Deutsche M- und G-Reitponys" dürfen einmal im Jahr auf Landesreiterverbands-, Züchterverbands- und Bundesebene durchgeführt werden. Für Prüfungen und Mindestleistungen gelten die §§ 340 f.

### § 311
**Beurteilung**
Beurteilt werden die Rittigkeit, die Bewegungsqualität, das Temperament und das Springen. Maßgebend ist die Eignung als Reitpferd bzw. Reitpony zum sofortigen Einsatz.

### § 312
**Anforderungen und Bewertung**
1. Anforderungen
   Vorführung der Pferde/Ponys unter dem Reiter gemäß Aufgabenheft zur LPO einzeln, zu zweit oder in der Abteilung mit bis zu vier Pferden/Ponys mit unmittelbar folgendem Springen einer Folge von mindestens vier verschiedenen Hindernissen mit mindestens einem Handwechsel.
   Hindernishöhe:
   Kat. C $\cong$ Springwettbewerb Kl. E
   Kat. B $\cong$ Springprüfung Kl. A
   Kat. A $\cong$ Springprüfung Kl. L
2. Bewertung gemäß § 57 mit einer Gesamtnote. Von dieser Note werden abgezogen:
   → 1. Ungehorsam gemäß § 514     0,5 Strafpunkte
   → 2. Ungehorsam gemäß § 514     1,0 Strafpunkte
   → 3. Ungehorsam gemäß § 514     führt zum Ausschluss
   → Sturz gemäß § 513              1,0 Strafpunkte
   → Ausschlüsse gemäß § 519.

LPO 2000 – Teil B

## 1.3 Eignungswettbewerbe/-prüfungen und Eignungschampionate für Reitpferde und -ponys (mit Teilprüfung Gelände)

### § 315
**Ausschreibungen**

Zulässig sind:

| | |
|---|---|
| In Kat. C: | Eignungswettbewerbe mit Teilprüfung Gelände für 4- und 5-jährige Reitpferde und/oder M- und G-Reitponys. |
| In Kat. B: | Eignungsprüfungen mit Teilprüfung Gelände für 4- bis 6-jährige Reitpferde und/oder M- und G-Reitponys. |
| In Kat. A: | Eignungschampionate mit Teilprüfung Gelände für 4- bis 6-jährige „Deutsche Reitpferde" oder „Deutsche M- und G-Reitponys". |

Eignungschampionate für „Deutsche Reitpferde" oder „Deutsche M- und G-Reitponys" dürfen einmal im Jahr auf Landesreiterverbands-, Züchterverbands- und Bundesebene durchgeführt werden.

### § 316
**Beurteilung**

Beurteilt werden die Rittigkeit, die Bewegungsqualität, das Temperament und das Springen sowie das Verhalten im Gelände. Maßgebend ist die Eignung als vielseitig verwendbares Reitpferd/-pony zum sofortigen Einsatz.

### § 317
**Anforderungen und Bewertung**

1. Anforderungen:

    Vorführung der Pferde/Ponys unter dem Reiter gemäß Aufgabenheft zur LPO einzeln, zu zweit oder in der Abteilung mit bis zu vier Pferden/Ponys mit unmittelbar folgendem Springen einer Folge von mindestens vier verschiedenen Hindernissen mit mindestens einem Handwechsel.

    Im Anschluss ist eine Geländestrecke mit ca. fünf Geländehindernissen (möglichst inkl. Wasserdurchritt) zu absolvieren.

    Anforderungen:

    Höhe der Hindernisse:

    Kat. C ≅ Vielseitigkeitswettbewerb Kl. E
    Kat. B ≅ Vielseitigkeitsprüfung Kl. E/A
    Kat. A ≅ Vielseitigkeitsprüfung Kl. A

2. Bewertung gemäß § 57 mit einer Gesamtnote. Von dieser Note werden abgezogen:

    → 1. Ungehorsam gemäß §§ 643.2, 514    0,5 Strafpunkte
    → 2. Ungehorsam gemäß §§ 643.2, 514    1,0 Strafpunkte
    → 3. Ungehorsam gemäß §§ 643.2, 514    führt zum Ausschluss
    → Sturz gemäß §§ 643.1, 513    1,0 Strafpunkte
    → Ausschlüsse gemäß §§ 646, 519.

    Hindernisfehler auf der Geländestrecke werden nur bestraft, wenn sie sich im Zusammenhang mit dem versuchten oder tatsächlichen Überwinden eines nummerierten Hindernisses oder einer Kombination ereignen.

## 1.4 Eignungsprüfungen und Eignungschampionate für Fahrpferde und -ponys

### § 320
**Ausschreibungen**
Zulässig sind:
In Kat. B: Eignungsprüfungen für Einspänner 4- bis 6-jährige Pferde oder Ponys mit oder ohne Mindestleistung.
In Kat. A: Eignungschampionate für Einspänner 4- bis 6-jährige „Deutsche Reitpferde" oder „Deutsche Reitponys" mit Mindestleistung.
Eignungschampionate für Fahrpferde oder Fahrponys dürfen einmal im Jahr auf Landesreiterverbands-, Züchterverbands- und Bundesebene durchgeführt werden. Für Prüfungen mit Mindestleistungen gelten die §§ 340 f. (nur Schritt und Trab).
**Rahmenbestimmungen für Teilnehmer**
**Pferde**
**1. Fahrer:**
Fahrer ab 18 Jahren bzw. ab 14 Jahren, sofern der Beifahrer mindestens 18 Jahre alt ist.
**2. Beifahrer:**
mindestens 18 Jahre bzw. mindestens 14 Jahre alt, sofern im Besitz des Deutschen Fahrabzeichens Kl. IV oder höher.
**Ponys**
**1. Fahrer:**
Fahrer ab 18 Jahren bzw. ab 12 Jahren, sofern der Beifahrer mindestens 18 Jahre alt ist.
**2. Beifahrer:**
mindestens 16 Jahre bzw. mindestens 12 Jahre alt, sofern im Besitz des Deutschen Fahrabzeichens Kl. IV oder höher.

### § 321
**Beurteilung**
Beurteilt werden das Gefahrensein, die Bewegungsqualität sowie das Temperament und der Gesamteindruck. Maßgebend ist die Eignung als Fahrpferd bzw. Fahrpony zum sofortigen Einsatz.

### § 322
**Anforderungen und Bewertung**
1. Fahren einer Dressurprüfung gemäß Aufgabenheft zur LPO mit unmittelbar anschließendem Hindernisfahren.
2. Bewertung gemäß § 57 mit einer Gesamtnote für Gefahrensein einschließlich Temperament und Gesamteindruck. Von dieser Note werden Strafpunkte abgezogen:

| | |
|---|---|
| → Abwerfen eines Hindernisses/Hindernisteils oder Abwurf eines Balles | 0,2 Strafpunkte |
| → 1. Ungehorsam | 0,5 Strafpunkte |
| → 2. Ungehorsam | 1,0 Strafpunkte |
| → 1. Absteigen von Fahrer/Beifahrer | 0,5 Strafpunkte |
| → 2. Absteigen von Fahrer/Beifahrer | 1,0 Strafpunkte |
| → Überschreiten der EZ je angefangene Sekunde | 0,1 Strafpunkte |
| → Ausschlüsse gemäß § 716 bzw. § 735 sinngemäß. | |

LPO 2000 – Teil B

## 1.5 Zuchtstutenprüfungen

### § 330
**Ausschreibungen**
Zulässig sind:
In Kat. C: Zuchtstutenwettbewerbe für Stuten, die in das Zuchtbuch einer Züchtervereinigung eingetragen sind, die der FN angeschlossen ist, gemäß den Bestimmungen der jeweiligen Züchtervereinigung **ohne** Mindestleistung.
In Kat. B: Zuchtstutenprüfungen für Stuten, die in das Zuchtbuch einer Züchtervereinigung eingetragen sind, die der FN angeschlossen ist, gemäß den Bestimmungen der jeweiligen Züchtervereinigung **ohne** Mindestleistung.

### § 331
**Beurteilung**
Beurteilt werden die Grundgangarten, die Rittigkeit einschließlich Temperament und das Springen entsprechend den jeweils gültigen Bestimmungen der Zuchtverbandsordnung (ZVO) des Bereiches Zucht der Deutschen Reiterlichen Vereinigung e.V. für Zuchtstutenprüfungen in Absprache mit der zuständigen Stelle des entsprechenden Bundeslandes. Maßgebend für die Beurteilung ist die Eignung als Zuchtstute im Hinblick auf die Verbesserung der Reitpferdeeigenschaften der Population.

### § 332
**Anforderungen und Bewertung**
1. Teilprüfung „Grundgangarten":
Vorstellung der Pferde/Ponys unter dem Reiter nach Weisung der Richter in den Grundgangarten. Die Bewertung der Grundgangarten Schritt, Trab und Galopp erfolgt im Verhältnis 1:1:1 durch die Richter und ist mit 30–50% zu gewichten.
2. Teilprüfung „Rittigkeit":
Zur Prüfung der Rittigkeit werden die Pferde/Ponys von mindestens einem durch die zuständige Stelle bestimmten unabhängigen Reiter („Testreiter-Überprüfung", bei Pferden und Ponys ab 135 cm Stockmaß) geritten und mit einer Gewichtung von 10–35% beurteilt. Zusätzlich kann die Rittigkeit auch durch die Richter beurteilt werden (Gewichtung max. 30%). Die Rittigkeit muss insgesamt mit 25–40% gewichtet werden.
3. Teilprüfung „Springen":
Zur Überprüfung der Springveranlagung wird ein Springen ohne Reiter nach Weisung der Richter („Freispringen") durchgeführt. Die Beurteilung erfolgt durch die Richter mit einer Gewichtung von 20–40%.
4. Die Benotung erfolgt gemäß § 57. Als Dezimalstellen sind nur halbe Noten zulässig.
5. Eine Zuchtstutenprüfung kann einmal wiederholt werden.

LPO 2000 – Teil B

## 1.6 Hengstleistungsprüfungen

### § 335
### Bestimmungen für Hengstleistungsprüfungen
Hengstleistungsprüfungen sind gemäß den geltenden Vorgaben des Tierschutzgesetzes sowie der zugehörigen Verordnung über die Leistungsprüfungen und Zuchtwertfeststellung bei Pferden/Ponys durchzuführen. Für Hengste, die in das Zuchtbuch einer Züchtervereinigung eingetragen sind, die der FN angeschlossen ist, gelten zusätzlich die jeweils gültigen Bestimmungen der Zuchtverbandsordnung (ZVO) des Bereiches Zucht der Deutschen Reiterlichen Vereinigung e. V. sowie der jeweiligen Züchtervereinigung.

## 1.7 Mindestleistungen

### § 340
### Allgemeines
1. Mindestleistung bedeutet das Zurücklegen einer bestimmten Strecke in vorgeschriebener Gangart und Zeit. Mindestleistungen werden in ein, zwei oder drei Grundgangarten in der Reihenfolge Trab, Galopp, Schritt verlangt. Die einzelnen Gangarten sind unmittelbar nacheinander zu reiten/fahren, Start aus der Bewegung.
Nichteinhalten der vorgesehenen Gangart wird pro angefangenen fünf Sekunden mit fünf Strafsekunden bestraft, die der gebrauchten Zeit hinzugerechnet werden.
2. Für die Abnahme der Mindestleistungen ist eine der verlangten Leistung entsprechende Bodenbeschaffenheit und Linienführung Voraussetzung.
3. Über die Erfüllung der Mindestleistung entscheidet die gebrauchte Zeit zuzüglich der Strafsekunden gemäß Ziffer 1. Überschreiten der vorgeschriebenen Zeit führt zum Ausschluss.
4. Mindestleistung Fahren: Nur Schritt und Trab.

### § 341
### Mindestleistungen in Reitpferde-/Reitpony- und Eignungsprüfungen (Reiten und Fahren)

|  | Pferde |  | Ponys |  | K | M | G |
|---|---|---|---|---|---|---|---|
| Trab | 750 m | in 3 Min. | 750 m | in | 4 | 3,5 | 3 Min. |
| Galopp (außer Fahren) | 1.500 m | in 3 Min. | 1.500 m | in | 4 | 3,5 | 3 Min. |
| Schritt | 300 m | in 3 Min. | 300 m | in | 4 | 3,5 | 3 Min. |

## 2. Aufbauprüfungen für Pferde und Ponys

### 2.1 Dressurpferde-/Dressurponyprüfungen

#### § 350
**Ausschreibungen**
Zulässig sind:
In Kat. B:
Kl. A: Dressurpferde-/Dressurponyprüfungen Kl. A für 4- bis 6-jährige Pferde und/oder M- und G-Ponys. 6-Jährige nur ohne Erfolge in Dressur- bzw. Dressurpferde-/Dressurponyprüfungen Kat. B.
Kl. L: Dressurpferde-/Dressurponyprüfungen Kl. L für 4- bis 6-jährige Pferde und/oder M- und G-Ponys.
Kl. M: Dressurpferdeprüfungen Kl. M für 5- bis 7-jährige Pferde.
7-Jährige nur ohne Erfolge in Dressur- bzw. Dressurpferde-/Dressurponyprüfungen Kl. M Kat. B und/oder höher.
In Kat. A:
Dressurpferde-/Dressurponychampionate dürfen einmal im Jahr auf Landesreiterverbands-, Züchterverbands- und Bundesebene durchgeführt werden.

#### § 351
**Beurteilung**
Beurteilt werden die Rittigkeit und die Grundgangarten sowie der Gesamteindruck als Dressurpferd/Dressurpony.

#### § 352
**Anforderungen und Bewertung**
Reiten einer Aufgabe der betreffenden Klasse gemäß Aufgabenheft.
Bewertung gemäß § 57 und § 404; Ausschlüsse gemäß § 406.

### 2.2 Springpferde-/Springponyprüfungen

#### § 360
**Ausschreibungen**
Zulässig sind:
In Kat. B:
1. Standard-Springpferde-/Springponyprüfungen
   Kl. A: für 4- bis 6-jährige Pferde und/oder M- und G-Ponys.
   6-Jährige nur ohne Erfolge in Spring- bzw. Springpferde-/Springponyprüfungen der Kat. B.
   Kl. L: für 4- bis 6-jährige Pferde und/oder M- und G-Ponys.
   4-Jährige Pferde/Ponys sind erst ab 1. Mai des laufenden Jahres zugelassen.
   Kl. M: für 5- und 6-jährige Pferde.

LPO 2000 – Teil B

2. **Spezial-Springpferdeprüfungen**
   Kl. A: für 4- bis 6-jährige Pferde und/oder M- und G-Ponys gemäß § 363.2.a.
   6-Jährige nur ohne Erfolge in Spring- bzw. Springpferde-/Springponyprüfungen der Kat. B.
   Kl. L: für 4- bis 6-jährige Pferde und/oder M- und G-Ponys gemäß § 363.2.b–d.
   4-Jährige Pferde/Ponys sind erst ab 1. Mai des laufenden Jahres zugelassen.
   Kl. M: für 5- und 6-jährige Pferde gemäß § 363.2 b–g.
   Eine Spezialspringpferde-/Spezialspringponyprüfung ist nur zulässig, wenn auf derselben PS/PLS je Spezialspringpferde-/Spezialspringponyprüfung eine Standardspringpferde-/Standardspringponyprüfung der gleichen Klasse ausgeschrieben ist.
   Spezialspringpferde-/Spezialspringponyprüfungen gemäß § 363.2a dürfen pro PS/PLS nur einmal ausgeschrieben werden.

In Kat. A:
Springpferde-/Springponychampionate für Reitpferde oder M- und G-Reitponys dürfen einmal im Jahr auf Landesreiterverbands-, Züchterverbands- und Bundesebene durchgeführt werden.

## § 361
**Beurteilung**
Beurteilt wird, je nach Ausschreibung und Richtverfahren, die Rittigkeit einschließlich Springmanier des Pferdes/Ponys, ausgedrückt in einer Wertnote abzüglich der Strafpunkte und/oder in Punkten und Sekunden.

## § 362
**Anforderungen**
Einzelnes Überwinden eines Parcours der betreffenden Klasse gemäß § 504.1 und 2.

## § 363
**Bewertung**
1. **Standard-Springpferde-/Standard-Springponyprüfung**
   **Nach Rittigkeit einschließlich Springmanier mit „erlaubter Zeit".**
   Für Rittigkeit einschließlich Springmanier wird eine Note von 10−0 gemäß § 57 vergeben. Von dieser Note werden für

   → Hindernisfehler gemäß § 512         je 0,5 Strafpunkte
   → Sturz gemäß § 513                   2,0 Strafpunkte
   → 1. Ungehorsam gemäß § 514           1,0 Strafpunkte
   → 2. Ungehorsam gemäß § 514           2,0 Strafpunkte
   → Überschreiten der „erlaubten Zeit"
      je angefangener Sekunde            0,1 Strafpunkte
   abgezogen.
   → 3. Ungehorsam gemäß § 514           Ausschluss
   → 2. Sturz gemäß § 513                Ausschluss
   → Überschreiten der „Höchstzeit"      Ausschluss
   → Sonstige Ausschlüsse gemäß § 519.
   Tempo 350 m/Min., Halle: 300 m/Min. erlaubt.

2. **Spezialspringpferde-/Spezialspringponyprüfungen**
Spezialspringpferde-/Spezialspringponyprüfungen werden grundsätzlich mit „erlaubter Zeit" gewertet.
   a) **nach Strafpunkten** (Kl. A):
   Bewertet werden nur die Strafpunkte gemäß § 503, Richtverfahren A. Bei Strafpunktgleichheit gleiche Platzierung.
   b) **nach Strafpunkten mit Stechen nach Rittigkeit einschließlich Springmanier** (Kl. L und M):
   Die Bewertung im Umlauf erfolgt nur nach Strafpunkten gemäß § 503, Richtverfahren A. Bei Strafpunktgleichheit gleiche Platzierung. Bei Strafpunktgleichheit auf dem 1. Platz erfolgt einmaliges Stechen. Bewertung im Stechen nach Rittigkeit einschließlich Springmanier gemäß Ziffer 1.
   c) **nach Rittigkeit einschließlich Springmanier mit Stechen nach Strafpunkten** (Kl. L und M):
   Die Bewertung im Umlauf erfolgt nach Rittigkeit einschließlich Springmanier gemäß Ziffer 1. Für das zu platzierende erste Viertel der Pferde/Ponys erfolgt einmaliges Stechen. Bewertung im Stechen nur nach Strafpunkten gemäß § 503, Richtverfahren A. Bei Strafpunktgleichheit im Stechen gleiche Platzierung.
   d) **nach Strafpunkten mit unmittelbar folgendem Stechen nach Rittigkeit einschließlich Springmanier** (Kl. L und M):
   Die Bewertung erfolgt nur nach Strafpunkten gemäß § 503, Richtverfahren A, bei Strafpunktgleichheit gleiche Platzierung. Bei fehlerfrei überwundenem Parcours unmittelbarer Übergang in Phase 2 sinngemäß wie in § 525. Bewertung in Phase 2 nach Rittigkeit einschließlich Springmanier gemäß Ziffer 1.
   e) **nach Strafpunkten mit Stechen nach Strafpunkten** (nur für Kl. M):
   Die Bewertung im Umlauf erfolgt nur nach Strafpunkten gemäß § 503, Richtverfahren A. Bei Strafpunktgleichheit gleiche Platzierung. Bei Strafpunktgleichheit auf dem 1. Platz erfolgt einmaliges Stechen. Bewertung im Stechen ebenfalls nur nach Strafpunkten gemäß § 503, Richtverfahren A. Bei Strafpunktgleichheit im Stechen gleiche Platzierung.
   f) **nach Strafpunkten mit Stechen nach Strafpunkten und Zeit** (nur für Kl. M):
   Die Bewertung im Umlauf erfolgt nur nach Strafpunkten gemäß § 503, Richtverfahren A. Bei Strafpunktgleichheit gleiche Platzierung. Bei Strafpunktgleichheit auf dem 1. Platz erfolgt einmaliges Stechen mit Bewertung nach Strafpunkten und Zeit gemäß § 501.1.b.1.
   g) **nach Strafpunkten mit unmittelbar folgendem Stechen nach Strafpunkten und Zeit** (nur für Kl. M):
   Die Bewertung im Umlauf erfolgt nur nach Strafpunkten gemäß § 503, Richtverfahren A. Bei Strafpunktgleichheit gleiche Platzierung. Bei fehlerfrei überwundenem Parcours unmittelbarer Übergang in Phase 2, sinngemäß wie in § 525. Bewertung in Phase 2 nach Strafpunkten und Zeit gemäß § 501.1.b.1.

**Für alle Springpferde-/Springponyprüfungen mit Stechen gilt § 502 sinngemäß.**

## 2.3 Geländepferde-/Geländeponyprüfungen

### § 370
**Ausschreibungen**
Zulässig sind
In Kat. B:
Kl. A:  Geländepferde-/Geländeponyprüfungen für 4- bis 6-jährige Pferde und/oder M- und G-Ponys.
6-Jährige nur ohne Erfolge in Vielseitigkeits-, Gelände- bzw. Geländepferde-/Geländeponyprüfungen der Kat. B.
Kl. L:  Geländepferde-/Geländeponyprüfungen für 5- und 6-jährige Pferde und/oder M- und G-Ponys.
Kl. M:  Geländepferdeprüfungen für 6- und 7-jährige Pferde mit mindestens einer Platzierung in einer Gelände-, Geländepferde- oder Vielseitigkeitsprüfung.
In Kat. A:
Geländepferde-/Geländeponychampionate für Reitpferde oder M- und G-Reitponys dürfen einmal im Jahr auf Landesreiterverbands-, Züchterverbands- und Bundesebene durchgeführt werden.

### § 371
**Beurteilung**
Beurteilt werden Rittigkeit, Springmanier und Galoppiervermögen des Pferdes/Ponys, ausgedrückt in einer Wertnote abzüglich der Strafpunkte.

### § 372
**Anforderungen**
Überwinden einer Geländestrecke
in Kl. A:  ca. 1.500 m   mit ca. 12 Hindernissen bis 0,90 m hoch gemäß § 633, Tempo 450 m/Min.
in Kl. L:  ca. 1.500 m   mit ca. 15 Hindernissen bis 1,00 m hoch gemäß § 633, Tempo 500 m/Min.
in Kl. M:  ca. 2.000 m   mit ca. 20 Hindernissen bis 1,10 m hoch gemäß § 633, Tempo 500 m/Min.
Geländeskizze: vgl. §§ 506 und 632.

### § 373
**Bewertung**
Für Rittigkeit, Springmanier und Galoppiervermögen wird eine Note von 10−0 gemäß § 57 vergeben. Von dieser Note werden nachfolgend aufgeführte Strafpunkte abgezogen, sofern sie sich im Zusammenhang mit dem versuchten oder tatsächlichen Überwinden eines nummerierten Hindernisses oder einer Kombination ereignen:

→ Sturz gemäß § 643.1                                    2,0 Strafpunkte
→ 1. Ungehorsam gemäß § 643.2                            0,5 Strafpunkte
→ 2. Ungehorsam gemäß § 643.2                            1,0 Strafpunkte
→ 2. Ungehorsam am selben Hindernis gemäß § 643.2        2,0 Strafpunkte

LPO 2000 – Teil B

→ Überschreiten der erlaubten Zeit je angefangener Sekunde  0,1 Strafpunkte
→ 3. Ungehorsam gemäß § 643.2  Ausschluss
→ 2. Sturz gemäß § 643.1  Ausschluss
→ Überschreiten der Höchstzeit  Ausschluss
→ sonstige Ausschlüsse gemäß § 646.
→ Fehler an Kombinationen gemäß § 644.

## 2.4 Jagdpferde-/Jagdponyprüfungen

### § 380
**Ausschreibungen**
Zulässig sind:
In Kat. B:
Kl. A: Jagdpferde-/Jagdponyprüfungen für 5-jährige und ältere Pferde und/oder G-Ponys.
Kl. L: Jagdpferde-/Jagdponyprüfungen für 5-jährige und ältere Pferde und/oder G-Ponys.
In Kat. A:
Kl. M: Jagdpferdeprüfungen für 6-jährige und ältere Pferde.
Kl. S: Jagdpferdeprüfungen für 6-jährige und ältere Pferde.
Jagdpferdechampionate für Reitpferde dürfen einmal im Jahr auf Landesreiterverbands-, Züchterverbands- und Bundesebene durchgeführt werden.

### § 381
**Beurteilung**
Beurteilt werden Rittigkeit, Springmanier und Galoppiervermögen sowie der Gesamteindruck als Jagdpferd/-pony, ausgedrückt in einer Wertnote abzüglich der Strafpunkte. Bei den für eine Platzierung in Frage kommenden Pferden/Ponys wird darüber hinaus das Verhalten im Jagdfeld überprüft.

### § 382
**Anforderungen**
Einzelnes Überwinden einer Jagdstrecke im Jagdgalopp
in Kl. A: ca. 1,5 km mit ca. 8 festen Jagdhindernissen, nicht über 0,90 m hoch bzw. 2,50 m weit, darunter wenigstens ein Graben, Tempo 450 m/Min.
in Kl. L: ca. 2 km mit ca. 10 festen Jagdhindernissen, nicht über 1,00 m hoch bzw. 3,00 m weit, darunter wenigstens ein Graben, Tempo 500 m/Min.
in Kl. M: ca. 2,5–3 km mit ca. 12 festen Jagdhindernissen, nicht über 1,10 m hoch bzw. 3,50 m weit, darunter wenigstens ein Graben, Tempo 500 m/Min.
in Kl. S: ca. 3,5–4 km mit ca. 14 festen Jagdhindernissen, nicht über 1,20 m hoch bzw. 4 m weit, darunter wenigstens ein Graben, Tempo 500 m/Min.
Die für eine Platzierung in Frage kommenden Teilnehmer überwinden nach Weisung der Richter einen Teil der Jagdstrecke in geschlossenen Gruppen von wenigstens vier Reitern mit wiederholtem Wechsel des Anfangsreiters.
Geländeskizze: vgl. §§ 506 und 632.

LPO 2000 – Teil B

## § 383
**Bewertung**
Bewertet werden:
Für Rittigkeit, Springmanier und Galoppiervermögen sowie den Gesamteindruck als Jagdpferd/-pony wird eine Note von 10–0 gemäß § 57 vergeben. Von dieser Note werden Strafpunkte gemäß § 373 abgezogen. Ausschlüsse gemäß § 519.

## § 384
**Platzierung**
Maßgeblich für die Platzierung sind die für das einzelne Überwinden der Jagdstrecke vergebenen Wertnoten inklusive eventueller Strafpunktabzüge sowie die Wertnote für das Verhalten im Jagdfeld im Verhältnis 1:1.

### 2.5 Kombinierte Aufbauprüfungen

## § 390
**Ausschreibungen, Anforderungen und Bewertung**
Die Kombination von Aufbauprüfungen ist gemäß § 802.1.a zulässig.

# Notizen

Notizen

Notizen

Notizen

# Abschnitt B IV: Dressurprüfungen

## § 400
**Ausschreibungen**
1. Zulässig sind:
   In Kat. C:
   1. Dressurwettbewerbe Kl. E für 4-jährige und ältere Pferde und/oder Ponys.
   2. Kombinierte Dressurwettbewerbe als Pflichtaufgabe und Kür in Kl. E für 4-jährige und ältere Pferde und/oder Ponys.
   3. Dressurwettbewerbe – Kür in Kl. E für 4-jährige und ältere Pferde und/oder Ponys.
   In Kat. B:
   1. Dressurprüfungen Kl. A, L und M, Dressurreiterprüfungen Kl. A, L und M
   2. Kombinierte Dressurprüfungen als Pflichtaufgabe und Stechen oder Kür Kl. A, L und M
   3. Dressurprüfungen – Kür in Kl. A, L und M
   für
   Kl. A:   4-jährige und ältere Pferde und/oder Ponys.
   Kl. L:   5-jährige und ältere Pferde und/oder M- und G-Ponys.
   Kl. M:   6-jährige und ältere Pferde und/oder M- und G-Ponys.
   In Kat. A:
   1. Dressurprüfungen Kl. M und S
   2. Kombinierte Dressurprüfungen als Pflichtaufgabe – in Kl. M und Stechen oder Kür in Kl. M und S.
   3. Dressurprüfungen – Kür in Kl. M und S.
   4. Dressuraufgaben der FEI
   für
   Kl. M:   6-jährige und ältere Pferde
   Kl. S:   7-jährige und ältere Pferde.
2. Bei Ausschreibung einer Kür müssen die Mindest- und Höchstanforderungen in der Ausschreibung festgelegt werden.
3. Als schwerste Dressurprüfung einer PS/PLS dürfen nur ausgeschrieben werden:
   LP der Kl. S in Verbindung mit LP der Kl. M Kat. A
   LP der Kl. M in Verbindung mit LP der Kl. L
   LP der Kl. L in Verbindung mit LP der Kl. A.

## § 401
**Beurteilung**
1. Dressurprüfungen:
   Beurteilt werden die Leistungen von Reiter und Pferd/Pony. Maßgebend sind der Grad der Ausbildung des Pferdes/Ponys sowie Sitz, Hilfengebung, Gefühl und Einwirkung des Reiters.
2. Dressurreiterprüfungen:
   Beurteilt werden Sitz, Hilfengebung, Gefühl und Einwirkung des Reiters sowie die Korrektheit der Hufschlagfiguren und Lektionen.

## § 402
### Richtverfahren
Das Richten erfolgt nach freiem Ermessen im Rahmen der Richtlinien für Reiten und Fahren gemäß § 57. Es werden folgende Richtverfahren unterschieden:

A. **Gemeinsames Richten**

Dieses Verfahren ist vorgeschrieben für Dressurwettbewerbe/-prüfungen der Kl. E und A, Dressurreiterprüfungen der Kl. A, L und M sowie Dressurpferde-/Dressurponyprüfungen der Kl. A, L und M. Für Dressurprüfungen der Kl. L, M und S ist es anzuwenden, wenn es die Ausschreibung vorsieht.

Die Richter drücken ihr gemeinsames Urteil über die Gesamtleistung jedes Teilnehmers durch eine mündlich oder schriftlich zu begründende Wertnote von 10−0 gemäß § 57 aus. Die Wertnoten werden nach jedem Ritt bekannt gegeben.

B. **Getrenntes Richten**

Dieses Verfahren ist für Dressurprüfungen der Klassen L, M und S zugelassen, für die Dressuraufgaben der FEI vorgeschrieben.

Jeder Richter erteilt für jede Vorstellung bzw. Lektion einer Aufgabe eine Wertnote von 10−0 gemäß § 57. Bei Verwendung von Notenbogen – nur bei diesem Richtverfahren erlaubt – sind nur volle Wertnoten zulässig. Jede Wertnote von 5 oder schlechter ist schriftlich zu begründen. Die Wertnotensummen werden unverzüglich bekannt gegeben. Bei Einsatz von drei Richtern kann das getrennte Richtverfahren mit Notenvergleich durchgeführt werden; in diesem Fall ist der Notenvergleich nach jedem Ritt vorzunehmen. Die Platzierung ergibt sich aus der Summe der Wertnoten, die durch die Zahl der Richter geteilt werden kann.

In der Kür gibt jeder Richter je eine Wertnote für die Ausführung (A-Note) und für die künstlerische Gestaltung (B-Note).

## § 403
### Durchführung
Dressurwettbewerbe/-prüfungen und Dressurreiterprüfungen bestehen aus Prüfung und Platzierung.

1. Prüfung:
   Einzelreiten; in den Klassen E, A und L auch zu mehreren oder in der Abteilung möglich, wenn laut Aufgabenheft vorgesehen.
2. Platzierung:
   Vorstellung der platzierten Teilnehmer mit den in der Prüfung gerittenen Pferden/Ponys (vgl. § 59).

## § 404
### Bewertung
1. Verlangt und bewertet werden alle Lektionen der in der Ausschreibung festgelegten Aufgabe.
2. Bei Verwendung von Notenbogen/Leitfäden sind nur die gemäß Aufgabenheft zur LPO bzw. Bewertungsbogen der FEI vorgesehenen Vordrucke zulässig.

3. Folgende Abzüge sind zu berücksichtigen:

| | Wertung mit einer Note | Wertung mit Notenbogen je Richter |
|---|---|---|
| a) vom Reiter verschuldetes Verreiten | | |
| das 1. Mal | 0,2 Punkte | 2 Punkte |
| das 2. Mal | 0,4 Punkte | 4 Punkte |
| das 3. Mal | 0,8 Punkte | 8 Punkte |
| das 4. Mal | Ausschluss | Ausschluss |
| b) Verlassen des Vierecks mit allen vier Beinen | Ausschluss | Ausschluss |
| c) Sturz des Reiters und/oder Pferdes/Ponys | 1 Punkt | 10 Punkte |

4. Für die Platzierung in einer kombinierten Dressurprüfung ist je nach Ausschreibung die Summe der Wertnoten aus den Teilprüfungen oder die Wertnote für das Stechen bzw. die Kür maßgebend.
5. Wenn laut Ausschreibung nicht ausdrücklich etwas anderes bestimmt ist, sind
   a) alle Einzel-Aufgaben auswendig oder nach eigenem Kommandogeber (Ausnahme Kür/FEI-Aufgaben)
   b) alle Abteilungs-Aufgaben (ab zwei Teilnehmern) nach Kommandogeber (vom Veranstalter gestellt)
   zu reiten.

## § 405
**Anforderungen an das Reiten in Dressurwettbewerben/-prüfungen und Dressurreiterprüfungen**

Die Anforderungen an das Reiten in Dressurwettbewerben/-prüfungen und Dressurreiterprüfungen sind im Aufgabenheft zur LPO und in den Richtlinien für Reiten und Fahren, Band 1 und 2 der FN geregelt.

## § 406
**Ausschlüsse**

In allen nachfolgenden Fällen erfolgt Ausschluss des Teilnehmers:
1. Wenn er nach Aufruf zum Start nicht binnen 60 Sekunden auf dem Prüfungsplatz eingeritten ist.
2. Wenn nicht binnen 60 Sekunden nach Glockenzeichen der Start erfolgt ist.
3. Bei Start vor dem Glockenzeichen.
4. Wenn sich ein Pferd/Pony 60 Sekunden ununterbrochen während der Prüfung widersetzt.
5. Bei Verwendung nicht erlaubter Ausrüstung.
6. Bei unreiterlichem Benehmen auf dem Vorbereitungs- oder Prüfungsplatz (vgl. §§ 52 und 66.3.4).
7. Bei verbotener fremder Hilfe.
8. Bei Nichtbeachtung von Vorschriften der LPO.
9. Wenn er außerhalb des/r WB/LP mit dem Pferd/Pony den Prüfungsplatz betritt. Ausnahmen können von der Turnierleitung zugelassen werden.

Notizen

# Abschnitt B V: Springprüfungen

## § 500
### Ausschreibungen
1. Zulässig sind:
   In Kat. C:
   1. Standardspringwettbewerbe Kl. E für 5-jährige und ältere Pferde und/oder Ponys
   2. Spezialspringwettbewerbe Kl. E für 5-jährige und ältere Pferde und/oder Ponys, z. B.:
      2.1 Stilspringwettbewerbe
      2.2 Stilspringwettbewerbe mit Standardanforderungen (für 4-jährige und ältere Pferde/Ponys)
      2.3 Stafettenspringwettbewerbe
      2.4 Glücksspringwettbewerbe
      2.5 Zwei-Phasen-Springwettbewerbe
      2.6 Mannschaftsspringwettbewerbe
   In Kat. B:
   1. Standardspringprüfungen für
      Kl. A: 5-jährige und ältere Pferde und/oder M- und G-Ponys
      Kl. L: 6-jährige und ältere Pferde und/oder M- und G-Ponys
      Kl. M 6-jährige und ältere Pferde und/oder M- und G-Ponys
   2. Spezialspringprüfungen für
      Kl. A: 5-jährige und ältere Pferde und/oder M- und G-Ponys
      Kl. L: 6-jährige und ältere Pferde und/oder M- und G-Ponys
      Kl. M: 6-jährige und ältere Pferde und/oder M- und G-Ponys
      Spezialspringprüfungen sind z. B.:
      2.1 Stilspringprüfungen
      2.2 Stilspringprüfungen mit Standardanforderungen (Kl. A für 4-jährige und ältere, Kl. L für 5-jährige und ältere Pferde und/oder M- und G-Ponys)
      2.3 Stafettenspringprüfungen
      2.4 Glücksspringprüfungen
      2.5 Punktespringprüfungen
      2.6 Zwei-Phasen-Springprüfungen
      2.7 Zwei-Pferde-Springprüfungen
      2.8 Mannschaftsspringprüfungen
   In Kat. A:
   1. Standardspringprüfungen Kl. M und S (* bis ***) für
      Kl. M: 6-jährige und ältere Pferde
      Kl. S: 7-jährige und ältere Pferde
   2. Spezialspringprüfungen Kl. M und S (* bis ***) für
      Kl. M: 6-jährige und ältere Pferde
      Kl. S: 7-jährige und ältere Pferde
      Spezialspringprüfungen sind z. B.:
      2.1 Stafettenspringprüfungen
      2.2 Glücksspringprüfungen
      2.3 „Jagd" um Punkte

# LPO 2000 – Teil B

    2.4   Punktespringprüfungen
    2.5   Zwei-Phasen-Springprüfungen
    2.6   Wahlspringprüfungen
    2.7   Zwei-Pferde-Springprüfungen
    2.8   Zweikampfspringprüfungen
    2.9   Mannschaftsspringprüfungen
    2.10  Mächtigkeitsspringprüfungen   nur in Kl. S
    2.11  Barrierenspringprüfungen   nur in Kl. S
    2.12  Rekordspringprüfungen   nur in Kl. S

2. Spezialspringprüfungen – ausgenommen Stilspringprüfungen und Zwei-Phasen-Springprüfungen – sind nur in Verbindung mit einer weiteren Standardspringprüfung derselben Klasse zulässig. Ausscheidungsspringprüfungen sind vor allen Einzelspringprüfungen zulässig, wenn dies in der Ausschreibung vermerkt ist. Sie unterliegen denselben Bedingungen wie die Prüfungen, denen sie zur Auswahl eines begrenzten Teilnehmerkreises vorangehen. Ein Stechen ist in den Ausscheidungsspringprüfungen jedoch nicht gestattet.
3. Als schwerste Springprüfung einer PLS dürfen nur ausgeschrieben werden:
LP der Kl. S in Verbindung mit LP der Kl. M Kat. A
LP der Kl. M in Verbindung mit LP der Kl. L
LP der Kl. L in Verbindung mit LP der Kl. A
4. Bei einer PS/PLS dürfen grundsätzlich nicht mehr als 50% Spring-WB/LP ausgeschrieben werden. Dabei gelten jedoch identische WB/LP mit unterschiedlichen Reiter- und/oder Pferde-Zulassungsbedingungen als ein/e WB/LP.
5. Pro drei Spring-LP Kl. A, L und M ist wenigstens eine Springpferde-/Springponyprüfung auszuschreiben. Bei Errechnung des Verhältnisses können Stilspringprüfungen mit Standardanforderungen gemäß § 520 und kombinierte Dressur-/Spring-WB/LP gemäß §§ 810/820/830 dem Anteil der Springpferde-/Springponyprüfungen hinzugerechnet werden.
6. Je zwei Spring-WB Kl. E ist wenigstens einmal das Richtverfahren nach Stil gemäß § 520 auszuschreiben; wird bei einer PS/PLS lediglich ein Spring-WB Kl. E ausgeschrieben, ist das Richtverfahren gemäß § 520 vorgeschrieben.
7. Junioren sind in Mächtigkeits-, Barrieren- und Rekordspringprüfungen nicht zugelassen. Unabhängig von den WB/LP können andere Prüfungsarten ausgeschrieben werden, deren Abwicklung und Richtverfahren hier nicht aufgeführt ist, jedoch sinngemäß den Bestimmungen dieses Abschnittes entsprechen. Voraussetzung ist die Genehmigung der überwachenden Stelle.

## § 501
**Beurteilung und Richtverfahren**

Beurteilt wird die Leistung von Reiter und Pferd/Pony zwischen Start- und Ziellinie, ausgedrückt in Punkten und/oder Sekunden, je nach Ausschreibung und Richtverfahren.
Es werden folgende Richtverfahren unterschieden:
1. Richtverfahren A für Standardspringprüfungen
   a) Richtverfahren mit Zeitwertung
      1. Die Platzierung wird durch Zusammenzählen der Strafpunkte gemäß § 503 ermittelt. Bei Punktgleichheit werden die Teilnehmer nach der Zeit platziert, die sie für ihren Parcours gebraucht haben (die kürzeste Zeit ist die beste). Bei Gleichheit der Punktzahl und der für den Parcours benötigten Zeit werden die Teilnehmer gleich platziert.
      2. Die Platzierung geschieht wie unter 1., ausgenommen für den 1. Platz, wo im Falle der Gleichheit der Punktzahl und der für den Parcours benötigten Zeit ein einmaliges Stechen nach Strafpunkten und Zeit stattfindet.
      3. Nur für Kat. B und A nach Strafpunkten und Zeit mit zwei Umläufen, die Platzierung erfolgt gemäß Ziffer 1.a.1.
   b) Gemischtes Richtverfahren
      1. Nach Strafpunkten und Zeit mit einmaligem Stechen um den Sieg. Die Platzierung erfolgt gemäß Ziffer 1.a.1. Bei Punktgleichheit auf dem 1. Platz: einmaliges Stechen nach Strafpunkten und Zeit.
      Im Stechen: Bei gleicher Punktzahl entscheidet die bessere Zeit. Bei gleicher Punktzahl und gleicher Zeit gleiche Platzierung.
      2. Nur für Springprüfungen Kl. S***
      Nach Strafpunkten und Zeit mit zweimaligem Stechen um den Sieg. Die Platzierung erfolgt gemäß Ziffer 1.a.1. Bei Punktgleichheit auf dem 1. Platz 1. Stechen nach Strafpunkten und Zeit. Bei erneuter Punktgleichheit auf dem 1. Platz: 2. Stechen nach Strafpunkten und Zeit. Bei gleicher Punktzahl entscheidet die bessere Zeit. Bei gleicher Punktzahl und gleicher Zeit gleiche Platzierung.
      3. Nur für Springprüfungen Kl. S***
      2 Umläufe mit einmaligem Stechen nach Strafpunkten und Zeit. Der 2. Umlauf kann geändert werden, wenn dies in der Ausschreibung festgelegt ist. Die Mindestzahl an Hindernissen im 2. Umlauf beträgt in der Halle 8, im Freien 10. Die Platzierung erfolgt gemäß Ziffer 1.b.1.
   c) Richtverfahren ohne Zeitwertung, jedoch mit „erlaubter Zeit"
      1. Für die Platzierung ist nur die Gesamtzahl der Strafpunkte entscheidend. Bei Strafpunktgleichheit gleiche Platzierung. Bei Strafpunktgleichheit auf dem 1. Platz erfolgt einmaliges Stechen mit Bewertung nach Strafpunkten und Zeit.
      2. Nur für Mächtigkeitsspringprüfungen und Barrierenspringprüfungen
      Nach Strafpunkten mit bis zu vier Stechen. Für die Platzierung ist nur die Gesamtzahl der Strafpunkte entscheidend.
      Bei Strafpunktgleichheit gleiche Platzierung. Bei Strafpunktgleichheit auf dem 1. Platz: fortlaufendes Stechen über eine verringerte Anzahl erhöhter und/oder erweiterter Hindernisse ohne „erlaubte Zeit". Nach dem 3. Stechen können die Richter die Prüfung abbrechen.

2. Richtverfahren C – für Standardspringprüfungen
    Für Zeitspringprüfungen (nicht für Junioren- und Pony-Spring-WB/-LP).
    Für die Platzierung ist die für den Parcours benötigte Zeit zuzüglich eventueller Strafsekunden gemäß § 503 maßgebend. Bei gleicher Gesamtzahl auf dem 1. Platz gleiche Platzierung.
3. Richtverfahren für Spezialspringprüfungen
    Die Richtverfahren für Spezialspringprüfungen sind in den Spezialbestimmungen (§§ 520 ff.) aufgeführt. Auch für Spezialspringprüfungen gelten bis auf beschriebene Ausnahmen die §§ 502–519.

## § 502
**Bestimmungen für Stechen**

1. Die für den/die WB/LP erstellte Starterliste gilt grundsätzlich auch für Stechen. Maßgeblich ist die genehmigte Ausschreibung.
2. Der Parcours für das Stechen bei Standardspringprüfungen kann gekürzt werden (Zahl der Hindernisse und Länge). Der Stechparcours muss jedoch mindestens sechs Hindernisse enthalten.
3. Standort, Sprungrichtung, Profil und Aussehen der Hindernisse dürfen nicht verändert werden. Die Änderung der Reihenfolge der Hindernisse ist ebenso wie die Herausnahme eines oder mehrerer Sprünge einer Kombination – mit Ausnahme des mittleren Sprungs einer dreifachen Kombination – zulässig.
    Für den Stechparcours können max. zwei zusätzliche Einzelhindernisse genutzt werden. Beide Hindernisse müssen bereits bei der Besichtigung im Parcours vorhanden und zusätzlich nummeriert sein.
4. Bei Strafpunktfreiheit der für das Stechen qualifizierten Teilnehmer können die Hindernisse bis zu 10 cm (im 1. und 2. Stechen einer Mächtigkeitsspringprüfung bis zu 20 cm) erhöht und/oder erweitert werden. Bei Strafpunktgleichheit ist eine Erhöhung und/oder Erweiterung der Hindernisse nicht zulässig.
5. Teilnehmer, die zum Stechen nicht antreten oder während des Stechens aufgeben, dürfen nicht als Sieger platziert werden.
    Treten alle für das Stechen qualifizierten Teilnehmer nicht an, geben auf oder führen den Ausschluss nach Urteil der Richter bewusst herbei, so werden sie gleich platziert auf dem letzten Platz der für das Stechen qualifizierten Teilnehmer.
    In allen anderen Fällen ist die Platzierung in nummerischer Reihenfolge nach erbrachter Leistung vorzunehmen, wobei ausgeschlossene Teilnehmer vor Teilnehmern rangieren, die nicht angetreten sind, aufgegeben oder den Ausschluss bewusst herbeigeführt haben.
    Bei Springen mit mehr als zwei Stechen (z. B. Mächtigkeitsspringprüfungen) kann ab dem zweiten Stechen auch bei Aufgabe auf Sieg entschieden werden.
6. Wenn für ein Stechen nur Pferde/Ponys unter dem gleichen Reiter qualifiziert sind, wird bei Verzicht auf das Stechen auf gleiche Platzierung als Sieger erkannt.
7. Über diese Bestimmungen hinausgehende oder abweichende Regeln für Stechen in Spezialspringprüfungen sind in den Spezialbestimmungen (§§ 520 ff.) aufgeführt.

## § 503
## Bewertung

|  | Richtverfahren A | Richtverfahren C |
|---|---|---|
| → 1. Ungehorsam | 3 Strafpunkte | – |
| → Hindernisfehler | 4 Strafpunkte | im Freien: 5 Strafsekunden in der Halle: 4 Strafsekunden |
| → 2. Ungehorsam | 6 Strafpunkte | – |
| → Sturz des Pferdes/Ponys und/oder Reiters | 8 Strafpunkte | – |
| → 2. Sturz des Pferdes/Ponys und/oder Reiters | Ausschluss | Ausschluss |
| → 3. Ungehorsam und andere in § 519 vorgesehene Fälle | Ausschluss | Ausschluss |
| → Überschreiten der „erlaubten Zeit" für jede angefangene Sekunde | 1/4 Strafpunkt; im Stechen: 1 Strafpunkt | 1 Sekunde |
| → Überschreiten der Höchstzeit | Ausschluss | Ausschluss |
| → Umwerfen einer Flagge | – | – |

## § 504
## Anforderungen

1. Mindestzahl und Abmessung der Hindernisse in den Klassen

| | | E | A | L | M–B | M–A | S* | S** | S*** |
|---|---|---|---|---|---|---|---|---|---|
| a) | **Parcours in der Halle** | | | | | | | | |
| | Hindernisse – Mindestzahl | 6 | 6 | 7 | 8 | 9 | 9 | 9 | 10 |
| b) | **Parcours im Freien** | | | | | | | | |
| | Hindernisse – Mindestzahl | 7 | 7 | 8 | 9 | 10 | 10 | 10 | 11 |
| c) | **Abmessungen in der Halle und im Freien in Meter** | | | | | | | | |
| | **Höhe** | | | | | | | | |
| | mindestens | 0,80 | 1,00 | 1,10 | 1,20 | 1,30 | 1,40 | 1,45 | 1,50 |
| | höchstens | 1,00 | 1,10 | 1,20 | 1,30 | 1,40 | 1,50 | 1,55 | 1,60 |
| | Höchstweite | 1,30 | 1,40 | 1,50 | 1,60 | 1,80 | 2,00 | 2,00 | 2,00 |
| | **Maximale Wassergrabenweite** – | | 2,50 | 3,00 | 3,50 | 4,00 | 4,10 | 4,30 | 4,50 |
| d) | **Kombinationen – Höchstzahl** | | | | | | | | |
| | zweifache | 1 | 2 | 2 | 2 | frei | frei | frei | frei |
| | dreifache | – | – | 1 | 1 | frei | frei | frei | frei |

Distanz von Sprung zu Sprung in Metern
Kl. E–M/B:              7,00–8,00 m oder 10,00–11,00 m
ab Kl. M/A:             beliebig
in Pony-WB/LP Kl. E–M/B: 7,00–7,50 m oder 9,80–10,30 m

Ab Kl. A ist mindestens eine Kombination vorgeschrieben, mit Ausnahme der Spezialspringprüfungen, in denen diese ausgeschlossen sind.
Abweichungen bis zu 5 cm in der Höhe und 10 cm in der Weite sind zulässig.

2. Die Gesamtlänge eines Parcours (Ausnahme Mächtigkeitsspringprüfungen) in Metern darf niemals die Anzahl der Hindernisse der betreffenden Prüfung multipliziert mit 60 übersteigen. Sie ist bis auf wenige Meter genau anzugeben.
3. Geschwindigkeiten und Zeiten
Folgende Geschwindigkeiten sind zulässig:
Richtverfahren A, a) und b):

| | |
|---|---|
| Halle: | 300 m/Min., 325 m/Min. oder 350 m/Min. |
| im Freien: | 350 m/Min., 375 m/Min. oder 400 m/Min. |

Mächtigkeitsspringprüfungen

| | |
|---|---|
| 1. Umlauf: | 300 m/Min. |
| Stechen: | beliebig |
| Barrierenspringprüfungen: | beliebig |

Richtverfahren C:

| | |
|---|---|
| Halle: | 350 m/Min. |
| im Freien: | 400 m/Min. |

Aus der Geschwindigkeit und Parcourslänge errechnet sich die „erlaubte Zeit" (EZ) gemäß Tabelle Ziffer 4. Die „Höchstzeit" (HZ) ist das Doppelte der „erlaubten Zeit", EZ und HZ sind vor jeder Prüfung bekannt zu geben.

Eine Änderung der EZ durch die Richter ist nur in Absprache mit dem Parcourschef bis zur Parcoursbeendigung des dritten Teilnehmers der LP ohne Sturz bzw. Ungehorsam zulässig. Ein Herabsetzen der EZ ist nur insoweit möglich, dass die bereits gestarteten Teilnehmer nicht mit (zusätzlichen) Strafpunkten belastet werden.

4. Ausrechnungstabelle
Die „erlaubten Zeiten" für die verschiedenen Parcourslängen und Geschwindigkeiten sind in nachstehender Tabelle zusammengestellt.

| Parcourslänge Meter | „erlaubte Zeit" in Sekunden für Tempo | | | | |
|---|---|---|---|---|---|
| | 300 m/Min. | 325 m/Min. | 350 m/Min. | 375 m/Min. | 400 m/Min. |
| 150 | 30 | 28 | 26 | 24 | 23 |
| 160 | 32 | 30 | 28 | 26 | 24 |
| 170 | 34 | 32 | 30 | 28 | 26 |
| 180 | 36 | 34 | 31 | 29 | 27 |
| 190 | 38 | 36 | 33 | 31 | 29 |
| 200 | 40 | 37 | 35 | 32 | 30 |
| 210 | 42 | 39 | 36 | 34 | 32 |
| 220 | 44 | 41 | 38 | 36 | 33 |
| 230 | 46 | 43 | 40 | 37 | 35 |
| 240 | 48 | 45 | 42 | 39 | 36 |
| 250 | 50 | 47 | 43 | 40 | 38 |
| 260 | 52 | 48 | 45 | 42 | 39 |
| 270 | 54 | 50 | 47 | 44 | 41 |
| 280 | 56 | 52 | 48 | 45 | 42 |
| 290 | 58 | 54 | 50 | 47 | 44 |
| 300 | 60 | 56 | 52 | 48 | 45 |

| Parcourslänge Meter | "erlaubte Zeit" in Sekunden für Tempo |||||
|---|---|---|---|---|---|
| | 300 m/Min. | 325 m/Min. | 350 m/Min. | 375 m/Min. | 400 m/Min. |
| 310 | 62 | 58 | 54 | 50 | 47 |
| 320 | 64 | 60 | 55 | 52 | 48 |
| 330 | 66 | 61 | 57 | 53 | 50 |
| 340 | 68 | 63 | 59 | 55 | 51 |
| 350 | 70 | 65 | 60 | 56 | 53 |
| 360 | 72 | 67 | 62 | 58 | 54 |
| 370 | 74 | 69 | 64 | 60 | 56 |
| 380 | 76 | 71 | 66 | 61 | 57 |
| 390 | 78 | 72 | 67 | 63 | 59 |
| 400 | 80 | 74 | 69 | 64 | 60 |
| 410 | 82 | 76 | 71 | 66 | 62 |
| 420 | 84 | 78 | 72 | 68 | 63 |
| 430 | 86 | 80 | 74 | 69 | 65 |
| 440 | 88 | 82 | 76 | 71 | 66 |
| 450 | 90 | 84 | 78 | 72 | 68 |
| 460 | 92 | 85 | 79 | 74 | 69 |
| 470 | 94 | 87 | 81 | 76 | 71 |
| 480 | 96 | 89 | 83 | 77 | 72 |
| 490 | 98 | 91 | 84 | 79 | 74 |
| 500 | 100 | 93 | 86 | 80 | 75 |
| 510 | 102 | 95 | 88 | 82 | 77 |
| 520 | 104 | 96 | 90 | 84 | 78 |
| 530 | 106 | 98 | 91 | 85 | 80 |
| 540 | 108 | 100 | 93 | 87 | 81 |
| 550 | 110 | 102 | 95 | 88 | 83 |
| 560 | 112 | 104 | 96 | 90 | 84 |
| 570 | 114 | 106 | 98 | 92 | 86 |
| 580 | 116 | 108 | 100 | 93 | 87 |
| 590 | 118 | 109 | 102 | 95 | 89 |
| 600 | 120 | 111 | 103 | 96 | 90 |
| 610 | 122 | 113 | 105 | 98 | 92 |
| 620 | 124 | 115 | 107 | 100 | 93 |
| 630 | 126 | 117 | 108 | 101 | 95 |
| 640 | 128 | 119 | 110 | 103 | 96 |
| 650 | 130 | 120 | 112 | 104 | 98 |
| 660 | 132 | 122 | 114 | 106 | 99 |
| 670 | 134 | 124 | 115 | 108 | 101 |
| 680 | 136 | 126 | 117 | 109 | 102 |
| 690 | 138 | 128 | 119 | 111 | 104 |
| 700 | 140 | 130 | 120 | 112 | 105 |

| Parcourslänge Meter | "erlaubte Zeit" in Sekunden für Tempo |||||
|---|---|---|---|---|---|
| | 300 m/Min. | 325 m/Min. | 350 m/Min. | 375 m/Min. | 400 m/Min. |
| 710 | 142 | 132 | 122 | 114 | 107 |
| 720 | 144 | 133 | 124 | 116 | 108 |
| 730 | 146 | 135 | 126 | 117 | 110 |
| 740 | 148 | 137 | 127 | 119 | 111 |
| 750 | 150 | 139 | 129 | 120 | 113 |
| 760 | 152 | 141 | 131 | 122 | 114 |
| 770 | 154 | 143 | 132 | 124 | 116 |
| 780 | 156 | 144 | 134 | 125 | 117 |
| 790 | 158 | 146 | 136 | 127 | 119 |
| 800 | 160 | 148 | 138 | 128 | 120 |
| 810 | 162 | 150 | 139 | 130 | 122 |
| 820 | 164 | 152 | 141 | 132 | 123 |
| 830 | 166 | 154 | 143 | 133 | 125 |
| 840 | 168 | 156 | 144 | 135 | 126 |
| 850 | 170 | 157 | 146 | 136 | 128 |
| 860 | 172 | 159 | 148 | 138 | 129 |
| 870 | 174 | 161 | 150 | 140 | 131 |
| 880 | 176 | 163 | 151 | 141 | 132 |
| 890 | 178 | 165 | 153 | 143 | 134 |
| 900 | 180 | 167 | 155 | 144 | 135 |
| 910 | 182 | 168 | 156 | 146 | 137 |
| 920 | 184 | 170 | 158 | 148 | 138 |
| 930 | 186 | 172 | 160 | 149 | 140 |
| 940 | 188 | 174 | 162 | 151 | 141 |
| 950 | 190 | 176 | 163 | 152 | 143 |
| 960 | 192 | 178 | 165 | 154 | 144 |
| 970 | 194 | 180 | 167 | 156 | 146 |
| 980 | 196 | 181 | 168 | 157 | 147 |
| 990 | 198 | 183 | 170 | 159 | 149 |
| 1000 | 200 | 185 | 172 | 160 | 150 |
| 1010 | 202 | 187 | 174 | 162 | 152 |
| 1020 | 204 | 189 | 175 | 164 | 153 |
| 1030 | 206 | 191 | 177 | 165 | 155 |
| 1040 | 208 | 192 | 179 | 167 | 156 |
| 1050 | 210 | 194 | 180 | 168 | 158 |
| 1060 | 212 | 196 | 182 | 170 | 159 |
| 1070 | 214 | 198 | 184 | 172 | 161 |
| 1080 | 216 | 200 | 186 | 173 | 162 |
| 1090 | 218 | 202 | 187 | 175 | 164 |
| 1100 | 220 | 204 | 189 | 176 | 165 |

| Parcourslänge | "erlaubte Zeit" in Sekunden für Tempo | | | | |
| Meter | 300 m/Min. | 325 m/Min. | 350 m/Min. | 375 m/Min. | 400 m/Min. |
| --- | --- | --- | --- | --- | --- |
| 1110 | 222 | 205 | 191 | 178 | 167 |
| 1120 | 224 | 207 | 192 | 180 | 168 |
| 1130 | 226 | 209 | 194 | 181 | 170 |
| 1140 | 228 | 211 | 196 | 183 | 171 |
| 1150 | 230 | 213 | 198 | 184 | 173 |
| 1160 | 232 | 215 | 199 | 186 | 174 |
| 1170 | 234 | 216 | 201 | 188 | 176 |
| 1180 | 236 | 218 | 203 | 189 | 177 |
| 1190 | 238 | 220 | 204 | 191 | 179 |
| 1200 | 240 | 222 | 206 | 192 | 180 |

## § 505
**Prüfungsplatz und Parcours**

1. Teilnehmer im Reitanzug gemäß § 68 und Begleitpersonen dürfen den Prüfungsplatz auch bei WB/LP mit Stechen nur vor dem/r WB/LP zu Fuß betreten. Die Genehmigung wird von den Richtern durch ein Glockenzeichen erteilt. Zum Verlassen des Prüfungsplatzes fordert ein zweites Glockenzeichen auf.
2. Der Eingang des Prüfungsplatzes ist geschlossen zu halten, solange ein Teilnehmer seinen Parcours absolviert.
3. Parcours ist der Weg, der vom Start bis zum Ziel zurückzulegen ist. Seine Länge wird über die Mitte der Hindernisse gemessen unter besonderer Beachtung des Weges in den Wendungen.
4. Die Startlinie darf nicht weiter als 25 m und nicht näher als 6 m vor dem ersten Hindernis liegen. Die Ziellinie muss wenigstens 15 m – in Hallen wenigstens 6 m – und nicht mehr als 25 m vom letzten Hindernis entfernt sein. Diese Entfernungen gelten auch für Stechen.
5. Die Hindernisse sind in der Reihenfolge laufend zu nummerieren, in der sie zu springen sind. Die Nummerierung wird bei Änderung der Reihenfolge im Stechen nicht geändert. Die Nummernschilder sind kein Bestandteil der Hindernisse.
6. Die fortlaufende Nummerierung der Hindernisse gilt nicht für die Sprünge einer Kombination. Für deren Kennzeichnung werden zusätzlich zu der Nummer Unterscheidungsbuchstaben an den Einzelsprüngen verwendet (z. B. 7a, b, c).
7. Der Parcours einer begonnenen Prüfung darf nicht geändert werden; ausgenommen, wenn der/die WB/LP vorher in Abteilungen unterteilt wurde, jedoch nicht, wenn es sich um mehrere Abteilungen einer Qualifikationsspringprüfung oder eines/r Teil-WB/-LP eines/r kombinierten WB/LP handelt.

## § 506
### Parcoursskizze
1. Eine Skizze des Parcours mit genauer Wiedergabe der Einzelheiten muss in der Nähe des Einritts vor der Besichtigung durch die Teilnehmer angeschlagen sein; die Richter müssen eine Kopie erhalten.
2. Die Skizze muss enthalten:
   a) den Parcours, anzudeuten durch Richtungspfeile gemäß c) oder, wo er genau eingehalten werden muss, anzuzeigen durch eine fortlaufende Linie;
   b) Start- und Ziellinie;
   c) die Hindernisse. Diese sind zu nummerieren und mit Pfeilen zu versehen, die die Richtung angeben, in der die Hindernisse zu überwinden sind;
   d) Wendepunkte;
   e) Länge des Parcours;
   f) Richtverfahren und Geschwindigkeit;
   g) „erlaubte Zeit" (EZ) und „Höchstzeit" (HZ);
   h) Entscheidungen der Richter, die sich auf diesen Parcours beziehen (z. B. geschlossene Kombination);
   i) bei WB/LP mit Stechen: zusätzlich die Nummern und Reihenfolge der vorgesehenen Hindernisse, Parcourslänge und EZ.
3. Eine Änderung der bereits angeschlagenen Parcoursskizzen ist nur mit Zustimmung der Richter zulässig. Die Änderung ist den Teilnehmern unverzüglich bekannt zu geben.

## § 507*
### Hindernisse
Die Hindernisse müssen Achtung gebietend und fair sein. Bei Hoch- und Hoch-Weit-Sprüngen muss mindestens ca. das obere Viertel des zu überwindenden Teils des Hindernisses abwerfbar oder das ganze Hindernis umwerfbar sein.
1. Es gibt folgende Hindernisse
   a) Hochsprünge wie Mauer, Gatter, Rick, Doppelrick usw.;
   b) Hoch-Weit-Sprünge wie Oxer, Triplebarre, überbaute Gräben usw.;
   c) Auf- und Absprünge wie Billard, Wall usw.;
   d) Weitsprünge als Wassergraben;
   Bei einem Wassergraben darf sich weder vor, noch in der Mitte, noch über oder hinter dem wassergefüllten Graben ein Hindernisteil befinden. Die Weite des Grabens ist auf der Absprung- und Landeseite am Rand des Wasserspiegels durch eine Holzlatte, Gummi- oder Kunststoffband zu begrenzen. Auf der Absprungseite ist statt dessen auch eine am Boden zu befestigende, bis 50 cm hohe Absprungbegrenzung wie Hürde oder Stange zulässig. Diese wird in die Weite des Grabens einbezogen, gilt im Übrigen aber nicht als Teil des Hindernisses.
2. Ein nicht mehr in seinen ursprünglichen Zustand zu versetzendes Hindernis ist durch ein annähernd gleichwertiges zu ersetzen.
3. Fänge gelten nicht als Bestandteil von Hindernissen. Sie dürfen nicht an den Hindernissen befestigt sein, sollen sie aber überragen.

\* Siehe Empfehlungen zur Beschaffenheit von Hindernismaterial einschließlich Vorbereitungsplatz, zusammengestellt vom Arbeitskreis Parcourschefs des Ausschusses Turniersport des FN-Bereichs Sport.

4. Bei Hoch-Weit-Sprüngen ab Springprüfungen der Klasse M/A müssen jeweils für die hintere Stange Sicherheitsauflagen verwendet werden. Für alle übrigen Klassen wird die Verwendung von Sicherheitsauflagen empfohlen.

## § 508
### Kombinationen
1. Eine Kombination ist ein Hindernis, bestehend aus zwei, drei oder mehr Sprüngen, deren Abstand zueinander jeweils zwischen mindestens 6,50 m und höchstens 12 m beträgt. Bei ortsfesten Sprüngen sind abweichende Abstände möglich.
Der Abstand wird am Boden gemessen, und zwar vom Fuß des einen Sprunges (Landeseite) bis zum Fuß des folgenden Sprunges (Absprungseite).
2. Bei Stilspringprüfungen mit Standardanforderungen gilt ein In-and-Out als Kombination.
3. Es werden unterschieden:
   3.1 offene Kombinationen;
   3.2 geschlossene Kombinationen, wenn ihre Begrenzung in jeder Richtung nur durch einen Sprung zu überwinden ist;
   3.3 teils offene, teils geschlossene Kombinationen.
Vor dem/r WB/LP müssen die Richter festlegen, ob eine Kombination als geschlossene oder teils geschlossene Kombination gilt. Diese Entscheidung muss auf der Parcoursskizze angegeben werden, andernfalls gilt die Kombination als offen.

## § 509
### Flaggen/Schilder
1. Die nachstehenden Einzelheiten eines Parcours werden unter Verwendung von roten und weißen Flaggen/Schildern angezeigt:
   a) die Startlinie,
   b) die äußere Begrenzung der für die Bewertung maßgebenden Teile der Hindernisse,
   c) die Wendepunkte,
   d) die Ziellinie.
2. Die Flaggen/Schilder müssen so angebracht sein, dass der Teilnehmer die/das rote Flagge/Schild zur Rechten und die/das weiße Flagge/Schild zur Linken hat.
3. Mit gekreuzten roten und weißen Flaggen/Schildern oder in anderer geeigneter Weise sind die nicht zum/r laufenden WB/LP gehörenden Hindernisse zu kennzeichnen.

## § 510
### Glockenzeichen
Das Glocken- oder ein anderes akustisches Zeichen dient als Signal für den Teilnehmer:
1. Gemäß § 505.1 – Parcoursbesichtigung;
2. zur Freigabe des Starts;
3. zum Anhalten;
4. zur Fortsetzung seines/r WB/LP nach einer Unterbrechung;
5. dass ein Hindernis erneut zu springen ist;
6. für den Ausschluss aus dem/r WB/LP durch wiederholte Betätigung.

## § 511
## Durchreiten von Start- und Ziellinie, Überwinden der Hindernisse
1. Start- und Ziellinie sind zu Pferde/Pony zu passieren. Vor dem Start und im Verlaufe des/r WB/LP können sie beliebig oft durchritten werden, soweit dies nicht ausdrücklich verboten ist.
2. Jedes Hindernis muss zwischen seinen Begrenzungsflaggen/-schildern in der ausgeflaggten Richtung überwunden werden.

## § 512
## Hindernisfehler
### A. Hoch- und Hoch-Weit-Sprünge
1. Ein durch Pferd/Pony und/oder Reiter verursachter Hindernisfehler liegt vor, solange sich der Reiter auf dem Prüfungsplatz befindet, wenn:
   a) ein Hindernisteil oder das ganze Hindernis fällt oder ein Teil nicht mehr mit der Auflage Berührung hat, auch wenn der fallende Teil von irgendeinem anderen Teil des Hindernisses im Fallen aufgefangen wird,
   b) der die Auflage tragende Teil durch andere Teile des Hindernisses aufgefangen wird,
   c) eine Vorrichtung fällt, die zur Sicherung der Festigung des Hindernisses dient und einen Bestandteil der Auflage bildet.
   Je Hindernis wird nur ein Hindernisfehler berechnet, auch wenn mehrere Hindernisteile fallen. Kombinationen: siehe § 516.
2. Ist ein Hindernis oder ein Hindernisteil auf seiner Absprungseite oder an anderer Stelle aus genau senkrecht übereinandergebauten Teilen zusammengesetzt, so wird an dieser Stelle nur das Abwerfen des obersten Hindernisteiles als Fehler berechnet.
3. Bei überbauten Gräben werden Hindernisfehler nur gemäß Ziffer 1 gewertet. Hindernisfehler gemäß B sind ausgeschlossen.

### B. Weitsprünge (Wassergräben)
1. Als Hindernisfehler gilt das Berühren des Wasserspiegels oder Fußen innerhalb der oder auf den Bändern bzw. Latten, welche den Wassergraben begrenzen.
2. Wird die vordere Absprungbegrenzung wie Hürde oder Stange durch Einwirkung des Pferdes/Ponys umgeworfen, verschoben oder zerbrochen, gilt dies nicht als Hindernisfehler.

## § 513
## Sturz
1. Ein Sturz des Reiters liegt vor, wenn er sich ohne Sturz des Pferdes/Ponys von diesem trennt und erneut aufsitzen oder aufspringen muss, um in den Sattel zu gelangen.
2. Ein Sturz des Pferdes/Ponys liegt vor, wenn Schulter- und Hüftpartie gleichzeitig den Boden oder das Hindernis und den Boden berühren.
3. Bei Sturz von Reiter und/oder Pferd/Pony und gleichzeitigem Hindernisfehler oder Ungehorsam werden die Strafpunkte addiert.

## § 514
## Ungehorsam

1. Hierzu gehören:
   ### A. **Stehenbleiben**
   1. Ein Stehenbleiben liegt vor, wenn ein Pferd/Pony vor einem zu überwindenden Hindernis stehen bleibt, gleichgültig, ob dieses dabei durch Berühren, Verschieben oder Umwerfen verändert wird. Stehenbleiben ohne Veränderung des Hindernisses ohne Rückwärtstreten oder Seitwärtstreten des Pferdes/Ponys mit unmittelbar folgendem Springen aus dem Stand gilt nicht als Ungehorsam.
   2. Bei Stehenbleiben mit Veränderung des Hindernisses und folgendem Überwinden oder Durchgleiten durch ein Hindernis entscheiden die Richter unverzüglich, ob Ungehorsam oder Hindernisfehler anzurechnen ist. Bei Entscheidung auf Ungehorsam ist der Teilnehmer sofort anzuhalten.

   ### B. **Ausbrechen**
   Ein Ausbrechen liegt vor, wenn das Pferd/Pony sich vor dem zu überwindenden Hindernis der Einwirkung des Reiters entzieht und nicht springt.

   ### C. **Widersetzlichkeit**
   1. Eine Widersetzlichkeit liegt vor, wenn sich das Pferd/Pony an irgendeiner Stelle des Parcours der Vorwärtsbewegung entzieht – Stehenbleiben, Rückwärtsbewegung, Kehrtwendung, Steigen usw.
   2. Bei grober und/oder längerer Widersetzlichkeit entscheiden die Richter, ob ein- oder mehrfacher Ungehorsam anzurechnen ist.

   ### D. **Volte**
   Eine Volte liegt vor, wenn das Pferd/Pony zwischen zwei aufeinanderfolgenden Hindernissen, Punkten oder Linien seinen Weg kreuzt, ohne dass eine besondere Erlaubnis vorliegt. Volten im Zusammenhang mit Stehenbleiben, Ausbrechen oder Widersetzlichkeit zum erneuten Anreiten eines Hindernisses gelten nicht als Ungehorsam.

   ### E. **Korrigiertes Verreiten**
   Ein korrigiertes Verreiten liegt vor, wenn der Teilnehmer
   1. nach Verreiten gemäß § 515 den Parcours dort wieder aufnimmt, wo der Fehler begangen wurde, ohne vorher ein falsches Hindernis überwunden zu haben oder
   2. während seines Parcours deutlich vom Normalweg abweicht und infolgedessen nur durch Wenden oder Rückwärtsrichten das Hindernis, den Wendepunkt oder das Ziel ordnungsgemäß zwischen den Flaggen/Schildern passieren kann.

2. Ein Teilnehmer, der ausscheidet oder aufgibt, hat die Möglichkeit, vor Verlassen des Prüfungsplatzes einen erneuten Versuch zu machen. Dieser Versuch kann nur über ein Hindernis des gleichen Parcours – niemals eine Kombination – unternommen werden. Anschließend an den Versuch hat der Teilnehmer den Prüfungsplatz schnellstmöglich zu verlassen.

## § 515
**Verreiten**
Als Verreiten gilt:
Nichteinhalten des der Skizze entsprechenden Parcours:
a) durch Nichtbeachten der eingetragenen Richtungszeichen und Flaggen/Schilder,
b) durch Nichteinhalten der vorgeschriebenen Reihenfolge der Hindernisse,
c) durch Springen eines nicht zum Parcours gehörenden Hindernisses oder Auslassen eines Hindernisses.

## § 516
**Fehler an Kombinationen**
Alle Hindernisfehler, Fälle von Ungehorsam und Stürze bei jedem einzelnen Sprung und bei jedem Versuch werden gesondert bewertet. Ist ein Ungehorsam auf einen Sturz zwischen zwei Sprüngen zurückzuführen, werden keine Strafpunkte für Ungehorsam berechnet.
A. Offene Kombinationen
   Bei Ungehorsam oder Sturz ist der Teilnehmer verpflichtet, alle Sprünge der Kombination zu wiederholen.
B. Geschlossene Kombinationen und geschlossene Kombinationsteile
   1. Bei Ungehorsam ist der Teilnehmer verpflichtet, den Parcours durch Springen über die noch nicht überwundenen Sprünge der Kombination fortzusetzen.
   2. Springt ein Teilnehmer auf einer anderen Seite als der vorgeschriebenen heraus, wird dies als Springen eines nicht zum Parcours gehörenden Hindernisses gewertet.
   3. Verlassen Pferd/Pony und/oder Reiter die Kombination infolge eines Sturzes, erfolgt Ausschluss.
C. Teils offene, teils geschlossene Kombination
   Bei Ungehorsam oder Sturz innerhalb des offenen Teils der Kombination ist auch der ggf. bereits überwundene geschlossene Teil zu wiederholen.

## § 517
**„Fremde Hilfe"**
1. Als verbotene „fremde Hilfe" wird jede Einmischung eines Dritten mit der Absicht, die Aufgabe des Reiters zu erleichtern oder seinem Pferd/Pony zu helfen, angesehen. Unerheblich ist, ob der Dritte dazu aufgefordert wurde oder nicht. In Zweifelsfällen entscheiden die Richter endgültig.
2. „Fremde Hilfe" ist erlaubt als Hilfe nach einem Sturz bis zu dem Augenblick, in dem der Reiter wieder aufgesessen ist.
   Dazu gehört u. a.
   a) Wiedereinfangen eines Pferdes/Ponys,
   b) Ordnen des Sattelzeuges und der Ausrüstung,
   c) Rückgabe der bei dem Sturz verloren gegangenen Gerte,
   d) Hilfeleistungen beim Wiederaufsitzen.
   Die Rückgabe von Brille und Reithelm ist jederzeit erlaubt.

## § 518
### Zeitmessung

1. Gemessen wird die Zeit, die der Teilnehmer benötigt, um den Parcours zurückzulegen. Sie beginnt in dem Augenblick, in dem der Teilnehmer zu Pferde/Pony die Startlinie passiert und endet in dem Augenblick, in dem er zu Pferde/Pony die Ziellinie passiert.
2. Für die Zeitmessung in Kat. A und B ist eine automatische Zeitmessanlage vorgeschrieben, in Kat. C empfohlen. Darüber hinaus sind wenigstens zwei von Hand zu bedienende Additions-Stoppuhren zu verwenden. Bei ausschließlicher Hand-Zeitmessung wird die gemessene Zeit in vollen Sekunden ausgedrückt, wobei angefangene Sekunden als volle Sekunden gerechnet werden.
Bei automatischer Zeitmessung wird die gemessene Zeit in vollen und Zehntel- oder Hundertstelsekunden ausgedrückt.
3. Die Zeitmessung wird unterbrochen bei jedem durch die Richter veranlassten Anhalten des Teilnehmers. Das Anhalten des Teilnehmers erfolgt sofort bei Ungehorsam und/oder Sturz, der den Wiederaufbau eines oder mehrerer Hindernisse zum erneuten Überwinden erforderlich macht.
Nach einem Sturz erfolgt die Unterbrechung der Zeitmessung jedoch erst, wenn der Reiter wieder aufgesessen und das zu überwindende Hindernis noch nicht wieder aufgebaut ist.
Die Zeitmessung wird erneut in Gang gesetzt mit dem Signal zur Fortsetzung des/r WB/LP.
4. Bei Unterbrechung der Zeitmessung wegen Ungehorsams und/oder Sturzes gemäß Ziffer 3 werden der für den Parcours benötigten Zeit Zeitzuschläge hinzugerechnet. Sie betragen:
   a) bei Ungehorsam vor einem einfachen Hindernis oder dem 1. Sprung einer offenen Kombination oder einem Sprung einer geschlossenen Kombination 6 Sekunden,
   b) bei Ungehorsam vor dem 2. Sprung einer offenen Kombination 8 Sekunden,
   c) bei Ungehorsam vor dem 3. oder weiteren Sprung einer offenen Kombination 10 Sekunden.
5. Während der Unterbrechung der Zeitmessung kann sich der Teilnehmer frei auf dem Prüfungsplatz bewegen. Allein die Vorschriften über Sturz und Ausschluss behalten Gültigkeit.

## § 519
### Ausschlüsse

In allen nachfolgenden Fällen erfolgt Ausschluss des Teilnehmers:
1. Wenn er nach Aufruf zum Start durch die Richter binnen 60 Sekunden nicht auf den Prüfungsplatz eingeritten ist.
2. Wenn er ohne Sondergenehmigung der Richter abgesessen den Prüfungsplatz betritt oder verlässt bzw. aufgesessen das Pferd/Pony hineinführen lässt.
3. Wenn 60 Sekunden nach dem Signal zum Start der Start nicht erfolgt ist.
4. Bei Start, bevor das Signal zum Start gegeben ist.
5. Bei „Zeigen" eines Hindernisses auf dem Prüfungsplatz – gleich, ob es zum Parcours gehört oder nicht. Das „Zeigen" des Hindernisses nach einem Ungehorsam ist gestattet.
6. Bei vorsätzlichem Springen eines Hindernisses auf dem Prüfungsplatz vor dem Start bzw. nach dem Ziel.

7. Bei Springen eines Hindernisses auf dem Prüfungsplatz, das nicht zum Parcours des/r WB/LP gehört.
8. Bei Springen eines Hindernisses außerhalb der vorgeschriebenen Reihenfolge.
9. Wenn er außerhalb des/r WB/LP mit dem Pferd/Pony den Prüfungsplatz betritt. Ausnahmen können von der Turnierleitung zugelassen werden.
10. Bei Verreiten ohne Korrektur.
11. Wenn er mehr als 60 Sekunden benötigt, um ein Hindernis zu überwinden – auch im Falle eines Sturzes.
12. Wenn er nach einem Ungehorsam oder Sturz in einer offenen oder dem offenen Teil einer Kombination nicht alle Sprünge der Kombination wiederholt.
13. Bei Verlassen einer geschlossenen Kombination an falscher Stelle zu Pferd/Pony.
14. Wenn er nach einer Unterbrechung weiterreitet, ohne das Freigabesignal abgewartet zu haben.
15. Bei Vornehmen von Veränderungen an Einzelheiten des Parcours.
16. Bei Springen eines Hindernisses von der falschen Seite auf dem Prüfungsplatz.
17. Wenn ein Pferd/Pony sich 60 Sekunden hintereinander während des Parcours widersetzt.
18. Bei Verwendung nicht erlaubter Ausrüstung.
19. Bei verbotener „fremder Hilfe".
20. Wenn Reiter und/oder Pferd/Pony nach dem Start den Prüfungsplatz vor Beendigung des Parcours verlassen.
21. Wenn er nach Beginn der Prüfung ohne Genehmigung der Richter zu Fuß den Prüfungsplatz betritt.
22. Bei unreiterlichem Benehmen auf dem Vorbereitungs- oder Prüfungsplatz (vgl. §§ 52 und 66.3.4).
23. Bei Nichtbeachtung von Vorschriften, Geboten und Verboten der LPO.

# Spezialspringprüfungen

## § 520
### Stilspringprüfungen Kat. C und B
1. Beurteilt werden Sitz und Einwirkung des Reiters, die harmonische Erfüllung der gestellten Aufgabe und der Gesamteindruck, ausgedrückt in einer Wertnote zwischen 10 und 0 gemäß § 57.
2. Bewertet werden:
   - → Hindernisfehler                                  0,5 Strafpunkte
   - → Sturz des Reiters und/oder Pferdes/Ponys         2,0 Strafpunkte
   - → 1. Ungehorsam                                    1,0 Strafpunkte
   - → 2. Ungehorsam                                    2,0 Strafpunkte
   - → 3. Ungehorsam                                    Ausschluss
   - → 2. Sturz                                         Ausschluss
3. Für die Bewertung sind folgende Richtverfahren möglich:
   a) Von der Wertnote gemäß Ziffer 1 werden die Strafpunkte gemäß Ziffer 2 abgezogen.
   b) Bewertung wie unter a), jedoch mit „erlaubter Zeit". Überschreiten der EZ je angefangene Sekunde 0,1 Strafpunkte.
   c) Nur für Kat. B:
   Bewertung wie unter a), ausgenommen das zu platzierende Viertel der Teilnehmer; sie reiten ein Stechen über den gleichen oder einen verkürzten Parcours gemäß § 501.1a)1.
   d) Nur für Kat. B:
   Richtverfahren A gemäß § 501.1c)1 (ohne Stechen) mit folgender Abweichung:
   Alle Teilnehmer ohne Strafpunkte werden platziert. Sind mehr als ein Viertel der Teilnehmer zu platzieren, so beträgt der letztausgezahlte Geldpreis je Platziertem mindestens die Höhe des Einsatzes. Alle Teilnehmer erhalten eine Wertnote gemäß § 520.1. Bei Strafpunktgleichheit für die an 1.–5. Stelle platzierten Teilnehmer ist die Wertnote maßgebend. Alle weiteren platzierten Teilnehmer werden nach Strafpunkten platziert.
4. Standardanforderungen: Je nach Ausschreibung kann der Springparcours vorgeschriebene Standardanforderungen enthalten.

## § 521
### Stafettenspringprüfungen Kat. C, B und A
Diese WB/LP werden je nach Ausschreibung von Gruppen aus zwei oder drei Teilnehmern bestritten. Durchführung und Bewertung ist in einer der vier folgenden Formen möglich:
#### A. Übergabe eines Staffelstabes
1. Hier findet das Richtverfahren C (§ 501.2) Anwendung.
2. Ein- und Ausritt jeder Gruppe erfolgen gemeinsam.
3. Als Staffelstab dient die Gerte, die jeweils nach Überwinden des letzten Hindernisses dem nächstfolgenden Teilnehmer übergeben wird.
4. Lässt ein Teilnehmer während seines Parcours oder bei der Übergabe die Gerte fallen, muss er absitzen, die Gerte aufheben, aufsitzen und kann erst danach weiterreiten bzw. die Gerte übergeben.

5. Die Bewertung der Gruppe erfolgt vom Durchreiten der Startlinie durch den ersten Teilnehmer bis zum Durchreiten der Ziellinie durch den letzten Teilnehmer der Gruppe.
6. Ausschluss eines Teilnehmers bzw. dreifacher Ungehorsam während der Bewertung gemäß Ziffer 5 bedeuten Ausschluss der Gruppe.

## B. Relaisspringprüfung

1. Hier finden die Bestimmungen A, Ziffer 1, 4, 5 und 6 entsprechende Anwendung.
2. Die Teilnehmer einer Gruppe halten sich auf dem Prüfungsplatz in einer dafür vorgesehenen Einfriedung – Relaisstation – auf.
3. Die Übergabe der Gerte erfolgt stets in der Einfriedung.

## C. Stafettenglücksspringprüfung

1. Der Ritt jedes Teilnehmers ist bei mehrfacher Ablösung unterbrochen bzw. bei einfacher Ablösung beendet:
   a) beim ersten Fehler gleich welcher Art,
   b) nach Beendigung seines Parcours.
   Der Teilnehmer wird abgeläutet. Der nächstfolgende Teilnehmer nimmt den Parcours an dem Hindernis auf, das der abgeläutete Teilnehmer anzureiten hatte.
2. Im Einzelnen bestehen folgende Möglichkeiten der Durchführung:
   a) mit einmaliger Ablösung und festgesetztem Parcours
   Je nach der Zahl der Gruppenmitglieder ist der Parcours zwei- oder dreimal zu überwinden. Der Parcours ist beendet, wenn der letzte Teilnehmer der Gruppe das Ziel seines Parcours durchreitet oder abgeläutet wird. Wird er infolge eines Hindernisfehlers abgeläutet, muss er noch das nächste Hindernis springen. Die Zeit wird bis zu dem Augenblick gemessen, in dem die Vorderhufe des Pferdes/Ponys den Boden berühren. Für das nach dem Abläuten gesprungene Hindernis wird kein Punkt gegeben. Bei jedem anderen Fehler erfolgt keine Zeitmessung die Gruppe wird als letzte von denen platziert, die die gleiche Punktzahl erreicht haben.
   b) mit mehrfacher Ablösung und festgesetztem Parcours
   Wie a), aber der Parcours ist erst beendet, wenn er so oft überwunden wurde, wie die Gruppe an Mitgliedern zählt. Ablösungen gemäß Ziffer 1, bis der Parcours zwei- oder dreimal gesprungen ist.
   c) mit mehrfacher Ablösung in festgesetzter Zeit
   Für die Gruppe steht eine festgesetzte Zeit zur Verfügung, in der die Teilnehmer die größtmögliche Zahl von Hindernissen überwinden müssen. Ablösungen gemäß Ziffer 1 bis zum Erreichen der festgesetzten Zeit. Zeitwertung wie bei a).
3. In diesem/r WB/LP werden zwei Punkte für jedes fehlerfrei überwundene Hindernis und bei Hindernisfehler ein Punkt berechnet. Von der so erzielten Gesamtpunktzahl einer Gruppe sind abzuziehen:
   ein Strafpunkt für den 1. Ungehorsam und/oder Sturz, zwei Strafpunkte für den 2. Ungehorsam und/oder Sturz. Der 3. Ungehorsam und/oder Sturz bedeutet Ausschluss.
4. Sieger ist die Gruppe mit der höchsten Punktzahl. Bei Punktgleichheit entscheidet die Zeit. Bei gleicher Punktzahl und gleicher Zeit einmaliges Stechen nur um den 1. Platz über eine verringerte Zahl von Hindernissen bzw. innerhalb einer verkürzten Zeit.
5. Kombinationen sind in diesem/r WB/LP nicht gestattet.

## D. Stafettenspringprüfung ohne Übergabe eines Stafettenstabes

1. Jede Stafette besteht aus zwei Reitern. Der Parcours – ca. 10 Hindernisse, keine Kombinationen – ist von jeder Stafette insgesamt zweimal zu durchreiten.
2. Es finden die Bestimmungen von A, Ziffer 1, 2, 5 und 6 entsprechende Anwendung.
3. Außerdem gilt:
   a) Ablösung innerhalb einer Stafette ist jederzeit möglich.
   b) Ablösung muss erfolgen
      1. beim 1. Fehler, gleich welcher Art
      2. nachdem der erste Reiter seinen Parcours fehlerlos beendet hat.
      
      In den Fällen zu b) wird der Teilnehmer abgeläutet. Der andere Reiter der Stafette nimmt den Parcours an dem Hindernis auf, das der abgeläutete Teilnehmer anzureiten hatte.

## § 522
## Glücksspringprüfungen Kat. C, B und A
### A) Beim 1. Fehler erfolgt Ausschluss:

1. Eine festgesetzte Höchstzahl von Hindernissen (Parcours) darf innerhalb einer vorgesehenen EZ in der vorgeschriebenen Reihenfolge einmal überwunden werden. Darin darf keine Kombination enthalten sein.
2. Der Parcours ist beim 1. Fehler, gleich welcher Art, beendet. Der Teilnehmer wird abgeläutet. Wird er infolge eines Hindernisfehlers abgeläutet, muss er noch das nächste Hindernis springen. Für dieses Hindernis werden keine Punkte berechnet, jedoch wird die Zeit bis zu dem Augenblick gemessen, in dem Vorderhufe des Pferdes/Ponys den Boden berühren.
   Bei jedem anderen Fehler oder Ungehorsam am nächsten Hindernis erfolgt keine Zeitmessung; der Teilnehmer wird als letzter von denen platziert, die die gleiche Punktzahl erreichten.
3. In diesem/r WB/LP werden 2 Punkte für jedes fehlerfrei überwundene Hindernis gegeben. Bei einem Fehler wird für das Hindernis noch ein Punkt gegeben.
4. Sieger ist der Teilnehmer mit der höchsten Punktzahl. Bei Punktgleichheit entscheidet die bessere Zeit. Bei gleicher Punktzahl und gleicher Zeit muss nach Punkten und Zeit über eine verringerte Zahl von Hindernissen um den 1. Platz gestochen werden.

### B) Beim 1. Fehler erfolgt kein Ausschluss:

1. Für diese/n WB/LP wird eine festgesetzte Zeit zwischen 60 und 90 Sekunden vorgegeben (bei Hallen-WB/-LP 45 Sekunden). Innerhalb dieser Zeit sind die Hindernisse in der vorgeschriebenen Reihenfolge möglichst oft zu überwinden. Der Parcours darf keine Kombination enthalten.
2. Bei diesem/r WB/LP wird der Teilnehmer nicht beim 1. Fehler ausgeschlossen, sondern er erhält für jedes fehlerfrei überwundene Hindernis zwei Punkte, für jeden Hindernisfehler einen Punkt.
3. Eine Verweigerung wird durch die Zeit bestraft. In diesem Fall wird der Teilnehmer als letzter von denen platziert, die die gleiche Punktzahl erreichten. Die 3. Verweigerung führt jedoch zum Ausschluss. Wird ein Hindernis aufgrund einer Verweigerung ver-

rückt oder umgeworfen, werden von der festgesetzten Zeit 6 Sekunden abgezogen und es wird entsprechend abgeläutet.
4. Bei Erreichen der festgesetzten Zeit wird abgeläutet und der Teilnehmer muss das nächste Hindernis noch springen. Für dieses Hindernis werden keine Punkte berechnet, die Zeit wird jedoch bis zu dem Augenblick gemessen, in dem die Vorderhufe des Pferdes/Ponys den Boden berühren.
5. Wird die festgesetzte Zeit in dem Augenblick erreicht, in dem das Pferd/Pony mit den Hinterhufen zum Sprung abgefußt hat, zählt dieses Hindernis noch. Die Zeit wird gemäß Ziffer 4 am folgenden Hindernis gestoppt.
6. Sieger ist der Teilnehmer, der bei Erreichen der festgelegten Zeit die höchste Punktzahl in der schnellsten Zeit erzielt hat.

## § 523
### „Jagd um Punkte" Kat. A
1. Bei dieser LP wird über Hindernisse, die nach Schwierigkeitsgrad mit Punkten (10–100) sichtbar ausgezeichnet sind – Kombinationen sind ausgeschlossen – gesprungen. Ein Hindernis kann als „Joker" ausgezeichnet und mit 200 Punkten bewertet werden.
2. Für den Parcours steht eine festgesetzte Zeit zur Verfügung. Innerhalb dieser Zeit können nach Passieren der Startlinie alle Hindernisse in beliebiger Reihenfolge und Richtung beliebig oft gesprungen werden, jedes Hindernis wird nur zweimal gewertet, Ungehorsam und Sturz werden nur durch die Zeit bestraft. 2. Sturz führt jedoch zum Ausschluss.
3. Wird beim Abläuten ein Hindernis gesprungen, werden die entsprechenden Punkte anerkannt, wenn die Hinterfüße des Pferdes/Ponys den Boden bereits verlassen hatten.
4. Je fehlerfrei überwundenem Hindernis werden die entsprechenden Punkte zuerkannt. Im Falle eines Fehlers beim „Joker" werden die 200 Punkte abgezogen. Im Falle eines Ungehorsams ist der Teilnehmer nicht verpflichtet, dasselbe Hindernis erneut anzureiten. Wiederaufbau erfolgt nicht.
5. Für die Bewertung gilt:
Nach dem Abläuten hat der Teilnehmer die Ziellinie zu durchreiten. Sieger ist der Teilnehmer mit der höchsten Punktzahl. Bei Punktgleichheit entscheidet die Zeit. Bei gleicher Punktzahl und gleicher Zeit erfolgt gleiche Platzierung.

## § 524
### Punktespringprüfungen Kat. B und A
Diese LP ist über einen Parcours mit 6, 8 oder 10 Hindernissen – keine Kombinationen – mit steigendem Schwierigkeitsgrad auszutragen. Dabei werden bei fehlerfreiem Überwinden von Hindernis Nr. 1 = einen Punkt, Nr. 2 = zwei Punkte, Nr. 3 = drei Punkte usw. vergeben. Bei einem Hindernisfehler werden an dem betreffenden Hindernis keine Punkte vergeben. Die zu erreichende Höchstpunktzahl beträgt 21, 36 oder 55 Punkte.
Als Alternativhindernis zum letzten Hindernis kann ein „Joker" mit einem höheren Schwierigkeitsgrad und doppelter Punktzahl ausgezeichnet werden, wobei bei Abwurf des Jokers diese Punkte von den bisher erreichten abgezogen werden.
Im Übrigen gilt Richtverfahren A mit Zeitwertung, wobei die danach möglichen Strafpunkte von der erreichten Gesamtpunktzahl abgezogen werden.

## § 525
### Zwei-Phasen-Springwettbewerbe/-prüfungen Kat. C, B und A
Erste Phase nach dem Richtverfahren A § 501.1.c)1 durchzuführen.
Zweite Phase (mindestens vier Hindernisse) nach dem Richtverfahren A § 501.1.a)1 bzw. Richtverfahren C; für Kat. C und B auch gemäß § 520:
Nach fehlerfreiem Überwinden eines um ein Viertel verkürzten Normalparcours erfolgt unmittelbarer Übergang in Phase 2. Die Hindernisse der Phase 2 müssen nicht Bestandteil der Phase 1 gewesen sein.
Für die Zeitwertung ist die Zeit vom Durchreiten der Ziellinie der Phase 1 (= gleichzeitig Startlinie der Phase 2) bis zum Passieren der Ziellinie der Phase 2 maßgebend.

## § 526
### Wahlspringprüfungen Kat. A
Nach dem Richtverfahren A § 501.1.a)1. Die Teilnehmer haben die Hindernisse des Parcours in beliebiger Reihenfolge und Richtung je einmal zu überwinden. Start- und Ziellinie sind in beliebiger Richtung zu durchreiten.

## § 527
### Zwei-Pferde-Springprüfungen Kat. B und A
Richtverfahren A § 501.1.a)1 oder C § 501.2, je nach Ausschreibung.
1. Ein Teilnehmer hat mit zwei Pferden/Ponys unmittelbar nacheinander entweder seinen Parcours zweimal oder zwei Parcoursteile gleicher Klasse zu überwinden.
2. Umsitzen im Parcours mit Hilfe nur eines Pferdehalters erfolgt zwischen den Parcoursteilen bzw. den beiden Parcours ohne Berücksichtigung von Start- und Ziellinie.
3. Die Zeit wird gemessen vom Durchreiten der Startlinie mit dem ersten Pferd/Pony bis zum Durchreiten der Ziellinie mit dem zweiten Pferd/Pony.

## § 528
### Zweikampfspringprüfungen Kat. A
Für den 1. Umlauf ausschließlich nach dem Richtverfahren A § 501.1.a)1.
Jeder(s) Hindernisfehler, Sturz, Ungehorsam, Verreiten (§§ 512–516) wird mit einem Strafpunkt belegt.
Im Falle eines Ungehorsams, sei es mit oder ohne Abwurf, wird der Teilnehmer mit einem Strafpunkt belegt und setzt seinen Parcours fort, ohne das betreffende Hindernis zu überwinden oder den Wiederaufbau abzuwarten. Ein Abläuten erfolgt nicht.
1. In einem Parcours qualifizieren sich je nach Teilnehmerzahl 16 oder 8 Teilnehmer mit je einem Pferd/Pony für das Stechen.
2. Das Stechen erfolgt paarweise gleichzeitig auf zwei nebeneinander liegenden gleichen Parcours, die nur 75% der für die Klasse vorgeschriebenen Hindernisse aufzuweisen brauchen.
3. Die 16 (8) Teilnehmer werden in 8 (4) Paare eingeteilt und der Parcours für jeden Teilnehmer bestimmt.
4. Der Start erfolgt aus dem Stand, gleichzeitiges Anreiten auf Startzeichen – Flaggenstart empfohlen. Keine Zeitmessung.
5. Von den 8 (4) Paaren qualifiziert sich jeweils der Teilnehmer mit der geringsten Straf-

punktzahl und bei gleicher Strafpunktzahl derjenige, der als erster die Ziellinie passiert hat, für das nächste Stechen. Aus diesen werden die nächsten 4 (2) Paare gebildet und wiederum die Parcours, auf denen die einzelnen Teilnehmer zu starten haben, bestimmt. Es qualifizieren sich nunmehr vier Teilnehmer für das nächste Stechen und aus diesem Stechen wiederum zwei, die zum 4. und letzten Stechen anzutreten haben.
6. Bei gleichem Ergebnis kann die Entscheidung durch Los oder Wiederholung des Stechens herbeigeführt werden.
7. Platzierung:
   1. Der Gewinner des letzten Stechens
   2. Der Verlierer des letzten Stechens
   3. zwei Dritte, die Teilnehmer, die im vorletzten Stechen unterlegen waren, unabhängig von ihrem Punkteergebnis.
   4. Die vier im drittletzten Stechen unterlegenen Teilnehmer, gleich platziert
   5. Gleich platziert die acht im 1. Stechen unterlegenen Teilnehmer.

## § 529
**Mannschaftsspringwettbewerbe/-prüfungen Kat. C, B und A**
Richtverfahren A § 501.1.a)1 oder 1.b)1 mit ein oder zwei Umläufen je nach Ausschreibung.
1. Der/die WB/LP wird je Mannschaft von drei oder vier Teilnehmern bestritten, von denen jeder ein Pferd/Pony reitet.
2. Die Reihenfolge der Mannschaften wird durch das Los bestimmt, die Reihenfolge der einzelnen Teilnehmer bestimmt der Mannschaftsführer.
3. Beendet ein Teilnehmer aus irgendeinem Grunde den/die WB/LP oder den betreffenden Teil des/r WB/LP nicht, erhält er die Strafpunkte des Teilnehmers mit der höchsten Strafpunktzahl in diesem/r WB/LP bzw. dem betreffenden Teil des/r WB/LP plus 20 Strafpunkte.
4. Die Platzierung der Mannschaften errechnet sich aus der Gesamtsumme der Strafpunkte und der gebrauchten Zeit der drei besten Mannschaftsmitglieder des/r WB/LP. Bei WB/LP mit zwei Umläufen werden beide Umläufe getrennt bewertet.

## § 530
**Mächtigkeitsspringprüfungen – Springprüfungen KL. S Kat. A**
Richtverfahren A ohne Zeitwertung § 501.1.c)2.
1. Der Parcours besteht im 1. Umlauf (= Normalparcours) aus vier bis sechs Hindernissen – keine Kombination. Im Normalparcours kann die Hindernishöhe bis 1,80 m betragen, im ersten und 2. Stechen können die Hindernisse um bis zu 20 cm erhöht und erweitert werden.
2. Der Parcours besteht im 1. Stechen aus zwei bis vier, ab dem 2. Stechen aus zwei jeweils erhöhten und erweiterten Hindernissen, von denen das eine ein Hochsprung und das andere ein Hoch-Weit-Sprung sein muss.

## § 531
**Barrierenspringprüfungen Kat. A**
In Anlehnung an Richtverfahren A ohne Zeitwertung § 501.1.c) und ohne „erlaubte Zeit".
1. In dieser LP sind einmal sechs oder zweimal drei Sprünge in gerader Linie und in etwa 11 m Abstand voneinander aufgestellt. Sie gelten nicht als Kombination. Die Hindernisse sind von gleicher Konstruktion und bestehen lediglich aus gleichartigen Barrieren.
2. Die Barrieren können im 1. Umlauf folgendermaßen aufgestellt werden.
    a) entweder alle auf die gleiche Höhe 1,20 m oder
    b) mit ansteigenden Abmessungen:
       1,10 m; 1,20 m; 1,30 m; 1,40 m; 1,50 m; 1,60 m oder
       1,10 m; 1,20 m; 1,20 m; 1,30 m; 1,30 m; 1,40 m.
3. Das 1. und die nächsten Stechen erfolgen über die sechs erhöhten Barrieren.
4. Am Stechen nehmen jeweils die Teilnehmer teil, die vorher ohne Strafpunkte geblieben sind oder, falls es solche nicht gibt, alle Teilnehmer mit der gleichen geringsten Strafpunktzahl.

## § 532
**Rekordspringprüfungen Kat. A**
Hierfür gelten die Bestimmungen des RG der FEI sinngemäß.

Notizen

# Abschnitt B VI: Vielseitigkeits- und Geländeprüfungen

## A. Vielseitigkeitsprüfungen und große Vielseitigkeitsprüfungen

## 1. Ausschreibungen, Beurteilung, Reihenfolge

**§ 600**
**Ausschreibungen**
Zulässig sind:

In Kat. C: Vielseitigkeitswettbewerbe Kl. E (VE) für 4-jährige und ältere Pferde und/oder M- und G-Ponys

In Kat. B: Vielseitigkeitsprüfungen Kl. E/A (VE/A) bis Kl. L/M (VL/M) und große Vielseitigkeitsprüfungen Kl. A (GVA)

VE/A, VA, VA/L: 5-jährige und ältere Pferde und/oder M- und G-Ponys
GVA: 5-jährige und ältere Pferde und/oder M- und G-Ponys
VL: 5-jährige und ältere Pferde und/oder G-Ponys
VL/M: 6-jährige und ältere Pferde und/oder G-Ponys

In Kat. A:
Vielseitigkeitsprüfungen Kl. M (VM), Kl. M/S (VM/S) und S (VS), große Vielseitigkeitsprüfungen Kl. L (GVL), M (GVM) und S (GVS)

GVL: 6-jährige und ältere Pferde und G-Ponys, die bis Nennungsschluss mindestens
→ eine Platzierung in VL, VL/M oder GVA oder
→ zwei Platzierungen in VA, VA/L, Geländeritt Kl. L und/oder GPFL haben

VM, VM/S: 6-jährige und ältere Pferde und G-Ponys, die bis Nennungsschluss mindestens
→ zwei Platzierungen in VL, VL/M, Geländeritt Kl. M oder GPFM haben oder
→ gemäß RG FEI für CCI**/CIC** qualifiziert sind.

GVM: 6-jährige und ältere Pferde und G-Ponys, die bis Nennungsschluss mindestens
→ zwei Platzierungen in GVL, VM oder VM/S haben oder
→ gemäß RG FEI für CCI** qualifiziert sind.

VS: 7-jährige und ältere Pferde, die bis Nennungsschluss mindestens
→ zwei Platzierungen in VM, VM/S oder GVM haben oder
→ gemäß RG FEI für CCI***/CIC*** qualifiziert sind.

GVS: 7-jährige und ältere Pferde, die bis Nennungsschluss mindestens
→ eine Platzierung in GVM und eine Platzierung in VS oder
→ eine Platzierung in GVM und zwei Platzierungen in VM oder VM/S haben, oder
→ gemäß RG FEI für CCI*** qualifiziert sind.

CCI: gemäß RG der FEI

# LPO 2000 – Teil B

Unabhängig von den WB/LP können andere Prüfungsarten ausgeschrieben werden, deren Abwicklung und Richtverfahren hier nicht aufgeführt sind, jedoch sinngemäß den Bestimmungen dieses Abschnitts entsprechen. Voraussetzung ist die Genehmigung der überwachenden Stelle.

Die einzelnen Teilprüfungen eines/r Vielseitigkeits-WB/-LP können zusätzlich als Einzel-WB/-LP gemäß Anforderungen/Klasse der betreffenden Disziplin für die Teilnehmer der Vielseitigkeitsprüfung ausgeschrieben werden.

Vielseitigkeitsprüfungen sind im Regelfall als Eintagesprüfungen auszuschreiben. In begründeten Ausnahmefällen ist mit Zustimmung der LK die Durchführung an 2 Tagen möglich.

Teilnahmeberechtigung:
1. Die o. g. Erfolge sind ohne Berücksichtigung der Bestimmungen zu § 62.1 (Erfolgsanrechnungszeitraum) vom Reiter mit dem genannten Pferd/Pony nachzuweisen; dies gilt nicht für Reiter mit nachgewiesenen Erfolgen in mindestens der nächsthöheren Prüfungsklasse als der ausgeschriebenen.
2. Junioren sind in Vielseitigkeitsprüfungen der Kl. S nicht zugelassen.

### § 601
**Beurteilung**

Beurteilt wird die Leistung von Pferd/Pony und Reiter in den drei Teilprüfungen Dressur-, Gelände- und Springprüfung nach Strafpunkten.

### § 602
**Reihenfolge**

Vielseitigkeitsprüfungen und große Vielseitigkeitsprüfungen werden grundsätzlich in folgender Reihenfolge durchgeführt:
Dressurprüfung – Geländeprüfung – Springprüfung.
Außerdem ist die Durchführung der Verfassungsprüfung(en) gemäß § 67 vorgeschrieben.
In Vielseitigkeitsprüfungen Kl. A bis S und großen Vielseitigkeitsprüfungen der Klassen A und L, bei denen mehr als eine Teilprüfung an einem Tage stattfinden, kann die Springprüfung als 2. und die Geländeprüfung als 3. Teilprüfung durchgeführt werden.

## 2. Anforderungen und Bewertung

### 2.1 Dressurprüfung

### § 610
**Anforderungen**

In Vielseitigkeitsprüfungen Kl. E–S und großen Vielseitigkeitsprüfungen:
Dressurprüfung für Vielseitigkeitsprüfungen gemäß Aufgabenheft zur LPO.

### § 611
**Bewertung**
1. Für die Klassen E–M:
   Richtverfahren A gemäß § 402 mit einer Wertnote zwischen 10 und 0 gemäß § 57. Nach

evtl. Abzügen gemäß § 404 wird die Wertnote mit der Zahl 12 (für die Aufgaben VE 1/1, VE 1/2, VA 1, VA 2, VL 1 und VL 2), 14,4 (für die Aufgabe CCI* 1992) bzw. 15 (für die Aufgaben VM 1, CCI* 1998) multipliziert, von der mit 0,6 multiplizierten maximal erreichbaren Punktsumme (siehe Aufgabenheft zur LPO, für VE von 200 x 0,6 = 120) abgezogen und ergibt so die Strafpunkte.

2. Für die Klassen L bis S:
Richtverfahren B gemäß § 402 mit Wertnoten zwischen 10 und 0 gemäß § 57. Die Summe der Wertnoten jedes Richters wird mit der Zahl 0,6 multipliziert, danach werden evtl. Strafpunkte gemäß § 404 abgezogen.
Die Summe der Wertnoten aller Richter wird dann durch die Anzahl der Richter geteilt, dieses Zwischenergebnis wird von der mit 0,6 multiplizierten maximal erreichbaren Punktsumme (siehe Aufgabenheft zur LPO) abgezogen und ergibt so die Strafpunkte.

## 2.2 Geländeprüfung

### § 620
### Anforderungen

| Phase D (Querfeldeinstrecke) | Streckenlänge in Metern ca. | Tempo m/Min. | Sprünge max. Anzahl | Sprünge max. Höhe | Weite im oberen Teil/ im unteren Teil (an der Basis) | Graben | Tiefsprung |
|---|---|---|---|---|---|---|---|
| VE, VE/A | 1.000–1.500 | 450 | 15 | 0,90 m | 1,00/1,50 m | 2,00 m | 1,20 m |
| VA, VA/L | 1.500–2.500 | 500 | 20 | 1,00 m | 1,20/1,80 m | 2,50 m | 1,40 m |
| GVA | 2.500–3.500 | 500 | 25 | 1,00 m | 1,20/1,80 m | 2,50 m | 1,40 m |
| VL, VL/M | 2.200–3.500 | 520 | 25 | 1,10 m | 1,50/2,20 m | 3,00 m | 1,60 m |
| GVL | 3.500–5.000 | 520 | 30 | 1,10 m | 1,50/2,20 m | 3,00 m | 1,60 m |
| VM, VM/S | 3.000–4.000 | 550 | 30 | 1,15 m | 1,80/2,70 m | 3,50 m | 1,80 m |
| GVM | 4.500–6.000 | 550 | 35 | 1,15 m | 1,80/2,70 m | 3,50 m | 1,80 m |
| VS | 3.500–4.500 | 570 | 35 | 1,20 m | 2,00/3,00 m | 4,00 m | 2,00 m |
| GVS | 5.500–6.500 | 570 | 40 | 1,20 m | 2,00/3,00 m | 4,00 m | 2,00 m |

| Phasen A und C (Tempo 220 m/Min.) | Phase A (Wegestrecke 1) in Metern | Phase A in Minuten | Phase C (Wegestrecke 2) in Metern | Phase C in Minuten |
|---|---|---|---|---|
| VE, VE/A | 2.200 | 10–15 | – | – |
| VA, VA/L | 2.200–3.300 | 10–15 | – | – |
| GVA | 2.200–3.300 | 10–15 | ca. 4.400 | 20 |
| VL, VL/M | 2.200–4.400 | 10–20 | – | – |
| GVL | 3.300–4.400 | 15–20 | ca. 5.500 | 25 |
| VM, VM/S | 3.300–5.500 | 15–25 | – | – |
| GVM | 4.400–6.600 | 20–30 | ca. 6.600 | 30 |
| VS | 3.300–5.500 | 15–25 | – | – |
| GVS | 4.400–6.600 | 20–30 | 7.700–9.900 | 35–45 |

| Phase B (Rennbahn) | Länge in Metern | Länge in Minuten | Tempo m/Min. | Rennbahnhindernisse Anzahl | Rennbahnhindernisse Höhe |
|---|---|---|---|---|---|
| GVA | 1.200–1.500 | 2–2 1/2 | 600 | 4–5 | 0,90 m |
| GVL | 1.920–2.240 | 3–3 1/2 | 640 | 6–8 | 1,00 m |
| GVM | 2.310–2.640 | 3 1/2–4 | 660 | 7–9 | 1,00 m |
| GVS | 2.760–3.105 | 4–4 1/2 | 690 | 8–10 | 1,00 m |

Nach der Phase C bei großen Vielseitigkeitsprüfungen ist eine Ruhephase von 10 Minuten mit Verfassungsprüfung gemäß § 67 vorgeschrieben. Eine Wegstrecke 1 (Phase A) ist in allen Klassen zulässig, wenn gemäß Ausschreibung vorgesehen.

## 2.3 Geländestrecke/Bewertung der Geländeprüfung

### § 630
### Offizielle Besichtigung, technische Ausstattung

1. Rechtzeitig vor der Prüfung ist die Geländestrecke für die Teilnehmer offiziell zur Besichtigung freizugeben. Nach dieser offiziellen Besichtigung können die Teilnehmer die Geländestrecke jederzeit erneut besichtigen.
2. Den Teilnehmern ist es grundsätzlich untersagt, vor dem/r WB/LP auf irgendeinem Teil der Strecke zu reiten. Verstöße führen zur Disqualifikation.
3. Zum Zeitpunkt der offiziellen Freigabe müssen sich Start- und Ziellinie, Hindernisse, Flaggen/Schilder, Wendezeichen bzw. Tore, die von den Teilnehmern zu beachten sind, genau an ihrer Stelle befinden. Nachher sind Veränderungen nur in begründeten Ausnahmefällen mit der Zustimmung der Richter und des LK-Beauftragten zulässig. In diesem Fall sind alle Teilnehmer vor Beginn des/r WB/LP von der Änderung zu unterrichten.
4. Die Ziellinie darf nicht weiter als 75 m und muss wenigstens 30 m vom letzten Hindernis entfernt sein.
5. Die Hindernisse sind in der Reihenfolge laufend zu nummerieren, in der sie zu überwinden sind.
6. Die fortlaufende Nummerierung der Hindernisse gilt nicht für die Sprünge einer Kombination. Für deren Kennzeichnung werden zusätzlich zu der Nummer Unterscheidungsbuchstaben an den Einzelsprüngen verwendet (z. B. 7a, b, c).

### § 631
### Richtungszeichen, Flaggen/Schilder, Tore

1. Zur Orientierung der Teilnehmer wird der Verlauf der Geländestrecke mit Richtungszeichen gekennzeichnet.
2. Die obligatorisch zu passierenden Stellen der Geländestrecke werden
   a) unter Verwendung von roten und weißen Flaggen/Schildern angezeigt:
      1. die Startlinie
      2. die äußere Begrenzung der für die Bewertung maßgeblichen Teile der Hindernisse
      3. die Pflichttore
      4. die Ziellinie
   b) unter Verwendung von roten und/oder weißen Flaggen/Schildern angezeigt:
      die Wendezeichen (auf der Rennbahn).
3. Die Flaggen/Schilder müssen so angebracht sein, dass der Teilnehmer die rote Flagge/das rote Schild zur Rechten und die weiße Flagge/das weiße Schild zur Linken hat.
   Bei großen Vielseitigkeitsprüfungen sind für die Phasen B und D dreiseitig begrenzte, ausreichend große Startboxen, für die Phasen A und C km-Schilder vorgeschrieben.

### § 632
### Geländeskizze

1. Eine Skizze der Geländestrecke mit genauer Wiedergabe der Einzelheiten soll zum Zeitpunkt der offiziellen Besichtigung am Sammelpunkt der Teilnehmer angeschlagen sein. Jedem Teilnehmer ist nach Möglichkeit eine Kopie zur Verfügung zu stellen.

2. Die Skizze muss enthalten:
   a) die Streckenführung, angezeigt durch eine gestrichelte Linie;
   b) Start- und Ziellinie;
   c) die Hindernisse, diese sind zu nummerieren;
   d) Pflichttore;
   e) Streckenlänge;
   f) „Bestzeit" (BZ) und „Höchstzeit" (HZ);
   g) besondere Entscheidungen des LK-Beauftragten oder der Richter, die sich auf die Geländestrecke beziehen.
3. Eine Änderung der angeschlagenen und den Teilnehmern übergebenen Geländeskizze ist nur mit Zustimmung des LK-Beauftragten und der Richter zulässig. Sie ist den Teilnehmern unverzüglich bekannt zu geben.

## § 633
### Hindernisse/Sprünge

1. Die Hindernisse müssen fest, Achtung gebietend, fair und dem Gelände angepasst sein. Ein Graben ist ab Klasse A obligatorisch.
   Sichergestellt sein muss, dass Geländehindernisse, deren Konstruktion das Herausführen eines Pferdes/Ponys nach Verweigerung oder Sturz nicht ermöglicht, schnell abgebaut werden können.
2. Es gibt folgende Hindernisse:
   a) Hochsprünge wie Mauer, Rick, Zaun, Aufsprung usw.
   b) Hoch-Weit-Sprünge wie Oxer, Trakehner, überbauter Graben usw.
   c) Weitsprünge als Gräben
   d) Tiefsprünge wie Absprung, Wassereinsprung usw. Bei Tiefsprüngen beträgt der Höhenunterschied zwischen der Absprung- und Landestelle mindestens 0,50 m, das Maß von der höchsten Stelle des Sprunges bis zur Landestelle beträgt je nach Klasse zwischen 1,20 und 2,00 m (vgl. Tabelle § 620).
   Bei Wassereinsprüngen darf die Wassertiefe an der Einsprungstelle und während der folgenden 5 m höchstens 0,30 m betragen.
   e) Kombinationen (vgl. § 634)
3. Die angegebene Höhe der Rennbahnhindernisse bezieht sich auf deren festen Teil, der um ca. 40 cm von Strauchwerk überragt werden soll (Kombinationen nicht erlaubt).

## § 634
### Kombinationen

Eine Kombination besteht aus zwei, drei oder mehr von der Anlage her zusammengehörenden Sprüngen, die als solche gekennzeichnet sind (vgl. § 630.6).

## § 635
– ersatzlos gestrichen –

## § 636
**Besondere Schwierigkeiten an einem Hindernis/Sprung**
1. Jeder Teilnehmer, der an einem Hindernis in Schwierigkeiten gerät, muss das Hindernis unverzüglich freigeben, sobald der nächste Teilnehmer naht.
2. Ist ein Hindernis/Sprung zum Teil nicht mehr passierbar geworden, kann es durch Umsetzen der Begrenzungsflaggen/-schildern verschmälert werden. Die folgenden Teilnehmer sind in geeigneter Form darauf aufmerksam zu machen.
3. Ist ein Hindernis/Sprung vorübergehend vollkommen unpassierbar geworden, sind die folgenden Teilnehmer zunächst anzuhalten. Die Zeit bis zur Wiederfreigabe des Hindernisses/Sprunges ist ihnen auf die Sekunde genau zu vergüten. Die Freigabe für mehrere Teilnehmer erfolgt im Abstand von wenigstens 1 Minute.
4. Ist ein Hindernis/Sprung vollkommen unpassierbar geworden und auch nicht wieder aufzubauen, ist es für die folgenden Teilnehmer aus der Wertung zu nehmen. Die Strecke ist möglichst nah an dem unpassierbaren Hindernis/Sprung vorbeizuführen.
Mögliche Auswirkungen dieser Maßnahme auf die Platzierung sind von den Richtern mit dem Veranstalter und dem LK-Beauftragten abzustimmen.

## § 640
**Bewertung der Geländeprüfung**
Bewertet wird die Leistung von Reiter und Pferd/Pony zwischen Start- und Ziellinie nach Strafpunkten und Zeit.

## § 641
**Zeitwertung**
Die Zeitwertung in den einzelnen Phasen erfolgt unabhängig voneinander. Zeitverlust in einer Phase kann nicht durch Zeitgewinn in einer anderen Phase ausgeglichen werden.
Aus dem vorgeschriebenen Tempo und der Entfernung ergibt sich die „Bestzeit" (BZ). Für das Errechnen der Bestzeit gilt folgende Formel:

$$\frac{\text{Entfernung in Metern} \times 60}{\text{Tempo in Metern/Min.}} = \text{Zeit in Sekunden}$$

1. <u>Zeitwertung in Phase A und C</u>
Überschreiten der BZ ergibt je angefangene Sekunde 1,0 Strafpunkte bis zum Erreichen der „Höchstzeit" = BZ plus 1/5.
2. <u>Zeitwertung in Phase B</u>
Überschreiten der BZ ergibt je angefangene Sekunde 0,8 Strafpunkte bis zum Erreichen der „Höchstzeit" = das Doppelte der BZ.
3. <u>Zeitwertung in der Geländestrecke bzw. in Phase D</u>
Überschreiten der BZ ergibt bei VE bis VL sowie bei GVA bis GVS je angefangene Sekunde 0,4 Strafpunkte, bei VM und VS 0,6 Strafpunkte bis zum Erreichen der „Höchstzeit" (HZ) = das Doppelte der BZ.

Überschreiten der HZ = Ausschluss. Unterschreiten der BZ bleibt unberücksichtigt.

## § 642
**Zeitmessung, Zeitplan, Start**
1. Gemessen wird die Zeit, die der Teilnehmer von Start bis Ziel benötigt. Sie beginnt bei

Einhaltung des Zeitplans in dem Augenblick der im Zeitplan ausgewiesen ist; außerhalb des Zeitplans, wenn der Starter den Start frei gibt und endet in dem Augenblick, in dem der Teilnehmer zu Pferde/Pony die Ziellinie passiert. § 646 1.a.) bleibt unberührt.
Für Frühstarts gilt Ziffer 3.
2. Ein Plan mit der Startzeit oder Startfolge jedes Teilnehmers ist vor dem/r WB/LP bekannt zu machen, jeder Teilnehmer soll eine Kopie erhalten. Jeder Teilnehmer, der nicht zu der auf dem Zeitplan angegebenen Zeit startbereit ist, kann ausgeschlossen werden.
Der Start zu den Phasen B und D erfolgt aus dem Stand bzw. der Startbox.
3. Jeder Teilnehmer, der vor dem Zeichen des Starters startet, wird mit 5 Strafsekunden zusätzlich zur tatsächlich gebrauchten Zeit belastet.
4. Wenn bei Zeitüberschreitung in den Phasen A und/oder B und/oder C die im Zeitplan festgelegten Startzeiten für die Phasen B und D nicht eingehalten werden können, hat der Start zur Phase B unmittelbar, zur Phase D nach voller zehnminütiger Ruhephase zu erfolgen.
5. Die Streckenlängen in den Phasen A, B und C sind so festzulegen, dass die Bestzeit in den Phasen A und C auf volle Minuten, die Bestzeit in der Phase B auf volle oder halbe Minuten genau angegeben werden kann.

## § 643
### Hindernisfehler bei Geländeprüfungen
Ein Hindernis gilt als überwunden, wenn der Teilnehmer es zu Pferde/Pony zwischen den Begrenzungsflaggen/-schildern passiert hat.
Hindernisfehler werden nur bestraft, wenn sie sich im Zusammenhang mit dem versuchten oder tatsächlichen Überwinden eines nummerierten Hindernisses ereignen.
Hindernisfehler sind:
1. Sturz gemäß § 513. Ein Sturz zwischen den Sprüngen einer Kombination wird in jedem Fall bestraft.
2. Ungehorsam
   a) Verweigern:
   Es gilt als Verweigern, wenn das Pferd/Pony nach dem Anreiten vor dem zu überwindenden Hindernis/Sprung stehen bleibt. Springt ein Pferd/Pony unmittelbar aus dem Stand, so wird dies nicht bestraft. Handelt es sich um ein andauerndes Halten und/oder tritt das Pferd/Pony auch nur einen Tritt rückwärts, so ist dies als Verweigern anzusehen.
   b) Ausbrechen:
   Es gilt als Ausbrechen, wenn das Pferd/Pony nach dem Anreiten nicht springt, nach der einen oder anderen Seite ausbricht und erneut vor das/den Hindernis/Sprung geritten werden muss. Es gilt nicht als Ausbrechen, wenn der Reiter seine ursprüngliche Absicht, einem Hindernis/Sprung an einer bestimmten Stelle anzureiten, bewusst ändert und zwar auch dann, wenn die Absichtsänderung des Reiters erst nach Überwinden des vorhergehenden Hindernisses/Sprunges erfolgt ist.
   c) Volte:
   Als Volte wird bestraft, wenn das Pferd/Pony in Zusammenhang mit dem Anreiten eines Hindernisses seinen Weg kreuzt. Das Kreuzen einer Spur zwischen den Sprüngen einer Kombination wird in jedem Fall bestraft.
   Volten nach einem Verweigern, Ausbrechen oder Sturz gelten bis zum erneuten Anreiten nicht als Ungehorsam.

Handelt es sich um einzeln nummerierte Hindernisse, darf der Reiter vor dem Sprung eine Volte bzw. um den Sprung herumreiten, sofern er das nächste Hindernis noch nicht angeritten hat. Handelt es sich jedoch um eine Kombination, so werden für die Volte Strafpunkte berechnet.

### § 644
### Fehler an Kombinationen
Ein Teilnehmer darf nach dem Sturz, Verweigern oder Ausbrechen Elemente einer Kombination erneut überwinden, die er bereits überwunden hat. Er wird jedoch für jeden weiteren Fehler bestraft, selbst wenn er zuvor bereits fehlerfrei blieb. Bei erneutem Anreiten können bereits überwundene Elemente einer Kombination auch entgegen der ausgeflaggten Springrichtung überwunden werden.

### § 645
### Hindernisfehler Bewertung
Es sind folgende Strafpunkte zu vergeben:
1. Erster Ungehorsam — 20 Strafpunkte
2. Zweiter Ungehorsam am selben Hindernis — 40 Strafpunkte
3. Dritter Ungehorsam am selben Hindernis — Ausschluss
4. Dritter Ungehorsam in einer Kombination — Ausschluss
5. Fünfter Ungehorsam im Verlauf der Q-Strecke (Phase D) — Ausschluss
6. Sturz des Pferdes/Ponys und/oder Reiters — 60 Strafpunkte
7. Zweiter Sturz in einer Phase — Ausschluss
8. Auslassen eines Hindernisses/Sprunges, Pflichttores oder Wendezeichens — Ausschluss
9. Springen eines bereits überwundenen Hindernisses — Ausschluss
10. Springen eines Sprunges in falscher Reihenfolge oder von der falschen Seite — Ausschluss

(Ziffer 9 und 10 – Ausnahme § 644)

### § 646
### Ausschlüsse und „fremde Hilfe"
1. In allen nachfolgenden Fällen erfolgt Ausschluss:
    a) Bei verspäteter Meldung zum Start oder nachhaltig verspätetem Start. Ein Start ist nachhaltig verspätet, wenn er bei Einhaltung des Zeitplans mehr als 90 Sekunden nach der festgesetzten Zeit erfolgte oder nachfolgende Starter behindert würden.
    b) Wenn ein Teilnehmer vor dem/r WB/LP die Geländestrecke ganz oder teilweise bereitet.
    c) Bei Besichtigung der Geländestrecke vor der offiziellen Freigabe.
    d) Wenn Start- und/oder Ziellinie und/oder Pflichttore/obligatorisch zu passierende Stellen in Phase B und/oder D (Rennbahn/Gelände- bzw. Q-Strecke) nicht zu Pferde/Pony passiert werden.
    e) Unkorrigiertes Durchreiten obligatorisch zu passierender Stellen der Geländestrecke von der falschen Seite.
    f) Bei Reiten ohne vorgeschriebene Kopfbedeckung bzw. Schutzweste oder Verwendung nicht erlaubter Ausrüstung.

LPO 2000 – Teil B

g) Wenn nach Anhalten des Teilnehmers durch den Veranstalter der Ritt nicht dort wieder aufgenommen wird, wo er unterbrochen wurde.
h) Bei unreiterlichem Benehmen im Verlauf der Vorbereitung bzw. Prüfung (vgl. §§ 52 und 66.3.4)
→ bei übermäßigem Vorwärtstreiben oder übertriebener Anwendung von Gerte und/oder Sporen
→ bei Erschöpfung des Pferdes/Ponys
→ bei offensichtlicher Beeinträchtigung der Leistungsfähigkeit von Reiter und/oder Pferd/Pony, insbesondere nach einem schweren Sturz
i) Bei verbotener „fremder Hilfe" (siehe Ziffer 2).
Bei Ausschluss (auch gemäß § 645) darf der Teilnehmer den/die WB/LP nicht fortsetzen.

2. Verbotene „fremde Hilfe"
Als verbotene „fremde Hilfe" wird jede Einmischung eines Dritten mit der Absicht, die Aufgabe des Teilnehmers während des Rittes zu erleichtern, angesehen. Unerheblich ist, ob der Dritte dazu aufgefordert wurde oder nicht.
Es ist insbesondere verboten:
→ absichtlich einen anderen Teilnehmer abzuwarten und gemeinsam den Ritt fortzusetzen,
→ das Folgen, Vorwegfahren oder die Begleitung eines Teilnehmers auf irgendeinem Teil der Strecke mit dem Ziel, seine Aufgabe zu erleichtern.
In Zweifelsfällen entscheiden die Richter endgültig.

3. Erlaubte „fremde Hilfe"
→ jede Hilfeleistung bei Unfällen,
→ Wiedereinfangen eines Pferdes/Ponys, Unterstützung des Teilnehmers beim Ordnen von Sattelzeug oder beim Wiederaufsitzen nach einem Sturz,
→ Anreichen von Gerte, Kopfbedeckung, Brille etc.
→ Unterstützung des Reiters und Versorgung des Pferdes/Ponys an jedem vom Veranstalter bekannt gegebenen Punkt, grundsätzlich in den Ruhephasen.

## 2.4 Springprüfung

### § 650
### Anforderungen

| Klasse | Streckenlänge in Metern | Tempo m/Min. | Sprünge Anzahl | Mindest-Höhe | max. Höhe | Hoch-Weit-Sprünge Mindestweite | max. Weite |
|---|---|---|---|---|---|---|---|
| VE | gemäß § 504.2 | 350 m | 8–10 | 0,80 m | 1,00 m | 1,00 m | 1,20 m |
| VE/A | gemäß § 504.2 | 350 m | 9–11 | 1,00 m | 1,10 m | 1,10 m | 1,30 m |
| VA | gemäß § 504.2 | 350 m | 9–11 | 1,00 m | 1,10 m | 1,10 m | 1,30 m |
| GVA | gemäß § 504.2 | 350 m | 12 | 0,95 m | 1,05 m | 1,10 m | 1,30 m |
| VA/L | gemäß § 504.2 | 350 m | 10–12 | 1,05 m | 1,15 m | 1,20 m | 1,40 m |
| VL | gemäß § 504.2 | 350 m | 10–12 | 1,05 m | 1,15 m | 1,20 m | 1,40 m |
| GVL (CCI*) | ca. 650 m | 350 m | 15 | 1,00 m | 1,10 m | 1,20 m | 1,40 m |
| VL/M | gemäß § 504.2 | 375 m | 12–14 | 1,10 m | 1,20 m | 1,30 m | 1,60 m |
| VM | gemäß § 504.2 | 375 m | 12–14 | 1,10 m | 1,20 m | 1,30 m | 1,60 m |
| GVM (CCI**) | ca. 700 m | 375 m | 15 | 1,05 m | 1,15 m | 1,30 m | 1,60 m |
| VM/S | gemäß § 504.2 | 375 m | 13–15 | 1,15 m | 1,25 m | 1,40 m | 1,80 m |
| VS | gemäß § 504.2 | 375 m | 13–15 | 1,15 m | 1,25 m | 1,40 m | 1,80 m |
| GVS (CCI***) | ca. 750 m | 375 m | 15 | 1,10 m | 1,20 m | 1,40 m | 1,80 m |

## § 651
**Bewertung**

Gemäß § 503, Richtverfahren A mit folgenden Änderungen:
- → Hindernisfehler        5 Strafpunkte
- → 1. Ungehorsam          10 Strafpunkte
- → 2. Ungehorsam          20 Strafpunkte
- → Sturz                  30 Strafpunkte
- → Überschreiten der EZ   0,25 Strafpunkte für jede angefangene Sekunde

### 2.5 Platzierung

## § 660

Die Platzierung ergibt sich aus der Addition der Strafpunkte. Sieger ist der Teilnehmer mit der geringsten Strafpunktsumme usw. Bei Punktgleichheit entscheidet die bessere Leistung in der Geländeprüfung (Zeit- und Hindernisfehler aus Phase A bis D); bei strafpunktgleicher Geländeprüfung ist das Ergebnis aus der Querfeldeinstrecke maßgebend (Zeit- und Hindernisfehler Phase D), besteht auch hier Punktgleichheit, ist die der Bestzeit nächste Zeit in der Querfeldeinstrecke (Phase D) das Bestergebnis; sodann entscheidet bei gleichen Kriterien die gebrauchte Rennbahnzeit (Phase B).

## B. Geländeritte

### § 670
**Ausschreibungen**

Zulässig sind:

In Kat. C: Geländeritte, Stilgeländeritte und Geländeritte mit Stilwertung Kl. E: 4-jährige und ältere Pferde und/oder Ponys
Stilgeländeritte Kl. E je nach Ausschreibung mit oder ohne BZ.

In Kat. B: Geländeritte, Stilgeländeritte und Geländeritte mit Stilwertung Kl. A und L: 5-jährige und ältere Pferde und/oder M- und G-Ponys.

In Kat. A: Geländeritte, Stilgeländeritte und Geländeritte mit Stilwertung Kl. M: 6-jährige und ältere Pferde, die bis Nennungsschluss mindestens
→ eine Platzierung in VL, VL/M, Geländeritt Kl. L oder GPFL haben oder
→ gemäß RG FEI für CCI**/CIC** qualifiziert sind.

### § 671
**Anforderungen**

| | Streckenlänge in Metern (ca.) | Tempo m/Min. | Sprünge max. Anzahl | Sprünge max. Höhe | Weite im oberen Teil/ an der Basis | Graben | Tiefsprung |
|---|---|---|---|---|---|---|---|
| Geländeritt Kl. E | 1.000–1.500 | 450 | 15 | 0,90 m | 1,00/1,50 m | 2,00 m | 1,20 m |
| Stilgeländeritt Kl. E | 1.000–1.500 | 400 | 15 | 0,90 m | 1,00/1,50 m | 2,00 m | 1,20 m |
| Geländeritt Kl. A | 1.500–2.500 | 500 | 20 | 1,00 m | 1,20/1,80 m | 2,50 m | 1,40 m |
| Stilgeländeritt Kl. A | 1.500–2.500 | 400 | 20 | 1,00 m | 1,20/1,80 m | 2,50 m | 1,40 m |
| Geländeritt Kl. L | 2.200–3.500 | 520 | 25 | 1,10 m | 1,50/2,20 m | 3,00 m | 1,60 m |
| Stilgeländeritt Kl. L | 1.500–2.500 | 450 | 25 | 1,10 m | 1,50/2,20 m | 3,00 m | 1,60 m |
| Geländeritt Kl. M | 3.000–4.000 | 520 | 30 | 1,15 m | 1,80/2,70 m | 3,50 m | 1,80 m |
| Stilgeländeritt Kl. M | 2.000–3.000 | 500 | 30 | 1,15 m | 1,80/2,70 m | 3,50 m | 1,80 m |

Die Hindernisse können zweiteilig mit einem leichteren und einem schwereren Teil angelegt werden. Jeder Hindernisteil soll ausreichend breit sein, der schwerere soll den Anforderungen gemäß der o. a. Tabelle entsprechen, der leichtere soll hinsichtlich Höhe, Weite oder Breite angemessen erleichtert sein und wenn möglich zusätzlich den weiteren Weg erfordern. Beide Hindernisteile sind gesondert auszuflaggen, der leichtere Teil ist zusätzlich zur Hindernisnummer mit dem Buchstaben „L" zu kennzeichnen.

### § 672
**Bewertung von Geländeritten**
Gemäß §§ 640–646;
zusätzlich: Überwinden des L-Hindernisses: 2 Strafpunkte.

### § 673
**Beurteilung von Stilgeländeritten**
Beurteilt werden leichter Sitz und Einwirkung des Reiters, insbesondere das rhythmische, flüssige Überwinden einer Geländestrecke sowie der Gesamteindruck, ausgedrückt in einer Wertnote zwischen 10 und 0 gemäß § 57. Von dieser Note werden Strafpunkte analog § 373 abgezogen.
In Kat. C je nach Ausschreibung mit oder ohne BZ.

### § 674
**Beurteilung von Geländeritten mit Stilwertung**
Auf mindestens einer Teilstrecke des Geländerittes (jeweils mindestens drei Hindernisse/ ca. 500 m) wird eine Wertnote gemäß § 673 vergeben. Bei Strafpunktgleichheit gemäß §§ 640 ff. entscheidet die bessere Wertnote über die Platzierung.

### § 675
**Geländestrecke**
Die §§ 630 ff. gelten sinngemäß.

## C. Gruppengeländeritte

### § 680
**Ausschreibungen**
Zulässig sind:
In Kat. C:   Gruppengeländeritte Kl. E für 4-jährige und ältere Pferde und/oder Ponys
In Kat. B:   Gruppengeländeritte Kl. A für 5-jährige und ältere Pferde und/oder M- und G-Ponys

### § 681
**Beurteilung**
Beurteilt wird die Leistung der Gruppe zwischen Start und Ziel nach Strafpunkten und Zeit.

## § 682
**Anforderungen**

Gruppenweises Überwinden einer Geländestrecke,
- in Kl. E: 1.500–2.500 m Länge mit ca. 10 festen, ausreichend breiten Sprüngen nicht über 0,80 m hoch bzw. 1,50 m weit.
- in Kl. A: 2.000–3.000 m Länge mit ca. 15 festen, ausreichend breiten Sprüngen nicht über 0,90 m hoch bzw. 2,00 m weit.

Stärke der Gruppe je nach Ausschreibung: zwei bis vier Teilnehmer.
Jedes Mitglied der Gruppe muss alle Hindernisse/Sprünge in der angegebenen Reihenfolge überwinden. Mehrfaches Überwinden eines Hindernisses/Sprunges sowie Pferdewechsel innerhalb der Gruppe ist zulässig.
Für den Start- und den Zieldurchgang stehen der Gruppe jeweils 10 Sekunden zur Verfügung.

## § 683
**Bewertung**

Bewertung gemäß §§ 640–646 LPO. Die Zeit wird gemessen vom Start des ersten bis zum Zieldurchgang des letzten Teilnehmers der Gruppe. Überschreiten der für Start- bzw. Zieldurchgang zur Verfügung stehenden Zeit führt zum Ausschluss.

## § 684
**Geländestrecke**

Die §§ 630 ff. gelten sinngemäß.

Notizen

Notizen

Notizen

# Notizen

# Abschnitt B VII: Fahrprüfungen

## 1. Traditionsprüfungen und Gespannkontrollen

### § 700
### Traditionsprüfungen
Das Regelwerk für Traditionsprüfungen ist in Rahmenrichtlinien (vgl. Merkblatt Traditionsprüfungen) niedergelegt; für dort nicht geregelte Fälle gelten Teil A der LPO (allgemeine Bestimmungen) sowie die Richtlinien für Reiten und Fahren, Band 5 und die genehmigte Ausschreibung.

**Gespannkontrollen**

### § 701
### Ausschreibungen
Zulässig sind:
In Kat. C, B und A: Gespannkontrollen für Ein-, Zwei-, Vier- und Mehrspänner (Pferde und/oder Ponys).

Gespannkontrollen finden grundsätzlich nur als WB/LP in Verbindung mit einem Fahrer-WB bzw. einer Dressurprüfung Fahren für die dort jeweils zugelassenen Gespanne statt.

### § 702
### Beurteilung
Beurteilt werden:
1. Haltung und Anzug des Fahrers und des/der Beifahrer/s,
2. Herausbringen, Zusammenpassen und Beschlag der Pferde/Ponys,
3. Zustand und Passen der Geschirre,
4. Zustand des Wagens,
5. Gesamteindruck.

### § 703
### Durchführung, Anforderungen und Bewertung
Gespannkontrollen sind nach Weisung der Richter durchzuführen. Die Gespanne sind den Richtern einzeln vorzustellen, die Beurteilung erfolgt im Halten.
Bewertet werden die in § 702 aufgeführten Kriterien, ausgedrückt durch eine gemeinsame Wertnote der Richtergruppe zwischen 0 und 10 (Dezimalstellen sind zulässig) oder bei getrenntem Richtverfahren gemäß Notenbogen (vgl. § 57).

LPO 2000 – Teil B

## 2. Gebrauchsprüfungen

### § 705
### Ausschreibungen
Zulässig sind:

In Kat. B: Gebrauchsprüfungen für Ein-, Zwei-, Vier- oder Mehrspänner Kl. A für 4-jährige und ältere Pferde und/oder Ponys
Gebrauchsprüfungen für Ein-, Zwei-, Vier- oder Mehrspänner Kl. M für 4-jährige und ältere Pferde oder Ponys

In Kat. A: Gebrauchsprüfungen für Ein-, Zwei-, Vier- oder Mehrspänner Kl. S für 5-jährige und ältere Pferde oder Ponys

**Rahmenbestimmungen für Teilnehmer:**
**Pferde**
1. **Fahrer:**
   **Ein-/Zweispänner Kat. B:**
   mindestens 18 Jahre bzw. mindestens 12 Jahre alt, sofern der Beifahrer mindestens 18 Jahre alt ist.
   **Ein-/Zweispänner Kat. A:**
   mindestens 18 Jahre bzw. mindestens 14 Jahre alt, sofern der Beifahrer mindestens 18 Jahre alt ist.
   **Vier- und Mehrspänner Kat. A und B:**
   mindestens 18 Jahre bzw. mindestens 16 Jahre alt, sofern der Beifahrer mindestens 18 Jahre alt ist.
2. **Beifahrer:**
   mindestens 18 Jahre bzw. mindestens 14 Jahre alt, sofern im Besitz des Deutschen Fahrabzeichens Kl. IV oder höher.

**Ponys**
1. **Fahrer:**
   **Ein-/Zweispänner Kat. B:**
   mindestens 14 Jahre bzw. mindestens 12 Jahre alt, sofern der Beifahrer mindestens 16 Jahre alt ist.
   **Ein-/Zweispänner Kat. A/Vier- und Mehrspänner Kat. A und B:**
   mindestens 16 Jahre bzw. mindestens 12 Jahre alt, sofern der Beifahrer mindestens 16 Jahre alt ist.
2. **Beifahrer:**
   mindestens 16 Jahre bzw. mindestens 12 Jahre alt, sofern im Besitz des Deutschen Fahrabzeichens Kl. IV oder höher.

### § 706
### Beurteilung
1. Gebrauchsprüfungen Kl. A
   Beurteilt werden:
   a) der Gebrauchstrab
   b) der Schritt
   c) die Ausbildung

d) der Gesamteindruck des Gespannes einschließlich Herausbringen von Pferd/Pony und Wagen.
2. Gebrauchsprüfungen Kl. M und S
Beurteilt werden:
a) der Gebrauchstrab
b) der Schritt
c) der starke Trab
d) die Ausbildung
e) der Gesamteindruck des Gespannes einschließlich Herausbringen von Pferd/Pony und Wagen.

Maßgebend ist die Eignung für den sofortigen Einsatz im Rahmen der Anforderungen der betreffenden Klasse.

## § 707
### Durchführung
Gebrauchsprüfungen bestehen aus Prüfung und Platzierung:
1. Prüfung:
   a) Grundgangartenüberprüfung in der Abteilung (maximal vier Gespanne)
   b) Überprüfung der Ausbildung: Einzelfahren gemäß Aufgabenheft zur LPO.
2. Platzierung:
   Vorstellung der platzierten Gespanne mit den in der Prüfung gefahrenen Pferden/Ponys (vgl. § 59).

## § 708
### Anforderungen und Bewertung
1. Überprüfung der Grundgangarten:
   Fahren der Gespanne nach Weisung der Richter.
2. Für die Überprüfung der Ausbildung:
   Fahren der in der Ausschreibung genannten Aufgabe gemäß Aufgabenheft zur LPO.
3. Bewertung gemäß § 57:
   Verlangt und bewertet werden alle Lektionen der in der Ausschreibung genannten Aufgabe sowie die Grundgangarten und der Gesamteindruck gemäß § 706. Für die Bewertung der Grundgangarten sind als Dezimalstellen nur halbe Noten zulässig (vgl. Richterkarte im Aufgabenheft).
4. Ausschlüsse: gemäß § 716.

Es gelten die Anforderungen gemäß § 715 (vgl. Aufgabenheft zur LPO).


## 3. Dressurprüfungen

### § 710
### Ausschreibungen
Zulässig sind:
In Kat. B:  1. Dressurprüfungen für Ein-, Zwei-, Vierspänner oder Mehrspänner Kl. A gemäß Aufgabenheft zur LPO für 4-jährige und ältere Pferde und/oder Ponys.

LPO 2000 – Teil B

       2. Dressurprüfungen für Ein-, Zwei-, Vierspänner oder Mehrspänner Kl. M gemäß Aufgabenheft zur LPO für 4-jährige und ältere Pferde oder Ponys.
       3. Kür in Kl. M für die unter 2. genannten Anspannungsarten gemäß Aufgabenheft zur LPO für 4-jährige und ältere Pferde oder Ponys.
       4. Kombinierte Dressurprüfungen mit Pflichtaufgaben und Kür Kl. M für die unter 2. genannten Anspannungsarten gemäß Aufgabenheft zur LPO für 4-jährige und ältere Pferde oder Ponys.

In Kat. A:  1. Dressurprüfungen für Ein-, Zwei-, Vierspänner oder Mehrspänner Kl. S gemäß Aufgabenheft zur LPO für 5-jährige und ältere Pferde oder Ponys.
       2. Kür in Kl. S für die unter 1. genannten Anspannungsarten gemäß Aufgabenheft zur LPO für 5-jährige und ältere Pferde oder Ponys.
       3. Kombinierte Dressurprüfungen mit Pflichtaufgaben und Kür Kl. S für die unter 1. genannten Anspannungsarten gemäß Aufgabenheft zur LPO für 5-jährige und ältere Pferde oder Ponys.

**Rahmenbestimmungen für Teilnehmer:**
**Pferde**
**1. Fahrer:**
   **Ein-/Zweispänner Kat. B:**
   mindestens 18 Jahre bzw. mindestens 12 Jahre alt, sofern der Beifahrer mindestens 18 Jahre alt ist.
   **Ein-/Zweispänner Kat. A:**
   mindestens 18 Jahre bzw. mindestens 14 Jahre alt, sofern der Beifahrer mindestens 18 Jahre alt ist.
   **Vier- und Mehrspänner Kat. A und B:**
   mindestens 18 Jahre bzw. mindestens 16 Jahre alt, sofern der Beifahrer mindestens 18 Jahre alt ist.

**2. Beifahrer:**
   mindestens 18 Jahre bzw. mindestens 14 Jahre alt, sofern im Besitz des Deutschen Fahrabzeichens Kl. IV oder höher.

**Ponys**
**1. Fahrer:**
   **Ein-/Zweispänner Kat. B:**
   mindestens 14 Jahre bzw. mindestens 12 Jahre alt, sofern der Beifahrer mindestens 16 Jahre alt ist.
   **Ein-/Zweispänner Kat. A/Vier- und Mehrspänner Kat. A und B:**
   mindestens 16 Jahre bzw. mindestens 12 Jahre alt, sofern der Beifahrer mindestens 16 Jahre alt ist.

**2. Beifahrer:**
   mindestens 16 Jahre bzw. mindestens 12 Jahre alt, sofern im Besitz des Deutschen Fahrabzeichens Kl. IV oder höher.

**§ 711**
**Beurteilung**
Beurteilt werden die Leistungen von Fahrer und Pferden/Ponys. Maßgebend sind der Grad der Ausbildung der Pferde/Ponys sowie Hilfengebung, Gefühl und Einwirkung des Fahrers.

## § 712
### Richtverfahren
Das Richten erfolgt nach freiem Ermessen im Rahmen der Richtlinien für Reiten und Fahren. Es werden folgende Richtverfahren unterschieden:

### A. Gemeinsames Richten
Dieses Verfahren ist vorgeschrieben für die Dressurprüfungen der Klasse A.
Für Dressurprüfungen der Klassen M und S ist es anzuwenden, wenn es die Ausschreibung vorsieht. Die Richter drücken ihr gemeinsames Urteil über die Gesamtleistung jedes Bewerbers durch eine mündlich oder schriftlich zu begründende Wertnote von 10−0 gemäß § 57 aus. Die Wertnoten werden nach jeder Vorstellung bekannt gegeben.

### B. Getrenntes Richten
Dieses Verfahren ist für Dressurprüfungen der Klassen M und S zugelassen, für Dressuraufgaben der FEI vorgeschrieben.
Jeder Richter erteilt für jede Vorstellung bzw. für jede Lektion einer Aufgabe eine Wertnote von 0−10 gemäß § 57. Bei Verwendung von Notenbogen sind nur volle Wertnoten zulässig. Jede Wertnote von 5 oder schlechter ist schriftlich zu begründen. Die Wertnotensummen sind unverzüglich bekannt zu geben. Die Platzierung ergibt sich aus der Summe der Wertnoten, die durch die Zahl der Richter geteilt werden kann.
In der Kür gibt jeder Richter je nach Ausschreibung eine Wertnote für den Inhalt (Schwierigkeitsgrad und Aufbau) und die Ausführung.

## § 713
### Durchführung
Dressurprüfungen bestehen aus Prüfung und Platzierung.
1. Prüfung: Einzelfahren.
2. Vorstellung der platzierten Teilnehmer (vgl. § 59).

## § 714
### Bewertung
1. Verlangt und bewertet werden alle Lektionen der in der Ausschreibung genannten Aufgabe gemäß Aufgabenheft zur LPO.
Bei Verwendung von Notenbogen − nur bei getrenntem Richtverfahren zugelassen − werden die Notensummen für das Endergebnis zusammengezählt.
2. Folgende Abzüge sind zu berücksichtigen:

| | Wertung mit einer Note | Wertung mit Notenbogen je Richter |
|---|---|---|
| a) Vom Fahrer verschuldetes Verfahren oder Absteigen eines Beifahrers | | |
| das 1. Mal | 0,5 Punkte | 5 Punkte |
| das 2. Mal | 1,0 Punkte | 10 Punkte |
| das 3. Mal | 1,5 Punkte | 15 Punkte |
| das 4. Mal | Ausschluss | Ausschluss |
| b) Verlassen des Vierecks durch das ganze Gespann | Ausschluss | Ausschluss |
| c) Abzug für fehlende Ausrüstung (vgl. §§ 69 und 71) einmalig | 0,5 Punkte | 5 Punkte |
| d) Umkippen des Wagens | Ausschluss | Ausschluss |

Bei gerissenen oder gelösten Leinen, Strängen, Aufhalteriemen oder -ketten oder falls ein Pferd/Pony über die Deichsel der Vorderbracke oder den Strang getreten ist, ist der Teilnehmer abzuläuten; der Fehler ist vom Beifahrer zu beheben. Eventuelle Strafpunkte gemäß § 714.2a). Erneutes Glockenzeichen erfolgt zur Fortsetzung der Aufgabe.
3. Für die Platzierung in einer kombinierten Dressurprüfung ist je nach Ausschreibung die Summe der Wertnoten aus den Teilprüfungen oder die Wertnote für die Kür maßgebend.
4. Wenn in der Ausschreibung nicht anders geregelt, werden alle Aufgaben auswendig gefahren, andernfalls stellt der Veranstalter einen Kommandogeber.

### § 715
**Anforderungen an das Fahren in Dressurprüfungen**
Die Anforderungen an das Fahren in Dressurprüfungen sind im Aufgabenheft zur LPO und in den Richtlinien für Reiten und Fahren, Band 5 der FN geregelt.

### § 716
**Ausschlüsse**
In allen nachfolgenden Fällen erfolgt Ausschluss des Teilnehmers:
1. Wenn er nach Aufruf zum Start nicht binnen 60 Sekunden auf dem Prüfungsplatz eingefahren ist.
2. Wenn er ohne Sondergenehmigung der Richter das Gespann auf dem Prüfungsplatz führen lässt.
3. Wenn nicht binnen 60 Sekunden nach Startfreigabe der Start erfolgt ist.
4. Bei Start vor Startfreigabe.
5. Wenn ein Gespann sich 60 Sekunden ununterbrochen während der Prüfung widersetzt.
6. Bei Verwendung nicht erlaubter Ausrüstung.
7. Bei unreiterlichem Benehmen auf dem Vorbereitungs- oder Prüfungsplatz (vgl. §§ 52 und 66.3.4).
8. Bei Verbotener „fremder Hilfe".
9. Bei Stehen eines Beifahrers hinter dem Fahrer oder Hilfestellung durch ihn vor Beendigung der Prüfung, außer in Notfällen.
10. Bei Handhabung der Leinen, Bremse, Peitsche durch einen Beifahrer vor Beendigung der Prüfung, außer in Notfällen.
11. Bei Nichtbeachtung von Vorschriften, Geboten und Verboten der LPO.
12. Wenn ein Teilnehmer außerhalb von LP mit dem Gespann den Prüfungsplatz betritt. Ausnahmen können von der Turnierleitung zugelassen werden.

## 4. Hindernisfahren

### § 720
**Ausschreibungen**
Zulässig sind:
In Kat. B:
1. Standardhindernisfahren für Ein-, Zwei-, Vier- oder Mehrspänner Kl. A für 4-jährige und ältere Pferde und/oder Ponys
   Standardhindernisfahren für Ein-, Zwei-, Vier- oder Mehrspänner Kl. M für 4-jährige und ältere Pferde oder Ponys

2. Spezialhindernisfahren für Ein-, Zwei-, Vier- oder Mehrspänner Kl. A für 4-jährige und ältere Pferde und/oder Ponys
Spezialhindernisfahren für Ein-, Zwei-, Vier- oder Mehrspänner Kl. M für 4-jährige und ältere Pferde oder Ponys
Spezialhindernisfahrprüfungen sind z. B.:
a) Stilhindernisfahren
b) Glückshindernisfahren
c) Jagd um Punkte
d) Wahlhindernisfahren
e) Zwei-Phasen-Hindernisfahren

In Kat. A:
1. Standardhindernisfahren für Ein-, Zwei-, Vier- oder Mehrspänner Kl. S für 5-jährige und ältere Pferde oder Ponys
2. Spezialhindernisfahren für Ein-, Zwei-, Vier- oder Mehrspänner Kl. S für 5-jährige und ältere Pferde oder Ponys
Spezialhindernisfahrprüfungen sind z. B.:
a) Stafettenhindernisfahren
b) Glückshindernisfahren
c) Jagd um Punkte
d) Wahlhindernisfahren
e) Zwei-Phasen-Hindernisfahren
f) Kombiniertes Hindernisfahren mit festen Geländehindernissen

Spezialhindernisfahren (Ausnahme Stilhindernisfahren) sind grundsätzlich nur in Verbindung mit einem weiteren Standardhindernisfahren derselben Klasse zulässig.

Unabhängig von den LP können andere Prüfungsarten ausgeschrieben werden, deren Abwicklung und Richtverfahren hier nicht aufgeführt sind, jedoch sinngemäß den Bestimmungen dieses Abschnitts entsprechen. Voraussetzung ist die Genehmigung der überwachenden Stelle.

**Rahmenbestimmungen für Teilnehmer:**
**Pferde**
1. **Fahrer:**
   **Ein-/Zweispänner Kat. B:**
   mindestens 18 Jahre bzw. mindestens 12 Jahre alt, sofern der Beifahrer mindestens 18 Jahre alt ist.
   **Ein-/Zweispänner Kat. A:**
   mindestens 18 Jahre bzw. mindestens 14 Jahre alt, sofern der Beifahrer mindestens 18 Jahre alt ist.
   **Vier- und Mehrspänner Kat. A und B:**
   mindestens 18 Jahre bzw. mindestens 16 Jahre alt, sofern der Beifahrer mindestens 18 Jahre alt ist.
2. **Beifahrer:**
   mindestens 18 Jahre bzw. mindestens 14 Jahre alt, sofern im Besitz des Deutschen Fahrabzeichens Kl. IV oder höher.

**Ponys**
1. **Fahrer:**
   **Ein-/Zweispänner Kat. B:**
   mindestens 14 Jahre bzw. mindestens 12 Jahre alt, sofern der Beifahrer mindestens 16 Jahre alt ist.
   **Ein-/Zweispänner Kat. A/Vier- und Mehrspänner Kat. A und B:**
   mindestens 16 Jahre bzw. mindestens 12 Jahre alt, sofern der Beifahrer mindestens 16 Jahre alt ist.
2. **Beifahrer:**
   mindestens 16 Jahre bzw. mindestens 12 Jahre alt, sofern im Besitz des Deutschen Fahrabzeichens Kl. IV oder höher.

### § 721
### Beurteilung und Richtverfahren, Stechen
#### A. Beurteilung und Richtverfahren
Beurteilt wird die Leistung des Gespannes zwischen Start- und Ziellinie, ausgedrückt in Strafpunkten und/oder Sekunden, je nach Ausschreibung und Richtverfahren. Die Gangart ist beliebig, fliegender Start.
Es werden folgende Richtverfahren unterschieden:
1. **Richtverfahren A**
   a) nach Strafpunkten und Zeit:
   Die Platzierung wird durch Zusammenzählen der Hindernisstrafpunkte und Strafpunkte für Zeitüberschreitung ermittelt. Bei Punktgleichheit werden die Teilnehmer nach der Zeit platziert, die sie für ihren Parcours gebraucht haben. Bei Gleichheit der Strafpunkte und der für den Parcours benötigten Zeit werden die Teilnehmer gleich platziert.
   b) Nach Strafpunkten und Zeit mit einmaligem Stechen um den Sieg:
   Die Platzierung erfolgt gemäß Ziffer 1.a), bei Punktgleichheit auf dem 1. Platz einmaliges Stechen über den gleichen oder maximal um die Hälfte der Hindernisse reduzierten Parcours nach Strafpunkten und Zeit.
   Bei gleicher Punktzahl und gleicher Zeit gleiche Platzierung.
2. **Richtverfahren C**
   Für die Platzierung ist die für den Parcours benötigte Zeit zuzüglich evtl. Strafsekunden maßgebend.
   Bei gleicher Gesamtzeit auf dem 1. Platz gleiche Platzierung.
3. Für Spezialhindernisfahren gelten bis auf beschriebene Ausnahmen die §§ 721–735.

#### B. Bestimmungen für Stechen
1. Die für die LP erstellte Starterliste gilt grundsätzlich auch für das Stechen. Maßgeblich ist die genehmigte Ausschreibung.
2. Die Anzahl der Hindernisse für das Stechen beim Standard-Hindernisfahren kann um bis zu 50% gekürzt, die Reihenfolge der Hindernisse geändert werden.
3. Mehrfachhindernisse sind im Stechen nicht zulässig.
4. Die Hindernisse können mit Genehmigung der Richtergruppe um 10 cm erweitert werden.
5. Teilnehmer, die zum Stechen nicht antreten oder während des Stechens aufgeben, dürfen nicht als Sieger platziert werden. Sie werden gleich platziert auf dem letzten

Platz der für das Stechen qualifizierten Teilnehmer. Vor ihnen werden die im Stechen ausgeschlossenen Teilnehmer gleich platziert.
6. Wenn für ein Stechen nur Gespanne mit dem gleichen Fahrer qualifiziert sind, wird der Teilnehmer bei Verzicht auf das Stechen oder bei Aufgabe als Sieger platziert.
7. Über diese Bestimmungen hinausgehende oder abweichende Regelungen für das Stechen beim Spezialhindernisfahren sind in den Spezialbestimmungen (§§ 736 ff.) aufgeführt.

## § 722
**Bewertung**

| | Richtverfahren A | Richtverfahren C |
|---|---|---|
| Umwerfen eines Hindernisses/Hindernisteiles oder Abwurf eines Balles | 5 Strafpunkte | 5 Strafsekunden |
| → 1. Ungehorsam | 5 Strafpunkte | – |
| → 2. Ungehorsam | 10 Strafpunkte | – |
| → 3. Ungehorsam | Ausschluss | Ausschluss |
| → 1. Verlassen des Platzes auf dem Wagen von Fahrer/Beifahrer | 5 Strafpunkte | 5 Strafsekunden |
| → 2. Verlassen des Platzes auf dem Wagen von Fahrer/Beifahrer | 10 Strafpunkte | 10 Strafsekunden |
| → 3. Verlassen des Platzes auf dem Wagen von Fahrer/Beifahrer | Ausschluss | Ausschluss |
| → Abzug für fehlende Ausrüstung    einmalig | 5 Strafpunkte | 5 Strafsekunden |
| → Handhaben der Leinen, Bremsen oder Peitsche durch einen Beifahrer vor Durchfahren der Ziellinie | Ausschluss | Ausschluss |
| → Fahren ohne Peitsche | Ausschluss | Ausschluss |
| → Umkippen des Wagens | Ausschluss | Ausschluss |
| → Überschreiten der „erlaubten Zeit" je angefangene Sekunde | 0,25 Strafpunkte | 1 Strafsekunde |
| → Überschreiten der „Höchstzeit" | Ausschluss | Ausschluss |
| → Stehen eines Beifahrers hinter dem Fahrer oder Angeben der Strecke durch ihn zwischen Start- und Ziellinie | Ausschluss | Ausschluss |
| → Durchfahren eines Hindernisses mit unvollständiger Besetzung des Wagens (vgl. § 71 E) (Nach Absteigen eines oder beider Beifahrer im Mehrfachhindernis oder Geländehindernis gemäß § 742 ist ein erneutes Aufsteigen innerhalb dieser Hindernisse nicht erforderlich) | Ausschluss | Ausschluss |

Bei gerissenen oder gelösten Leinen, Strängen, Aufhalteriemen oder -ketten oder falls ein Pferd/Pony über die Deichsel, der Vorderbracke oder den Strang getreten ist, ist der Teilnehmer abzuläuten und die Zeit anzuhalten; der Fehler ist vom Fahrer oder Beifahrer zu beheben. Erneutes Glockenzeichen erfolgt zur Fortsetzung des Parcours.

LPO 2000 – Teil B

## § 723
## Anforderungen

### 1. Hindernisse und Parcourslänge

|  | Kl. A | Kl. M | Kl. S |
|---|---|---|---|
| Hindernisse Mindestzahl | 10 | 12 | 15 |
| Hindernisse Höchstzahl | 12 | 15 | 20 |
| Mehrfachhindernisse Mindestzahl | – | 2 | 2 |
| Mehrfachhindernisse Höchstzahl | 2* | 3 (einschl. Wasserdurchfahrt) | 4 (einschl. Wasserdurchfahrt) |
| Parcourslänge – mindestens | 400 m | 400 m | 500 m |
| Parcourslänge – höchstens | 600 m | 700 m | 800 m |
| Wasserdurchfahrt | – | erlaubt | erlaubt |
| Brücke | – | erlaubt | erlaubt |

\* es sind nur L-Hindernis und/oder Serpentine zugelassen

Generell gilt: bei Vierspännern sind mindestens 15 m Strecke, bei Zweispännern mindestens 12 m Strecke zwischen zwei Einzelhindernissen vorgeschrieben.
Bei Hallen-PS/PLS können aufgrund der Platzverhältnisse die Anforderungen bezüglich Hinderniszahl und Parcourslänge entsprechend vermindert werden. Es sind maximal zwei Mehrfachhindernisse zugelassen.

### 2. Hindernisbreiten
Die Hindernisbreite in Kat. B ergibt sich aus der äußeren Spurbreite des hinteren Radpaares, am Boden gemessen, plus den in nachfolgender Tabelle aufgeführten Werten.

|  | Kl. A | Kl. M |
|---|---|---|
| Ein-/Zweispänner | 30–50 cm | 30–40 cm |
| Vier- und Mehrspänner | 40–50 cm | 40–50 cm |
| Tandem | 40–60 cm | 30–60 cm |

In Kl. S ist die Hindernisbreite wie folgt zu bemessen:

|  | **Ponys** | **Pferde** |
|---|---|---|
| Einspänner | 1,60–2,00 m | 1,60–2,00 m |
| Zweispänner | 1,60–2,00 m | 1,70–2,10 m |
| Vier- und Mehrspänner | 1,70–2,00 m | 1,90–2,20 m |

Die Hindernisbreite für Tandems und Randoms ergibt sich aus der äußeren Spurbreite des hinteren Radpaares, am Boden gemessen, zuzüglich 30–60 cm.
Im Stechen können die Hindernisse um 10 cm verbreitert werden.

### 3. Mehrfachhindernisse (vgl. Aufgabenheft Fahren)

### 4. „Erlaubte Zeit" (EZ) und „Höchstzeit" (HZ)
Für jede Prüfung ist eine „erlaubte Zeit" (EZ) und eine „Höchstzeit" (HZ) vorzuschreiben und auf der Parcoursskizze anzugeben.

LPO 2000 – Teil B

Das Tempo zur Errechnung der erlaubten Zeit in m/Min. beträgt für:

| Klasse A | Pferde | (Stechen) | Ponys | (Stechen) |
|---|---|---|---|---|
| Einspänner | 210 | 220 | 210 | 220 |
| Zweispänner | 210 | 220 | 210 | 220 |
| Tandem | 190 | 200 | 200 | 210 |
| Vierspänner | 190 | 200 | 190 | 200 |

| Klasse M | Pferde | (Stechen) | Ponys | (Stechen) |
|---|---|---|---|---|
| Einspänner | 220 | 230 | 220 | 230 |
| Zweispänner | 220 | 230 | 220 | 230 |
| Tandem | 200 | 210 | 210 | 220 |
| Vierspänner | 200 | 210 | 200 | 210 |

| Klasse S | Pferd | (Stechen) | Ponys | (Stechen) |
|---|---|---|---|---|
| Einspänner | 230 | 240 | 230 | 240 |
| Zweispänner | 230 | 240 | 230 | 240 |
| Tandem | 210 | 220 | 220 | 230 |
| Vierspänner | 210 | 220 | 210 | 220 |

Die „Höchstzeit" (HZ) entspricht dem Doppelten der „erlaubten Zeit" (EZ).

Eine Änderung der EZ durch die Richter ist nur in Absprache mit dem Parcourschef bis nach Parcoursbeendigung des dritten Teilnehmers der LP ohne Umkippen des Wagens bzw. Ungehorsam zulässig. Ein Herabsetzen der EZ ist möglich. Bereits gestartete Teilnehmer dürfen nicht mit zusätzlichen Zeitstrafpunkten belastet werden.

LPO 2000 – Teil B

5. **Ausrechnungstabelle**

| Parcours-länge Meter | „Erlaubte Zeit" in Sekunden für Tempo | | | | | |
|---|---|---|---|---|---|---|
| | 190 m/Min. | 200 m/Min. | 210 m/Min. | 220 m/Min. | 230 m/Min. | 240 m/Min. |
| 300 | 95 | 90 | 86 | 82 | 78 | 75 |
| 320 | 101 | 96 | 91 | 87 | 83 | 80 |
| 340 | 107 | 102 | 97 | 93 | 89 | 85 |
| 360 | 114 | 108 | 103 | 98 | 94 | 90 |
| 380 | 120 | 114 | 109 | 104 | 99 | 95 |
| 400 | 126 | 120 | 114 | 109 | 104 | 100 |
| 420 | 133 | 126 | 120 | 115 | 110 | 105 |
| 440 | 139 | 132 | 126 | 120 | 115 | 110 |
| 460 | 145 | 138 | 131 | 125 | 120 | 115 |
| 480 | 152 | 144 | 137 | 131 | 125 | 120 |
| 500 | 158 | 150 | 143 | 136 | 130 | 125 |
| 520 | 164 | 156 | 149 | 142 | 136 | 130 |
| 540 | 171 | 162 | 154 | 147 | 141 | 135 |
| 560 | 177 | 168 | 160 | 153 | 146 | 140 |
| 580 | 183 | 174 | 166 | 158 | 151 | 145 |
| 600 | 189 | 180 | 171 | 164 | 157 | 150 |
| 620 | 196 | 186 | 177 | 169 | 162 | 155 |
| 640 | 202 | 192 | 183 | 175 | 167 | 160 |
| 660 | 208 | 198 | 189 | 180 | 172 | 165 |
| 680 | 215 | 204 | 194 | 185 | 177 | 170 |
| 700 | 221 | 210 | 200 | 191 | 183 | 175 |
| 720 | 227 | 216 | 206 | 196 | 188 | 180 |
| 740 | 234 | 222 | 211 | 202 | 193 | 185 |
| 760 | 240 | 228 | 217 | 207 | 198 | 190 |
| 780 | 246 | 234 | 223 | 213 | 203 | 195 |
| 800 | 253 | 240 | 229 | 218 | 209 | 200 |

**§ 724**
**Parcours**

1. Als Parcours wird der Weg bezeichnet, den ein Gespann zwischen Start- und Ziellinie zurücklegen muss. Zur Errechnung der Länge dient der normalerweise, besonders in den Wendungen, von dem Gespann verfolgte Weg. Vom Start bis zum Ziel läuft er über die Mitte der Hindernisse.
2. Die Hindernisse sind in der Reihenfolge laufend zu nummerieren, in der sie zu durchfahren sind.
3. Mehrfachhindernisse tragen nur eine Nummer. Dabei werden Unterscheidungsbuchstaben gesetzt (z. B. 8a, b, c).
4. Die Startlinie darf nicht mehr als 40 m und nicht weniger als 20 m vom ersten Hindernis entfernt sein. Die Ziellinie darf nicht weniger als 20 m und nicht mehr als 40 m vom letzten Hindernis entfernt sein. Bei Hallen-PS/PLS: jeweils 10 m.

5. Der Eingang des Prüfungsplatzes ist geschlossen zu halten, solange ein Teilnehmer seinen Parcours absolviert.
6. Der Parcours einer begonnenen Prüfung darf nicht geändert werden.

## § 725
### Zutritt zum Prüfungsplatz
1. Teilnehmer im Fahreranzug gemäß § 69 und Begleitpersonen (keine Beifahrer) dürfen den Prüfungsplatz auch bei LP mit Stechen nur vor der LP zu Fuß betreten. Die Genehmigung wird von den Richtern durch ein Glockenzeichen erteilt. Zum Verlassen des Prüfungsplatzes fordert ein zweites Glockenzeichen auf.
2. Den Teilnehmern ist es untersagt, außerhalb der LP auf dem Prüfungsplatz zu fahren. Verstöße führen zur Disqualifikation für die gesamte PLS.

## § 726
### Parcoursskizze
1. Eine Skizze des Parcours mit genauer Wiedergabe der Einzelheiten muss in der Nähe der Einfahrtstelle vor der Besichtigung durch die Teilnehmer angeschlagen sein; die Richter müssen eine Kopie erhalten.
2. Die Skizze muss enthalten:
    a) den Parcours, anzudeuten durch Richtungspfeile gemäß c) oder wo er genau eingehalten werden muss, anzuzeigen durch eine fortlaufende Linie;
    b) Start- und Ziellinie;
    c) die Hindernisse. Diese sind zu nummerieren und mit Pfeilen zu versehen, die die Richtung angeben, in der die Hindernisse zu durchfahren sind;
    d) Wendepunkte;
    e) Länge des Parcours;
    f) Richtverfahren und Geschwindigkeit;
    g) „Erlaubte Zeit" (EZ) und „Höchstzeit" (HZ);
    h) Entscheidungen der Richter, die sich auf diesen Parcours beziehen;
    i) bei LP mit Stechen: zusätzlich die Nummern und Reihenfolge der vorgesehenen Hindernisse, Parcourslänge, Geschwindigkeit und EZ.
3. Eine Änderung der bereits angeschlagenen Parcoursskizze ist nur mit Zustimmung der Richter zulässig. Die Änderung ist den Teilnehmern unverzüglich bekannt zu geben.

## § 727
### Hindernisse
1. Die Hindernisse müssen Achtung gebietend und fair sein. Hindernisse, die Rückwärtsrichten verlangen, sind nicht gestattet.
2. Durchfahrtbegrenzungen (Kegel) müssen mindestens 30 cm hoch sein und sollen aus unzerbrechlichem Kunststoff oder Gummi hergestellt sein. Ein Ball oder Ähnliches soll oben auf die Durchfahrtbegrenzung gelegt werden, so dass er herunterfällt, falls die Durchfahrtbegrenzung berührt wird.
3. Teile von Springhindernissen wie Stangen und Auflagen, Elemente einer Mauer etc. sind anstelle von oder zusätzlich zu Durchfahrtbegrenzungen gestattet, Höhe 40–60 cm.
4. Obligatorische Wasserhindernisse/-durchfahrten sind gestattet. Sie müssen jedoch min-

destens 3 m breit sein und eine Durchfahrt von mindestens 3 m Länge aufweisen, abgeflachte Seiten und eine Wassertiefe zwischen 20 und 40 cm haben. Ein- und Ausfahrt können mit Kegelpaaren (Hindernisbreite mindestens 2 m) markiert sein.
5. Brückenhindernisse aus Holz oder ähnlichem zweckmäßigem Material sind gestattet, sofern sie nicht höher als 20 cm sind und eine Mindestbreite von 3 m aufweisen.
Ein- und/oder Ausfahrt der Brücke sind mit Kegelpaaren (Hindernisbreite mindestens 2 m) zu kennzeichnen.
Offene oder geschlossene Geländer sind gestattet, Fänge an der Auffahrt zweckmäßig.
6. Mehrfachhindernisse (vgl. Aufgabenheft Fahren)
7. Ein nicht mehr in seinen ursprünglichen Zustand zu versetzendes Hindernis ist durch ein annähernd gleichwertiges zu ersetzen.
8. Fänge etc. gelten nicht als Bestandteil von Hindernissen. Sie dürfen nicht an den Hindernissen befestigt sein, sollen sie aber überragen.

### § 728
**Flaggen/Durchfahrtbegrenzungen**
1. Die nachstehenden Einzelheiten eines Parcours werden unter Verwendung von roten und weißen Flaggen/Schildern angezeigt:
   a) die Startlinie;
   b) die äußere Begrenzung der für die Bewertung maßgebenden Teile der Hindernisse, maximaler Abstand zum jeweiligen Kegel: 20 cm;
   c) die Wendepunkte;
   d) die Ziellinie.
2. Die Flaggen/Schilder müssen so angebracht sein, dass der Teilnehmer die/das rote Flagge/Schild zur Rechten und die/das weiße Flagge/Schild zur Linken hat.
3. Die für ein Stechen nicht mehr benötigten Hindernisse sind nach Möglichkeit zu entfernen; Hindernisse, die nicht entfernt werden, müssen gesperrt werden, indem die weißen und roten Flaggen/Schilder innerhalb der Durchfahrt aufgestellt werden.

### § 729
**Glockenzeichen**
Das Glocken- oder ein anderes akustisches Zeichen dient als Signal für den Teilnehmer:
1. gemäß § 725 – Parcoursbesichtigung;
2. zur Freigabe des Starts;
3. zum Anhalten;
4. zur Fortsetzung einer LP nach einer Unterbrechung;
5. für den Ausschluss aus der LP durch wiederholte Betätigung.

### § 730
**Durchfahren von Start- und Ziellinie und Hindernissen**
1. Die Start- und Ziellinie darf vor dem Start und im Verlauf der LP beliebig oft durchfahren werden, soweit dies nicht ausdrücklich verboten ist.
2. Die Gangart zwischen Start und Ziel ist frei.
3. Die Hindernisse sowie Start- und Ziellinie müssen mit dem gesamten Gespann zwischen den Begrenzungsflaggen/-schildern durchfahren werden.

LPO 2000 – Teil B

4. Bei gerissenen oder gelösten Leinen, Strängen, Aufhalteriemen oder -ketten oder falls ein Pferd/Pony über die Deichsel, die Vorderbracke oder den Strang getreten ist, ist der Teilnehmer abzuläuten und die Zeit anzuhalten; der Fehler ist vom Fahrer oder Beifahrer zu beheben. Eventuelle Strafpunkte gemäß § 722. Erneutes Glockenzeichen zur Fortsetzung des Parcours.

## § 731
**Zeitmessung**
1. Gemessen wird die Zeit, die der Teilnehmer benötigt, um den Parcours zurückzulegen. Sie beginnt in dem Augenblick, in dem der Teilnehmer die Startlinie passiert und endet in dem Augenblick, in dem er in vollständiger Anspannung die Ziellinie erreicht und die Zeitmessung ausgelöst wird.
2. Für die Zeitmessung sind wenigstens zwei von Hand zu bedienende Additions-Stoppuhren zu verwenden. Darüber hinaus ist in Kat. A eine automatische Zeitmessanlage vorgeschrieben, in Kat. B empfohlen. Bei Hand-Zeitmessung wird die gemessene Zeit in vollen Sekunden ausgedrückt, wobei angefangene Sekunden als volle Sekunden gerechnet werden. Bei automatischer Zeitmessung wird die gemessene Zeit in vollen und Zehntel- bzw. Hundertstelsekunden ausgedrückt.
3. Die Zeitmessung wird bei jedem durch die Richter veranlassten Anhalten des Teilnehmers unterbrochen. Das Anhalten des Teilnehmers erfolgt sofort bei Ungehorsam, sofern der Wiederaufbau eines oder mehrerer Hindernisse zum erneuten Durchfahren erforderlich wird.
Die Zeitmessung wird erneut in Gang gesetzt mit dem Signal zur Fortsetzung der LP.
4. Bei Unterbrechung der Zeitmessung wegen Ungehorsams gemäß Ziffer 3 (notwendiger Neuaufbau eines Hindernisses) werden der für den Parcours benötigten Zeit 10 Sekunden als Zeitzuschlag hinzugerechnet.
5. Während der Unterbrechung der Zeitmessung kann sich der Teilnehmer frei auf dem Prüfungsplatz bewegen. Allein die Vorschriften über Ausschluss behalten Gültigkeit.

## § 732
**Ungehorsam**
Hierzu gehören:
A. **Stehenbleiben**
Ein Stehenbleiben liegt vor, wenn sich vor oder in einem zu durchfahrenden Hindernis kein Teil des Gespanns mehr in der Vorwärtsbewegung befindet, gleichgültig, ob das Hindernis dabei durch Berühren, Verschieben oder Umwerfen verändert wird.
B. **Ausbrechen**
Ein Ausbrechen liegt vor, wenn das Gespann sich vor oder in einem zu durchfahrenden Hindernis der Einwirkung des Fahrers entzieht und nicht das Hindernis zwischen den Begrenzungsflaggen/-schildern durchfährt.
C. **Widersetzlichkeit**
1. Eine Widersetzlichkeit liegt vor, wenn sich das und/oder die Pferd(e)/Pony(s) an irgendeiner Stelle des Parcours der Vorwärtsbewegung entzieh(en) – Stehenbleiben, Rückwärtsbewegung, Steigen usw.;

2. bei grober und/oder längerer Widersetzlichkeit entscheiden die Richter, ob ein- oder mehrfacher Ungehorsam anzurechnen ist.

D. **Volte**
Eine Volte liegt vor, wenn das Gespann zwischen zwei aufeinander folgenden Hindernissen, Punkten oder Linien seinen Weg kreuzt, ohne dass eine besondere Erlaubnis vorliegt. Volten im Zusammenhang mit Stehenbleiben, Ausbrechen oder Widersetzlichkeit zum erneuten Anfahren eines Hindernisses gelten nicht als Ungehorsam.

E. **Bestimmungen für Ungehorsam in Schlangenlinie oder Slalom bzw. Mehrfachhindernissen**
   a) Nach einem Ungehorsam in Schlangenlinie oder Slalom sind sämtliche Teile zu wiederholen. Im Falle eines zusätzlichen Abwurfes wird abgeläutet und nach Aufbau das gesamte Mehrfachhindernis erneut durchfahren.
   b) Nach einem Ungehorsam in anderen Mehrfachhindernissen ist eine Wiederholung der bereits durchfahrenen Teilhindernisse nur dann erforderlich, wenn durch einen im Zusammenhang mit dem Ungehorsam erfolgten zusätzlichen Abwurf abgeläutet wird.

## § 733
**Verfahren**
Als Verfahren gilt und führt zum Ausschluss:
Nichteinhalten des der Skizze entsprechenden Parcours
a) durch Nichtbeachten der eingetragenen Richtungszeichen und Flaggen/Schilder;
b) durch Nichteinhalten der vorgeschriebenen Reihenfolge der Hindernisse;
c) durch Fahren eines nicht zum Parcours gehörenden Hindernisses oder Auslassen eines Hindernisses.

## § 734
**„Fremde Hilfe"**
1. Als verbotene „fremde Hilfe" wird jede Einmischung eines Dritten auf dem Prüfungsplatz mit der Absicht, die Aufgabe des Fahrers zu erleichtern oder seinem Gespann zu helfen, angesehen. Unerheblich ist, ob der Dritte dazu aufgefordert wurde oder nicht.
2. Während der LP darf nur der Fahrer die Leinen, die Peitsche und die Bremse handhaben. Jegliche Zuwiderhandlung durch Beifahrer (außer in Notfällen) wird mit Ausschluss bestraft.

## § 735
**Ausschlüsse**
In allen nachfolgenden Fällen erfolgt Ausschluss des Teilnehmers:
1. Wenn er nach Aufruf zum Start durch die Richter binnen 60 Sekunden nicht auf dem Prüfungsplatz eingefahren ist.
2. Wenn er ohne Sondergenehmigung der Richter das Gespann hereinführen lässt.
3. Wenn 60 Sekunden nach dem Signal zum Start der Start nicht erfolgt ist.
4. Bei Start, bevor das Signal zum Start gegeben ist.
5. Bei „Zeigen" eines Hindernisses auf dem Prüfungsplatz, auch nach Ungehorsam – gleich, ob es zum Parcours gehört oder nicht.

6. Bei vorsätzlichem Durchfahren eines Hindernisses auf dem Prüfungsplatz vor dem Start bzw. nach dem Ziel.
7. Bei Fahren (auch mit einem Teil des Gespannes) eines Hindernisses auf dem Prüfungsplatz, das nicht zum Parcours der LP gehört
8. Bei Fahren (auch mit einem Teil des Gespannes) eines Hindernisses von der falschen Seite auf dem Prüfungsplatz.
9. Bei Fahren (auch mit einem Teil des Gespannes) eines Hindernisses außerhalb der vorgeschriebenen Reihenfolge.
10. Bei Fahren eines veränderten Hindernisses, bevor es wieder aufgebaut ist.
11. Bei Verfahren (vgl. § 733).
12. Wenn er mehr als 60 Sekunden benötigt, um ein Hindernis zu durchfahren.
13. Wenn er sich nach einem Ungehorsam in einem Mehrfachhindernis nicht gemäß § 732.E verhält.
14. Wenn er nach einer Unterbrechung weiterfährt, ohne das Freigabesignal abgewartet zu haben.
15. Bei Vornehmen von Veränderungen an Einzelheiten des Parcours.
16. Wenn ein Gespann sich 60 Sekunden hintereinander während des Parcours widersetzt.
17. Bei Verwendung nicht erlaubter Ausrüstung, Fahren ohne Peitsche.
18. Bei verbotener „fremder Hilfe".
19. Wenn Fahrer und/oder Gespann nach dem Start den Prüfungsplatz vor Beendigung des Parcours verlassen.
20. Wenn er nach Beginn der Prüfung ohne Genehmigung der Richter zu Fuß den Prüfungsplatz betritt; dies gilt auch für die Beifahrer.
21. Bei unreiterlichem Benehmen auf dem Prüfungs- oder Vorbereitungsplatz (vgl. §§ 52 und 66.3.4).
22. Bei Nichtbeachtung von Vorschriften, Geboten und Verboten der LPO.
23. Bei Stehen eines Beifahrers hinter dem Fahrer zwischen Start und Ziellinie oder Angeben der Strecke durch ihn.
24. Bei Handhaben der Leinen, Bremsen, Peitsche durch einen Beifahrer vor Durchfahren der Ziellinie, außer in Notfällen.
25. Wenn ein Teilnehmer außerhalb von LP mit dem Gespann den Prüfungsplatz betritt. Ausnahmen können von der Turnierleitung zugelassen werden.

## 5. Spezialhindernisfahren

### § 736
### Stilhindernisfahren Kat. B

1. Beurteilt werden Haltung und Einwirkung, der Weg und das Tempo im Rahmen eines Hindernisfahrens gemäß §§ 720 ff. mit Wertnoten zwischen 10 und 0 gemäß § 57.
2. Abgezogen werden bei:
    → Umwerfen eines Hindernisses/Hindernisteiles
       oder Abwurf eines Balles                     0,5 Strafpunkte
    → 1. Ungehorsam                                 0,5 Strafpunkte
    → 2. Ungehorsam                                 1,0 Strafpunkte

LPO 2000 – Teil B

→ 1. Absteigen von Fahrer/Beifahrer   0,5 Strafpunkte
→ 2. Absteigen von Fahrer/Beifahrer   1,0 Strafpunkte
→ Abzug für fehlende oder fehlerhafte Ausrüstung   0,5 Strafpunkte
→ Ausschlüsse gemäß § 722 bzw. § 735.

3. Für die Bewertung sind folgende Richtverfahren möglich:
   a) Ohne „erlaubte Zeit"
   b) Mit „erlaubter Zeit"
      Bei Überschreiten der EZ werden je angefangene Sekunde 0,1 Strafpunkte abgezogen.
   c) Bewertung wie unter a), ausgenommen das zu platzierende Viertel der Teilnehmer. Es fährt ein Stechen über den gleichen oder einen verkürzten Parcours gemäß § 721.1a).

## § 737
### Stafettenhindernisfahren

Diese LP wird je nach Ausschreibung von Gruppen aus zwei oder drei Teilnehmern bestritten. Richtverfahren C gemäß § 721. Ein- und Ausfahrt jeder Stafette erfolgen gemeinsam. Die Bewertung der Stafette erfolgt vom Durchfahren der Startlinie durch den ersten Teilnehmer bis zum Durchfahren der Ziellinie durch den letzten Teilnehmer der Stafette. Wechsel nach Durchfahren der Ziellinie durch den jeweils vorhergehenden Teilnehmer. Ausschluss eines Teilnehmers bzw. dreifacher Ungehorsam während der Bewertung bedeuten Ausschluss der Stafette.

## § 738
### Glückshindernisfahren

1. Der Parcours ist beim ersten Fehler, gleich welcher Art, beendet. Der Teilnehmer wird abgeläutet. Nach dem Abläuten muss der Teilnehmer die Ziellinie überfahren.
2. Die Hindernisse sind in der vorgeschriebenen Reihenfolge zu durchfahren, im Fall 3b) ggf. wieder von Nr. 1 an, bis die Zeit verstrichen ist und der Teilnehmer abgeläutet wird.
3. Für die Ausschreibung stehen zur Wahl:
   a) Durchfahren einer festgesetzten Höchstzahl von Hindernissen;
   b) Durchfahren möglichst vieler Hindernisse in festgesetzter Zeit.
   Hat im Fall a) der Teilnehmer das letzte Hindernis durchfahren, wird die Zeit bei Durchfahren der Ziellinie gestoppt. Hat der Teilnehmer im Fall b) die festgesetzte Zeit in dem Augenblick erreicht, in dem das Gespann sich bereits ganz oder teilweise im Hindernis befindet, zählt dieses Hindernis noch. Die Zeit wird beim Durchfahren der Ziellinie gestoppt.
4. In dieser LP werden vergeben: Zwei Punkte für jedes fehlerfreie Durchfahren der Hindernisse und 1 Punkt bei Hindernisfehler.
5. Sieger ist der Teilnehmer mit der höchsten Punktzahl. Bei Punktgleichheit entscheidet die bessere Zeit. Bei gleicher Punktzahl und gleicher Zeit muss nach Punkten und Zeit durch eine verringerte Zahl von Hindernissen bzw. innerhalb einer verkürzten Zeit um den 1. Platz gestochen werden.

## § 739
## „Jagd um Punkte"
1. Bei dieser LP werden Hindernisse, die nach Schwierigkeitsgrad mit Punkten (10–100) sichtbar ausgezeichnet sind, durchfahren. Ein Hindernis kann als „Joker" ausgezeichnet und mit 200 Punkten bewertet werden.
2. Für den Parcours steht eine festgesetzte Zeit zur Verfügung. Innerhalb dieser Zeit können nach Passieren der Startlinie alle Hindernisse in beliebiger Reihenfolge und Richtung beliebig oft durchfahren werden, jedes Hindernis wird nur zweimal bewertet. Ungehorsam wird nur durch die Zeit bestraft.
3. Wird bei Abläuten ein Hindernis durchfahren, werden die entsprechenden Punkte anerkannt, wenn sich ein Teil des Gespannes bereits im Hindernis befindet.
4. Je fehlerfreies Durchfahren des Hindernisses werden die entsprechenden Punkte zuerkannt. Im Falle eines Fehlers beim „Joker" werden die 200 Punkte abgezogen. Im Falle eines Ungehorsams ist der Teilnehmer nicht verpflichtet, dasselbe Hindernis erneut anzufahren. Wiederaufbau erfolgt nicht.
5. Für die Bewertung sind zwei Richtverfahren möglich:
    A. Der Parcours ist mit dem Abläuten beendet. Sieger ist der Teilnehmer, der die höchste Punktzahl erreicht. Bei Punktgleichheit auf dem 1. Platz findet ein einmaliges Stechen um den Sieg nach gleichem Richtverfahren, jedoch in verkürzter Zeit, statt.
    B. Nach dem Abläuten hat der Teilnehmer die Start-/Ziellinie in beliebiger Richtung zu durchfahren. Sieger ist der Teilnehmer mit der höchsten Punktzahl. Bei Punktgleichheit entscheidet die Zeit. Bei gleicher Punktzahl und gleicher Zeit erfolgt gleiche Platzierung.

## § 740
## Wahlhindernisfahren
Richtverfahren A § 721.1a). Die Teilnehmer haben die (nummerierten) Hindernisse des Parcours in beliebiger Reihenfolge und Richtung je einmal zu durchfahren. Start- und Ziellinie sind in beliebiger Richtung zu durchfahren.

## § 741
## Zwei-Phasen-Hindernisfahren
Erste Phase nach dem Richtverfahren A § 721.1a), mit EZ, jedoch ohne Zeitwertung durchzuführen.
Zweite Phase (mindestens sechs Hindernisse) nach dem Richtverfahren A § 721.1a) bzw. Richtverfahren C (je nach Ausschreibung).
Nach fehlerfreiem Durchfahren eines um ein Viertel verkürzten Parcours erfolgt unmittelbar Übergang in Phase 2. Die Hindernisse der Phase 2 müssen nicht Bestandteil der Phase 1 gewesen sein.
Für die Zeitwertung ist die Zeit vom Durchfahren der Ziellinie der Phase 1 (gleichzeitig Startlinie der Phase 2) bis zum Passieren der Ziellinie der Phase 2 maßgebend.

## § 742
## Kombiniertes Hindernisfahren mit Geländehindernissen – grundsätzlich nur in Kat. A
Bei dieser LP sind maximal zwei Geländehindernisse gemäß § 757, seitliche Begrenzungen mindestens 1,30 m hoch, jeweils maximal vier Durchfahrten (A–D), jedoch keine Mehr-

fachhindernisse gemäß § 723.3 erlaubt. Ausrüstung gemäß § 69 B (inkl. Helm)/§ 71 gemäß Vorschriften für Gelände- bzw. Gelände- und Streckenfahrten.

Für die „festen" Hindernisse gilt:
→ jedes mobile Element bei „festen" Hindernissen muss mit einem abwerfbaren Teil versehen sein.
→ die Mindestdurchfahrbreite muss 3,00 m betragen

Richtverfahren gemäß § 721 C, Zeitmessung gemäß § 731; Bewertung gemäß § 722 mit folgenden Ergänzungen/Modifikationen:

a) Abwurf je Ball/abwerfbares Teil je Hindernis/Durchfahrt — 10 Strafsekunden
b) Korrigiertes Verfahren im „festen" Hindernis gemäß § 753.3.h — 40 Strafsekunden
c) Verlassen des Wagens (erneutes Aufsteigen erforderlich) ein Beifahrer — je Vorkommnis 20 Strafsekunden
d) Verlassen des Wagens (erneutes Aufsteigen erforderlich) beide Beifahrer — je Vorkommnis 40 Strafsekunden
e) Verlassen des Wagens (erneutes Aufsteigen erforderlich) Fahrer — je Vorkommnis 60 Strafsekunden
f) Umkippen des Wagens — Ausschluss
g) Nichtpassieren eines Hindernisses bzw. einer Durchfahrt binnen 60 Sekunden — Ausschluss
h) sonstige Ausschlüsse gemäß § 735 (exklusive Ziffer 23) bzw. § 759 e, h, i, j; im Übrigen vgl. § 722, letzter Unterpunkt

Ungehorsam bestraft sich durch die Zeit; kein Ausschluss bei mehrfachem Ungehorsam. Bereits durchfahrene „feste" Hindernisse/Durchfahrten können jederzeit und in beliebiger Richtung erneut durchfahren werden, Kegelpaare jedoch nicht.

Die Gesamtsekundenzahl (gebrauchte Zeit plus evtl. Strafsekunden) wird mit der Zahl 0,2 multipliziert und ergibt so Strafpunkte.

## 6. Geländefahrten, Gelände- und Streckenfahrten

### § 750
**Ausschreibungen**

Zulässig sind:

In Kat. B: Geländefahrten für Ein-, Zwei-, Vier- oder Mehrspänner Kl. A für 5-jährige und ältere Pferde oder Ponys.
Geländefahrten sowie Gelände- und Streckenfahrten für Ein-, Zwei-, Vier- oder Mehrspänner Kl. M für 5-jährige und ältere Pferde oder Ponys.

In Kat. A: Geländefahrten sowie Gelände- und Streckenfahrten für Ein-, Zwei-, Vier- oder Mehrspänner Kl. S für 5-jährige und ältere Pferde oder Ponys.

Gelände- bzw. Gelände- und Streckenfahrten für Einspänner dürfen nur ohne Bockrichter-Einsatz (vgl. § 753.5) ausgeschrieben werden.

**Rahmenbestimmungen für Teilnehmer:**
**Pferde**
**1. Fahrer:**
   **Ein- und Zweispänner Kat. B:**
   mindestens 18 Jahre bzw. mindestens 14 Jahre alt, sofern ein Beifahrer mindestens 18 Jahre alt ist.
   **Ein- und Zweispänner Kat. A/Vier- und Mehrspänner Kat. A und B:**
   mindestens 18 Jahre bzw. mindestens 16 Jahre alt, sofern ein Beifahrer mindestens 18 Jahre alt ist.
**2. Beifahrer:**
   mindestens 18 Jahre bzw. mindestens 14 Jahre alt, sofern im Besitz des Deutschen Fahrabzeichens Kl. IV oder höher.

**Ponys**
**1. Fahrer:**
   **Ein-/Zweispänner Kat. B:**
   mindestens 14 Jahre bzw. mindestens 12 Jahre alt, sofern der Beifahrer mindestens 14 Jahre alt ist.
   **Ein-/Zweispänner Kat. A:**
   mindestens 16 Jahre bzw. mindestens 12 Jahre alt, sofern der Beifahrer mindestens 16 Jahre alt ist.
   **Vier- und Mehrspänner Kat. A und B:**
   mindestens 18 Jahre bzw. mindestens 14 Jahre alt, sofern der Beifahrer mindestens 18 Jahre alt ist.
**2. Beifahrer:**
   **Ein-/Zwei-/Vier- und Mehrspänner Kat. B:**
   mindestens 16 Jahre bzw. mindestens 12 Jahre alt, sofern im Besitz des Deutschen Fahrabzeichens Kl. IV oder höher.
   **Vier- und Mehrspänner Kat. A und B:**
   mindestens 18 Jahre bzw. mindestens 14 Jahre alt, sofern im Besitz des Deutschen Fahrabzeichens Kl. IV oder höher.

**§ 751**
**Beurteilung**
Beurteilt wird die Leistung des Gespannes zwischen den jeweiligen Start- und Ziellinien nach Strafpunkten.

LPO 2000 – Teil B

## § 752
## Anforderungen

Einzelnes Durchfahren einer Gesamtstrecke, die aus den nachstehenden Teilstrecken zusammengesetzt ist:

| Teilstrecken | Klassen A | M | S | max. Geschwindigkeiten Pferde | Ponys |
|---|---|---|---|---|---|
| **I. Bei Geländefahrten** | | | | | |
| 1. Für Einspänner | | | | | |
| → Wegestrecke ca. (Phase A) (Gangart beliebig) | 2–4 km | 3–5 km | 4–6 km | 15 km/h (250 m/Min.) | 14 km/h (233 m/Min.) |
| → Schrittstrecke ca. (Phase D) | | 0,8–1,2 km | | 7 km/h (117 m/Min.) | 6 km/h (100 m/Min.) |
| → Geländetrabstrecke ca. (Phase E) (mit Hindernissen) | 3–4 km | 4–6 km | 5–8 km | 14 km/h (233 m/Min.) | 13 km/h (217 m/Min.) |
| 2. Für Zwei-, Vier- und Mehrspänner | | | | | |
| → Wegestrecke ca. (Phase A) (Gangart beliebig) | 2–4 km | 4–6 km | 5–7 km | 15 km/h | 14 km/h |
| → Schrittstrecke (Phase D) ca. | | 0,8–1,2 km | | 7 km/h | 6 km/h |
| → Geländetrabstrecke ca. (Phase E) (mit Hindernissen) | 3–4 km | 5–7 km | 5–9 km | 14 km/h | 13 km/h |
| **II. Bei Gelände- und Streckenfahrten** | | | | | |
| 1. Für Einspänner | | | | | |
| → Wegestrecke ca. (Phase A) (Gangart beliebig) | – | 4–6 km | 5–7 km | 15 km/h | 14 km/h |
| → Schrittstrecke I ca. (Phase B) | | 0,8–1,2 km | | 7 km/h | 6 km/h |
| → Schnelltrabstrecke ca. (Phase C) | – | 2–3 km | 3–4 km | 19 km/h (317 m/Min.) | 17 km/h (283 m/Min.) |
| → Schrittstrecke II ca. (Phase D) | | 0,8–1,2 km | | 7 km/h | 6 km/h |
| → Geländetrabstrecke ca. (Phase E) (mit Hindernissen) | – | 4–6 km | 5–9 km | 14 km/h | 13 km/h |
| 2. Für Zwei-, Vier- und Mehrspänner | | | | | |
| → Wegestrecke ca. (Phase A) (Gangart beliebig) | – | 4–6 km | 5–7 km | 15 km/h | 14 km/h |
| → Schrittstrecke I (Phase B) ca. | | 0,8–1,2 km | | 7 km/h | 6 km/h |
| → Schnelltrabstrecke ca. (Phase C) | – | 2–3 km | 3–4 km | 19 km/h (317 m/Min.) | 17 km/h (283 m/Min.) |
| → Schrittstrecke II ca. (Phase D) | | 0,8–1,2 km | | 7 km/h | 6 km/h |
| → Geländetrabstrecke ca. (Phase E) (mit Hindernissen) | – | 4–6 km | 5–9 km | 14 km/h | 13 km/h |

Jede Gesamtstrecke ist in der angegebenen Reihenfolge und Gangart zu durchfahren und muss mindestens eine Ruhephase von 10 Minuten mit Verfassungsprüfung gemäß § 67.1.2 enthalten, die vor der Geländetrabstrecke einzulegen ist.

Die Mindestentfernung zwischen zwei Hindernissen in der Geländetrabstrecke beträgt 200 m. Das letzte Hindernis soll möglichst vom Ziel aus einsehbar sein (Entfernung max. 250 m), die Strecke zwischen letztem Hindernis und Ziel ist in einer Breite von ca. 2,50 m abzutrassieren (festgelegte Strecke).

Je angefangene 1.000 m Streckenlänge in der Geländetrabstrecke ist maximal ein Hindernis zulässig; Höchstzahl aller Hindernisse: maximal acht. Die Länge der Hindernisse ist in der gesamten Streckenlänge der Phase E enthalten.

## § 753
## Bewertung

1. **Zeitwertung**

   Aus den vorgeschriebenen Geschwindigkeiten und Entfernungen ergeben sich die für die einzelnen Teilstrecken „erlaubte Zeiten". Überschreiten der „erlaubten Zeit" ergibt je angefangene Sekunde = 0,2 Strafpunkte bis zum Erreichen der „Höchstzeit" = Doppeltes der „erlaubten Zeit". Überschreiten der „Höchstzeit" = Ausschluss. Unterschreiten der „erlaubten Zeit" bleibt bis zum Erreichen der Bestzeit straffrei.
   Unterschreiten der Bestzeit ergibt je angefangene Sekunde = 0,1 Strafpunkte.
   Für die Errechnung der Zeiten gilt folgende Formel:

   $$\frac{\text{Entfernung in km} \times 60}{\text{Tempo in km/h}} = \text{erlaubte Zeit in Minuten}$$

   Die Bestzeit in den Teilstrecken beträgt
   → Wegestrecke                                              = erlaubte Zeit minus 2 Minuten
   → Schrittstrecken                                          = keine Bestzeit
   → Schnelltrabstrecke                                       = erlaubte Zeit minus 1 Minute
   → Geländetrabstrecke mit Hindernissen
     ohne Bockrichter-Einsatz                                 = erlaubte Zeit minus 2 Minuten
   → Geländetrabstrecke mit Hindernissen
     mit Bockrichter-Einsatz                                  = erlaubte Zeit minus 3 Minuten

2. **Gangarten**
   → Einschlagen einer anderen Gangart als der für die jeweilige Teilstrecke vorgeschriebenen ergibt pro erreichte 5 Sekunden = 1 Strafpunkt.
   → Galopp und/oder Trab des gesamten Gespannes in einer Schrittstrecke wird mit Ausschluss bestraft.
   → Halten ergibt pro angefangene 10 Sekunden in den Teilstrecken Wegestrecke, Schnelltrabstrecke und Geländetrabstrecke, außer im Falle eines Unfalles, gerissenen Geschirrs (loser oder gerissener Strang, Aufhalter, Leinen) oder eines Schadens am Wagen oder einer Verzögerung, die außerhalb der Kontrolle des Fahrers liegt = 1 Strafpunkt.

   Vorgeschriebene Gangarten:
   → Schrittstrecken:        Schritt
   → Schnelltrabstrecken:    Trab
   → Wegestrecken:           beliebig
   → Geländetrabstrecken
     a) ohne Bockrichter:
        beliebig, außer zwischen letztem Hindernis und Ziel E, hier ist die vorgeschriebene Gangart Trab
     b) mit Bockrichter:
        Trab (gesamte Strecke)

3. **Hindernisfehler**

   Alle Teile eines Hindernisses müssen in der vorgeschriebenen Richtung (rechts rot, links weiß) und Reihenfolge (A/B/C. etc.) oder, wenn keine Reihenfolge vorgeschrieben ist, auf dem vom Fahrer gewählten Weg durchfahren werden.

Nach ordnungsgemäßem Passieren eines Hindernisteiles darf dieses jederzeit und in jeder Richtung erneut durchfahren werden.

Sobald sich das ganze oder Teile des Gespannes innerhalb der Strafzone befinden, werden folgende Strafpunkte vergeben: jeweils

a) Abwerfen eines abwerfbaren Hindernisses/Hindernisteiles
   (z. B. Ball) pro Durchfahrt 2 Punkte
   Verhinderung des Abwurfs durch Manipulation durch
   Fahrer oder Beifahrer 10 Punkte
b) Durchfahren einer obligatorisch zu passierenden Stelle des
   Hindernisses (Pflichttor, Ein- und Ausfahrt) ohne Peitsche:
   je Durchfahrt 10 Punkte
c) Verlassen des Wagens (erneutes Aufsteigen erforderlich)
   ein Beifahrer je Vorkommnis 10 Punkte
d) Verlassen des Wagens (erneutes Aufsteigen erforderlich)
   beide Beifahrer je Vorkommnis 20 Punkte
e) Verlassen des Wagens (erneutes Aufsteigen erforderlich)
   Fahrer je Vorkommnis 30 Punkte
f) Verlassen der Strafzone des ganzen oder eines Teiles 20 Punkte
   des Gespannes
g) Umkippen des Wagens (schließt die Bestrafung unter c, d, e ein) 60 Punkte
h) Korrigiertes Verfahren 20 Punkte
   Ein Verfahren liegt vor bei:
   → Einfahren in die Strafzone ohne Passieren der obligatorischen
     Einfahrtsflaggen/-schilder
   → Auslassen eines Pflichttores
   → Auslassen eines Hindernisteiles
   → Durchfahren eines Hindernisteiles in falscher Richtung
   → Durchfahren eines Hindernisteiles in falscher Reihenfolge
   → Verlassen der Strafzone ohne Passieren der obligatorischen
     Ausfahrtsflaggen/-schilder/Pflichttore
   
   Das Verfahren kann korrigiert werden, wenn nach dem Verfahren
   das Durchfahren der vorgeschriebenen Hindernisteile an der Stelle
   fortgesetzt wird, die korrekt hätte durchfahren werden müssen.
   Der Weg dorthin zurück ist dem Fahrer freigestellt, dabei dürfen andere
   Hindernisteile in beliebiger Reihenfolge und Richtung durchfahren werden.
i) Durchfahren von Hindernisteilen ohne Passieren der Einfahrts-
   flaggen/-schilder/Pflichttore Ausschluss
j) Verlassen der Strafzone durch die Ausfahrtsflaggen/-schilder/
   Pflichttore vor Durchfahren aller Hindernisteile Ausschluss
k) Auslassen eines Hindernisses oder Pflichttores
   (auch außerhalb der Strafzone) ohne Korrektur Ausschluss
l) Strafpunkte für gebrauchte Zeit innerhalb aller Hindernisse je angefangener
   Sekunde 0,2 Strafpunkte

Die Höchstzeit pro Hindernis beträgt 5 Minuten,
deren Überschreiten führt zum Ausschluss

Werden hierbei Buchstaben verwendet (vgl. § 757.3), so müssen alle Teile eines Hindernisses in der angegebenen Reihenfolge durchfahren werden. Nach Passieren eines Hindernisteiles dürfen die Teilnehmer dieses erneut beliebig oft durchfahren. Werden keine Buchstaben zu den Flaggen/Schildern verwendet, so ist jedes Flaggen-/Schilderpaar korrekt zu durchfahren, die Reihenfolge steht dem Teilnehmer frei (Alternativhindernis).

4. **Sonstige Strafpunkte**
   a) Verlassen des Wagens (erneutes Aufsteigen erforderlich)
      oder Laufen hinter bzw. neben dem Wagen eines oder
      mehrerer Beifahrer in den Schrittstrecken
      und der Geländetrabstrecke mit Hindernissen        20 Punkte
      (Ausnahme: Beim Halten des Gespannes)
   b) Für jedes Abweichen von der festgelegten Strecke zwischen
      letztem Hindernis und Ziel, insbesondere
      Schlangenlinien, Volten, Kreiseln        je Vorfall 10 Punkte
   c) Fahren ohne Helm (vgl. § 69), Fahrer und Beifahrer
      je Hindernis und Person (Ausnahme Bockrichter)        10 Punkte
5. Einsatz von Hilfsrichtern (Bock-/Streckenrichtern)
   Je nach Ausschreibung und Streckenverlauf (in Phase A–E) ist der Einsatz von Bockrichtern und/oder Strecken-/Hilfsrichtern zur Bewertung möglich. Bei LP ohne Bockrichter in Phase E (Geländetrabstrecke mit Hindernissen) ist eine durch Pflichttore gekennzeichnete Vorzone („blaue Zone") von ca. 40 m Länge einzurichten. In dieser „blauen Zone" ist die vorgeschriebene Gangart Trab oder Schritt; beim zweiten Galoppsprung auch nur eines Pferdes/Ponys des Gespannes: 2 Strafpunkte.
6. Bei besonderen Vorkommnissen, z. B.
   → wenn ein Pferd/Pony über die Vorderbracke bzw. Deichsel tritt
   → wenn sich der Strang um ein Pferdebein wickelt,
      muss der Teilnehmer anhalten – spätestens bei Aufforderung durch die Richter – und den Schaden beheben; eine Zeitvergütung erfolgt nicht.
7. Platzierung
   Die Platzierung ergibt sich aus der Addition der Strafpunkte. Bei Punktgleichheit entscheidet das bessere Ergebnis aus der Geländetrabstrecke mit Hindernissen.

## § 754
**Richtungszeichen, Flaggen/Schilder, Tore**
1. Zur Orientierung der Teilnehmer wird der Verlauf der Gelände- bzw. Gelände- und Streckenfahrt mit Richtungszeichen gekennzeichnet.
2. In den Phasen A, C, E (Wegstrecke, Schnelltrabstrecke, Geländetrabstrecke) werden Entfernungszeichen im Abstand von 1.000 m aufgestellt.
3. Rote und weiße Begrenzungsflaggen/-schilder sind an folgenden Stellen zu errichten:
   1. an den Startlinien,
   2. an den obligatorisch zu passierenden Stellen (Pflichttore),
   3. am Beginn und dem Ende der Strafzonen der Hindernisse,
   4. an der Begrenzung der bei den Hindernissen zu durchfahrenden bzw. zu überwindenden Teile mit der gegebenenfalls zusätzlichen Kennzeichnung A, B, C usw.,

5. den Wendezeichen,
6. den Ziellinien.
4. Die Flaggen/Schilder müssen so angebracht sein, dass der Teilnehmer die/das rote Flagge/Schild zur Rechten und die/das weiße zur Linken hat.

## § 755
## Geländeskizze
1. Eine Skizze der Gelände- bzw. Gelände- und Streckenfahrt mit genauer Wiedergabe der Einzelheiten soll zum Zeitpunkt der offiziellen Besichtigung am Sammelpunkt der Teilnehmer angeschlagen sein. Jedem Teilnehmer ist nach Möglichkeit eine Kopie zur Verfügung zu stellen.
2. Die Skizze muss enthalten:
   a) die Streckenführung, angezeigt durch eine gestrichelte Linie,
   b) Start- und Ziellinien der einzelnen Teilstrecken,
   c) sämtliche mit fortlaufenden Nummern versehenen Pflichttore,
   d) die Hindernisse, diese sind zu nummerieren,
   e) die Länge der einzelnen Teilstrecken,
   f) die Bestzeiten und erlaubten Zeiten der einzelnen Teilstrecken,
   g) besondere Entscheidungen des LK-Beauftragten oder der Richter, die sich auf die Strecke beziehen.
3. Eine Änderung der angeschlagenen und den Teilnehmern übergebenen Skizze der Gelände- bzw. Gelände- und Streckenfahrt ist nur mit Zustimmung des LK-Beauftragten und der Richter zulässig. Sie ist den Teilnehmern unverzüglich bekannt zu geben.

## § 756
## Geländestrecke
1. Rechtzeitig vor der Prüfung ist die Strecke der Gelände- bzw. Gelände- und Streckenfahrt für die Teilnehmer offiziell zur Besichtigung freizugeben. Nach dieser offiziellen Besichtigung können die Teilnehmer die Geländestrecke jederzeit neu besichtigen.
2. Den Teilnehmern ist es grundsätzlich untersagt, vor der LP auf irgendeinem Teil der Strecke mit dem Gespann zu fahren. Verstöße führen zur Disqualifikation.
3. Zum Zeitpunkt der offiziellen Besichtigung müssen sich alle Gegebenheiten, die von den Teilnehmern zu beachten sind, genau an ihrer Stelle befinden. Nachher sind Veränderungen nur in begründeten Ausnahmefällen und mit Zustimmung der Richter und des LK-Beauftragten zulässig. In diesem Fall sind alle Teilnehmer vor Beginn der LP von der Änderung zu unterrichten. Anschlag am „schwarzen Brett" genügt allein nicht.
4. Die Länge der Teilstrecken ist so anzulegen, dass die errechneten „erlaubten Zeiten" in allen Teilstrecken in ganzen bzw. halben Minuten angegeben werden können.
5. Es sind genügend Flaggen-/Schilderpaare auf der gesamten Strecke als Pflichttore zu errichten, damit ein Abweichen von der Strecke vermieden wird. Sie sind auf der gesamten Strecke durchzunummerieren.
6. Die Hindernisse der Geländetrabstrecke sind in der Reihenfolge laufend zu nummerieren, in der sie zu durchfahren sind.
7. Die Geländestrecke einer begonnenen Prüfung darf nicht geändert werden.

LPO 2000 – Teil B

## § 757
### Hindernisse und Strafzonen
1. Die Hindernisse müssen fest, Achtung gebietend, fair und dem Gelände angepasst sein. Vorstehende Kanten, Spitzen usw. sind zu vermeiden. Abwerfbare zu bewertende Teile sind erlaubt (insgesamt max. doppelte Anzahl der Hindernisse in Phase E).
2. Hindernisse sind z. B.:
   Tore, scharfe Wendungen, Brücken, Tunnel, Wasser – größte Tiefe ca. 40 cm – und steile Hänge.
3. Innerhalb der Hindernisse werden die obligatorisch zu passierenden Stellen (maximal sechs [A–F] mindestens 1,30 m hoch) mit roten und weißen Flaggen/Schildern und Buchstaben gekennzeichnet.
   Die zu durchfahrende Länge eines Hindernisses darf auf dem kürzesten fahrbaren Wege nicht mehr als 250 m betragen.
4. Durchfahrten:
   a) Die Durchfahrtbreiten und mindestens eine Zu- und Abfahrtsmöglichkeit je obligatorisch zu passierender Stelle (Pflichttor) beträgt mindestens 2,50 m
   b) angebotene Alternativ-Durchfahrten im Hindernis müssen eine Mindestbreite von 1,60 m aufweisen
   c) folgt unmittelbar ohne mögliche Alternative auf eine obligatorisch zu passierende Stelle (Pflichttor) eine weitere in einem Winkel von 90° und weniger, so darf diese eine Mindestbreite von
      in Kl. A:     3,10 m
      in Kl. M:     2,80 m
      in Kl. S:     2,50 m
      nicht unterschreiten.
   d) maximale Zahl an Pflichtdurchfahrten je Hindernis beträgt in
      Kl. A:     4 (A–D)
      Kl. M:     5 (A–E)
      Kl. S:     6 (A–F).
5. Jedes Hindernis muss von einer Strafzone umgeben sein. Sie muss vor und nach jedem Hindernis 20 m sowie auf jeder Seite der Begrenzungsflaggen/-schilder 20 m betragen. Diese Zone wird durch zweckmäßige Mittel markiert.
6. Die vorgeschriebenen Ein- und Ausfahrten der Strafzonen sind durch rote und weiße Flaggen/Schilder ohne Nummerierung zu kennzeichnen.
7. Strafzonen sind in ihrer ganzen Ausdehnung von Zuschauern freizuhalten.
8. Ist ein Hindernis vorübergehend unpassierbar geworden, sind die folgenden Teilnehmer zunächst anzuhalten. Die Zeit bis zur Wiederfreigabe des Hindernisses ist ihnen zu vergüten. Die Freigabe für mehrere Teilnehmer erfolgt im Abstand von wenigstens 2 Minuten.
9. Ist ein Hindernis vollkommen unpassierbar geworden und auch nicht wieder aufzubauen, ist es für die folgenden Teilnehmer aus der Wertung zu nehmen. Die Strecke ist möglichst nahe an dem unpassierbaren Hindernis vorbeizuführen. Mögliche Auswirkungen dieser Maßnahme auf die Platzierung sind von den Richtern mit dem LK-Beauftragten und dem Veranstalter abzustimmen.

## § 758
### Zeitmessung, Zeitplan, Start
1. Zeitmessung in den Phasen:
   Gemessen wird die Zeit, die der Teilnehmer von Start bis Ziel benötigt. Sie beginnt mit dem Augenblick, in dem das erste Pferd/Pony des Gespannes die Startlinie passiert, und endet, wenn es die Ziellinie passiert.
   Angefangene Sekunden rechnen als volle Sekunden. Der Start erfolgt aus dem Halten.
2. Zeitmessung in den Hindernissen:
   Gemessen wird die Zeit, die der Teilnehmer je Hindernis benötigt. Sie beginnt in dem Augenblick, in dem der Teilnehmer die Startlinie eines Hindernisses passiert und endet in dem Augenblick, in dem er die Ziellinie eines Hindernisses erreicht und die Zeitmessung ausgelöst wird.
   Für die Zeitmessung sind wenigstens zwei von Hand zu bedienende Additions-Stoppuhren zu verwenden. Bei Hand-Zeitmessung wird die Zeit in vollen Sekunden ausgedrückt, wobei angefangene Sekunden als volle Sekunden gerechnet werden. Bei automatischer Zeitmessung wird die gemessene Zeit in vollen und Zehntelsekunden ausgedrückt. Die gebrauchten Zeiten aus allen Hindernissen in Phase E werden addiert.
3. Ein Plan mit der Startzeit oder Startfolge jedes Teilnehmers ist vor der LP bekannt zu machen, jeder Teilnehmer soll eine Kopie erhalten. Jeder Teilnehmer, der nicht zu der auf dem Zeitplan angegebenen Zeit bei der 1. Teilstrecke startbereit ist, kann ausgeschlossen werden.
4. Jeder Teilnehmer, der vor dem Zeichen des Starts startet und dem Rückruf nicht unmittelbar folgt, wird ausgeschlossen. Nach dem Rückruf hat der Teilnehmer zum Start zurückzufahren und dort erneut aus dem Stand zu starten. Die Zeitmessung ist für ihn auf jeden Fall zur vorgesehenen Startzeit zu beginnen.

## § 759
### Ausschlüsse – „fremde Hilfe"
1. In allen nachfolgenden Fällen erfolgt Ausschluss:
   a) Bei Ausschluss in einer Teilstrecke.
   b) Bei verspäteter Meldung zum Start oder vorzeitigem Start (Kannbestimmung).
   c) Bei fliegendem Start, wenn der Rückruf nicht beachtet wird.
   d) Wenn vor der eigentlichen Prüfung mit dem Gespann eine oder mehrere Teilstrecken abgefahren werden.
   e) Bei unreiterlichem Benehmen bei der Vorbereitung oder im Verlauf der Prüfung (vgl. §§ 52 und 66.3.4) oder bei übermäßigem Vorwärtstreiben oder übertriebener Anwendung der Peitsche.
   f) Wenn nach einer Unterbrechung die Fahrt nicht dort wieder aufgenommen wird, wo sie unterbrochen worden ist.
   g) Durchfahren der Pflichttore der Gesamtstrecke in anderer als der vorgesehenen Reihenfolge ohne Korrektur vor Durchfahren der Ziellinie.
   h) Wenn das Gespann die Ziellinie der Prüfung nicht auf allen vier Rädern oder nicht mit allen Strängen, Aufhaltern, Leinen und Deichseln angespannt überfährt.
   i) Bei verbotener „fremder Hilfe" (siehe Ziffer 2.).

j) Bei Verwendung nicht erlaubter Ausrüstung.
k) Bei Auslassen eines Pflichttores auf der gesamten Strecke.
2. Verbotene „fremde Hilfe"
Als verbotene „fremde Hilfe" wird jede Einmischung eines Dritten mit der Absicht, die Aufgabe des Fahrers während der Prüfung, direkt oder indirekt, zu erleichtern oder seinen Pferden/Ponys zu helfen, angesehen. Unerheblich ist, ob der Dritte dazu aufgefordert wurde oder nicht.
Es ist insbesondere verboten:
→ die Handhabung von Leinen, der Peitsche und der Bremse durch andere, z. B. Beifahrer und Passagiere
→ absichtlich einen anderen Fahrer abzuwarten und gemeinsam die Fahrt fortzusetzen
→ das Folgen, Vorwegfahren oder die Begleitung auf irgendeiner Strecke der Fahrt mit dem Ziel, die Aufgabe des Fahrers zu erleichtern.
Die Benutzung von Empfangsgeräten, im Wagen eingebauten Geschwindigkeits- und Entfernungsmessern (Tachometer usw.) durch den Teilnehmer bzw. durch die Beifahrer ist untersagt.
3. Erlaubte „fremde Hilfe"
→ jede Hilfeleistung bei bzw. zur Vermeidung von Unfällen
→ Wiedereinfangen eines oder mehrerer Pferde/Ponys, Unterstützen des Fahrers beim Ordnen von Geschirr und Leinen oder beim Wiederaufrichten des Wagens oder beim Wiederaufsitzen nach einem Unfall
→ Unterstützung des Fahrers und Versorgung der Pferde/Ponys an jedem vom Veranstalter bekannt gegebenen Punkt, grundsätzlich in den Ruhephasen.

## 7. Vielseitigkeits- und kombinierte Prüfungen für Fahrpferde oder -ponys

### § 760
**Ausschreibungen**
Zulässig sind:
In Kat. B: Vielseitigkeits- und kombinierte Prüfungen für Ein-, Zwei-, Vier- oder Mehrspänner Kl. A und M für 5-jährige und ältere Pferde oder Ponys
In Kat. A: Vielseitigkeits- und kombinierte Prüfungen für Ein-, Zwei-, Vier- oder Mehrspänner Kl. S für 5-jährige und ältere Pferde oder Ponys

### § 761
**Anforderungen**
1. In Kat. B:
Kl. A: Dressur- oder Gebrauchsprüfung, Geländefahren, Standardhindernisfahren oder Zwei-Phasen-Hindernisfahren (nur die erste Phase zählt)
Kl. M: Dressur- oder Gebrauchsprüfung, Gelände- bzw. Gelände- und Streckenfahren, Standardhindernisfahren oder Zwei-Phasen-Hindernisfahren (nur die erste Phase zählt)

LPO 2000 – Teil B

2. In Kat. A:
   Kl. S: Dressur- oder Gebrauchsprüfung, Gelände- bzw. Gelände- und Streckenfahren, Standardhindernisfahren oder Zwei-Phasen-Hindernisfahren (nur die erste Phase zählt)
3. Vielseitigkeits-/kombinierte Prüfungen müssen an 2–3 aufeinander folgenden Tagen durchgeführt werden.
   Vielseitigkeits-/kombinierte Prüfungen mit (kurzer) Geländefahrt können als Ein-Tages-Prüfungen durchgeführt werden.

## § 762
### Beurteilung

Beurteilt wird die Leistung des Gespannes in den drei Teilprüfungen Dressur bzw. Gebrauchsprüfung, Gelände- bzw. Gelände- und Streckenfahrt sowie Hindernisfahren nach Strafpunkten.
Es dürfen in Vierspänner-LP maximal fünf Pferde/Ponys je Gespann, in Zweispänner-LP maximal drei Pferde/Ponys je Gespann antransportiert und eingesetzt werden.

## § 763
### Bewertung

1. Dressurprüfung oder Gebrauchsprüfung
   a) **Dressurprüfung**
   Kl. A: Richtverfahren A gemäß § 712 mit einer Wertnote zwischen 10 und 0 gemäß § 57, Dezimalstellen sind zulässig.
   Die erzielte Gesamtnote wird mit der Zahl 12 multipliziert. Das Ergebnis wird von der Zahl 120 abgezogen und ergibt die Strafpunkte.
   Kl. M + S: Richtverfahren A gemäß § 712 mit einer Wertnote zwischen 10 und 0 gemäß § 57, Dezimalstellen sind zulässig.
   Die erzielte Gesamtnote wird mit der Zahl 16 multipliziert. Das Ergebnis wird von der Zahl 160 abgezogen und ergibt die Strafpunkte.
   Richtverfahren B gemäß § 712. Die Summe der Wertnoten wird durch die Zahl der Richter geteilt. Das Ergebnis wird von der erreichbaren Höchstpunktzahl abgezogen und ergibt die Strafpunkte.

   b) **Gebrauchsprüfung**
   Kl. A: Richtverfahren A gemäß § 712 mit einer Wertnote zwischen 10 und 0 gemäß § 57, für die Bewertung der Grundgangarten sind als Dezimalstellen nur halbe Noten (vgl. Richterkarten im Aufgabenheft) zulässig.
   Die erzielte Gesamtnote wird mit der Zahl 12 multipliziert. Das Ergebnis wird von der Zahl 120 abgezogen und ergibt so die Strafpunkte.
   Kl. M + S: Richtverfahren A gemäß § 712 mit einer Wertnote zwischen 10 und 0 gemäß § 57, für die Bewertung der Grundgangarten sind als Dezimalstellen nur halbe Noten (vgl. Richterkarten im Aufgabenheft) zulässig.
   Die erzielte Gesamtnote wird mit der Zahl 16 multipliziert. Das Ergebnis wird von der Zahl 160 abgezogen und ergibt so die Strafpunkte.
2. Gelände- bzw. Gelände- und Streckenfahrt
   Gemäß § 753.

3. Hindernisfahren
   Gemäß §§ 721 ff. und 741, es ist nur das Richtverfahren A a) anzuwenden; beim Hindernisfahren mit Stechen zählt nur der Umlauf, beim Zwei-Phasen-Hindernisfahren nur die erste Phase.
4. Die Platzierung ergibt sich aus der Addition der Strafpunkte. Sieger ist der Teilnehmer mit der geringsten Strafpunktsumme. Bei Punktgleichheit entscheidet die bessere Leistung in der Gelände- bzw. Gelände- und Streckenfahrt. Besteht auch dort Punktgleichheit, entscheidet die bessere Leistung in der Dressur. Besteht auch hier Punktgleichheit, erfolgt gleiche Platzierung.

# Notizen

# Abschnitt B VIII: Kombinierte Prüfungen

## 1. Kombinierte Prüfungen

### § 800
**Ausschreibungen**
1. Zulässig sind:
   In Kat. C: bestehend aus WB nur der Kat. C
   In Kat. B: bestehend aus LP nur der Kat. B oder der Kat. B und Kat. A
   In Kat. A: bestehend aus LP nur der Kat. A.
   Alter der Pferde/Ponys: gemäß den Bestimmungen der jeweiligen Teilprüfungen.
2. Kombinierte Prüfungen setzen sich aus mindestens zwei Einzel- oder Teilprüfungen zusammen, die in einer Wertung zusammengefasst werden.
3. Die Einzelheiten der Ausschreibungen bleiben im Rahmen der Bestimmungen für die Einzelprüfungen dem Veranstalter überlassen.

### § 801
**Beurteilung**
Beurteilt werden die Leistungen in den Einzel-WB/LP.

### § 802
**Bewertung**
1. Die Bewertung erfolgt nach den in der Ausschreibung festgelegten Bestimmungen entweder
   A. Nach dem Wertnotensystem:
      Alle erzielten Leistungen in den Einzel-WB/LP werden in Wertnoten gemäß § 57 umgerechnet – siehe Beispiel Ziffer 2. und Tabellen im Anhang – oder
   B. nach dem Punktsystem:
      Alle erzielten Leistungen in den Einzel-WB/LP werden nach ihrer Platzierung mit Punkten bewertet – siehe Beispiel Ziffer 3 – oder
   C. nach einem anderen, in der Ausschreibung festzulegenden System.
2. Beispiel für die Umrechnung der Strafpunkte aus Springprüfungen und Hindernisfahren gemäß Richtverfahren A für das Wertnotensystem (siehe Tabelle 2):
$$8 - \left( \frac{\text{Fehlersumme} \times 2}{\text{Zahl der Hindernisse}} \right) = \text{Wertnote}$$
3. Beispiel für Berechnung der Punkte für das Punktsystem:
   Der erstplatzierte Teilnehmer der Einzelprüfung erhält 0 Punkte, der zweite und alle nachfolgenden Teilnehmer Punkte entsprechend ihrer Platzierung (Platzziffer). Sieger ist der Teilnehmer mit der geringsten Punktsumme.

### § 803
**Platzierung**
Sieger ist:
– Bei Bewertung gemäß § 802.1. A.: Der Teilnehmer mit der höchsten Wertnotensumme aus den beiden Teilprüfungen (Bewertungsverhältnis 1:1). Bei Wertnotengleichheit ent-

scheidet die bessere Wertnote in der Dressur; besteht auch hier Wertnotengleichheit, erfolgt gleiche Platzierung.
- Bei Bewertung gemäß § 802.1. B.: Der Teilnehmer mit der geringsten Punktsumme.
- Bei Bewertung gemäß § 802.1. C.: gemäß Ausschreibung.

## 2. Kombinierte Dressur-/Springprüfungen

### § 810
**Ausschreibungen**
1. Zulässig sind:
    In Kat. C:   Kombinierte Dressur-/Spring-Wettbewerbe Kl. E
    In Kat. B:   Kombinierte Dressur-/Spring-Prüfungen Kl. A und L
    Alter der Pferde/Ponys: gemäß den Bestimmungen der jeweiligen Teilprüfungen.
2. Kombinierte Dressur-/Spring-Prüfungen setzen sich aus den beiden Teilprüfungen Dressur und Springen (ohne Zeitwertung, aber mit „erlaubter Zeit") der jeweiligen Klasse zusammen, die in einer Wertung zusammengefasst werden.

### § 811
**Beurteilung**
Beurteilt werden die Leistungen in den beiden Teilprüfungen Dressur und Springen.

### § 812
**Anforderungen**
1. Kombinierte Dressur-/Spring-Prüfungen Kl. E:
    → Dressuraufgabe Kl. E gemäß Aufgabenheft zur LPO
    → Springprüfung Kl. E ohne Zeitwertung, aber mit EZ
2. Kombinierte Dressur-/Spring-Prüfungen Kl. A:
    → Dressuraufgabe Kl. A gemäß Aufgabenheft zur LPO
    → Springprüfung Kl. A ohne Zeitwertung, aber mit EZ
3. Kombinierte Dressur-/Spring-Prüfungen Kl. L:
    → Dressuraufgabe Kl. L gemäß Aufgabenheft zur LPO
    → Springprüfung Kl. L ohne Zeitwertung, aber mit EZ
Reiter und Pferd/Pony müssen in beiden Teilprüfungen dieselben sein.

### § 813
**Bewertung**
1. Dressurprüfung: gemäß § 404.
2. Springprüfung:
    Von der in der Teilprüfung Dressur erzielten Wertnote werden abgezogen:
    → für Hindernisfehler                                                         0,5 Strafpunkte
    → bei Sturz des Reiters und/oder Pferdes/Ponys          2,0 Strafpunkte
    → 1. Ungehorsam                                                              1,0 Strafpunkte
    → 2. Ungehorsam                                                              2,0 Strafpunkte
    → Überschreiten der „erlaubten Zeit" je angefangene Sekunde   0,1 Strafpunkte
    → 3. Ungehorsam; 2. Sturz                                                 Ausschluss
    Ausschlüsse: gemäß §§ 406 bzw. 519.

## § 814
**Platzierung**

Sieger ist der Teilnehmer mit der höchsten Wertnote. Bei Wertnotengleichheit entscheidet die bessere Wertnote in der Teilprüfung Dressur; besteht auch hier Wertnotengleichheit, erfolgt gleiche Platzierung.

## 3. Kombinierte Dressur-/Stilspringprüfungen

### § 820
**Ausschreibungen**
1. Zulässig sind:
   In Kat. C: Kombinierte Dressur-/Stilspringwettbewerbe Kl. E für 4-jährige und ältere Pferde und/oder Ponys
   In Kat. B: Kombinierte Dressur-/Stilspringprüfungen Kl. A für 4-jährige und ältere Pferde und/oder M- und G-Ponys
   Kombinierte Dressur-/Stilspringprüfungen Kl. L für 5-jährige und ältere Pferde und/oder M- und G-Ponys
2. Kombinierte Dressur-/Stilspringwettbewerbe/-prüfungen setzen sich aus den beiden Teilprüfungen Dressur und Stilspringen mit Standardanforderungen der jeweiligen Klasse zusammen, die in einer Wertung zusammengefasst werden.

### § 821
**Beurteilung**

Beurteilt werden die Leistungen in den beiden Teilprüfungen Dressur und Stilspringen mit Standardanforderungen.

### § 822
**Anforderungen**
1. Kombinierte Dressur-/Stilspringprüfungen Kl. E mit Standardanforderungen:
   - Dressuraufgabe Kl. E gemäß Aufgabenheft zur LPO
   - Stilspringprüfung Kl. E mit Standardanforderungen
2. Kombinierte Dressur-/Stilspringprüfungen Kl. A mit Standardanforderungen:
   - Dressuraufgabe Kl. A gemäß Aufgabenheft zur LPO
   - Stilspringprüfung Kl. A mit Standardanforderungen
3. Kombinierte Dressur-/Stilspringprüfungen Kl. L mit Standardanforderungen:
   - Dressuraufgabe Kl. L gemäß Aufgabenheft zur LPO
   - Stilspringprüfung Kl. L mit Standardanforderungen

Reiter und Pferd/Pony müssen in beiden Teilprüfungen dieselben sein.

### § 823
**Bewertung**

Dressurprüfung: gemäß § 404
Springprüfung: gemäß § 520 (mit Standardanforderungen).

## § 824
**Platzierung**

Sieger ist der Teilnehmer mit der höchsten Wertnotensumme aus den beiden Teilprüfungen (Bewertungsverhältnis 1:1). Bei Wertnotengleichheit entscheidet die bessere Wertnote in der Teilprüfung Dressur; besteht auch hier Wertnotengleichheit, erfolgt gleiche Platzierung.

## 4. Kombinierte Dressur-/Springprüfungen analog Eignungsprüfungen

### § 830
**Ausschreibungen**

1. Zulässig sind:
   In Kat. C: Kombinierte Dressur-/Springwettbewerbe Kl. E für 4-jährige und ältere Pferde und/oder Ponys.
   In Kat. B: Kombinierte Dressur-/Springprüfungen Kl. A für 4-jährige und ältere Pferde und/oder Ponys.
   Kombinierte Dressur-/Springprüfungen Kl. L für 5-jährige und ältere Pferde und/oder M- und G-Ponys.
2. Kombinierte Dressur-/Springwettbewerbe/-prüfungen bestehen aus der Teilprüfung Dressur mit unmittelbar folgendem Springen einer Folge von Hindernissen.

### § 831
**Beurteilung**

Beurteilt werden die Leistungen in den beiden Teilprüfungen Dressur und Springen.

### § 832
**Anforderungen**

1. Kombinierter Dressur-/Springwettbewerb Kl. E:
   Dressuraufgabe gemäß Aufgabenheft zur LPO mit unmittelbar folgendem Springen einer Folge von Hindernissen, ca. 0,80 m hoch.
2. Kombinierte Dressur-/Springprüfung Kl. A:
   Dressuraufgabe gemäß Aufgabenheft zur LPO mit unmittelbar folgendem Springen einer Folge von Hindernissen, ca. 1,00 m hoch.
3. Kombinierte Dressur-/Springprüfung Kl. L:
   Dressuraufgabe gemäß Aufgabenheft zur LPO mit unmittelbar folgendem Springen einer Folge von Hindernissen, ca. 1,10 m hoch.

### § 833
**Bewertung**

Dressurwettbewerb/-prüfung gemäß § 404, wobei Sitz und Einwirkung des Reiters beim Springen in die Note eingehen (Strafpunkte für Hindernisfehler gemäß § 312.2).

## § 834
**Platzierung**
Sieger ist der Teilnehmer mit der höchsten Endwertnote.

**Hinweis:**
**WB/LP der Abschnitte B I–B VII der LPO können gemäß §§ 800 ff. beliebig zu weiteren sinnvollen kombinierten WB/LP zusammengefasst werden.**

Notizen

Notizen

# Teil C: Rechtsordnung

## Abschnitt C I: Allgemeine Bestimmungen

### § 900
**Grundsätze**
1. Schiedsgerichte von PS/PLS, Schiedsgerichte der LK und das große Schiedsgericht der FN entscheiden über Einsprüche (§§ 910 ff.) und Ordnungsmaßnahmen (§§ 920 ff.). Es handelt sich nicht um Schiedsgerichte im Sinne der §§ 1025 ff. Zivilprozessordnung.
2. Ordentliche Gerichte dürfen nicht angerufen werden, soweit und solange die Zuständigkeit eines Schiedsgerichtes begründet ist, es sei denn, dass eine LK oder FN die Zustimmung erteilt.
3. Rechtsmittel, die nicht form- oder fristgerecht unter Einzahlung des Kostenvorschusses eingelegt und/oder begründet wurden, sind unzulässig. Das geltend gemachte Recht kann dann weder vor den Verbands- noch den ordentlichen Gerichten durchgesetzt werden.

### § 901
**Schiedsgericht einer PS/PLS**
1. Das Schiedsgericht einer PS/PLS wird durch den Veranstalter berufen. Es besteht aus drei Mitgliedern und mindestens einem stellvertretenden Mitglied.
2. Mitglieder des Schiedsgerichts müssen mit den Bestimmungen der LPO vertraut sein.
3. Als Mitglied eines Schiedsgerichtes darf an einem Verfahren nicht mitwirken, wer
    a) selbst oder als Angehöriger eines Vereins an dem Verfahren beteiligt oder interessiert ist,
    b) bei einer angefochtenen Entscheidung einer unteren Instanz mitgewirkt hat,
    c) LK-Beauftragter der PS/PLS ist oder war,
    d) sich für befangen hält.
4. Die Zusammensetzung des Schiedsgerichts muss im Programm oder durch Anschlag bekannt gegeben werden.
5. Das Schiedsgericht einer PS/PLS entscheidet in der Besetzung von drei Mitgliedern einschließlich des Vorsitzenden.

### § 902
**Schiedsgericht einer LK**
1. Das Schiedsgericht einer LK besteht aus drei Mitgliedern und drei stellvertretenden Mitgliedern. Mindestens zwei müssen die Befähigung zum Richteramt im Sinne des Deutschen Richtergesetzes haben. § 901.2 und 3 gilt entsprechend.
2. Die Mitglieder werden von der LK auf die Dauer von 3 oder 4 Jahren gewählt. Wiederwahl ist zulässig.
3. Das Schiedsgericht einer LK entscheidet in der Besetzung von drei Mitgliedern einschließlich des Vorsitzenden. Den Vorsitz führt ein Mitglied mit Befähigung zum Richteramt. Im Falle der Abweisung wegen Unzulässigkeit kann der Vorsitzende allein entscheiden.

## § 903
### Großes Schiedsgericht der FN
1. Das große Schiedsgericht besteht aus zwei Senaten mit je drei Mitgliedern und einem stellvertretenden Mitglied. Der Vorsitzende und der stellvertretende Vorsitzende müssen die Befähigung zum Richteramt im Sinne des Deutschen Richtergesetzes haben. § 901.2 und 3 gilt entsprechend.
2. Die Geschäftsverteilung und die Vertretung der Mitglieder werden von den Vorsitzenden festgelegt.
3. Die Mitglieder werden auf die Dauer von 4 Jahren auf Vorschlag des Vorstandes von der Delegiertenversammlung des FN-Bereichs Sport gewählt.
4. Das große Schiedsgericht entscheidet in der Besetzung von drei Mitgliedern einschließlich des Vorsitzenden.

## § 904
### Bekanntgabe
Die Zusammensetzung des Schiedsgerichtes der LK und des großen Schiedsgerichtes ist im Kalender bekannt zu geben.

## § 905
### Geschäftsstellen
Die Geschäftsstellen der PS/PLS, der LK und der FN sind gleichzeitig Geschäftsstellen der entsprechenden Schiedsgerichte.

## § 906
### Verfahren vor den Schiedsgerichten
1. Das Verfahren vor dem Schiedsgericht einer PS/PLS ist nach folgenden Grundsätzen zu führen:
    a) Das Schiedsgericht entscheidet nach mündlicher Verhandlung.
    b) Die Verhandlung vor dem Schiedsgericht ist öffentlich. Der Vorsitzende kann Zuhörern, die keinem Verein der in der FN zusammengeschlossenen Verbände angehören, die Anwesenheit untersagen.
    c) Als Vertreter eines Beteiligten sind neben Rechtsanwälten nur Mitglieder, die einem Verein der in der FN zusammengeschlossenen Verbände angehören, zugelassen. Schriftliche Vollmacht ist erforderlich.
    d) Die Vorbereitung der mündlichen Verhandlung obliegt dem Vorsitzenden. Er entscheidet nach pflichtgemäßem Ermessen, ob und welche Zeugen und Sachverständige geladen und vernommen werden sollen.
    e) Die Beratung über die Entscheidung ist geheim und den Mitgliedern des Schiedsgerichtes vorbehalten.
    f) Die Entscheidung ist im Anschluss an die Beratung vom Vorsitzenden zu verkünden und kurz zu begründen. Die schriftliche Entscheidung mit den tatsächlichen Feststellungen, der rechtlichen Begründung und Rechtsmittelbelehrung ist den Beteiligten zuzustellen, soweit diese nicht ausdrücklich auf die Zustellung verzichten.
    Die Entscheidung eines Schiedsgerichtes einer PS/PLS ist auch der LK zuzustellen. Zugestellt wird eine Abschrift der Entscheidung, die vom Vorsitzenden beglaubigt ist.

2. Für das Verfahren vor dem Schiedsgericht einer LK oder dem großen Schiedsgericht der FN gelten zusätzlich folgende Grundsätze:
   a) Ohne mündliche Verhandlung kann entschieden werden, wenn alle Beteiligten darauf verzichten oder wenn das Schiedsgericht den Antrag, den Einspruch, die Beschwerde oder die Berufung als unzulässig zurückweisen will.
   Die Entscheidung über die Revision erfolgt ohne mündliche Verhandlung. Wenn das große Schiedsgericht in 1. Instanz entscheidet, findet eine mündliche Verhandlung nur statt, wenn ein Beteiligter sie beantragt oder der Vorsitzende sie für notwendig hält.
   b) Die Ladung hat spätestens 2 Wochen vor Beginn der Verhandlung schriftlich zu erfolgen.
   c) Der Vorsitzende leitet die Verhandlung. Er ermahnt die Zeugen zur Wahrheit und entlässt sie aus dem Verhandlungsraum bis zu ihrer Vernehmung. Er vernimmt anschließend Beteiligte und Zeugen. Soweit LK und FN nicht Beteiligte sind, gibt er ihnen auf Antrag die Gelegenheit zur Äußerung. Die Mitglieder des Schiedsgerichtes können Fragen stellen, ebenso Personen, die auf Antrag als Verhandlungsteilnehmer zugelassen werden können. Nach Beendigung der Beweisaufnahme erhalten die Beteiligten das Schlusswort.
   d) Über die mündliche Verhandlung ist ein Protokoll zu führen.
   Das Protokoll muss enthalten:
   1. Die Besetzung des Schiedsgerichtes,
   2. Ort und Zeit der mündlichen Verhandlung,
   3. die erschienenen Beteiligten und deren Vertreter, Zeugen und Sachverständige,
   4. den wesentlichen Lauf der Verhandlung und die erheblichen Beweisergebnisse,
   5. die gestellten Anträge,
   6. die verkündeten Entscheidungen des Schiedsgerichtes.
   Das Protokoll ist von dem Vorsitzenden des Schiedsgerichtes und vom Protokollführer zu unterschreiben.
3. Bleiben Beteiligte trotz ordnungsgemäßer Ladung aus, so kann nach Lage der Akten entschieden werden.
4. Im Übrigen regelt sich das Verfahren vor den Schiedsgerichten nach deren freiem Ermessen.

## § 907
**Ungebühr, unentschuldigtes Fernbleiben**

Zur Aufrechterhaltung der Ordnung bei mündlichen Verhandlungen und im Schriftverkehr sowie bei unentschuldigtem Fernbleiben kann das Schiedsgericht für Personen, die der LPO unterstehen, ein Ordnungsgeld bis zu DM 400,– verhängen, im Übrigen gegen alle Verfahrensbeteiligten den Ausschluss von der Verhandlung anordnen.

Außerdem können dem unentschuldigt Ferngebliebenen, wenn er der LPO untersteht, die dadurch verursachten Kosten auferlegt werden.

**Notizen**

## Abschnitt C II: Einsprüche

### § 910
**Einspruchsberechtigter**
1. Zum Einspruch ist berechtigt, wer durch einen Verstoß gegen Bestimmungen der Ausschreibung oder der LPO benachteiligt ist.
2. Hinsichtlich des Ergebnisses eines/r WB/LP ist eine Benachteiligung nur anzunehmen, wenn der Verstoß den Gewinn eines Ehrenpreises, eines Geldpreises oder eines höheren Geldpreises verhindert.
3. Der Einspruch kann nicht darauf gestützt werden, dass die Richter bei Entscheidungen, die ihrem freien Ermessen unterliegen, unrichtig entschieden haben, es sei denn, dass das Ermessen rechtsmissbräuchlich angewendet wurde.
4. Einsprüche einer Mannschaft sind durch einen Bevollmächtigten einzulegen.

### § 911
**Einspruchsgegner**
1. Der Einspruch ist gegen denjenigen zu richten, dem der Verstoß gegen Bestimmungen der Ausschreibung oder der LPO zur Last gelegt wird.
2. Bei der Anfechtung eines Richterspruches ist der Einspruch gegen den Veranstalter zu richten.

### § 912
**Einlegung der Einsprüche**
1. Der Einspruch ist schriftlich einzulegen. Er muss einen Antrag und eine Begründung enthalten. Als Kostenvorschuss ist ein Betrag von DM 100,– beizufügen oder sicherzustellen.
2. Einsprüche anlässlich einer PS/PLS, ausgenommen gegen Maßnahmen der LK oder FN, sind beim Veranstalter, nach Ablauf von 4 Wochen seit Ende der Veranstaltung bei der LK einzulegen.
3. Gegen Maßnahmen der LK oder der FN ist der Einspruch bei der LK oder FN einzulegen.

### § 913
**Fristen**
1. Die Frist zum Einlegen eines Einspruchs endet
   a) mit Beginn des/r WB/LP, wenn der Einspruchsgrund vorher bekannt war,
   b) eine halbe Stunde nach der Platzierung, wenn Verstöße während der Prüfung oder das Ergebnis beanstandet werden,
   c) in anderen Fällen nach 1 Woche.
2. Kann glaubhaft nachgewiesen werden, dass der Einspruchsgrund bei gehöriger Sorgfalt vorher nicht bekannt sein konnte, kann das Schiedsgericht die Fristen verlängern.
   4 Wochen nach dem beanstandeten Verstoß endet die Einspruchsfrist endgültig. Im Falle einer Täuschung endet die Einspruchsfrist erst nach 6 Monaten.

## § 914
### Gütliche Erledigung
1. Während einer PS/PLS soll der Veranstalter im Einvernehmen mit dem Beauftragten der LK prüfen, ob der Einspruch gütlich erledigt werden kann. Eine gütliche Erledigung ist auch von der LK oder FN anzustreben, wenn sie Einspruchsgegner sind.
Ist eine solche Erledigung nicht möglich, so ist der Einspruch unverzüglich dem Vorsitzenden des Schiedsgerichts vorzulegen.
2. Nach gütlicher Erledigung ist der Kostenvorschuss zurückzuzahlen, jedoch nur dann, wenn der Einspruch nicht leichtfertig eingelegt worden ist. Bei PS/PLS entscheidet hierfür der Beauftragte der LK endgültig.

## § 915
### Entscheidung über Einsprüche
1. Zur Entscheidung über Einsprüche sind die Schiedsgerichte der Stellen zuständig, bei denen der Einspruch einzulegen ist.
2. Geht ein Einspruch anlässlich einer PS/PLS binnen 4 Wochen seit Beendigung der Veranstaltung ein, so kann auf Antrag des Veranstalters und mit Zustimmung der LK seine weitere Erledigung der LK übertragen werden. Für die Entscheidung ist dann das Schiedsgericht der LK zuständig.
3. Über Einsprüche, die vor einem/r WB/LP eingelegt sind, soll vor dem Beginn von WB/LP entschieden werden.
4. Kann der Einspruch nicht vor Beginn von WB/LP entschieden werden oder erklärt der Unterlegene, er werde gegen die Entscheidung des Schiedsgerichts Berufung einlegen, so darf der Teilnehmer und das Pferd/Pony oder Gespann „unter Einspruch" teilnehmen, hat jedoch auf etwa dabei gewonnene Preise erst dann Anspruch, wenn das Verfahren endgültig abgeschlossen ist.

## § 916
### Auswirkungen eines Einspruchs
1. Wird einem Einspruch nach einem/r WB/LP stattgegeben und sind die Folgen des gerügten Verstoßes nicht mehr zu beheben, so haben alle nicht platzierten Bewerber, vorbehaltlich einer darüber hinausgehenden Entscheidung des Schiedsgerichtes, wenigstens Anspruch auf Erstattung ihres Einsatzes.
2. Der Veranstalter soll Ehren- und/oder Geldpreise bis zur endgültigen Entscheidung über einen Einspruch einbehalten oder, falls der Einspruch später eingelegt wird, diese zurückfordern.

# Abschnitt C III: Ordnungsmaßnahmen

**§ 920**
**Verstöße**
1. Verstöße gegen die Grundsätze sportlich-fairer Haltung und gegen sonstige Bestimmungen der LPO können – im Rahmen aller PS/PLS im In- und Ausland – durch Ordnungsmaßnahmen geahndet werden. Verstöße gegen das Wohl des Pferdes/Ponys können auch geahndet werden, wenn sie sich außerhalb des Turnierbetriebes ereignen.
2. Einen Verstoß begeht insbesondere, wer
   a) das Ansehen des Pferdesports schädigt,
   b) einer im Rahmen der Zuständigkeit erlassenen Anordnung der FN, einer LK oder eines Veranstalters nicht Folge leistet,
   c) die ordnungsgemäße Durchführung einer PS/PLS stört oder beeinträchtigt oder durch ungebührliches Benehmen Ärgernis erregt,
   d) ein Pferd/Pony unreiterlich behandelt, z. B. quält oder misshandelt, unzulänglich ernährt, pflegt, unterbringt oder transportiert,
   e) als Teilnehmer, Besitzer oder Pfleger in zeitlichem Zusammenhang mit einer PS/PLS
      aa) ein Pferd/Pony
         – bei Vorhandensein einer nach § 67 a.1 verbotenen Substanz einsetzt oder
         – bei Vorhandensein einer in § 67 a.1 mit Grenzwert angegebenen Substanz einsetzt und diese den Grenzwert übersteigt oder
         – bei Anwendung einer nach § 67 a.1 verbotenen Methode einsetzt (Doping)
      bb) ein Pferd/Pony bei Vorhandensein
         – eines nach § 67 a.2 verbotenen Arzneimittels einsetzt oder
         – eines in § 67 a.2 mit Grenzwert angegebenen Arzneimittels einsetzt und dieses den Grenzwert übersteigt (Anwendung eines verbotenen Arzneimittels)
      cc) bei einem Pferd/Pony einen verbotenen Eingriff oder eine Manipulation zur Beeinflussung der Leistung, der Leistungsfähigkeit oder Leistungsbereitschaft vornimmt (Manipulation).
   Einen Verstoß im obigen Sinne begeht auch, wer sich nicht mit allen ihm zu Gebote stehenden Mitteln vergewissert oder nicht durch geeignete Maßnahmen hinsichtlich der Beaufsichtigung des Pferdes/Ponys sicherstellt, dass kein Doping, keine Anwendung eines verbotenen Arzneimittels, kein Einsatz behandelter Pferde/Ponys und keine Manipulation vorgenommen wurde.
   f) ein Pferd/Pony an WB/LP teilnehmen lässt, das für die geforderten Bedingungen nicht genügend geschult oder trainiert ist,
   g) ein Pferd/Pony an WP/LP teilnehmen lässt, dessen Ausrüstung oder Beschlag mangelhaft ist,
   h) ein Pferd/Pony im Rahmen einer PS/PLS touchiert (gemäß Richtlinien für Reiten und Fahren, Band 2),

LPO 2000 – Teil C

    i) gegen unter d)–g) nicht ausdrücklich genannte anerkannte Grundsätze des Tierschutzes oder Bestimmungen des Tierschutzgesetzes verstößt,
    j) die durch die Nennung eingegangenen Verpflichtungen nicht einhält,
    k) als Veranstalter, Teilnehmer oder Richter die im Zusammenhang mit den Vorbereitungsplätzen geltenden Bestimmungen gemäß §§ 51 ff. nicht beachtet,
    l) bei der Nennung, Teilnahme oder Durchführung einer PS/PLS eine Täuschung begeht oder zu begehen versucht,
    m) eine Verabredung trifft oder anregt, die bezweckt, den Ausgang des/r WB/LP in unerlaubter Weise zu beeinflussen,
    n) unbefugt eine Änderung der technischen Einrichtungen und/oder Voraussetzungen der PS/PLS vornimmt, vorzunehmen versucht oder durch einen anderen vornehmen lässt,
    o) einem Teilnehmer entgegen den Bestimmungen verbotene „fremde Hilfe" gewährt,
    p) als Veranstalter die ihm nach der LPO bzw. dem RG der FEI obliegenden Verpflichtungen nicht erfüllt,
    q) WB/LP oder PS/PLS ohne die Genehmigung gemäß § 2 veranstaltet oder sich daran beteiligt,
    r) eine Streitigkeit vor ein ordentliches Gericht bringt, soweit und solange zu deren Entscheidung ein Schiedsgericht vorgesehen ist,
    s) einen Schiedsspruch nicht beachtet.
3. Als Verstoß gilt auch der Versuch, die Anstiftung und die Beihilfe. Eine Ordnungsmaßnahme darf nur verhängt werden, wenn der Verstoß schuldhaft (vorsätzlich oder fahrlässig) begangen ist. Bei Verstoß gegen § 920.2e) LPO obliegt es im Zweifel dem Beschuldigten, sich zu entlasten.
4. Ein Schadensersatzanspruch aufgrund einer Ordnungsmaßnahme ist, soweit gesetzlich zulässig, ausgeschlossen.

## § 921
### Arten der Ordnungsmaßnahmen
1. Verwarnung
2. Geldbußen bis zu DM 50.000,–
3. Zeitlicher oder dauernder Ausschluss von der Teilnahme an einzelnen oder allen WB/LP und/oder PS/PLS (Sperre) oder zeitlicher oder dauernder Ausschluss als Veranstalter.
4. Zeitliche oder dauernde Verweisung von einzelnen oder von allen PS/PLS
5. Zeitliche Sperre eines Pferdes/Ponys, wenn der Besitzer oder der Teilnehmer hinsichtlich dieses Pferdes/Ponys einen Verstoß nach § 920.2e) begangen oder das Pferd/Pony zu einer angeordneten Medikationskontrolle nicht gestellt hat (§ 920.2b). Nachträgliche Besitzwechsel des Pferdes/Ponys sind unbeachtlich.

## § 922
### Bemessen der Ordnungsmaßnahmen
1. Die Verwarnung soll in leichten Fällen ausgesprochen werden, wenn der Verstoß nicht vorsätzlich begangen worden ist, die Folgen gering sind und gegen den Beschuldigten wegen eines gleichen oder ähnlichen Sachverhaltes noch keine Ordnungsmaßnahme verhängt worden ist.

2. Zeitliche Ordnungsmaßnahmen sollen nicht unter einem Monat und dürfen nicht über 5 Jahre dauern.
3. Außer einer Verwarnung oder einer Geldbuße können der zeitliche Ausschluss von der Teilnahme an WB/LP oder von der Veranstaltung von PS/PLS und die zeitliche Verweisung von PS/PLS angeordnet werden.
4. Zum einheitlichen Bemessen der Ordnungsmaßnahmen gelten als Rahmenbestimmungen:
   a) bei Verstößen mit Gefahr für Gesundheit oder Leben des Pferdes/Ponys ein zeitlicher Ausschluss von mindestens 6 Monaten und zusätzliche Geldbuße; in minderschweren Fällen ein zeitlicher Ausschluss nicht unter 3 Monaten.
   Bei Doping (§ 920.2 e) aa)) ein zeitlicher Ausschluss von mindestens 6 Monaten und zusätzliche Geldbuße.
   b) bei Täuschung (§ 920.2 l–n) Ausschluss nicht unter 6 Monaten zuzüglich Geldbuße, bei Versuch Ausschluss nicht unter 3 Monaten zuzüglich Geldbuße.
   c) Begeht jemand, nachdem er schon mindestens zweimal wegen eines Verstoßes im Sinne des § 920 bestraft worden ist, einen erneuten Verstoß und ist ihm im Hinblick auf Art und Umstände des Verstoßes vorzuwerfen, dass er sich die früheren Ordnungsmaßnahmen nicht hat zur Warnung dienen lassen, so ist die Mindestmaßnahme Ausschluss für 1 Jahr.
   Rückfallvoraussetzungen sind nicht mehr gegeben, wenn zwischen Ende der Vollstreckung einer früheren Ordnungsmaßnahme und dem folgenden Verstoß mehr als 5 Jahre verstrichen sind.

## § 923
### Unrichtige Nennung, unberechtigte Teilnahme
1. Eine Geldbuße in Höhe des dreifachen Einsatzes, mindestens DM 50,– wird fällig, wenn die Teilnahmeberechtigung nicht gegeben ist,
   a) für den Nenner bei unrichtiger Nennung,
   b) für den Teilnehmer bei unberechtigter Teilnahme.
2. Ist das Verschulden streitig, trifft die Beweislast den Beschuldigten.
3. Die Geldbuße ist an eine von der LK zu bestimmende Stelle abzuführen.
4. Die Bestimmungen des § 920 bleiben unberührt.

## § 924
### Befugnis und Zuständigkeit der Turnierleitung
1. Die Turnierleitung hat während einer PS/PLS die Befugnis, Verwarnung und Geldbuße bis DM 300,– sowie den Ausschluss von der Teilnahme an WB/LP oder der gesamten PLS nach § 930 zu verhängen. Über § 931 (Beschwerde gegen vorläufige Maßnahme) und § 929 (Beschwerde) soll der Betroffene aufgeklärt werden.
2. Die LK zieht verhängte Geldbußen ein.
3. Die Turnierleitung ist für die Ausübung dieser Befugnis während einer PS/PLS zuständig. Die LK zieht verhängte Geldbußen ein.
4. Wenn die Befugnis der Turnierleitung nicht ausreicht oder die Turnierleitung ihre Befugnis nicht für ausreichend hält oder sich für befangen erklärt, teilt sie dies der LK mit. Die Zuständigkeit liegt dann bei der LK.

## § 925
**Befugnis und Zuständigkeit der LK**
1. Die LK hat die Befugnis, alle Ordnungsmaßnahmen zu verhängen.
2. Die LK ist, nur eingeschränkt durch die Zuständigkeit der FN nach § 926.2, für die Ausübung dieser Befugnis zuständig, wenn
   a) der Veranstalter ihr mitteilt, dass seine Befugnis nicht ausreicht oder er seine Befugnis nicht für ausreichend hält oder sich für befangen erklärt,
   b) der Verstoß nicht während einer PS/PLS begangen oder verhandelt worden ist.
3. Zuständig ist ausschließlich die LK, in deren Verbandsbereich der Verstoß begangen worden ist.

## § 926
**Befugnis und Zuständigkeit der FN**
1. Die FN hat die Befugnis, alle Ordnungsmaßnahmen zu verhängen.
2. Die FN ist für die Ausübung dieser Befugnis zuständig, wenn
   a) der Verstoß sich gegen ein Vorstands- oder Ausschussmitglied richtet oder in einer internationalen Leistungsprüfung (LP) oder im Ausland begangen worden ist,
   b) der Verstoß während einer Bundes- oder von der FN vergebenen Veranstaltung/Prüfung begangen worden ist,
   c) ein Verstoß gegen § 920.2 e) LPO Gegenstand des Verfahrens ist,
   d) die LK ihr mitteilt, dass die Entscheidung über die Ordnungsmaßnahmen von besonderer Bedeutung ist.

## § 927
**Ermittlungen**
1. Werden Tatsachen bekannt, die den Verdacht eines Verstoßes rechtfertigen, so sind vom Veranstalter, von der LK oder der FN im Rahmen ihrer Zuständigkeit die zur Aufklärung des Sachverhaltes erforderlichen Ermittlungen anzustellen. Dasselbe gilt, wenn beim Veranstalter mündlich oder schriftlich, bei der LK oder der FN schriftlich eine Anzeige erstattet wird.
2. Vor der Verhängung einer Ordnungsmaßnahme ist dem Beschuldigten Gelegenheit zu geben, sich schriftlich oder mündlich zu äußern. Bei der LK oder der FN ist über eine mündliche Anhörung ein Protokoll aufzunehmen. Im übrigen gilt der § 907 entsprechend.
3. Das bei einem Verstoß gegen das FEI-RG eingeleitete Ermittlungsverfahren der FN ist bis zum Abschluss des FEI-Verfahrens ausgesetzt.
4. Ergeben die Ermittlungen, dass kein Verstoß vorliegt, so ist es dem Beschuldigten, falls er bereits gehört worden ist, bekannt zu geben.
5. Die LK oder FN teilen dem Anzeigenden unter Angabe der Gründe mit, dass kein Verstoß festgestellt worden ist. Gegen diesen Bescheid steht dem Anzeigenden die Beschwerde an das Schiedsgericht der Stelle zu, die den Bescheid erteilt hat. Das Schiedsgericht entscheidet sodann über die Anordnung einer Ordnungsmaßnahme.

## § 927 a
### Einstellung des Verfahrens
Die LK, die FN und die Schiedsgerichte können bei leichteren Verstößen oder bei geringerer Schuld des Beschuldigten das Verfahren mit Zustimmung des Beschuldigten einstellen und dem Beschuldigten zugleich auferlegen, einen Geldbetrag zu zahlen sowie die bisherigen Kosten des Verfahrens zu übernehmen.

## § 928
### Anordnung einer Ordnungsmaßnahme, Veröffentlichung
1. Die Ordnungsmaßnahme kann bei Anwesenheit des Beschuldigten durch mündliche Verkündung der Entscheidungsformel, im Übrigen durch Beschlussfassung verhängt werden. Die Entscheidung ist mit Begründung dem Beschuldigten innerhalb von 2 Monaten schriftlich zu übermitteln. Zur Fristwahrung genügt die rechtzeitige Absendung (Datum des Poststempels).
2. Eine Ordnungsmaßnahme wegen Misshandlung eines Pferdes/Ponys kann sofort mündlich verhängt werden und bedarf keiner schriftlichen Begründung.
3. Die Ordnungsmaßnahme muss den zugrunde liegenden Verstoß unter Angabe von Ort und Zeit genau bezeichnen.
4. Ordnungsmaßnahmen mit Ausnahme der Verwarnung und Geldbußen bis DM 300,– sind im Kalender unter Angabe des Grundes bekannt zu geben, sobald sie unanfechtbar geworden sind.

Durch Veranstalter verhängte Ordnungsmaßnahmen sind der LK, durch LK verhängte Ordnungsmaßnahmen sind der FN mitzuteilen.

## § 929
### Beschwerde
1. Gegen die Anordnung einer Ordnungsmaßnahme steht dem Beschuldigten das Recht der Beschwerde zu.
Die Beschwerde ist binnen einer Woche nach Zustellung schriftlich bei der Stelle einzulegen, deren Maßnahme angefochten wird. Sie ist binnen einer weiteren Woche zu begründen. Als Kostenvorschuss ist ein Betrag von DM 100,– spätestens mit Ablauf der Begründungsfrist beizufügen oder sicherzustellen.
2. Hält diese Stelle die Beschwerde für begründet, hebt sie die Ordnungsmaßnahme auf. Andernfalls legt sie die Beschwerde dem Schiedsgericht vor.
3. Gegen die Aufhebung einer Ordnungsmaßnahme steht dem Anzeigenden binnen einer Woche das Recht der Beschwerde an das Schiedsgericht zu.
4. Gegen die Ordnungsmaßnahme des Veranstalters oder deren Aufhebung steht der LK das Recht der Beschwerde zu. Die Hinterlegung eines Kostenvorschusses entfällt.

## § 930
### Vorläufige Maßnahme
1. Wenn ein Ordnungsverfahren eingeleitet worden ist oder unverzüglich eingeleitet wird, ein dringender Tatverdacht gegeben ist und die Ordnung einen Aufschub nicht verträgt, so können die zur Anordnung von Ordnungsmaßnahmen befugten Stellen im Rahmen ihrer Zuständigkeit einstweilen – höchstens für die Dauer von 6 Monaten – den Aus-

schluss von der Teilnahme an WB/LP und von der Veranstaltung von PL/PLS sowie die Verweisung von den Plätzen aussprechen.
2. Wenn vor Verhängung der vorläufigen Maßnahme kein rechtliches Gehör stattgefunden hat, ist dies unverzüglich nachzuholen.
3. Ist eine vorläufige Maßnahme ausgesprochen, dann ist bei allen Entscheidungen über Ordnungsmaßnahmen zu prüfen, ob die vorläufige Maßnahme fortbestehen oder aufgehoben werden soll.
4. Mit unanfechtbaren Entscheidungen über Ordnungsmaßnahmen enden vorläufige Maßnahmen.

### § 931
**Beschwerde gegen vorläufige Maßnahmen**
1. Gegen eine vorläufige Maßnahme steht dem Beschuldigten das Recht der Beschwerde zu.
2. Für die Einlegung der Beschwerde gilt § 929.1 Abs. 2.
3. Die Beschwerde gegen eine vorläufige Maßnahme hat keine aufschiebende Wirkung.
4. Hält die Stelle, die die vorläufige Maßnahme angeordnet hat, die Beschwerde für begründet, hebt sie die Maßnahme auf. Andernfalls legt sie die Beschwerde dem Schiedsgericht vor.
5. Die Entscheidung des Schiedsgerichts über eine vorläufige Maßnahme kann nicht angefochten werden.

### § 932
**Ordnungsliste**
1. Die FN und LK führen Ordnungslisten, in die unanfechtbare Ordnungsmaßnahmen einzutragen sind.
2. In die bei der FN geführte Ordnungsliste sind alle im Kalender veröffentlichten, in die bei den LK geführten Ordnungslisten alle übrigen Ordnungsmaßnahmen einzutragen.
3. Bei der Eintragung sind zu vermerken:
   a) Name, Anschrift und FN-Nummer des Betroffenen,
   b) die Stelle, die die Ordnungsmaßnahme verhängt hat,
   c) das Datum der Verhängung,
   d) Art, Umfang und Begründung der Ordnungsmaßnahme,
   e) Nummer und Seite der Veröffentlichung im Kalender.
4. Eine Ordnungsmaßnahme ist nach Ablauf von 5 Jahren nach Beendigung ihrer Vollstreckung zu löschen.

# Abschnitt C IV: Berufung und Revision

### § 940
**Berufung**
1. Gegen die Entscheidung des Schiedsgerichts einer PS/PLS ist Berufung zulässig.
2. Die Berufung muss bei dem Schiedsgericht einer PS/PLS oder bei der LK binnen einer Woche nach Zustellung der Entscheidung schriftlich eingelegt und spätestens binnen 2 Wochen nach Zustellung der Entscheidung begründet werden. Als Kostenvorschuss ist ein Betrag von DM 200,– beizufügen oder sicherzustellen.
3. Ist Berufung eingelegt, so legt das Schiedsgericht einer PS/PLS die Vorgänge nach Ablauf der Begründungsfrist der LK vor, die sie unverzüglich an den Vorsitzenden ihres Schiedsgerichtes weiterleitet.

### § 941
**Revision**
1. Gegen die Entscheidung des Schiedsgerichts einer LK ist Revision zulässig.
2. Die tatsächlichen Feststellungen in der Entscheidung des Schiedsgerichts einer LK können mit der Revision nicht angegriffen werden. Die Revision kann nur darauf gestützt werden, dass die Vorschriften einer Ausschreibung oder der LPO auf den festgelegten Sachverhalt nicht oder nicht richtig angewendet worden seien.
3. Die Revision muss bei dem Schiedsgericht einer LK oder bei der FN binnen einer Woche nach Zustellung der Entscheidung schriftlich eingelegt und spätestens binnen 2 Wochen nach Zustellung der schriftlichen Entscheidung begründet werden. Als Kostenvorschuss ist ein Betrag von DM 250,– spätestens mit Ablauf der Begründungsfrist beizufügen oder sicherzustellen.
4. Ist Revision eingelegt, so legt das Schiedsgericht der LK die Vorgänge nach Ablauf der Begründungsfrist der FN vor, die sie unverzüglich an den Vorsitzenden des großen Schiedsgerichts weiterleitet.

### § 942
**Berufung durch die LK**
1. Berufung gegen die Entscheidung des Schiedsgerichts einer PS/PLS kann auch von der LK eingelegt werden.
2. Die Berufung ist bei dem Schiedsgericht der LK einzulegen. Die Beifügung oder Sicherstellung eines Kostenvorschusses entfällt.

## Notizen

# Abschnitt C V: Wiederaufnahme des Verfahrens

## § 950
**Zulässigkeit**
Die Wiederaufnahme eines durch unanfechtbare Entscheidung abgeschlossenen Verfahrens ist nur bei Nachweis eines wichtigen Grundes, der vor dieser Entscheidung nicht hätte geltend gemacht werden können, zulässig.

## § 951
**Antrag**
1. Die Wiederaufnahme erfolgt auf schriftlichen Antrag eines am Verfahren Beteiligten.
2. Der Antrag kann nur innerhalb von 2 Wochen nach Kenntnis des Wiederaufnahmegrundes, höchstens jedoch 6 Monate nach Unanfechtbarkeit der betreffenden Entscheidung gestellt werden.
3. Als Kostenvorschuss ist gleichzeitig ein Betrag von DM 150,– beizufügen oder sicherzustellen.

## § 952
**Entscheidung**
Über den Antrag entscheidet das große Schiedsgericht durch Beschluss. Es kann jedoch, nachdem es den Antrag für zulässig erklärt hat, die weitere Entscheidung dem Schiedsgericht der LK übertragen.

# Notizen

## Abschnitt C VI: Ausführung der Schiedssprüche, Kostenvorschuss, Kosten und Gnadenrecht

### § 960
**Ausführung der Schiedssprüche**
1. Unanfechtbare Entscheidungen sind von den Stellen, die das in erster Instanz zuständige Schiedsgericht errichtet haben, auszuführen. Auf Antrag eines Veranstalters kann die LK die Ausführung einer vom Schiedsgericht einer PS/PLS getroffenen Entscheidung übernehmen.
2. Solange einem Schiedsspruch oder einer Ordnungsmaßnahme nicht genügt ist, sind die Betroffenen und ihre Pferde/Ponys an WB/LP nicht teilnahmeberechtigt, betroffene Veranstalter nicht berechtigt, PS/PLS durchzuführen. Für die Teilnahmeberechtigung der Pferde/Ponys sind die Besitzverhältnisse zum Zeitpunkt der Tat maßgebend. Nachträgliche Besitzwechsel sind unbeachtlich.

### § 961
**Verfall des Kostenvorschusses**
Wird einem Einspruch, einer Beschwerde oder einem Rechtsmittel nicht stattgegeben und wird festgestellt, dass diese leichtfertig eingelegt waren, so verfällt der Kostenvorschuss zugunsten der Stelle, die das Schiedsgericht eingerichtet hat. Andernfalls ist der Kostenvorschuss zurückzuzahlen oder auf die Kosten zu verrechnen.

### § 962
**Kosten**
1. Der unterliegende Teil trägt die Kosten des Verfahrens bzw. Ordnungsverfahrens. Die Kosten eines ohne Erfolg eingelegten Rechtsmittels fallen demjenigen zur Last, der das Rechtsmittel eingelegt hat.
2. Die Kosten des Verfahrens vor den Schiedsgerichten sowie die Kosten des Ordnungsverfahrens bestehen aus den Gebühren und den Auslagen des Schiedsgerichts/der Disziplinarkommission und den notwendigen Auslagen eines Beteiligten, soweit sie zur Rechtsverfolgung erforderlich und geeignet sind.
3. Entscheidet ein Schiedsgericht der LK oder das große Schiedsgericht über ein Rechtsmittel gegen die Entscheidung eines anderen Schiedsgerichts (§§ 901, 902 LPO) – Rechtsmittelinstanz –, so sind Gebühren und Auslagen eines in Anspruch genommenen Rechtsanwalts erstattungsfähig.
Entscheidet das große Schiedsgericht, ohne dass zuvor ein anderes Schiedsgericht entschieden hat, kann es solche Gebühren und Auslagen für erstattungsfähig erklären.
4. Wenn ein Beteiligter teils obliegt, teils unterliegt, sind die Kosten gegeneinander aufzuheben oder verhältnismäßig zu teilen. Sind die Kosten gegeneinander aufgehoben, so fallen die Kosten des Schiedsgerichts jedem Teil zur Hälfte zur Last. Einem Beteiligten können die Kosten ganz auferlegt werden, wenn der andere nur zu einem geringen Teil unterlegen ist.

# LPO 2000 – Teil C

5. Wer einen Antrag, eine Beschwerde, Berufung oder Revision zurücknimmt, hat die Kosten zu tragen. Die Kosten können ermäßigt werden.
6. Kosten, die durch Verschulden eines Beteiligten entstanden sind, können diesem auferlegt werden.
7. Der Regelstreitwert beträgt DM 4.000,–. Ein anderer Streitwert gilt, wenn die Beteiligten ihn vereinbart haben.
8. Die Mitglieder der Schiedsgerichte der LK und des großen Schiedsgerichts erhalten für ihre Tätigkeit Auslagenersatz und folgende Gebühren, die mit der Anrufung des Schiedsgerichts entstehen und sich bei einer Entscheidung verdoppeln:
    a) Schiedsgerichte der LK in der Rechtsmittelinstanz und das große Schiedsgericht, auch wenn keine Entscheidung eines anderen Schiedsgerichts vorliegt:
    → der Vorsitzende eine 13/10 Gebühr
    → der Berichterstatter eine 13/10 Gebühr
    → die übrigen Mitglieder eine 7,5/10 Gebühr
    nach den Sätzen der BRAGO.
    b) Schiedsgerichte der LK sonst:
    → der Vorsitzende eine 10/10 Gebühr
    → der Berichterstatter eine 10/10 Gebühr
    → die übrigen Mitglieder eine 5/10 Gebühr
    nach den Sätzen der BRAGO.
9. Ist ein Verfahren von der FN oder einer LK eingeleitet und kommt es zur Verhängung einer Ordnungsmaßnahme, so trägt der Beschuldigte die Kosten des Ordnungsverfahrens. Im Falle der Einstellung, soweit nicht nach § 927 a verfahren wurde, oder des Freispruchs trägt die FN oder die LK die Kosten des Schiedsgerichts/der Disziplinarkommission.
10. Zeugen und Sachverständige erhalten auf Antrag für ihre tatsächlichen Aufwendungen eine Entschädigung in entsprechender Anwendung des Gesetzes über die Entschädigung von Zeugen und Sachverständigen in der geltenden Fassung.

## § 963
**Gnadenrecht**
1. Der Präsident der FN ist befugt, über Gnadengesuche zu entscheiden.
2. Vor der Ausübung des Gnadenrechts ist die Stelle zu hören, die unanfechtbar entschieden hat.
3. Gnadenerweise dürfen sich nur auf Ordnungsmaßnahmen erstrecken.

## Resolution zur reiterlichen Haltung gegenüber dem Pferd/Pony
verabschiedet anlässlich der Jahresversammlung der Deutschen Reiterlichen Vereinigung e.V. (FN) in Potsdam im April 1991

1. Grundsatz
   Die Potsdamer Resolution manifestiert die Verpflichtung zur reiterlichen Haltung gegenüber dem Pferd/Pony entsprechend den Normen, wie sie für die Haltung, die Ausbildung und das Training des Pferdes/Ponys sowie hinsichtlich des allgemeinen Umgangs mit dem Pferd/Pony in den Richtlinien der Deutschen Reiterlichen Vereinigung für Reiten, Fahren und Voltigieren sowie in § 6 LPO festgelegt sind.
2. Zuständigkeit
   Die Zuständigkeit der Deutschen Reiterlichen Vereinigung und ihrer Mitgliedsorganisationen zur Schaffung und Durchsetzung o. g. Normen ist durch die §§ 3 und 21 der FN-Satzung sowie § 1 in Verbindung mit §§ 20 und 920 ff. LPO geregelt.
   Die Ergänzung der Vereinssatzungen im Sinne der erweiterten Mustersatzung für Reit- und Fahrvereine wird in den Landesverbänden weiter vorangetrieben.
   Verstöße gegen die o. g. Normen unterliegen verbandsinterner Würdigung; werden Tatsachen bekannt, die den Verdacht eines Verstoßes gegen das Tierschutzgesetz rechtfertigen, werden die zuständigen staatlichen Stellen eingeschaltet.
3. Umgang mit dem Pferd/Pony
   Zur Pflege reiterlichen Umgangs mit dem Pferd/Pony einschließlich Pferdehaltung werden
   – eine Vertrauensperson für den Tierschutz in den Aufgabenkatalog der Reit- und Fahrvereine bzw. örtlichen oder regionalen Zusammenschlüsse aufgenommen,
   – die entsprechende Beratungs- und Seminararbeit auf allen Ebenen weiter verbessert,
   – das Bestreben, alle Reiter, Fahrer, Voltigierer, Züchter und Pferdehalter auf die Normen der Deutschen Reiterlichen Vereinigung zu verpflichten, verstärkt.
4. Turniersport
   4.1. Verpflichtung
   Alle Inhaber eines Reit-, Fahr-, Longenführer- und Voltigierausweises sind zu reiterlicher Haltung gegenüber ihren Pferden/Ponys verpflichtet und unterliegen auch außerhalb von PS/PLS der Rechtsordnung der LPO; Angehörige von Bundes- und Landeskadern sind durch eine zusätzliche Verpflichtungserklärung in besonderem Maße hieran gebunden.
   4.2. Medikationskontrollen
   Die Zahl der jährlichen Medikationskontrollen wird verdoppelt. Neue Materialien zur Entnahme von Medikationskontrollen, mit denen alle Veranstalter ausgerüstet werden, ermöglichen es, über die Stichprobenkontrollen hinaus auch in Verdachtsfällen Proben zu entnehmen.
   Forschungsvorhaben hinsichtlich sportmedizinischer Betreuung von Turnierpferden/-ponys unter Ausschluss der Gefahr von Dopingvergehen sind eingeleitet.
   4.3. Pferdekontrollen
   Auf PS/PLS aller Landesverbände werden routinemäßige Pferdekontrollen bei verstärkter Einbindung der Turniertierärzte eingeführt.

### 4.4. Seminare
Alle im Turniersport in verantwortlicher Position tätigen Personengruppen werden in Seminaren auf Bundes- und Landesebene für ihre Aufgabe weiter geschult.

## 5. Zusammenarbeit mit den Tierschutzorganisationen
Im Sinne des gemeinsamen Zieles allseitiger reiterlicher Haltung gegenüber dem Pferd/Pony besteht der Wunsch, die Zusammenarbeit mit den Tierschutzorganisationen auf allen Ebenen kontinuierlich zu vertiefen.

## Auszug aus dem Tierschutzgesetz
in der Fassung vom 25. Mai 1998

(BGBl. I 1998, 1105 ff.)

### § 1
Zweck dieses Gesetzes ist es, aus der Verantwortung des Menschen für das Tier als Mitgeschöpf dessen Leben und Wohlbefinden zu schützen. Niemand darf einem Tier ohne vernünftigen Grund Schmerzen, Leiden oder Schäden zufügen.

### § 2
Wer ein Tier hält, betreut oder zu betreuen hat,
1. muss das Tier seiner Art und seinen Bedürfnissen entsprechend angemessen ernähren, pflegen und verhaltensgerecht unterbringen,
2. darf die Möglichkeit des Tieres zu artgemäßer Bewegung nicht so einschränken, dass ihm Schmerzen oder vermeidbare Leiden oder Schäden zugefügt werden.
3. muss über die für eine angemessene Ernährung, Pflege und verhaltensgerechte Unterbringung des Tieres erforderlichen Kenntnisse und Fähigkeiten verfügen.

### § 3
Es ist verboten,
1. einem Tier außer in Notfällen Leistungen abzuverlangen, denen es wegen seines Zustandes offensichtlich nicht gewachsen ist oder die offensichtlich seine Kräfte übersteigen,
    1a. einem Tier, an dem Eingriffe und Behandlungen vorgenommen worden sind, die einen leistungsmindernden körperlichen Zustand verdecken, Leistungen abzuverlangen, denen es wegen seines körperlichen Zustandes nicht gewachsen ist,
    1b. an einem Tier im Training oder bei sportlichen Wettkämpfen oder ähnlichen Veranstaltungen Maßnahmen, die mit erheblichen Schmerzen, Leiden oder Schäden verbunden sind und die die Leistungsfähigkeit von Tieren beeinflussen können sowie an einem Tier bei sportlichen Wettkämpfen oder ähnlichen Veranstaltungen Dopingmittel anzuwenden,
2. ein gebrechliches, krankes, abgetriebenes oder altes im Haus, Betrieb oder sonst in Obhut des Menschen gehaltenes Tier, für das ein Weiterleben mit nicht behebbaren Schmerzen oder Leiden verbunden ist, zu einem anderen Zweck als zur unverzüglichen schmerzlosen Tötung zu veräußern oder zu erwerben;
...
5. ein Tier auszubilden oder zu trainieren, sofern damit erhebliche Schmerzen, Leiden oder Schäden für das Tier verbunden sind,

### § 17
Mit Freiheitsstrafe bis zu 3 Jahren oder mit Geldstrafe wird bestraft, wer
...
2. einem Wirbeltier
    a) aus Rohheit erhebliche Schmerzen oder Leiden oder

b) länger anhaltende oder sich wiederholende erhebliche Schmerzen oder Leiden zufügt.

## § 18
(1) Ordnungswidrig handelt, wer vorsätzlich oder fahrlässig
1. einem Wirbeltier, das er hält, betreut oder zu betreuen hat, ohne vernünftigen Grund erhebliche Schmerzen, Leiden oder Schäden zufügt,
...
4. einem Verbot nach § 3 zuwiderhandelt.
...
(3) Die Ordnungswidrigkeit kann ... mit einer Geldbuße bis zu fünfzigtausend Deutsche Mark, ...geahndet werden.

## Die Ethischen Grundsätze des Pferdefreundes

1. Wer auch immer sich mit dem Pferd beschäftigt, übernimmt die Verantwortung für das ihm anvertraute Lebewesen.

2. Die Haltung des Pferdes muss seinen natürlichen Bedürfnissen angepasst werden.

3. Der physischen und psychischen Gesundheit des Pferdes ist unabhängig von seiner Nutzung oberste Bedeutung einzuräumen.

4. Der Mensch hat jedes Pferd gleich zu achten, unabhängig von dessen Rasse, Alter und Geschlecht sowie Einsatz in Zucht, Freizeit oder Sport.

5. Das Wissen um die Geschichte des Pferdes, um seine Bedürfnisse sowie die Kenntnisse im Umgang mit dem Pferd sind kulturgeschichtliche Güter. Diese gilt es zu wahren und zu vermitteln und nachfolgenden Generationen zu überliefern.

6. Der Umgang mit dem Pferd hat eine persönlichkeitsprägende Bedeutung gerade für junge Menschen. Diese Bedeutung ist stets zu beachten und zu fördern.

7. Der Mensch, der gemeinsam mit dem Pferd Sport betreibt, hat sich und das ihm anvertraute Pferd einer Ausbildung zu unterziehen. Ziel jeder Ausbildung ist die größtmögliche Harmonie zwischen Mensch und Pferd.

8. Die Nutzung des Pferdes im Leistungs- sowie im allgemeinen Reit-, Fahr- und Voltigiersport muss sich an seiner Veranlagung, seinem Leistungsvermögen und seiner Leistungsbereitschaft orientieren. Die Beeinflussung des Leistungsvermögens durch medikamentöse sowie nicht pferdegerechte Einwirkung des Menschen ist abzulehnen und muss geahndet werden.

9. Die Verantwortung des Menschen für das ihm anvertraute Pferd erstreckt sich auch auf das Lebensende des Pferdes. Dieser Verantwortung muss der Mensch stets im Sinne des Pferdes gerecht werden.

Die vorliegenden Ethischen Grundsätze wurden vom Verbandsrat der Deutschen Reiterlichen Vereinigung (FN) am 4. Mai 1995 beschlossen und verabschiedet. Sämtliche Gremien der FN haben sich dem Votum angeschlossen.

Zu diesem Thema kann die Broschüre „Die Ethischen Grundsätze des Pferdefreundes" mit ausführlichen Erläuterungen sowie ein farbiges Wandposter in kindgemäßer Aufmachung kostenlos bei der Deutschen Reiterlichen Vereinigung e.V. (FN), Warendorf, Telefon: (0 25 81) 63 62-0, bezogen werden.

## Notizen

# Teil D: Durchführungsbestimmungen

## Durchführungsbestimmungen zu § 9 (ab 1. Januar 1999)

### Präambel
Die Rechte für die Übertragung aller innerhalb der Bundesrepublik Deutschland durchgeführten nationalen und internationalen Turniere und Meisterschaften in den Disziplinen Dressur, Fahren, Springen, Vielseitigkeit, Voltigieren und -soweit rechtlich möglich – anderer Pferdesportdisziplinen, sind ab dem 1. Januar 1998 bis zum 31. Dezember 2001 an die Sportrechte- und Marketing-Agentur GmbH (SportA), München zur Erstnutzung durch die öffentlich-rechtlichen Fernsehanstalten (ARD/ZDF) gegen Zahlung einer jährlichen Lizenzgebühr übertragen. (Vertrag zwischen SportA und der Deutschen Reiterlichen Vereinigung e.V. (FN) vom 21./24. April 1998).

### Fristen
Innerhalb der vertraglich geregelten Fristen wird der Veranstalter und/oder die FN die Fernsehanstalten des öffentlich-rechtlichen Fernsehens schriftlich auffordern* zu erklären, ob und welche Lizenznehmer (z. B. ARD, ZDF) von den vertragsgegenständlichen Veranstaltungen berichten wollen. Folgende Fristen sind dabei einzuhalten:
a) für :
- → Deutsche Senioren-Meisterschaften (Springen, Dressur, Vielseitigkeit, Fahren); Deutsche Meisterschaften Voltigieren; Junioren und Junge Reiter (Springen, Dressur, Vielseitigkeit);
- → sämtliche Sichtungsturniere (Springen, Dressur, Fahren, Vielseitigkeit) zur Weltmeisterschaft, zur Europameisterschaft und zu den Olympischen Spielen;
- → nationale und internationale Turniere (Springen, Dressur, Fahren, Vielseitigkeit)

grundsätzlich mindestens 4 Wochen; sofern Live-Übertragungen oder Aufzeichnungen ab einer Länge von 30 Minuten beabsichtigt sind, mindestens 3 Monate vor dem Durchführungstermin.

b) für:
- → sonstige Veranstaltungen

grundsätzlich mindestens 2 Wochen vor dem Durchführungsbeginn

*Die Aufforderung ist zu richten an:
- → ARD, München Sportkoordination und/oder
- → zuständige Landesrundfunkanstalt der ARD (3. Programme) oder
- → ZDF, Mainz, Hauptredaktion Sport

Erklären sich die öffentlich-rechtlichen Fernsehanstalten nicht innerhalb der oben genannten Fristen, ist dies der SportA Sportrechte- und Marketing-Agentur GmbH, Irmgardstraße 22, 81479 München, Fax: (0 89) 74 98 39 50 mitzuteilen. Eine Weiterverwertung durch den Veranstalter kann vorgenommen werden, wenn die SportA keine Lizenz an eine andere Sendeanstalt (Privat-TV) vergeben und auf die weitere Verwertung der TV-Rechte verzichtet hat. Das gilt auch für einzelne Turniertage einer Veranstaltung. Bei der Ausschüttung der TV-Tantiemen finden Übertragungen nicht öffentlich-rechtlicher Sendeanstalten nur dann Berücksichtigung, wenn durch die SportA eine Lizenz vergeben wurde und der Hauptsitz der Sendeanstalt in Deutschland liegt.

**Vergabe von Übertragungsrechten an ausländische Fernsehanstalten**
Die Vergabe von Übertragungsrechten an ausländische Fernsehanstalten verbleibt dem Turnierveranstalter, sofern nicht Rechte der FEI berührt sind. Die Vergabe der Rechte an ausländische Rundfunkveranstalter, deren Sendungen auch für den Empfänger in der Bundesrepublik Deutschland bestimmt sind und dort empfangen werden können, darf nur in der Weise erfolgen, dass die Ausstrahlung des ausländischen Senders nicht vor Beendigung der Ausstrahlung des Lizenznehmers der SportA beginnt. Anderweitige Regelungen müssen mit der SportA abgestimmt werden. Dies gilt für alle transnationalen Satelliten-Kabel-Dienste, deren Programme in deutscher Sprache gesendet werden (z. B. Eurosport).
Wenn ein Lizenznehmer der SportA die Inlandsübertragung wahrnimmt, stellt SportA dem Vertragspartner (Turnierveranstalter) das produzierte Material für die Auslandsübertragung zur Verfügung. SportA erhält dafür 5% des Bruttoerlöses des Turnierveranstalters für die Vergabe der Auslandsrechte (Signalgebühr), es sei denn der ausländische Sender ist Mitglied der EBU oder einer anderen Organisation, bei der die unentgeltliche Überlassung des Signals nach dem Gegenseitigkeitsprinzip gewährleistet ist.

1. **Verwendung der Lizenzgebühren**
80% der Lizenzgebühren – abzüglich der hälftigen Kosten für die IFM-Medienanalyse (Grundlage für die Ausschüttung der TV-Tantiemen) – stehen für die Ausschüttung an die Veranstalter zur Verfügung.
20% der Lizenzgebühr – abzüglich der hälftigen Kosten für die IFM-Medienanalyse – verbleiben für Fördermaßnahmen, insbesondere in den Bereichen Vielseitigkeit, Fahren und Jugendarbeit bei der FN.
Lizenzgebühren ausländischer Fernsehanstalten fließen zu 100% dem entsprechenden Veranstalter zu. Das gilt auch für die Weiterverwertung der Rechte durch den Veranstalter, falls die SportA den Verzicht auf die Rechteverwertung erklärt hat.

2. **Zahlung der Lizenzgebühr**
Auf schriftlichen Antrag (Vordruck FN) wird die Lizenzgebühr nach dem Ende des entsprechenden Kalenderjahres an die berechtigten Veranstalter anteilig ausgezahlt.
Berücksichtigt werden:
   → Übertragungen von Pferdeleistungsschauen, die entsprechend der LPO oder dem FEI-Reglement ausgeschrieben und durchgeführt wurden.
   → Übertragungen von Leistungsprüfungen an den Turniertagen sowie die Nachberichterstattung hierüber innerhalb des Kalenderjahres der Veranstaltung
   → Übertragungen durch die öffentlich-rechtlichen Fernsehanstalten (Lizenz ist durch SportA erteilt) oder Übertragungen anderer Fernsehanstalten mit Hauptsitz in Deutschland, wenn durch die SportA eine Sublizenz erteilt wurde (Nachweis muss durch Antragsteller erbracht werden).

3. **Zahlungsgrundlage**
Zahlungsgrundlage ist die monatliche TV-Analyse Pferdesport des IFM-Medienanalyse-Instituts, Karlsruhe, die die FN in Auftrag gibt. Jedem Veranstalter stehen die seine Veranstaltung betreffenden Analyseergebnisse kostenlos zu. Die IFM wertet Pferdesportsendungen nach folgenden Kriterien aus:

*Disziplinen* (Springen, Dressur, Vielseitigkeit, Voltigieren, Fahren, Distanzreiten, sonstige Pferdesportaktivitäten), *Sender, Sendung, Datum, Zeit, Wettbewerb/Ereignis, Übertragungsinhalt, Fernsehberichts-Dauer\*, Übertragungs-Dauer\*\*, Reichweite* (Einschaltquote)

\* Gesamtdauer der Übertragung inklusive Interviews, Einspielungen etc.
\*\* reine Übertragungszeit der eigentlichen Prüfung

### 4. Berechnung

Jeder Veranstalter erhält für die durch IFM nachgewiesene Übertragungszeit eine Pauschaltantieme sowie einen leistungsbezogenen (Sendedauer, Einschaltquote) Tantiemeanteil.

#### 4.1 Pauschaltantieme

30% der durch IFM nachgewiesenen Sendezeit pro Veranstaltung werden mit DM 1,–/Sekunde (FB-Dauer) pauschal vergütet.

#### 4.2 Leistungsbezogener Tantiemeanteil

Der nach Berechnung der Pauschaltantieme verbleibende Anteil der jährlich zur Verfügung stehenden Summe (vgl. 1., 1. Abs.) wird nach einem Reichweiten-Zeit-Index-Verfahren (RWZI-Verfahren) leistungsbezogen wie folgt abgerechnet:

a) Ermittlung des RWZI je einzelner nachgewiesener Sendezeit (SZ):
RWZI(SZ) = (FB-Dauer [in Sek.] x Reichweite [in Millionen Zuschauer])/1.000

b) Ermittlung des RWZI je Veranstaltung:
RWZI(V) = $\Sigma$ aller RWZI(SZ)

c) Ermittlung des Gesamt-RWZI pro Kalenderjahr:
RWZI(K) = $\Sigma$ aller RWZI(V)

d) Ermittlung des Verrechnungssatzes:
DM/RWZI-Punkt = zur Ausschüttung kommende Tantieme/RWZI(K)

e) Ermittlung des leistungsbezogenen Tantiemeanteils pro Veranstalter:
Tantieme(V) = DM/RWZI-Punkt x RWZI(V)

## Durchführungsbestimmungen zu § 20.5

**Gastlizenzregelung zur Teilnahme ausländischer Reiter/Fahrer/Voltigierer an nationalen PLS in Deutschland**

Bezug:   Reglement General der FEI, Art. 105 und 123 – LPO §§ 20, 29 und 63

### I. Gastlizenzregelung

1. **Voraussetzungen**
   a) Schriftliche Einverständniserklärung der FN des Heimatlandes des Reiters/Fahrers/Voltigierers.
   b) Einverständnis der/s Veranstalter/s der PLS, an denen der Reiter/Fahrer/Voltigierer teilnehmen möchte.

2. **Einschränkungen**
   a) Zulässige Höchstzahlen von Teilnehmern mit Gastlizenzen je PLS:
   acht Springreiter je CSN
   sechs Vielseitigkeitsreiter je CCN

vier Dressurreiter, Fahrer, Voltigierer je CDN, CAN, CVN
zwei Gruppen je CVN
b) Zulässige Höchstzahlen von Gastnationen:
zwei Nationen pro PLS
c) Zulässige Gültigkeitsdauer der Gastlizenzen:
bis zu acht Einzel-PLS pro Jahr.

### 3. Gebühren
Die Erteilung einer Gastlizenz ist gebührenpflichtig (vgl. jeweils aktuelle Gebührenordnung, veröffentlicht im Kalender für Bekanntmachungen, Pferdeleistungsprüfungen und Turniersport).

### 4. Leistungsklassen
– vgl. Durchführungsbestimmungen zu § 63 –

## II. Regelungen für ausländische Reiter/Fahrer/Longenführer/Voltigierer, die in Deutschland wohnen

Ausländische Reiter/Fahrer, die länger als 6 Monate eines Jahres in Deutschland leben, können ab dem Beginn ihres Aufenthalts in Deutschland einen deutschen Reiter-/Fahrer-Ausweis beantragen. Voraussetzung ist eine schriftliche Einverständniserklärung der FN des jeweiligen Heimatlandes. Ansonsten gelten die Bestimmungen des § 20 sinngemäß.

Bei der Erstausstellung erfolgt auf Antrag die Einstufung in eine Leistungsklasse gemäß § 63 auf der Grundlage bisheriger Erfolge im Heimat- bzw. Ausland; rechtfertigen die Turniererfolge diese Einstufung, sind ausländische Reiter/Fahrer von der Nachweispflicht des Reit-/Fahrabzeichens gemäß § 20.2 befreit, andernfalls ist eine entsprechende Prüfung nachzuweisen.

Im Voltigieren gelten die Bestimmungen gemäß Durchführungsbestimmungen Voltigieren.

# Durchführungsbestimmungen zu § 25

## Mindest-Gesamtgeldpreise und Aufteilung in Einzelgeldpreise

1. Für die nachstehenden LP gelten folgende Mindest-Gesamtgeldpreise als Ausschreibungs-Rahmenbedingungen. Sofern in der Ausschreibung nicht anders geregelt, handelt es sich bei den Geldpreisen um Bruttobeträge. Einzelheiten vgl. untenstehende Tabellen.

   1.1 Dressurprüfung Kl. A                          DM   300,–
       Dressurprüfung Kl. L                          DM   400,–
       Dressurprüfung Kl. M/B                        DM   600,–
       Kombinierte Dressurprüfung Kl. M/B            DM   700,–
       Dressurprüfung Kl. M/A                        DM 1.000,–
       Kombinierte Dressurprüfung Kl. M/A            DM 1.200,–
       Dressurprüfung Kl. S                          DM 1.500,–
       Kombinierte Dressurprüfung Kl. S              DM 2.000,–
       Dressurprüfung Kl. S mit Piaffe und Passage   DM 3.000,–
       Grand Prix, Grand Prix Kür und Grand Prix Special  DM 5.000,–

1.2 Springprüfung Kl. A                                              DM     300,–
    Springprüfung Kl. L                                              DM     400,–
    Springprüfung Kl. L mit Stechen                                  DM     500,–
    Springprüfung Kl. M/B                                            DM     600,–
    Springprüfung Kl. M/B mit Stechen                                DM     700,–
    Springprüfung Kl. M/A                                            DM   1.000,–
    Springprüfung Kl. M/A mit Stechen                                DM   1.200,–
    Springprüfung Kl. M/A mit 2 Umläufen                             DM   1.500,–
    Springprüfung Kl. S*                                             DM   3.000,–
    Springprüfung Kl. S* Junioren/Junge Reiter                       DM   1.500,–
    Springprüfung Kl. S* mit Stechen                                 DM   4.000,–
    Springprüfung Kl. S* mit Stechen, Junioren/Junge Reiter          DM   2.000,–
    Springprüfung Kl. S* mit 2 Umläufen                              DM   4.000,–
    Springprüfung Kl. S**                                            DM   8.000,–
    Springprüfung Kl. S** mit Stechen                                DM  10.000,–
    Springprüfung Kl. S** mit 2 Umläufen                             DM  15.000,–
    Springprüfung Kl. S***                                           DM  15.000,–
    Springprüfung Kl. S*** mit Stechen                               DM  20.000,–
    Springprüfung Kl. S*** mit 2 Umläufen                            DM  20.000,–
    Springprüfung Kl. S*** mit 2 Umläufen und Stechen                DM  20.000,–
    Springprüfung Kl. S mit mehrmaligem Stechen                      DM   6.000,–
    (Mächtigkeits-/Barrierenspringen)
1.3 Vielseitigkeitsprüfungen und Geländeritte/Stilgeländeritte
    1.3.1 Vielseitigkeitsprüfung Kl. A und E/A        DM   900,– bis DM   2.400,–
          Vielseitigkeitsprüfung Kl. L und A/L        DM 1.200,– bis DM   2.700,–
          Vielseitigkeitsprüfung Kl. L/M              DM 2.100,– bis DM   2.700,–
          Vielseitigkeitsprüfung Kl. M                                DM   3.000,–
          Vielseitigkeitsprüfung Kl. S und M/S                        DM   4.000,–
          Große Vielseitigkeitsprüfung Kl. A          DM 1.200,– bis DM   2.700,–
          Große Vielseitigkeitsprüfung Kl. L                          DM   3.000,–
          Große Vielseitigkeitsprüfung Kl. M                          DM   6.000,–
          Große Vielseitigkeitsprüfung Kl. S                          DM  12.000,–
    1.3.2 Geländeritte/Stilgeländeritte Kl. A         DM   300,– bis DM     800,–
          Geländeritte/Stilgeländeritte Kl. L         DM   400,– bis DM     900,–
          Geländeritte/Stilgeländeritte Kl. M                         DM   1.000,–
1.4 Fahren
    **1.4.1 Dressur-/Hindernisfahren/Gebrauchsprüfungen**      **Hindernisfahren**
                                                               **mit Stechen**
          Kl. A   Einspänner            DM   300,–      DM   400,–
                  Zweispänner           DM   400,–      DM   500,–
                  Mehrspänner           DM   600,–      DM   700,–
          Kl. M   Einspänner            DM   400,–      DM   500,–
                  Zweispänner           DM   600,–      DM   700,–
                  Mehrspänner           DM   800,–      DM   900,–

LPO 2000 – Teil D

|  | Kl. S | Einspänner | DM 1.000,– | DM 1.200,– |
|---|---|---|---|---|
|  |  | Zweispänner | DM 1.200,– | DM 1.500,– |
|  |  | Mehrspänner | DM 1.500,– | DM 2.000,– |

**1.4.2 Gelände- bzw. Gelände- und Streckenfahrt**  ·  Geländefahrt  ·  Gelände- und Streckenfahrt

|  | Kl. A | Einspänner | DM 400,– | – |
|---|---|---|---|---|
|  |  | Zweispänner | DM 500,– | – |
|  |  | Mehrspänner | DM 600,– | – |
|  | Kl. M | Einspänner | DM 600,– | DM 700,– |
|  |  | Zweispänner | DM 700,– | DM 800,– |
|  |  | Mehrspänner | DM 800,– | DM 900,– |
|  | Kl. S | Einspänner | DM 1.200,– | DM 1.500,– |
|  |  | Zweispänner | DM 1.500,– | DM 2.000,– |
|  |  | Mehrspänner | DM 2.000,– | DM 2.500,– |

**1.4.3 Vielseitigkeitsprüfungen für Fahrpferde/-ponys (mit drei Teilprüfungen):**

|  | Kl. A | Einspänner |  | DM 1.200,– |
|---|---|---|---|---|
|  |  | Zweispänner |  | DM 1.800,– |
|  |  | Mehrspänner |  | DM 2.100,– |
|  | Kl. M | Einspänner |  | DM 1.500,– |
|  |  | Zweispänner |  | DM 2.400,– |
|  |  | Mehrspänner |  | DM 2.700,– |
|  | Kl. S | Einspänner |  | DM 3.000,– |
|  |  | Zweispänner |  | DM 5.000,– |
|  |  | Mehrspänner |  | DM 7.500,– |

**1.4.4 Kombinierte Prüfungen für Fahrpferde (mit Gelände- bzw. Gelände- und Streckenfahrt):** wie Hindernisfahren mit Stechen.

| 1.5 | Basisprüfungen |  |  | DM 300,– |
|---|---|---|---|---|
| 1.6 | Aufbauprüfungen | Kl. A |  | DM 300,– |
|  |  | Kl. L |  | DM 400,– |
|  |  | Kl. M |  | DM 500,– |
|  | Jagdpferdeprüfungen | Kl. M |  | DM 1.000,– |
|  |  | Kl. S |  | DM 1.200,– |
| 1.7 | Kombinierte Prüfungen | Kl. A |  | DM 300,– |
|  |  | Kl. L |  | DM 400,– |

sowie ggf. Dotierung der jeweiligen Einzel-LP (s. o.) der kombinierten LP

2. Für internationale LP und LP der Kat. A mit einem höheren Geldpreis als unter Ziffer 1 aufgeführt gilt:
Der Gesamtgeldpreis ist in vollen Hundertmarkbeträgen weitgehend zu staffeln; der Siegergeldpreis beträgt 1/4–1/5 des Gesamtgeldpreises.
3. Für LP der Kat. B und der Kat. A bis DM 4.000,– sind grundsätzlich nachstehende Gesamtgeldpreise wie folgt in Einzelgeldpreisen auszuzahlen (Ausnahme vgl. u.a. § 24.1.5 – hier gelten die in der Tabelle aufgeführten Einzelgeldpreise als Mindestbeträge; die Aufteilung in Einzelgeldpreise ist in der Ausschreibung festzulegen):
4. Wird eine Teilung nach Zahl der Starter notwendig, ist der Geldpreis gemäß den Vorgaben für 31–40 (Kat. B) bzw. 31–45 (Kat. A bis DM 4.000,–) Nennungen auszuzahlen.

LPO 2000 – Teil D

## Kat. B:

| Dotierung in DM | Anzahl Nennungen je Abteilung | Platz 1 | 2 | 3 | 4 | 5 | 6 | 7 | 8 |
|---|---|---|---|---|---|---|---|---|---|
| (300,–) | 1–30 | 60 | 50 | 40 | 30 | 30 | ... | | |
| | 31–40 | 70 | 50 | 40 | 30 | 30 | ... | | |
| | 41–50 | 80 | 60 | 50 | 40 | 30 | 30 | ... | |
| (400,–) | 1–30 | 80 | 60 | 50 | 40 | 40 | ... | | |
| | 31–40 | 90 | 70 | 60 | 50 | 40 | 40 | ... | |
| | 41–50 | 100 | 80 | 60 | 50 | 50 | 40 | 40 | ... |
| (500,–) | 1–30 | 100 | 80 | 70 | 60 | 50 | 50 | ... | |
| | 31–40 | 110 | 90 | 80 | 70 | 60 | 50 | ... | |
| | 41–50 | 120 | 100 | 80 | 70 | 60 | 50 | 50 | ... |
| (600,–) | 1–30 | 110 | 90 | 80 | 70 | 60 | ... | | |
| | 31–40 | 120 | 100 | 90 | 80 | 70 | 60 | ... | |
| | 41–50 | 130 | 110 | 100 | 90 | 80 | 70 | 60 | ... |
| (700,–) | 1–30 | 130 | 110 | 90 | 80 | 70 | 70 | ... | |
| | 31–40 | 150 | 120 | 100 | 90 | 80 | 70 | 70 | ... |
| | 41–50 | 160 | 130 | 110 | 100 | 90 | 80 | 70 | ... |
| (800,–) | 1–30 | 150 | 120 | 100 | 90 | 80 | 80 | ... | |
| | 31–40 | 170 | 140 | 120 | 100 | 90 | 80 | 80 | ... |
| | 41–50 | 180 | 150 | 130 | 110 | 100 | 90 | 80 | ... |
| (900,–) | 1–30 | 170 | 140 | 120 | 100 | 90 | 90 | ... | |
| | 31–40 | 190 | 160 | 130 | 110 | 100 | 90 | 90 | ... |
| | 41–50 | 200 | 170 | 140 | 120 | 110 | 100 | 90 | ... |

## Vielseitigkeitsprüfungen Reiten sowie Vielseitigkeitsprüfungen für Fahrpferde/-ponys gemäß 1.4.3.

| Dotierung in DM | Anzahl Nennungen je Abteilung | Platz 1 | 2 | 3 | 4 | 5 | 6 | 7 | 8 |
|---|---|---|---|---|---|---|---|---|---|
| (900,–) | 1–30 | 180 | 150 | 120 | 100 | 90 | 90 | ... | ... |
| | 31–40 | 210 | 160 | 130 | 110 | 100 | 90 | 90 | ... |
| | 41–50 | 240 | 180 | 150 | 120 | 100 | 90 | 90 | ... |
| (1.200,–) | 1–30 | 240 | 180 | 160 | 140 | 120 | 120 | ... | ... |
| | 31–40 | 270 | 210 | 170 | 150 | 130 | 120 | 120 | ... |
| | 41–50 | 300 | 240 | 180 | 160 | 140 | 120 | 120 | ... |
| (1.500,–) | 1–30 | 300 | 240 | 210 | 180 | 150 | 150 | ... | |
| | 31–40 | 330 | 270 | 230 | 200 | 170 | 150 | 150 | |
| | 41–50 | 360 | 300 | 240 | 210 | 180 | 150 | 150 | |
| (1.800,–) | 1–30 | 330 | 270 | 240 | 210 | 180 | 180 | ... | ... |
| | 31–40 | 360 | 300 | 260 | 230 | 200 | 180 | 180 | ... |
| | 41–50 | 390 | 330 | 270 | 240 | 210 | 180 | 180 | ... |
| (2.100,–) | 1–30 | 390 | 330 | 270 | 240 | 210 | 210 | ... | ... |
| | 31–40 | 450 | 360 | 300 | 260 | 230 | 210 | 210 | ... |
| | 41–50 | 480 | 390 | 330 | 270 | 240 | 210 | 210 | ... |
| (2.400,–) | 1–30 | 450 | 360 | 300 | 270 | 240 | 240 | ... | ... |
| | 31–40 | 510 | 420 | 360 | 290 | 260 | 240 | 240 | ... |
| | 41–50 | 540 | 450 | 360 | 300 | 270 | 240 | 240 | ... |
| (2.700,–) | 1–30 | 510 | 420 | 360 | 300 | 270 | 270 | ... | ... |
| | 31–40 | 570 | 480 | 390 | 330 | 290 | 270 | 270 | ... |
| | 41–50 | 600 | 510 | 420 | 360 | 300 | 270 | 270 | ... |

LPO 2000 – Teil D

### **Kat. A bis DM 4.000,–:**

| Dotierung in DM | Anzahl Nennungen je Abteilung | 1 | 2 | 3 | 4 | 5 | Platz 6 | 7 | 8 | 9 | 10 | 11 | 12 |
|---|---|---|---|---|---|---|---|---|---|---|---|---|---|
| (1.000,–) | 1–30 | 170 | 140 | 120 | 100 | 90 | 90 | ... | | | | | |
| | 31–45 | 180 | 150 | 130 | 110 | 100 | 90 | 90 | ... | | | | |
| | 46–60 | 200 | 160 | 140 | 120 | 110 | 100 | 90 | 90 | ... | | | |
| | 61–∞ | 210 | 170 | 150 | 130 | 110 | 100 | 90 | 90 | ... | | | |
| (1.200,–) | 1–30 | 210 | 160 | 140 | 120 | 100 | 100 | ... | | | | | |
| | 31–45 | 230 | 170 | 140 | 120 | 110 | 100 | 100 | ... | | | | |
| | 46–60 | 250 | 180 | 150 | 130 | 120 | 110 | 100 | 100 | ... | | | |
| | 61–∞ | 260 | 190 | 160 | 140 | 120 | 110 | 100 | 100 | 100 | ... | | |
| (1.500,–) | 1–30 | 240 | 170 | 140 | 120 | 110 | 110 | ... | | | | | |
| | 31–45 | 270 | 180 | 150 | 130 | 120 | 110 | 110 | ... | | | | |
| | 46–60 | 300 | 210 | 160 | 140 | 130 | 120 | 110 | 110 | ... | | | |
| | 61–∞ | 310 | 220 | 180 | 160 | 140 | 130 | 120 | 110 | 110 | ... | | |
| (2.000,–) | 1–30 | 400 | 310 | 220 | 160 | 120 | 120 | ... | | | | | |
| | 31–45 | 420 | 330 | 240 | 180 | 150 | 120 | 120 | ... | | | | |
| | 46–60 | 450 | 350 | 260 | 200 | 170 | 150 | 130 | 120 | 120 | ... | | |
| | 61–∞ | 460 | 360 | 270 | 210 | 170 | 150 | 140 | 130 | 120 | 120 | ... | |
| (2.500,–) | 1–30 | 450 | 350 | 260 | 180 | 130 | 130 | ... | | | | | |
| | 31–45 | 500 | 390 | 290 | 230 | 180 | 150 | 130 | 130 | ... | | | |
| | 46–60 | 550 | 430 | 330 | 240 | 190 | 160 | 140 | 130 | 130 | ... | | |
| | 61–∞ | 570 | 450 | 350 | 270 | 210 | 170 | 150 | 130 | 130 | 130 | ... | |
| (3.000,–) | 1–30 | 500 | 390 | 300 | 230 | 180 | 150 | 150 | ... | | | | |
| | 31–45 | 550 | 430 | 330 | 250 | 190 | 170 | 150 | 150 | ... | | | |
| | 46–60 | 600 | 470 | 360 | 260 | 200 | 180 | 160 | 150 | 150 | ... | | |
| | 61–∞ | 630 | 500 | 370 | 260 | 200 | 180 | 160 | 150 | 150 | 150 | ... | |
| (3.500,–) | 1–30 | 600 | 470 | 360 | 230 | 180 | 170 | 170 | ... | | | | |
| | 31–45 | 650 | 510 | 390 | 270 | 210 | 190 | 170 | 170 | ... | | | |
| | 46–60 | 700 | 550 | 420 | 310 | 240 | 210 | 190 | 170 | 170 | ... | | |
| | 61–∞ | 750 | 590 | 450 | 360 | 260 | 220 | 190 | 170 | 170 | 170 | ... | |
| (4.000,–) | 1–30 | 700 | 550 | 430 | 350 | 270 | 230 | 180 | 180 | ... | | | |
| | 31–45 | 750 | 600 | 480 | 370 | 280 | 240 | 200 | 180 | 180 | ... | | |
| | 46–60 | 800 | 640 | 500 | 380 | 300 | 250 | 220 | 200 | 180 | 180 | ... | |
| | 61–∞ | 850 | 670 | 520 | 400 | 320 | 270 | 240 | 220 | 200 | 180 | 180 | ... |

### **Vielseitigkeitsprüfungen Reiten sowie Vielseitigkeitsprüfungen für Einspänner gemäß 1.4.3**

| Dotierung in DM | Anzahl Nennungen je Abteilung | 1 | 2 | 3 | 4 | 5 | Platz 6 | 7 | 8 | 9 | 10 | 11 | 12 |
|---|---|---|---|---|---|---|---|---|---|---|---|---|---|
| (3.000,–) | 1–30 | 510 | 420 | 360 | 300 | 270 | 270 | ... | ... | | | | |
| | 31–45 | 540 | 450 | 390 | 330 | 300 | 270 | 270 | ... | | | | |
| | 46–60 | 600 | 480 | 420 | 360 | 330 | 300 | 270 | 270 | ... | | | |
| | 61–∞ | 630 | 510 | 450 | 390 | 330 | 300 | 270 | 270 | ... | | | |
| (3.600,–) | 1–30 | 630 | 480 | 420 | 360 | 300 | 300 | ... | ... | | | | |
| | 31–45 | 690 | 510 | 420 | 360 | 330 | 300 | 300 | ... | | | | |
| | 46–60 | 750 | 540 | 450 | 390 | 360 | 330 | 300 | 300 | ... | | | |
| | 61–∞ | 780 | 570 | 480 | 420 | 360 | 330 | 300 | 300 | 300 | ... | | |
| (4.000,–) | 1–30 | 720 | 510 | 420 | 360 | 330 | 330 | ... | ... | ... | | | |
| | 31–45 | 810 | 540 | 450 | 390 | 360 | 330 | 330 | ... | ... | | | |
| | 46–60 | 900 | 630 | 480 | 420 | 390 | 360 | 330 | 330 | ... | ... | | |
| | 61–∞ | 930 | 660 | 540 | 480 | 420 | 390 | 360 | 330 | 330 | ... | | |

5. Bei Mannschafts-WB/-LP wird der Geldpreis gemäß obiger Tabelle ausgezahlt; die Anzahl der gestarteten Mannschaften wird mit 4 multipliziert und ergibt so die Anzahl der Nennungen.
Für WB der Kat. C ist die Ausschreibung mit nachstehendem Gesamtgeldpreis und folgender Aufteilung in Einzelgeldpreise zugelassen:
DM 200,– (DM 50,–; 40,–; 30,–; 20,–; 20,–; 20,–; 20,–).
6. Für V-WB/V-LP sind Ausschreibungen mit nachstehenden Gesamtgeldpreisen und folgender Aufteilung in Einzelgeldpreise zugelassen:

| | |
|---|---|
| für LP der Kat. B | DM 300,– (DM 70,–; 60,–; 50,–; 30,–; 30,–; 30,–; 30,–) |
| (ab Leistungsklasse B) | DM 400,– (DM 90,–; 80,–; 60,–; 50,–; 40,–; 40,–; 40,–) |
| für LP der Kat. A: | ab DM 500,–: gemäß Ausschreibung |

7. Bei gleicher Platzierung mehrerer Teilnehmer werden die Geldpreise addiert und durch die Zahl der gleichplatzierten Teilnehmer geteilt. Der Einzelgeldpreis ist dann auf volle DM aufzurunden.

## Durchführungsbestimmungen zu § 27

### Höhe von Nenngeld, Startgeld, Einsatz

Die Höhe des Einsatzes bzw. des Nenn-, Start- und Gewinngeldes ist abhängig von der ausgeschriebenen WB-/LP-Art und WB-/LP-Klasse. Sofern in der Ausschreibung nicht anders geregelt, handelt es sich beim Einsatz bzw. bei Nenn-, Start- und Gewinngeldern um Bruttobeträge.

1. Das Nenngeld beträgt für alle internationalen LP und LP der Kat. A einheitlich DM 25,– (Ausnahme Vielseitigkeits-LP: DM 75,–), das Startgeld beträgt maximal 1% des ausgeschriebenen Gesamtgeldpreises bzw. je nach ausgeschriebenem DM-Geldpreis:

| | | | |
|---|---|---|---|
| bis | DM 10.000,– | = | DM 40,– |
| bis | DM 20.000,– | = | DM 60,– |
| bis | DM 30.000,– | = | DM 80,– |
| bis | DM 50.000,– | = | DM 100,– |
| bis | DM 70.000,– | = | DM 120,– |
| bis | DM 100.000,– | = | DM 150,– |
| über | DM 100.000,– | = | DM 180,– |

Wird gemäß § 24.1.7 im Gesamtgeldpreis zurückgegangen, ist die maximale Höhe des Startgeldes entsprechend zu berechnen.

2. Der Einsatz beträgt bei einem Gesamtgeldpreis der LP
   a) grundsätzlich in der Kategorie B
   (Vielseitigkeits-LP Reiten sowie Vielseitigkeits-LP für Fahrpferde/-ponys gemäß Durchführungsbestimmungen zu § 25.1.4.3: siehe b))

| | | | |
|---|---|---|---|
| von | DM 300,– | = | DM 15,– |
| von | DM 400,– | = | DM 18,– |
| von | DM 500,– | = | DM 21,– |
| von | DM 600,– | = | DM 25,– |
| von | DM 700,– | = | DM 28,– |
| von | DM 800,– | = | DM 31,– |
| von | DM 900,– | = | DM 35,– |

LPO 2000 – Teil D

b) in Vielseitigkeits-LP Reiten sowie Vielseitigkeits-LP für Fahrpferde/-ponys Kat. B gemäß Durchführungsbestimmungen zu § 25.1.4.3:
von    DM    900,–    =    DM    45,–
von    DM 1.200,–    =    DM    54,–
von    DM 1.500,–    =    DM    63,–
von    DM 1.800,–    =    DM    75,–
von    DM 2.100,–    =    DM    84,–
von    DM 2.400,–    =    DM    93,–
von    DM 2.700,–    =    DM 105,–

3. Der Einsatz beträgt in der Kat. C um Geldpreise oder Ehrenpreise für alle Platzierten je WB DM 10,– (Ausnahme Vielseitigkeits-WB: DM 30,–), ohne Geldpreise und Ehrenpreise nur für den Sieger je WB maximal DM 6,– (reduzierter Geldpreis), (Ausnahme Vielseitigkeits-WB: DM 18,–).
4. In WB/LP für Mannschaften mit bis zu drei Teilnehmern und in der Disziplin Fahren wird Nenngeld, Startgeld bzw. Einsatz nur für die Mannschaft bzw. das Gespann erhoben. In Mannschafts-WB/-LP mit mehr als drei Teilnehmern beträgt Nenngeld, Startgeld bzw. Einsatz je nach WB/LP-Art DM 20,– bis 60,–, gleiches gilt je nach WB-Art für Strecken-WB gemäß § 107.
5. In V-WB/V-LP der Kat. A, B und C beträgt der Einsatz einheitlich DM 40,– je Gruppe, DM 20,– je Einzelvoltigierer und DM 30,– je Voltigierer-Paar. In LP der Kat. A wird ein Startgeld von einheitlich DM 15,– erhoben, wenn Geldpreise ausgeschrieben werden.
6. Bei gestaffelten Terminen für den Nennungsschluss kann das Nenngeld bzw. der Einsatz auf maximal das Zweifache erhöht werden.

## Durchführungsbestimmungen zu § 28

### Züchterprämien

1. Bei jeder LP sind zusätzlich 10% des ausgeschriebenen Gesamtgeldpreises, des Wertes der anstelle von Geldpreisen ausgelobten Sachpreise sowie der Geldpreise in Sonderwertung u.ä. für die Züchter der an 1.–4. Stelle platzierten Pferde/Ponys als Züchterprämien auszuschreiben. Bei Teilung gilt jede Abteilung als eine LP.
Ausnahme LP für Vier- und Mehrspänner sowie Voltigieren.
2. Die Züchterprämien werden im Verhältnis 4:3:2:1 für die o. g. Züchter erhoben und sind vom Veranstalter innerhalb von 8 Tagen nach Rechnungslegung an die FN abzuführen. Die auf die Züchter von Liste III-Pferden/-Ponys (vgl. § 16.6) entfallenden Züchterprämien verbleiben dem Veranstalter. 80% der an die FN abgeführten Züchterprämien werden einmal jährlich an die empfangsberechtigten Züchter ausbezahlt, 20% verbleiben zur satzungsgemäßen Verwendung bei der FN.
3. Empfangsberechtigt ist der im Geltungsbereich der LPO wohnende Züchter gemäß § 11 eines Pferdes/Ponys gemäß § 16.6 Liste I und II, der
    a) Mitglied einer Züchtervereinigung ist, die der FN angeschlossen ist und
    b) Eigentümer wenigstens einer eingetragenen Stute ist, die nachweisbar zur Zucht benutzt wird.
4. Bei Todesfall, vorgezogener Erbfolge oder Rechtsnachfolge geht der Anspruch auf den/die Zuchtstätte weiterführenden Erben oder Rechtsnachfolger über.

Falls die Bearbeitungskosten den pro Jahr einem Empfangsberechtigten je Pferd/Pony zustehenden Prämienanspruch übersteigen, verbleibt die auszuzahlende Züchterprämie dem Zuchtverband, der den Abstammungsnachweis bzw. die Geburtsbescheinigung ausgestellt bzw. bestätigt hat. Das Gleiche gilt, falls kein Empfangsberechtigter vorhanden ist.

## Durchführungsbestimmungen zu § 38

Erfolgsanrechnung von nationalen LP im Ausland
Für die Erfolgsanrechnung von nationalen LP im Ausland ist Folgendes zu beachten:
1. Gemäß §§ 1.2 bzw. 20.1 ist der Besitz eines gültigen Reit- bzw. Fahrausweises erforderlich.
2. Gemäß § 63.3.3 muss für die Teilnahme an nationalen LP im Ausland eine schriftliche Startgenehmigung der FN (für LP ≈ Kat. A) bzw. der zuständigen LK (für LP ≈ Kat. B) vorliegen.
   Für die Erteilung einer Startgenehmigung muss frühzeitig eine Kopie der genehmigten Ausschreibung bei FN bzw. LK vorliegen. Die Erteilung einer Startgenehmigung ist gebührenpflichtig: vgl. Gebührenordnung FN.
3. Bis 4 Wochen nach der Veranstaltung müssen die offiziellen, vom Veranstalter unterschriebenen Ergebnislisten der betreffenden Prüfungen – bei LP ≈ Kat. B über die Landeskommissionen – mit folgenden Angaben bei der FN vorliegen:
   → Eintragungs-Nummer der platzierten Pferde/Ponys
   → Platzierung und ausgeschütteter Geldpreis, möglichst in DM oder EURO
   → bei Springprüfungen: Strafpunkte/Zeit
   → bei Dressurprüfungen: Wertnote bzw. Punktsumme/erreichte Prozentzahl
     sofern Dressuraufgaben der FEI geritten wurden, werden Erfolge in diesen nur angerechnet, wenn die Prüfung von mindestens drei Richtern bewertet wurde.

## Durchführungsbestimmungen zu § 40.2

### Tierärztliche Versorgung
Bei allen PLS Kat. A und B sowie allen Prüfungen im Gelände (Reiten und Fahren) gilt, dass grundsätzlich ein Tierarzt an allen Tagen einer PS/PLS beziehungsweise während der gesamten Prüfung anwesend sein muss. Im Einzelfall ist die schnellste Einsatzbereitschaft (15 Minuten) möglich.
Grundlage für die tierärztliche Versorgung ist eine schriftliche Vereinbarung zwischen Veranstalter und Tierarzt (vgl. Merkblatt zu § 40 – Mustervertrag)

## Durchführungsbestimmungen zu § 63

### Leistungsklassen
#### 1. Gültigkeit
Gemäß § 63 ergibt sich die Teilnahmeberechtigung für die Disziplinen Dressur (Abschnitt B IV), Springen (Abschnitt B V), Vielseitigkeit (Abschnitt B VI), Fahren (Abschnitt B VII)

LPO 2000 – Teil D

und Voltigieren (Abschnitt B II.1) aufgrund der Zugehörigkeit zu einer bestimmten Leistungsklasse. Der Ausschreibungstext des/r betreffenden WB/LP ist entsprechend zu kennzeichnen. Die Einstufung wird auf dem Reit-/Fahr-/Voltigierausweis vermerkt.

2. Startberechtigungsregelung

Die Startberechtigung der Inhaber der einzelnen Leistungsklassen regelt sich für die jeweilige Disziplin (bzw. den/die WB/LP der jeweiligen Abschnitte der LPO) grundsätzlich wie folgt:

**1. Dressur und Springen:**

| | |
|---|---|
| Leistungsklasse 1: | LP Kl. S, M/Kat. A, M/Kat. B, L |
| Leistungsklasse 2: | LP Kl. S, M/Kat. A, M/Kat. B, L, A |
| Leistungsklasse 3: | LP Kl. S (in Spring-LP nur Kl. S* und S**), M/Kat. A, M/Kat. B, L, A |
| Leistungsklasse 4: | LP Kl. M/Kat. A, M/Kat. B (inkl. Aufbauprüfungen), L, A |
| Leistungsklasse 5: | LP Kl. L, A |
| Leistungsklasse 6: | LP Kl. A, WB der Kat. C |
| Leistungsklasse 0: (ohne Reitausweis) | WB der Kat. C |

**2. Vielseitigkeit:**

| | |
|---|---|
| Leistungsklasse 3: | LP Kl. S, M, L, A |
| Leistungsklasse 6: | LP Kl. A, WB der Kat. C |
| Leistungsklasse 0: (ohne Reitausweis) | WB der Kat. C |

**3. Fahren:**

| | |
|---|---|
| Leistungsklasse 1: | LP Kl. S für Ein-, Zwei- und Vierspänner, M, A |
| Leistungsklasse 2: | LP Kl. S für Ein- und Zweispänner, M, A |
| Leistungsklasse 3: | LP Kl. S für Einspänner, M, A |
| Leistungsklasse 5: | LP Kl. M, A für alle Anspannungsarten |
| Leistungsklasse 6: | LP Kl. A, WB der Kat. C für Ein- und Zweispänner |
| Leistungsklasse 0: (ohne Fahrausweis) | WB der Kat. C für Ein- und Zweispänner |

**4. Voltigieren:**

siehe Durchführungsbestimmungen Voltigieren.

Maßgeblich ist die Festlegung in der Ausschreibung. Ein/e WB/LP kann für eine oder mehrere Leistungsklassen ausgeschrieben werden. Bei Zulassung von mehr als einer Leistungsklasse für ein/e WB/LP dürfen nur benachbarte Leistungsklassen ausgeschrieben werden.

Die Ausschreibung nach Leistungsklassen kann für Meisterschafts-WB/-LP entfallen.

Die Leistungsklassen können mit anderen gemäß LPO möglichen Handicaps gekoppelt werden.

Zum Beispiel:

Die Koppelung der Leistungsklasse mit
a) den Ranglistenpunkten des Teilnehmers oder
b) der Altersklasse/dem Jahrgang des Teilnehmers oder
c) dem Geschlecht des Teilnehmers oder
d) dem Alter des Pferdes/Ponys oder

e) den Gewinnsummenpunkten/Erfolgen des Pferdes/Ponys etc.

Darüber hinaus bieten sich regionale Abgrenzungen als Koppelungshandicap an.

## 3. Einstufungskriterien (Stand: 2001)

**Die Kriterien werden jeweils zum Ende eines Jahres für das folgende Kalenderjahr vom FN-Bereich Sport festgelegt und bei Änderungen im Kalender veröffentlicht.**

Kriterien für die Einstufung in eine Leistungsklasse sind die erzielten Turniererfolge in bestimmten Prüfungsklassen (maßgeblich sind die Erfolge im Anrechnungszeitraum gemäß § 62 LPO) bzw. der Erwerb der entsprechenden Abzeichen gemäß APO.

1. Dressur:

   **Leistungsklasse 1:**
   a) Reiter, die in Dressurprüfungen Grand Prix und/oder Grand Prix Special und/oder Grand Prix Kür wenigstens fünfmal an 1.–5. Stelle platziert waren oder
   b) Reiter, die in Dressurprüfungen der Kl. S wenigstens zwanzigmal an 1.–3. Stelle platziert waren.

   Erfolge aus Dressurprüfungen ausschließlich für Junioren und/oder Junge Reiter werden nur auf Antrag berücksichtigt.

   **Leistungsklasse 2:**
   a) Reiter, die in Dressurprüfungen der Kl. S wenigstens dreimal platziert waren oder
   b) Reiter, die in Dressurprüfungen der Kl. M/Kat. A wenigstens dreimal an 1.–3. Stelle und in Dressurprüfungen der Kl. S wenigstens einmal platziert waren und nicht die Bedingungen für die Leistungsklasse 1 erfüllen.
   c) Inhaber des DRA in Gold (aufgrund von Turniererfolgen in Dressurprüfungen verliehen) können auf Antrag in diese Leistungsklasse eingestuft werden, sofern sie nicht die Bedingungen für die Leistungsklasse 1 erfüllen.

   **Leistungsklasse 3:**
   a) Reiter, die in Dressurprüfungen der Kl. S wenigstens einmal oder
   b) Reiter, die in Dressurprüfungen der Kl. M/Kat. A und/oder Kl. M/Kat. B wenigstens dreimal platziert waren oder
   c) Reiter, die in Dressurprüfungen der Kl. L wenigstens fünfmal an 1.–3. Stelle und einmal in Dressurprüfungen der Kl. M/Kat. A und/oder Kl. M/Kat. B platziert waren und nicht die Bedingungen für eine höhere Leistungsklasse erfüllen.
   d) Inhaber des DRA in Gold (aufgrund von Turniererfolgen in Dressurprüfungen verliehen) oder Inhaber des DRA I oder Inhaber des DRA I (Dressur) sowie Absolventen der Prüfung zum Berufsreitlehrer (FN) bzw. zum Pferdewirtschaftsmeister Teilbereich Reitausbildung können auf Antrag in diese Leistungsklasse eingestuft werden, sofern sie nicht die Bedingungen für eine höhere Leistungsklasse erfüllen.

   **Leistungsklasse 4:**
   a) Reiter, die in Dressurprüfungen der Kl. M/Kat. A oder Kl. M/Kat. B wenigstens einmal platziert waren oder
   b) Reiter, die in Dressurprüfungen der Kl. L wenigstens dreimal platziert waren oder
   c) Reiter, die in Dressurprüfungen der Kl. A wenigstens fünfmal an 1.–3. Stelle und einmal in Dressurprüfungen der Kl. L platziert waren oder
   d) Reiter, die in Vielseitigkeitsprüfungen der Kl. S oder M wenigstens einmal platziert waren oder

e) Reiter, die in Vielseitigkeitsprüfungen der Kl. L wenigstens zweimal platziert waren und nicht die Bedingungen für eine höhere Leistungsklasse erfüllen.
f) Inhaber des DRA I und/oder DRA II bzw. des DRA I und/oder DRA II (Dressur), Absolventen der Prüfung zum Bereiter (FN), Pferdewirt – Schwerpunkt Reiten und Trainer A/Amateurreitlehrer können auf Antrag in diese Leistungsklasse eingestuft werden, sofern sie nicht die Bedingungen für eine höhere Leistungsklasse erfüllen.

**Leistungsklasse 5:**
Reiter, die die Prüfung zum DRA III bestanden und bei Abzeichen nach dem 1. Januar 2000 die Absolvierung einer Dressur- oder Dressurreiterprüfung Kl. A mit der Wertnote 5,0 und besser als Lizenzprüfung nachgewiesen haben bzw. das DRA III (Dressur) (nur für Reiter oder Senioren) bestanden haben und nicht die Bedingungen für eine höhere Leistungsklasse erfüllen.

**Leistungsklasse 6:**
Reiter, die mindestens die Prüfung zum DRA IV bestanden haben.

**Leistungsklasse 0:**
Reiter ohne Reitausweis.

Erfolge in Dressurpferdeprüfungen (gemäß §§ 350–352), Dressurreiterprüfungen (gemäß §§ 400 ff.) und kombinierten Dressur-/Springprüfungen (gemäß §§ 810–824) werden wie Erfolge in Dressurprüfungen der entsprechenden Klasse zur Einstufung in die Leistungsklassen angerechnet.

Erfolge aus reinen Pony- und Junioren-Dressurprüfungen werden nur auf Antrag berücksichtigt.

2. Springen:
**Leistungsklasse 1:**
a) Reiter, die in einem „Großen Preis" bei einem CSI Kat. A oder CSIO mindestens einmal an 1.–5. Stelle platziert waren oder
b) Reiter, die in Springprüfungen der Kl. S wenigstens zweiundzwanzigmal an 1.–3. Stelle und dreimal in Kl. S** und/oder höher platziert waren.

Erfolge aus Springprüfungen ausschließlich für Junioren und/oder Junge Reiter werden nur auf Antrag berücksichtigt.

**Leistungsklasse 2:**
a) Reiter, die in Springprüfungen der Kl. S wenigstens sechsmal platziert waren oder
b) Reiter, die in Springprüfungen der Kl. M/Kat. A wenigstens sechsmal an 1.–3. Stelle und in Springprüfungen der Kl. S wenigstens einmal platziert waren und nicht die Bedingungen für die Leistungsklasse 1 erfüllen.
c) Inhaber des DRA in Gold (aufgrund von Turniererfolgen in Springprüfungen verliehen) können auf Antrag in diese Leistungsklasse eingestuft werden, sofern sie nicht die Bedingungen für die Leistungsklasse 1 erfüllen.

**Leistungsklasse 3:**
a) Reiter, die in Springprüfungen der Kl. S wenigstens einmal oder
b) Reiter, die in Springprüfungen der Kl. M/Kat. A und/oder Kl. M/Kat. B dreimal platziert waren oder
c) Reiter, die in Springprüfungen Kl. L wenigstens fünfmal an 1.–3. Stelle und einmal in Springprüfungen der Kl. M/Kat. A und/oder M/Kat. B platziert waren und nicht die Bedingungen für eine höhere Leistungsklasse erfüllen.

d) Inhaber des DRA in Gold (aufgrund von Turniererfolgen in Springprüfungen verliehen) oder Inhaber des DRA I oder Inhaber des DRA I (Springen) sowie Absolventen der Prüfung zum Berufsreitlehrer (FN) bzw. zum Pferdewirtschaftsmeister Teilbereich Reitausbildung können auf Antrag in diese Leistungsklasse eingestuft werden, sofern sie nicht die Bedingungen für eine höhere Leistungsklasse erfüllen.

**Leistungsklasse 4:**
a) Reiter, die in Springprüfungen der Kl. M/Kat. A oder Kl. M/Kat. B wenigstens einmal platziert waren oder
b) Reiter, die in Springprüfungen der Kl. L wenigstens dreimal platziert waren oder
c) Reiter, die in Springprüfungen der Kl. A wenigstens fünfmal an 1.–3. Stelle und einmal in Springprüfungen der Kl. L platziert waren oder
d) Reiter, die in Vielseitigkeitsprüfungen der Kl. S und/oder Kl. M wenigstens einmal oder
e) Reiter, die in Vielseitigkeitsprüfungen der Kl. L wenigstens zweimal platziert waren und nicht die Bedingungen für eine höhere Leistungsklasse erfüllen.
f) Inhaber des DRA I oder DRA II bzw. Inhaber des DRA II (Springen), Absolventen der Prüfung zum Bereiter (FN), Pferdewirt – Schwerpunkt Reiten und Trainer A/ Amateurreitlehrer können auf Antrag in diese Leistungsklasse eingestuft werden, sofern sie nicht die Bedingungen für eine höhere Leistungsklasse erfüllen.

**Leistungsklasse 5:**
Reiter, die die Prüfung zum DRA III bestanden und bei Abzeichen nach dem 1. Januar 2000 die Absolvierung einer Stilspringprüfung Kl. A mit der Wertnote 5,0 und besser als Lizenzprüfung nachgewiesen haben bzw. das DRA III (Springen) (nur für Reiter und Senioren) bestanden haben und nicht die Bedingungen für eine höhere Leistungsklasse erfüllen.

**Leistungsklasse 6:**
Reiter, die mindestens die Prüfung zum DRA IV bestanden haben.

**Leistungsklasse 0:**
Reiter ohne Reitausweis.

Erfolge in Springpferdeprüfungen (gemäß §§ 360 ff.) und kombinierten Dressur-/ Springprüfungen (gemäß §§ 810–824) werden wie Erfolge in Springprüfungen der entsprechenden Klassen zur Einstufung in die Leistungsklassen angerechnet.
Erfolge aus reinen Pony- und/oder Junioren-Springprüfungen werden nur auf Antrag berücksichtigt.

3. <u>Vielseitigkeit:</u>

**Leistungsklasse 3:**
Reiter, die die Prüfung zum DRA III bestanden und bei Abzeichen nach dem 1. Januar 2000 die Absolvierung eines Stilgeländerittes Kl. A mit der Wertnote 5,0 und besser als Lizenzprüfung nachgewiesen haben.

**Leistungsklasse 6:**
Reiter, die mindestens die Prüfung zum DRA IV bestanden haben.

**Leistungsklasse 0:**
Reiter ohne Reitausweis.

LPO 2000 – Teil D

4. Fahren:
**Leistungsklasse 1:**
a) Fahrer, die wenigstens einmal in kombinierten Fahrprüfungen der Kat. A für Vierspänner platziert waren oder
b) Fahrer, die wenigstens dreimal in kombinierten Fahrprüfungen der Kl. M (bzw. Kl. L und M/B bis 1999) für Vierspänner platziert waren oder
c) Inhaber des DFA in Gold (aufgrund von Turniererfolgen in Fahrprüfungen für Vierspänner verliehen) oder Inhaber des DFA I (nach bestandener Prüfung oder aufgrund von Turniererfolgen in Fahrprüfungen für Vierspänner verliehen) oder Inhaber des DFA II (nach bestandener Prüfung oder aufgrund von Turniererfolgen in Fahrprüfungen für Vierspänner verliehen) sowie Absolventen der Prüfung zum Fahrlehrer (FN) können auf Antrag in diese Leistungsklasse eingestuft werden.

**Leistungsklasse 2:**
a) Fahrer, die wenigstens einmal in kombinierten Fahrprüfungen der Kat. A für Zwei- oder Vierspänner platziert waren oder
b) Fahrer, die wenigstens dreimal in kombinierten Fahrprüfungen der Kl. M (bzw. Kl. L und M/B bis 1999) für Zwei- oder Vierspänner platziert waren und nicht die Bedingungen für die Leistungsklasse 1 erfüllen oder
c) Inhaber des DFA in Gold (aufgrund von Turniererfolgen in Fahrprüfungen für Zwei- oder Vierspänner verliehen) oder Inhaber des DFA I (nach bestandener Prüfung oder aufgrund von Turniererfolgen in Fahrprüfungen für Zwei- oder Vierspänner verliehen) oder Inhaber des DFA II (nach bestandener Prüfung oder aufgrund von Turniererfolgen in Fahrprüfungen für Zwei- oder Vierspänner verliehen) sowie Absolventen der Prüfung zum Fahrlehrer (FN) können auf Antrag in diese Leistungsklasse eingestuft werden, sofern sie nicht die Bedingungen für die Leistungsklasse 1 erfüllen.

**Leistungsklasse 3:**
a) Fahrer, die wenigstens einmal in kombinierten Fahrprüfungen der Kat. A für Ein-, Zwei- oder Vierspänner platziert waren oder
b) Fahrer, die wenigstens dreimal in kombinierten Fahrprüfungen der Kl. M (bzw. Kl. L und M/B bis 1999) für Ein-, Zwei- oder Vierspänner platziert waren und nicht die Bedingungen für die Leistungsklassen 1 oder 2 erfüllen.
c) Inhaber des DFA in Gold (aufgrund von Turniererfolgen in Fahrprüfungen für Ein-, Zwei- oder Vierspänner verliehen) oder Inhaber des DFA I (nach bestandener Prüfung oder aufgrund von Turniererfolgen in Fahrprüfungen für Ein-, Zwei- oder Vierspänner verliehen) oder Inhaber des DFA II (nach bestandener Prüfung oder aufgrund von Turniererfolgen in Fahrprüfungen für Ein-, Zwei- oder Vierspänner verliehen) sowie Absolventen der Prüfung zum Fahrlehrer (FN) können auf Antrag in diese Leistungsklasse eingestuft werden, sofern sie nicht die Bedingungen für die Leistungsklassen 1 oder 2 erfüllen.

**Leistungsklasse 5:**
Fahrer, die die Prüfung zum DFA III bestanden und bei Abzeichen nach dem 1. Januar 2000 die Absolvierung einer Dressurprüfung Kl. A (Fahren) mit der Wertnote 5,0 und besser als Lizenzprüfung nachgewiesen haben und nicht die Bedingungen für eine höhere Leistungsklasse erfüllen.

**Leistungsklasse 6:**
Fahrer, die mindestens die Prüfung zum DFA IV bestanden haben.
**Leistungsklasse 0:**
Fahrer ohne Fahrausweis.
5. Voltigieren:
vgl. Durchführungsbestimmungen Voltigieren

**4. Platzierungen aus höheren Prüfungsklassen**
Werden die Bedingungen zur Einstufung in eine Leistungsklasse nicht durch die Platzierungen in einer Prüfungsklasse erfüllt, werden entsprechende Erfolge einer höheren Prüfungsklasse hinzugerechnet.

**5. Höherstufung/Rückstufung auf Antrag**
Die Höherstufung von einer Leistungsklasse in die nächsthöhere ist jederzeit möglich, sofern die verlangten Erfolge bzw. der Besitz eines entsprechenden Reit-/Fahrabzeichens nachprüfbar vorliegen. Ebenso kann eine Höherstufung aufgrund nachprüfbarer und verwertbarer früherer Erfolge auf Antrag vorgenommen werden.
Höherstufungen aufgrund eines Reit-/Fahrabzeichens bzw. aufgrund früherer Erfolge müssen jährlich neu beantragt werden.
Die Höherstufung ist gebührenpflichtig (gleiche Gebühr wie Wiederausstellung eines Reit-/Fahrausweises). Die Höherstufung tritt erst dann in Kraft, wenn der neue Ausweis dem betreffenden Reiter/Fahrer zugegangen ist.
Eine Rückstufung ist grundsätzlich nur in die Leistungsklasse D 6 und/oder S 6 und/oder V 6 und/oder F 6 zum Beginn der neuen Saison und nur bei Antrag auf Wiederausstellung eines Reit-/Fahrausweises möglich.
Voltigieren: vgl. Durchführungsbestimmungen Voltigieren

**6. Teilnehmer mit Gastlizenz**
Teilnehmer, die eine Gastlizenz beantragen, werden in eine Leistungsklasse eingestuft. Sofern sie bereits aus den Vorjahren Erfolge auf PS/PLS im Bereich der Deutschen Reiterlichen Vereinigung (FN) erlangt haben, erfolgt die Einstufung aufgrund dieser Erfolge. Liegen keine Erfolge vor, können sie sich mit der Antragstellung selbst für eine Leistungsklasse entscheiden.
Teilnehmer mit Gastlizenz verbleiben auch bei einer evtl. Verlängerung der Gastlizenz in dem betreffenden Jahr in der Leistungsklasse, in die sie bei Ausstellung der Gastlizenz eingestuft wurden. Im übrigen gilt Ziffer 4 entsprechend.

# Durchführungsbestimmungen zu § 66.3.7

**Neurektomie**
Es gibt zur Zeit keine gesicherte Methode, um eine verminderte oder vollständige fehlende Innervation an den Gliedmaßen des Pferdes/Ponys nachzuweisen.
Der FN-Bereich Sport wird diese Durchführungsbestimmungen unmittelbar überarbeiten, sobald eine zufrieden stellende und gesicherte Methode zur Verfügung steht.

LPO 2000 – Teil D

## Durchführungsbestimmungen zu § 66.3.10

### Impfschutz

Für alle an WB/LP teilnehmenden Pferde/Ponys muss ein ordnungsgemäßer Impfschutz gegen Influenzavirusinfektionen im Pferdepass dokumentiert sein. Bei Pferden/Ponys, die an WB der Kat. C bzw. an V-WB/V-LP teilnehmen und die nicht gemäß § 16 der LPO als Turnierpferd/-pony eingetragen sind, muss der Impfschutz gegen Influenzavirusinfektionen in einem Impfpass dokumentiert werden.

Die Impfung muss wie folgt vorgenommen und dokumentiert werden:
a) Grundimmunisierung mit zwei Impfungen im Abstand von mindestens 4 Wochen (28 Tage), höchstens 8 Wochen (56 Tage) und einer 3. Impfung im Abstand von 6 Monaten (+/- 28 Tage).
b) regelmäßige Wiederholungsimpfungen im Abstand von 6 Monaten (+/- 28 Tage).

Zusätzlich wird eine Impfung gegen Herpesvirusinfektionen dringend empfohlen.
Ordnungsgemäß durchgeführte Impfungen gegen Tetanus werden als selbstverständlich erachtet.

Ein Turnierstart ist möglich, wenn im Pferdepass/Impfpass Folgendes dokumentiert ist:
a) bei Grundimmunisierung:
 – Durchführung der ersten zwei Impfungen.
 – 2. Impfung mindestens 14 Tage vor dem Turnierstart.
b) bei Wiederholungsimpfungen:
 Wiederholungsimpfungen in einem Abstand von bis zu höchstens 9 Monaten, jedoch mindestens 7 Tage vor einem Turnierstart (vgl. auch § 67a.3).

Die Kontrolle des Impfschutzes durch den Tierarzt kann während der PS/PLS jederzeit erfolgen.

## Durchführungsbestimmungen zu § 67

### Medikationskontrollen

1. Die FN weist den LK für die routinemäßigen Stichprobenkontrollen ein jährliches Probenkontingent in Relation zu der Anzahl der PS/PLS in den einzelnen LK-Bereichen zu.
2. Die Auswahl der Veranstaltungen obliegt den LK bzw. der FN. Die Auswahl der Pferde/Ponys unterliegt grundsätzlich dem Zufallsprinzip, daneben sind Verdachtsproben jederzeit möglich. Zuständig ist der LK-Beauftragte der jeweiligen PS/PLS.
3. Ein Medi-Kontroll-Kit muss bei der Meldestelle vorliegen und kann bei der FN angefordert werden.
4. Die Probenentnahme sollte im Beisein des LK-Beauftragten oder eines von diesem Beauftragten erfolgen. Der Tierarzt gewinnt gemäß der Anleitung zur Probenentnahme von dem jeweiligen Pferd/Pony in Gegenwart des Reiters, Fahrers, Longenführers, ggf. anwesenden Besitzers oder deren Beauftragten Urinproben oder Blutproben. Es ist mindestens 30 Minuten auf Urin zu warten. Der Zeitraum zur Gewinnung von Urin kann vom Probennehmer angemessen ausgedehnt werden. Kann innerhalb der Wartezeit keine Urinprobe entnommen werden, beschränkt sich der Probennehmer auf die Entnahme von zwei Blutproben; in jedem Fall sind Urin- oder Blutproben zu entnehmen. Die Probenflaschen und Verschlüsse für die A- und B-Probe tragen jeweils identische Code-Nummern. Die Probenflaschen sind fest zu verschließen. Die Deckel-Code-Nummern sind in das Untersuchungsprotokoll einzutragen.

5. Nach Entnahme der Probe ist durch den Tierarzt das Entnahmeprotokoll auszufüllen, zu unterzeichnen und anschließend dem Reiter, Fahrer, Longenführer, Besitzer oder deren Beauftragten zur Mitzeichnung vorzulegen und auszuhändigen.
Die entsprechend gekennzeichneten Durchschläge des Untersuchungsprotokolls sind jeweils an
   – das Analyselabor (zusammen mit den Proben)
   – die zuständige LK
   – die FN
   zu senden.
6. Die gewonnenen Proben sowie das für das Analyselabor vorgesehene Protokollformular sind in den Styroporbehälter zu geben; anschließend ist das Styroporset in den Papp-Versand-Karton zu verpacken.
7. Die Proben sind vom Veranstalter kühl zu lagern (Kühlschrank 4°) und unmittelbar nach Beendigung der Veranstaltung verpackt per Post an das
Institut für Biochemie, Deutsche Sporthochschule Köln, Carl-Diem-Weg 6, 50933 Köln, Telefon: (02 21) 4 97 13 13, Telefax: (02 21) 4 97 32 36 oder ein anderes von der FN benanntes Analyselabor zu senden.
8. Vom Veranstaltungstierarzt für die Entnahme der Proben in Rechnung gestellte Gebühren trägt der Veranstalter, ebenso wie die Versandkosten.
9. Im Analyselabor werden von den jeweils zwei übersandten Flaschen mit Urin- bzw. Blutproben je eine zur Untersuchung verwendet (A-Probe), die 2. (B-Probe) bei einem positiven Ergebnis für eine Kontrollanalyse aufbewahrt.
10. Wird bei Analyse der A-Probe eine gemäß § 67 a verbotene Substanz festgestellt, erfolgt sofortige Information der FN, die wiederum den Reiter, Fahrer, Longenführer, Besitzer oder dessen Beauftragten unterrichtet.
Der nach Abs. 1 Unterrichtete kann innerhalb einer Woche bei der FN eine Kontrollanalyse der B-Probe beantragen. Die Kontrollanalyse wird binnen 14 Tagen in Gegenwart des Antragstellers oder seines Beauftragten oder eines von ihm benannten Gutachters in dem Analyselabor durchgeführt. Kommt die Analyse der B-Probe nach Antragstellung nicht innerhalb von 14 Tagen unter Mitwirkung des Antragstellers zustande, wird die B-Probe ohne seine Mitwirkung analysiert. Die Kosten für die Analyse der B-Probe trägt der Antragsteller.
Wird kein Antrag auf Analyse der B-Probe gestellt, so wird dem weiteren Verfahren das Ergebnis der A-Probenanalyse zugrunde gelegt.
11. Bei Nachweis einer gemäß § 67 a verbotenen Substanz ist – unabhängig von einem etwaigen Verschulden des Reiters, Fahrers oder Longenführers – ein platzierter Teilnehmer gemäß § 60.5 von allen Prüfungen der entsprechenden PS/PLS zu disqualifizieren.
12. Ein schuldhafter (vorsätzlicher oder fahrlässiger) Verstoß des Reiters, Fahrers, Longenführers, Pferdebesitzers oder etwaiger sonstiger Beteiligter gemäß §§ 920.2e und 920.3 wird nach den Bestimmungen der Rechtsordnung der LPO geahndet.
Unabhängig davon kann der Nachweis einer gemäß § 67 a verbotenen Substanz auch als Verstoß gegen das Tierschutzgesetz gewertet und nach diesen Vorschriften bestraft werden. Solche Verstöße werden von der FN der zuständigen Behörde gemeldet.

LPO 2000 – Teil D

## Durchführungsbestimmungen zu § 67

### Durchführung von Pferdekontrollen
Pferdekontrollen sind gemäß dem **folgenden Untersuchungsprotokoll** durchzuführen.

Betr.: PLS/PS _____ am _____ 20 ____

Auf Veranlassung der FN/LK/Richtergruppe wurde folgendes Pferd/Pony untersucht:

Name: _____  Programm-/Eintragungs-/Lebensnummer: _____

Farbe/Abzeichen: _____

Besitzer: _____ Wohnort: _____

Teilnehmer: _____ Wohnort: _____

Untersuchender Tierarzt: _____ Wohnort: _____

Telefon: _____ Untersuchender Richter: _____

Die Untersuchung erfolgte in Gegenwart des Teilnehmers/Besitzers/dessen Beauftragten
(Nichtzutreffendes streichen)

Die Überprüfung des Pferdes/Ponys bzw. der Ausrüstung hat Folgendes ergeben:

Haltungs- und Pflegezustand: _____

Zustand der Extremitäten: _____

Bandagen: _____ Springglocken: _____

Gamaschen: _____ Flanken/Sporen: _____

Gurt/Sattellage: _____ Maul/Zäumung/Gebiss: _____

Anspannung: _____ Verpassen Geschirr: _____

❑ Es wurde eine Verfassungsprüfung angeordnet   ❑ Es wurde eine Medikationskontrolle angeordnet

_____
Ergebnis der Verfassungsprüfung

_____  _____
Ort und Tag            Unterschrift des durchführenden Richters

_____  _____
Unterschrift des Teilnehmers, Besitzers oder dessen Beauftragten   Unterschrift des Tierarztes

Die vorgeschriebene Pferdekontrolle bei Vielseitigkeitsprüfungen (Reiten und Fahren) gemäß § 67 umfasst eine allgemeine Fitnessüberprüfung des Pferdes/Ponys durch einen Richter und/oder Tierarzt; eine Überprüfung des Pferdes/Ponys bzw. der Ausrüstung gemäß Untersuchungsprotokoll kann darüber hinaus angeordnet werden.

# Durchführungsbestimmungen Voltigieren

## zu § 20 LPO
### Leistungsklassen und Teilnahmeberechtigung Voltigieren

1. Alle Gruppen und Einzelvoltigierer sind verpflichtet, über ihre Ergebnisse des laufenden und vergangenen Kalenderjahres einen Leistungsnachweis zu führen, der von der FN ausgegeben wird (vgl. Leistungsnachweisvordruck im Anhang). Dieser muss bei der Meldung zum Start vorgelegt werden, dies gilt ebenso für evtl. vorhandene Rück- oder Höherstufungsbescheide.
2. Für die Teilnahme an WB/LP der Leistungsklasse A-D ist grundsätzlich der Besitz eines Longenführer- bzw. Voltigierausweises erforderlich. Ausweise für Gruppenvoltigierer werden auf Antrag ausgestellt. Für die Erstausstellung eines Longenführerausweises ist das Longierabzeichen DLA IV bzw. eine Trainerlizenz im Pferdesport Voraussetzung. Für die Ausstellung eines Einzelvoltigierausweises ist der Besitz des DVA III nachzuweisen. Ausnahme: Voltigierer, die im laufenden Kalenderjahr mindestens 14, aber noch nicht 16 Jahre alt werden, müssen für die Ausstellung eines Einzelvoltigierausweises den Besitz des DVA II nachweisen.
3. Sofern sie den altersmäßigen Bedingungen entsprechen, können die Teilnehmer beim gleichen Turnier als Longenführer, Gruppen-, Einzel- und Doppelvoltigierer starten.
4. Die Voltigierer einer Gruppe müssen alle demselben Verein/derselben Turniergemeinschaft angehören. Jeder Voltigierer darf auf einem Turnier nur in einer Gruppe starten. Einzelvoltigierer dürfen in einer Prüfung nur auf einem Pferd starten.
5. Gruppenvoltigierer können innerhalb einer Saison immer nur für einen Verein starten. Ein Wechsel ist nur zum Jahresende möglich. In besonders begründeten Fällen kann die zuständige LK einen Wechsel in der Saison genehmigen.
6. Beim Doppelvoltigieren muss mindestens einer der beiden Voltigierer bei der Meldung zum Start den Besitz des DVA III nachweisen.
7. Teilnahmeberechtigt sind Gruppen, die im laufenden und/oder vergangenen Kalenderjahr folgende Endnoten erreicht haben:
   a) **WB/LP der A-Gruppen:**
   zweimal die Endnote 6,5 oder höher in der Leistungsklasse B
   b) **WB/LP der B-Gruppen:**
   zweimal die Endnote 5,5 oder höher in der Leistungsklasse C und noch nicht zweimal die Endnote 6,5 oder höher in Leistungsklasse B
   c) **WB/LP der C-Gruppen:**
   zweimal die Endnote 5,0 oder höher in Leistungsklasse D und noch nicht zweimal die Endnote 5,5 oder höher in Leistungsklasse C. Eine Gruppe ist außerdem ohne Qualifikationsnoten aus Leistungsklasse D startberechtigt, wenn mindestens vier Voltigierer der Gruppe bei Meldung zum Start nachweislich im Besitz des DVA III sind.
   d) **WB/LP der D-Gruppen:**
   noch nicht zweimal die Endnote 5,0 oder höher in Leistungsklasse D.
   Für den Leistungsklassenerhalt müssen die Gruppen im laufenden und/oder vergangenen Kalenderjahr einmal folgende Endnote erreichen:
   A-Gruppen:   5,5
   B-Gruppen:   4,5
   C-Gruppen:   4,0
   Andernfalls sind sie nur noch in der nächst niedrigeren Leistungsklasse startberechtigt.

LPO 2000 – Teil D

8. Teilnahmeberechtigt sind alle Einzelvoltigierer gemäß § 63, die im laufenden und/oder vergangenen Kalenderjahr folgende Endnoten erreicht haben:
   a) **WB/LP EA:**
      mindestens zweimal die Endnote 6,5 oder höher in der Leistungsklasse EB
   b) **WB/LP EB:**
      noch nicht zweimal die Endnote 6,5 oder höher in der Leistungsklasse EB.
      Für den Leistungsklassenerhalt müssen Einzelvoltigierer der Leistungsklasse EA im laufenden und/oder vergangenen Kalenderjahr mindestens einmal die Endnote 5,5 erreichen. Andernfalls sind sie nur noch in Leistungsklasse EB startberechtigt.
9. Rückstufung:
   Rückstufungen für Voltigierer außer Ziffer 7 und 8 erfolgen grundsätzlich auf Antrag bei der FN. Eine Befürwortung des zuständigen Voltigierbeauftragten ist dem Antrag beizufügen. Eine Gruppe kann z. B. in die jeweils niedrigere Leistungsklasse zurückgestuft werden, wenn sich die Zusammensetzung einer Gruppe von einem Kalenderjahr zum nächsten ändert.
   Voraussetzung ist, dass von den Stamm-Mitgliedern der Gruppe mindestens vier ausscheiden. Hierbei bleibt der Ersatzvoltigierer unberücksichtigt. Stamm-Mitglieder einer Gruppe sind diejenigen Voltigierer, die mindestens an der Hälfte der WB/LP teilgenommen haben.
   Rückstufungen während der laufenden Saison können nur in besonders begründeten Fällen vorgenommen werden.
10. Höherstufung:
    Höherstufungen für Voltigierer außer Ziffer 7 und 8 erfolgen grundsätzlich auf Antrag bei der FN. Eine Befürwortung des zuständigen Voltigierbeauftragten ist dem Antrag beizufügen. Die Bestätigung der Höherstufung ist dem Leistungsnachweis beizufügen. Höherstufungen während der laufenden Saison können nur in besonders begründeten Fällen vorgenommen werden.
11. Eine Einteilung für WB/LP der Doppelvoltigierer erfolgt nicht.
12. Einsatz von Gruppenvoltigierern:
    Wenn ein Verein Gruppen verschiedener Leistungsklassen hat, kann bis zu zweimal pro Wettkampfsaison ein Stamm-Mitglied einer höheren Leistungsgruppe in einer niedriger eingestuften Gruppe aushilfsweise eingesetzt werden.

**zu § 66 LPO**
Bei PS/PLS ist die Teilnahmeberechtigung pro Tag wie folgt beschränkt. Ein Start entspricht dem Absolvieren eines/r WB/LP (auch wenn Pflicht und Kür zeitlich getrennt durchgeführt werden).
Ein Voltigierpferd darf an einem Tag höchstens eingesetzt werden für:
- → zwei Gruppen oder entsprechend
- → zweimal vier Einzelvoltigierer (vier Einzelvoltigierer entsprechen einer Gruppe) oder
- → zweimal zwei Paare (zwei Paare entsprechen einer Gruppe) oder
- → eine Gruppe und vier Einzelvoltigierer oder
- → eine Gruppe und zwei Einzelvoltigierer und ein Paar oder
- → eine Gruppe und zwei Paare oder
- → zwei Paare und vier Einzelvoltigierer

## zu § 72 LPO
### I. Ausrüstung der Teilnehmer
1. Die Kleidung der Teilnehmer muss sportgerecht und zweckmäßig sein.
2. Für die Teilnahme an Gruppen-WB/LP ist für jeden Voltigierer eine 10–12 cm große Arm- oder Rückennummer vorgeschrieben, die deutlich sichtbar anzubringen ist.
3. Bei Gruppen-WB/LP sollte die Kleidung des Longenführers auf die Gruppe abgestimmt sein.
4. Einzel-/Doppelvoltigierer müssen die vom Veranstalter ausgegebenen Startnummern sichtbar anbringen.

### II. Ausrüstung der Pferde/Ponys
Zur Ausrüstung gehören:
1. Trensenzaum mit
    a) Gebiss gemäß Abb. 1–5 und 10 der LPO jeweils Mindestdicke, am Maulwinkel gemessen, 14 mm
    b) Reithalfter gemäß Abb. 1–5
    und/oder Kappzaum
2. Voltigiergurt mit zwei Griffen, zwei Fußschlaufen und einer Unterlage. Er soll gut gepolstert sein und nicht auf dem Widerrist aufliegen. Zusätzlich zur Gurtunterlage kann ein Gelpad verwendet werden. Eine Halteschlaufe kann zwischen den beiden Griffen angebracht werden.
3. Eine Decke kann sowohl in der Pflicht als auch in der Kür benutzt werden.
    Deckenmaße (Höchstmaße am Pferd/Pony gemessen):
    Gesamtlänge: max. 100 cm, davon max. 70 cm nach hinten, vom hinteren Gurtrand gemessen und 25 cm nach vorne, vom vorderen Gurtrand gemessen
    Breite: 90 cm
    Dicke: 3 cm einschließlich Bezug
    Es ist nur eine Decke zugelassen; ein Gelpad ist zusätzlich erlaubt.
    Bei getrennter Durchführung von Pflicht und Kür ist das Auswechseln von Gurt und Decke erlaubt.
4. Zwei Ausbindezügel (Gurt oder Leder, mit oder ohne Gummiringe). In Leistungsklasse D sind alternativ Lauferzügel mit seitlichem Dreieck erlaubt. Abstand der Befestigungspunkte am Gurt: max. 15 cm.
5. Longe (Befestigung nur am inneren Trensenring erlaubt bzw. am mittleren Ring des Kappzaums)
6. Longierpeitsche

    Sonstige erlaubte Ausrüstung bzw. Zubehör:
    → Bandagen und/oder Gamaschen
    → Kappzaum
    → Fell- oder sonstige schonende Unterlagen an Gurt und/oder Trense
    → Fliegenschutz an den Ohren
    → Gummischeiben am Gebiss
    → Springglocken
    → In Leistungsklasse D: Lauferzügel mit seitlichem Dreieck
    Abstand der Befestigungspunkte am Gurt: max. 15 cm.
    Alle nicht aufgeführten Hilfsmittel sind verboten.

### III. Ausrüstung auf dem Vorbereitungsplatz/Ablongierzirkel
Die Ausrüstung der Pferde/Ponys muss den allgemeinen Regeln der Reit- und Voltigierlehre und den Grundsätzen der Unfallverhütung und des Tierschutzes entsprechen.

# Ausrüstung des Voltigierpferdes/-ponys

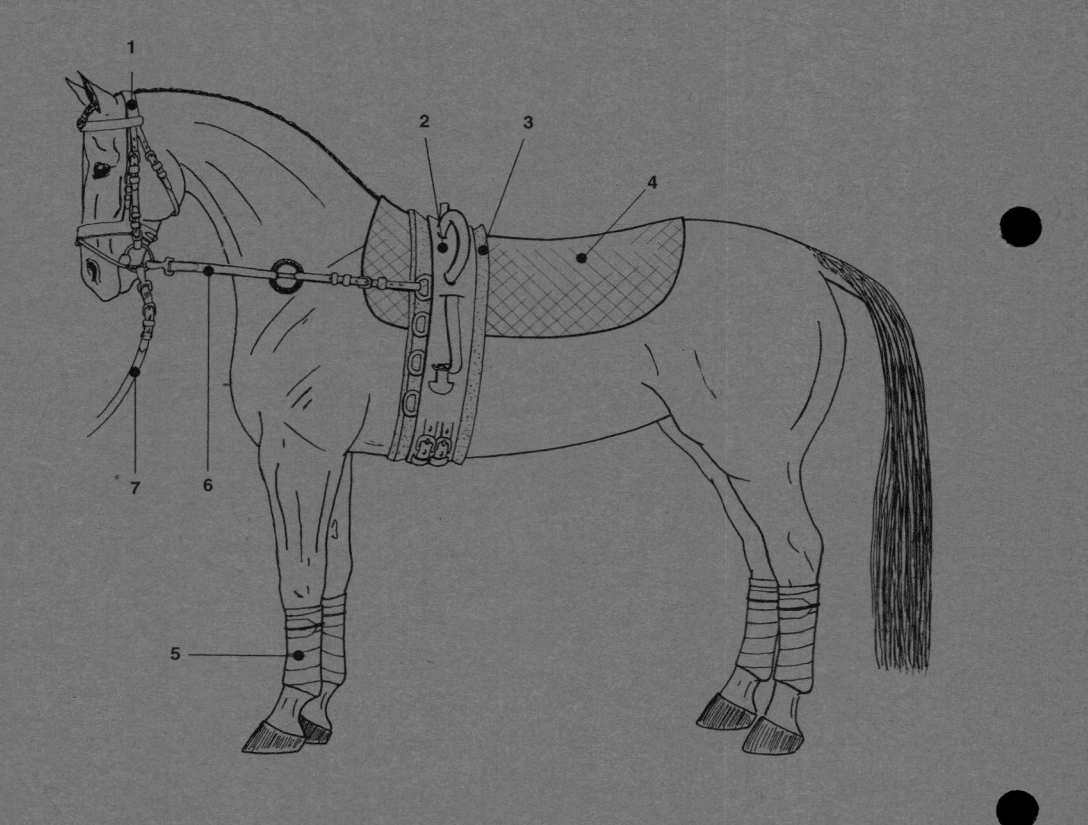

1 Trense
2 Gurt
3 Gurt-Unterlage
4 Voltigierdecke/-pad
5 Bandagen
6 Ausbindezügel
7 Longe

## zu § 200 LPO
**Ausschreibungen**

Zulässig sind:
- In Kat. C:
  1. D-Gruppen
  2. Breitensportliche WB
- In Kat. B:
  1. B-Gruppen
  2. B-Einzelvoltigierer
  3. C-Gruppen
  4. Doppelvoltigierer
- In Kat. A:
  1. A-Gruppen
  2. A-Einzelvoltigierer

## zu § 204 LPO
**Bewertung**

Eine optimale Bewegungsqualität ist gekennzeichnet durch:
→ optimale Technik
→ optimale Ausführung

Das Hauptkriterium zur Beurteilung eines Bewegungsablaufes bildet die Erfüllung der korrekten Technik.

**1. Allgemeine Bewertungskriterien**
→ Bewegungssicherheit und Ausführung der Übungen im Gleichgewicht
→ Harmonie und Leichtigkeit der Bewegungen
→ Harmonie mit dem Pferd/Pony
→ Bewegungsgenauigkeit
→ Bewegungsweite (Höhe und Weite in der Ausführung)
→ harmonische Übergänge
→ Bewegungsfluss (Aufbau, Abbau, Übergänge, Übungsfolge in Pflicht und Kür)

|  | kleine Fehler | mittlere Fehler | grobe Fehler |
|---|---|---|---|
| Bewegungsweite | befriedigend | mäßig | nicht vorhanden |
| Bewegungsfluss | gebremst | mit Verzögerungen | mit Unterbrechungen |
| optimale Spannung und Dehnung | geringe Abweichungen | mangelhafte Haltung und Weite | grobe Abweichungen |
| Bewegungsgenauigkeit und Körperkontrolle | leichte Abweichungen | mangelhafte Körperkontrolle | geringe Körperkontrolle |
| Harmonie zwischen Voltigierer und Pferd/Pony | leichte Disharmonien | Bewegung gegen den Galoppsprung | Klammern zur Verhinderung eines Sturzes, harte Landungen |
| Gleichgewicht | geringe Abweichung | Korrektur der Position | Verlust der Position |

## 2. Pflichtbewertung

Bewertet wird jede Pflichtübung eines jeden Voltigierers (Höchstnote: 10,0). **Halbe Noten** sind erlaubt; in den Leistungsklassen A und B (EV/GV) sind auch Zehntelnoten möglich.
Die Einzelnoten aller Pflichtübungen werden addiert und durch 8 dividiert. Dies ergibt die Notensumme der Pflicht bei den Gruppen.
Die Notensumme der Pflicht beim Einzelvoltigieren ergibt sich aus den 6 Noten für jede Pflichtübung.
Die statischen Pflichtübungen müssen **vier Galoppsprünge** ausgehalten werden. Das Zählen beginnt erst, wenn die Übung vollständig aufgebaut ist.

→ Während der Pflicht muss der Bewegungsfluss erhalten bleiben. Die Übungen müssen zügig und unmittelbar nacheinander ausgeführt werden.
→ Sturz während eines der Übungsblöcke: Die Übung, bei deren oder unmittelbar nach deren Ausführung der Sturz erfolgt, wird als „nicht ausgeführt" bewertet. Als Sturz gilt jedes Verlassen des Pferdes/Ponys während eines Übungsblockes. Bei einem Sturz soll die Vorführung unverzüglich mit erneutem Aufsprung und der nächsten Pflichtübung fortgesetzt werden (die Wiederholung einer Pflichtübung nach einem Sturz bleibt ohne Bewertung).

### 2.1. Abzüge

1 Punkt Abzug für:
→ jeden fehlenden Galoppsprung bei einer statischen Pflichtübung
→ fehlendes Knien vor der Fahne und vor dem Stehen
→ jeden Taktfehler in der Mühle
→ jede Landung nach einem Pflichtabgang, der nicht nur auf den Füßen erfolgt
→ Berühren des Pferdehalses mit der Hand (z. B. bei Fahne oder Stehen)
→ die Schere, wenn der Aufsprung zum zweiten Übungsblock nicht unmittelbar aus der beidbeinigen Landung erfolgt (Einzelvoltigieren)
→ nicht gleichzeitiges Ausstrecken von Arm und Bein bei der Fahne (A-, B-Gruppen und EV)

2 Punkte Abzug für:
→ Wiederholen bzw. erneutes Ansetzen einer Pflichtübung
→ eine in der falschen Reihenfolge angesetzte Pflichtübung, die dann aber noch korrigiert wird, indem die richtige Pflichtübung angeschlossen wird, ohne das Pferd/Pony zu verlassen
→ Verwechseln der Pflichtabgänge
→ Zusammenbrechen einer Übung
→ harte Landung auf dem Pferd/Pony
→ die Mühle und die Schere, wenn der Bodensprung nicht ausgeführt wird (Einzelvoltigieren)
→ Loslassen und nochmaliges Erfassen der Griffe vor dem Aufsprung

Wertnote 0 für:
→ jede nicht ausgeführte Pflichtübung (auch wenn einzelne Phasen nicht ausgeführt werden)
→ Verlassen des Pferdes/Ponys während einer Pflichtübung (Sturz)
→ die zuerst gezeigte Pflichtübung bei Vertauschen von zwei Pflichtübungen
→ zweimaliges Wiederholen einer Pflichtübung

→ jede Pflichtübung, die nicht im Linksgalopp ausgeführt wird
→ jede Schere in falscher Drehrichtung
→ eine Übung, wenn sich durch Abzüge die Wertnote 0 ergibt
→ den Aufsprung, wenn er nicht im Linksgalopp oder mit Hilfestellung ausgeführt wird
→ die nachfolgende Pflichtübung, wenn der Aufsprung im zweiten Block nicht im Linksgalopp oder mit Hilfestellung ausgeführt wird.

## 3. Kürbewertung
### Gruppen
Für A- und B-Gruppen wird die Kür getrennt nach Wert der Schwierigkeit, Gestaltung und Ausführung im Verhältnis **2:1,5:2** bewertet; für C-Gruppen im Verhältnis **1:2:3**, für D-Gruppen im Verhältnis **1,5:1,5:3**.

### Einzelvoltigieren
Die Kür wird nach dem Wert der Schwierigkeit, Gestaltung und Ausführung im Verhältnis **2:1:3** bewertet.

### Doppelvoltigieren
Die Kür wird nach dem Wert der Schwierigkeit, Gestaltung und Ausführung im Verhältnis **1:1:2** bewertet.

### Kurzkür
Die Kurzkür wird nach dem Wert der Schwierigkeit, Gestaltung und Ausführung im Verhältnis **1:2:3** bewertet.

**Zehntelnoten sind jeweils erlaubt.**

### 3.1 Allgemeine Grundsätze
→ Eine Kür kann nach eigenen Ideen und freiem Ermessen der Voltigierer entsprechend den Anforderungen der jeweiligen Leistungsklasse zusammengestellt werden.
→ Der Schwierigkeitsgrad der Kürübungen muss dem Leistungsstand der Voltigierer entsprechen. Zu schwierige Übungen, die nicht exakt und sicher ausgeführt werden, wirken unharmonisch und beeinflussen die Wertnoten negativ.
→ Die Kürübungen müssen sich von den Pflichtübungen unterscheiden. Elemente der Pflichtübungen können in die Kür aufgenommen werden, wenn sie in Kombinationen, Verbindungen und Variationen (z. B. Richtungswechsel) gezeigt werden.
→ Werden zwei Elemente gestalterisch wertvoll oder schwierig miteinander verbunden, so muss diese Verbindung im Wert der Schwierigkeit berücksichtigt werden.
→ Doppelt gezeigte Übungsteile werden im Wert der Schwierigkeit nur einmal berücksichtigt.
→ Eine Kür besteht aus statischen und dynamischen Übungen.
→ Jede statische Übung muss mindestens **drei Galoppsprünge** ausgehalten werden, andernfalls wird sie für den Wert der Schwierigkeit nicht gezählt.
→ Es dürfen sich nicht mehr als drei Voltigierer auf dem Pferd/Pony befinden.
→ Bei Dreierübungen müssen zwei Voltigierer den Kontakt zum Pferd/Pony behalten.
→ Wird derselbe Übungsteil in zwei verschiedenen Schwierigkeitsgraden gezeigt, zählt nur die schwierigere Ausführung (z. B. angefasst/frei).
→ Abgänge nach dem Abläuten werden nur noch in die Wertung genommen, wenn sie aus der Position, in der sich der Voltigierer gerade befindet, direkt angeschlossen werden (Gruppen) bzw. wenn der Abgang innerhalb von drei Galoppsprüngen nach dem Abläuten begonnen wird (Einzel-/Doppelvoltigieren).

## 3.2 Wert der Schwierigkeit (Höchstnote 10, C-Gruppen 7, D-Gruppen 4)

In den Leistungsklassen A und B errechnet sich die Note für den Wert der Schwierigkeit aus der Anzahl der zu bewertenden Übungsteile.

In der Leistungsklasse C wird der Wert der Schwierigkeit aus der Tabelle „Notenschlüssel für den Wert der Schwierigkeit C-Gruppen" ermittelt. Die Einstufung erfolgt nach den Schwierigkeitsgraden L (leicht), M (mittel), S (schwer) und HS (Höchstschwierigkeit) gemäß LPO-Anhang Voltigieren (Kürkatalog/Formblätter).

In der Abteilung D wird jedes Element der Pflichtkür mit 0,4 Punkten bewertet.

## 3.3 Die Gestaltung (Höchstnote 10, C-Gruppen 7, D-Gruppen 4)

Die Gestaltungsnote setzt sich aus folgenden Beurteilungskriterien zusammen:

**Sportlicher Aspekt bis zu 6 Punkte**

a) Vielfalt der technischen Bewegungselemente bis zu 4 Punkte
- → Ausführen von statischen und dynamischen Übungen
- → Bewegungen in verschiedenen Richtungen
- → Wechsel im Verhalten zum Pferd/Pony
- → Übungen oder Übungselemente gewählt aus unterschiedlichen Strukturgruppen
- → Wechsel im Übungsaufbau (Einzel-, Doppel- oder Dreierübungen)

b) Risiko bis zu 2 Punkte
- → Ausführen von Übungen der höchsten Schwierigkeit im Bezug auf das Fehlerrisiko

**Künstlerischer Aspekt bis zu 4 Punkte**

a) Gestaltung bis zu 2,5 Punkte
- → Bewegungsfluss
- → Harmonie mit dem Rhythmus des Pferdes/Ponys
- → Höhepunkte, Spannungsverlauf
- → Übergänge
- → Auf- und Abgänge in entsprechender Schwierigkeit der Übungen
- → Originalität
- → neue und unübliche Übungen
- → gleichmäßige Teilnahme der Voltigierer (Gruppe)

b) Interpretation der Musik bis zu 1,5 Punkte
- → Harmonie zwischen Stil der Bewegungen und Stil der Musik
- → Ausstrahlung des Voltigierers

**Abzüge von der Gestaltungsnote**

0,5 Punkte Abzug:
- → im Einzel- und Doppelvoltigieren, wenn der Abgang nicht innerhalb von drei Galoppsprüngen nach dem Abläuten begonnen wurde.

1,0 Punkte Abzug:
- → bei der Gruppe, wenn nach dem Abläuten noch Kürübungen begonnen werden
- → für jeden in der Kür nicht eingesetzten Voltigierer

## 3.4 Kürausführung (Höchstnote 10)

Für die Bewertung der Ausführung finden die Kriterien unter Punkt 1 Anwendung.

**Gruppenkür**

**Abzüge von der Ausführungsnote**

0,5–1,0 Punkte Abzug:
- → pro Sturz während der Gruppenkür

LPO 2000 – Teil D

**Einzel-/Doppelkür**
Ausgehend von der optimalen Bewegungsqualität werden von der Höchstnote 10,0 abgezogen für:
- → kleine Fehler: 0,1–0,5 Punkte
- → mittlere Fehler: 0,6–0,9 Punkte
- → grobe Fehler: 1,0–2,0 Punkte

Weitere Abzüge:
- → Sturz nach dem letzten Abgang: 0,5–1,0 Punkte
- → Sturz ohne Aufgeben der Verbindung zum Pferd/Pony bis zu: 2,0 Punkte
- → Sturz mit Aufgeben der Verbindung zum Pferd/Pony: 2,0 Punkte

**Beim Doppelvoltigieren** werden die Abzüge durch **zwei dividiert** und dann von der Höchstnote 10,0 abgezogen.

### 4. Pferdenote

Die Bewertung beginnt mit dem Einlaufen und endet mit dem Auslaufen (Faktor 1,0).
**Halbe Noten sind erlaubt.**
Bewertungskriterien:
- → **Pferd/Pony:** taktmäßige und losgelassene Galoppade in korrekter Anlehnung, Genick höchster Punkt, Nasenlinie vor der Senkrechten, gerade gerichtet und unter Belastung ausbalanciert: (7 Punkte)
- → **Longieren:** Technik des Longierens, Hilfengebung und Gehorsam (3 Punkte)

max. 10 Punkte

**Abzüge:** Bis zu 1,0 Punkte (Zehntelnoten) Abzug für:
- → Mängel in der Ausrüstung
- → eine Zirkelgröße von weniger als 15 m Durchmesser

### 5. Bewertung des Gesamteindrucks

Diese Note wird im Gruppenvoltigieren für die gesamte Pflicht- und Kürvorführung vergeben (Faktor 0,5 für A/B-Gruppen, Faktor 1,0 für C/D-Gruppen).
**Halbe Noten sind erlaubt.**
Bewertungskriterien:
- → **Ein- und Auslaufen:** mit gleichmäßigen Abständen im Takt der Musik
- → **Grußaufstellung:** ohne Schauelemente und Maskottchen
- → **Aufmachung der Gruppe:** einheitliche Gymnastikkleidung, pferdesportgerecht, ohne Schaueffekte

max. 10 Punkte

**Abzüge**
1,0 Punkte Abzug für:
- → Unterbrechung der Vorführung, um die Ausrüstung in Ordnung zu bringen
- → Einsatz von Vokalmusik
- → nicht sportgerechte Kleidung

**Abzüge von der vorläufigen Endnote beim Einzel- und Doppelvoltigieren**
0,3 Punkte Abzug für:
- → Einsatz von Vokalmusik
- → nicht sportgerechte Kleidung
- → Unterbrechung der Vorführung, um die Ausrüstung in Ordnung zu bringen

LPO 2000 – Teil D

**zu § 206 LPO**
**Anforderungen:**
**D-Gruppen**
1. Pflicht:
   Die Pflicht besteht aus sieben Übungen, die in zwei Blöcken ausgeführt werden.
   1. Block: **Aufsprung**
   **Grundsitz**
   **D-Fahne,** daraus in den
   **Liegestütz,** Einbücken zum Sitz
   Abgang nach außen
   2. Block: **Seitsitz** (Innen und Außen)
   **Knien**
   **Wende nach innen**
2. Pflichtkür:
   Zehn der folgenden Kürelemente müssen in der Pflichtkür enthalten sein, um die Höchstpunktzahl 4,0 für den Wert der Schwierigkeit zu erreichen:
   → Aufsprung in den Innen- oder Außensitz
   → Aufsprung ins Knien mit Partnerhilfe (von oben)
   → Kürabgang aus der unteren Ebene über den Stütz
   → Kürabgang aus der mittleren Ebene (als Partnerübung)
   → Umsteiger (Positionswechsel im Sitzen)
   → Rollbewegung
   → Sitzen rw vor dem Gurt
   → Querlieger
   → Übung in der Schlaufe
   → gehaltener Schulterstand
   → Bank rl auf der Kruppe mit Abspreizen eines Beines
   → Prinzensitz, alle Variationen frei
   Pro nicht gezeigtem (bzw. nicht drei Galoppsprünge ausgehaltenem statischen) Kürelement werden 0,4 Punkte vom Wert der Schwierigkeit abgezogen.
   Die einzelnen Teilelemente können in beliebiger Reihenfolge einzeln oder in Verbindung miteinander, aber auch in Verbindung mit anderen frei gewählten Übungen gezeigt werden. Es dürfen nicht mehr als zwei Voltigierer gleichzeitig auf dem Pferd/Pony sein.
   Bewertung:
   Schwierigkeit: max.    4,0 Punkte
   Gestaltung:    max.    4,0 Punkte
   Ausführung:    max.   10,0 Punkte
3. Zeit:
   Gesamtzeit für Pflicht und Kür: 11 Minuten

# D-Pflicht

## Anforderungen/Beschreibungen der D-Pflicht

### Anlaufen, Mitgaloppieren und Aufsprung

**Bewegungsbeschreibung**
- parallel zur Longe, Richtung Schulter des Pferdes
- Aufnahme des Galopprhythmus
- Fassen der Griffe, Schulterachse des Voltigierers parallel zu der des Pferdes
- Oberkörper aufgerichtet
- Blick geradeaus
- beidbeiniger Absprung mit kurzer Stemmphase
- Schulter- und Beckenachse beim Absprung parallel zu denen des Pferdes
- nach beidbeinigem Absprung Rückschwung des rechten Beines, Höhengewinn durch Schwungübertragung in das Becken, (Beckenachse über Schulterachse) linkes Bein zeigt senkrecht nach unten
- Absenken des gestreckten, rechten Beines an der Außenseite des Pferdes entlang unter gleichzeitigem Aufrichten des Oberkörpers
- Einsitzen direkt hinter dem Gurt

**Minderung der Übungsqualität**
- falscher Galopprhythmus
- seitliches Mitgaloppieren



- Blick zum Pferd/nach unten
- Fußspitzen zeigen zum Pferd



- mangelnde Beinstreckung



- Kopf oberhalb des Beckens



- Landung zu weit hinten/innen/außen

### Hauptkriterien
1. Becken über dem Pferd
2. Einsitzen unmittelbar hinter dem Gurt

*Aufsprung*

# D-Pflicht

## Grundsitz

### Bewegungsbeschreibung
- aufrechter, freier Sitz vw hinter dem Gurt (im tiefsten Punkt des Pferderückens)
- Blickrichtung geradeaus
- gleichmäßige Belastung beider Gesäßknochen links und rechts der Wirbelsäule
- Schulter- und Hüftachse parallel zu denen des Pferdes
- Kopf, Schulter, Hüfte und Knöchel bilden eine senkrechte Linie Abb. 1 (1)
- Anlegen beider Beine an das Pferd
- Knie, Schienbein, Fußrist eine Linie Abb. 1 (2)

### Arm-, Hand und Fingerhaltung
- Ausstrecken der Arme in Seithalte
- Schulter, Arm und Fingerspitzen bilden eine gerade Linie Abb. 2 (3)
- Oberlinie der Fingerspitzen auf Augenhöhe Abb. 2 (4)
- Finger geschlossen, Handflächen zeigen nach unten

### Minderung der Übungsqualität
- zu weit hinter dem Gurt

- unruhiger Oberkörper
- Abheben des Gesäßes
- mangelnde/fehlerhafte Aufrichtung
- Abknicken in der Hüfte
- Verdrehen im Oberkörper

- Stuhlsitz, Spaltsitz

- aktiv ausgedrehte Knie

- zu hohe/tiefe Arme

- Handflächen abgewinkelt/verdreht

### Hauptkriterien
1. Balance in der Bewegung des Pferdes
2. Haltung

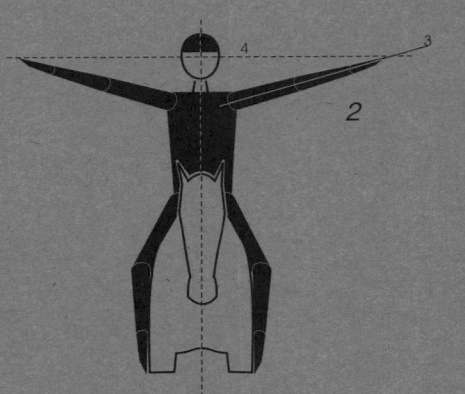

*Grundsitz*

D-Pflicht

## D-Fahne, daraus in den Liegestütz

### Bewegungsbeschreibung
- beidbeiniges Aufknien beider Unterschenkel diagonal zur Wirbelsäule des Pferdes in die **Bankstellung**
- Schultern senkrecht über den Griffen, Hände fassen auf die Griffe, leichtes Beugen der Arme (Abb. 1)
- Ausstrecken des rechten Beines nach hinten oben (Beckenachse waagerecht)
- Schulter- und Beckenachse waagerecht und annähernd auf einer Höhe
- gleichmäßige Gewichtsverteilung auf beiden Armen und Stützbein (linker Unterschenkel und Fußrist)
- Winkel zwischen Oberkörper und linkem Oberschenkel annähernd 90 Grad
- Blickrichtung geradeaus
- Längsachse des Voltigierers entspricht der Längsachse des Pferdes
- Schulter, Rücken und rechtes Bein bilden eine gleichmäßig gebogene Linie über der Horizontalen mit freier Kopfhaltung (Abb. 2)

### Minderung der Übungsqualität
- übertriebene Ausholbewegung
- hartes Aufknien

- Schultern zu weit vorne/hinten
- Ellbogen durchgedrückt/stark gebeugt

- Beckenachse dreht aus der Horizontalen

- bohrendes Knie/bohrender Fuß

- Stützbein zu weit vorne/hinten

- hängender Kopf/überstreckter Hals

### Hauptkriterien
1. Gleichgewicht
2. Bewegungsweite im Hüftgelenk

*D-Fahne*

## D-Pflicht

### Liegestütz und Abgang nach außen

#### Bewegungsbeschreibung
- aus der Fahne mit Strecken der Arme Gewichtsverlagerung auf die Hände
- Ablegen des gestreckten Fahnenspielbeins auf den Fußrist
- Auflegen des Stützbeines parallel zum rechten Bein (Beine geschlossen)
- Kopf in Verlängerung der Wirbelsäule
- Körperlängsachse (Kopf bis Fußrist) bildet eine Gerade
- maximal Abbücken (schwunglos) und Eingleiten zum Sitz direkt hinter dem Gurt

#### Minderung der Übungsqualität

- Auflage der Fußspitzen/Schienbein
- offene Beinhaltung

- Kopf im Nacken
- mangelnde Körperspannung (Hohlkreuz) oder Bückstellung
- schwunghaftes oder fehlendes Bücken
- Einsitzen nicht direkt hinter dem Gurt
- unkontrolliertes/hartes Einsitzen

#### Hauptkriterien
1. Stütz
2. Ganzkörperspannung

### Abgang nach außen
- Führen des linken, gestreckten Beines in gleichmäßigem Fluß nach außen, Beine schließen und sofortiger Abdruck von den Griffen nach oben mit gestreckter Hüfte
- beidbeinige Landung außen, Füße parallel in Hüftbreite
- Abfedern in Fuß-, Knie- und Hüftgelenken
- Auslaufen in der Bewegungsrichtung des Pferdes

- kein Abdruck von den Griffen, zu langes Festhalten der Griffe

- Beugung im Kniegelenk < 90 Grad
- Landung zu hart
- mangelnde Schubumkehr

#### Hauptkriterien
1. Ganzkörperspannung
2. federnde Landung

D-Pflicht

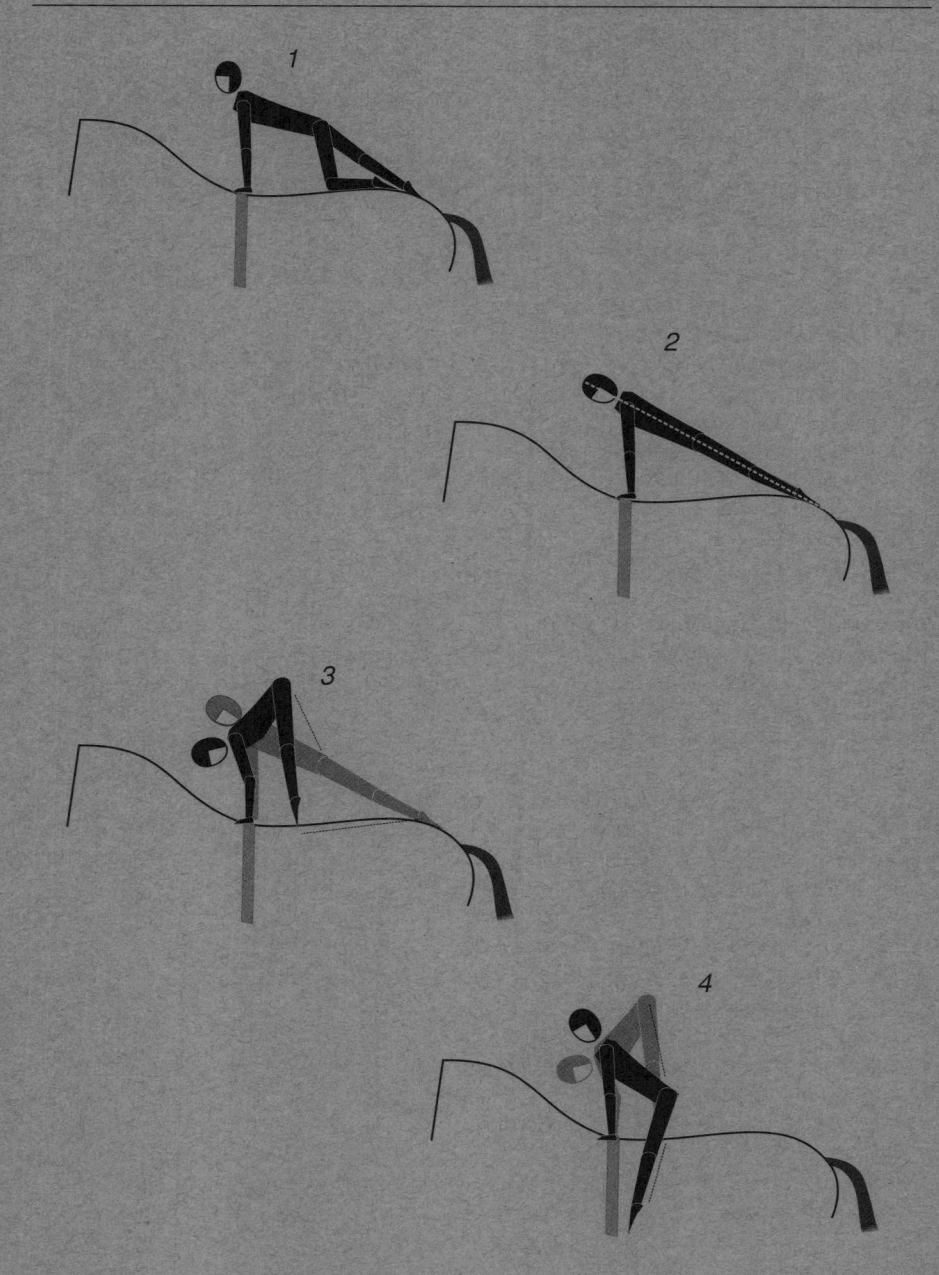

*Liegestütz*

243

## Seitsitz

**Bewegungsbeschreibung**
- aus dem Sitz in gleichmäßigem Fluss Führen des rechten, gestreckten Beines zum Innensitz mit geschlossenen Beinen
  **Innensitz – vier Galoppsprünge aushalten**
- gleichmäßige Belastung beider Gesäßknochen
- Becken- und Schulterachse parallel zur Längsachse des Pferdes
- geschlossene Beinhaltung am Pferd anliegend
- Fußspitzen gestreckt
- Ausstrecken des linken Armes in die Seithalte (rechte Hand bleibt am äußeren Griff)
- Schulterachse senkrecht über der Beckenachse
- Blickrichtung geradeaus nach innen

**Arm-, Hand und Fingerhaltung**
- Schulter-, Arm- und Fingerspitzen bilden eine gerade Linie
- Oberlinie der Fingerspitzen auf Augenhöhe
- Finger geschlossen, Handfläche zeigt nach unten
- Wiederfassen der linken Hand an den inneren Griff
- in gleichmäßigem Fluss Zurückführen des rechten, gestreckten Beines zum **Vorwärtssitz**
- in gleichmäßigem Fluss Führen des linken, gestreckten Beines zum **Außensitz**
- Ausstrecken des rechten Armes in Seithalte (linke Hand bleibt am inneren Griff)
- **Außensitz – vier Galoppsprünge aushalten**
- **analog Innensitz**
- Wiederfassen der rechten Hand an den äußeren Griff
- in gleichmäßigem Fluss Zurückführen des linken, gestreckten Beines zum **Vorwärtssitz**

**Minderung der Übungsqualität**
- mangelnde Beinstreckung
- Rücklage des Oberkörpers
- Rundrücken

- einseitige Belastung der Gesäßknochen

- Beine nicht am Pferd/offen/unruhig

- Abheben des Gesäßes

- Schulterachse versetzt/verdreht

- zu hohe/tiefe Arme
- Handflächen abgewinkelt/verdreht

- siehe Innensitz

**Hauptkriterien**
1. Balance in der Bewegung des Pferdes
2. Haltung

D-Pflicht

*1*

*2*

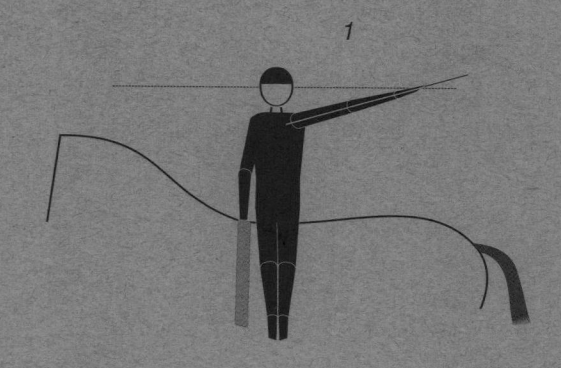

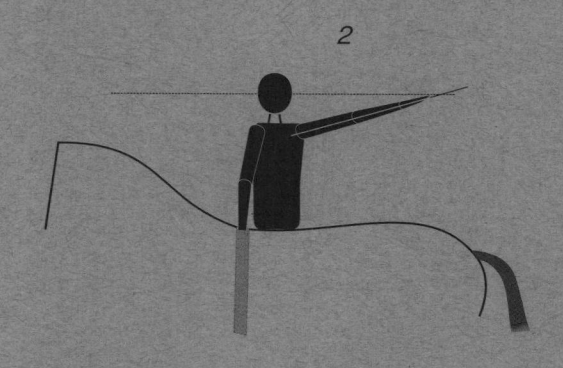

*Seitsitz*

# D-Pflicht

## Knien

### Bewegungsbeschreibung
- gleichzeitiges Aufknien beider Unterschenkel in Hüftbreite parallel zur Wirbelsäule des Pferdes (Fußspitzen gestreckt)
- Aufrichten des Oberkörpers leicht hinter die Senkrechte
- gleichmäßige Gewichtsverteilung von den Knien bis zum Fußrist
- Führen der Arme in Seithalte
- Blickrichtung geradeaus

### Arm-, Hand und Fingerhaltung
- Schulter-, Arm- und Fingerspitzen bilden eine gerade Linie
- Oberlinie der Fingerspitzen auf Augenhöhe
- Finger geschlossen, Handfläche zeigt nach unten

### Abbau
- Senken der Arme und ohne Unterbrechung wieder Anfassen der Griffe
- Eingleiten mit gestreckten Beinen in den Sitz direkt hinter den Gurt

### Hauptkriterien
1. Gleichgewicht
2. Haltung

### Minderung der Übungsqualität
- hartes Aufknien
- breites Knien

- Knien mit Hohlkreuz/Abknicken im Hüftgelenk
- bohrende Knie/Füße

- zu hohe/tiefe Arme
- Handflächen abgewinkelt/verdreht

D-Pflicht

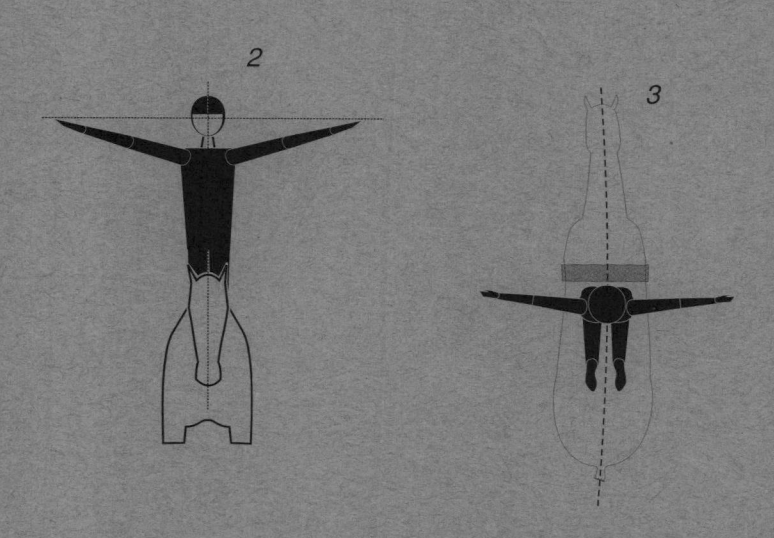

*Knien*

247

# D-Pflicht

## Wende nach innen

### Bewegungsbeschreibung
- aus dem Sitz Ausholen mit gestreckten Beinen nach vorne (Anheben der Beine zum flüchtigen Grätschwinkelsitz)
- schnellkräftiger Rückschwung der gestreckten Beine nach hinten oben
- Abtauchen des Oberkörpers
- Kopf gerade in Verlängerung der Wirbelsäule
- Schließen der Beine während der Aufwärtsbewegung
- kurz vor Erreichen des Umkehrpunktes Abdruck von den Griffen
- beidbeinige Landung mit hüftbreiter Fußstellung, Abfedern in Hüft-, Knie- und Fußgelenken
- Auslaufen in der Bewegungsrichtung des Pferdes

### Minderung der Übungsqualität
- Schwungholen gegen den Galopprhythmus


- mangelndes Abtauchen des Oberkörpers


- Hohlkreuz


- kein bzw. geringer Abdruck
- Landung in Schrittstellung oder x-beinig
- harte Landung (fehlendes Abfedern)

### Hauptkriterien
1. Koordination der Schwungübertragung und der Landung
2. Körperspannung

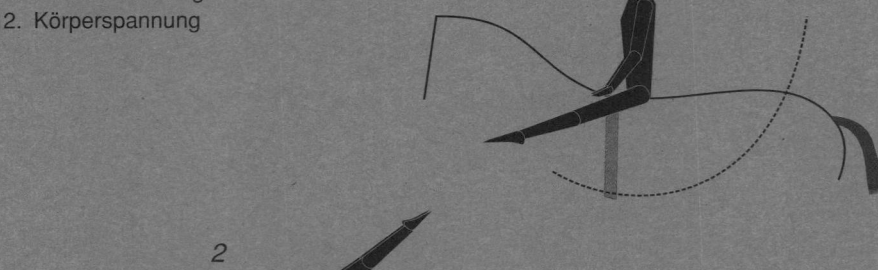

*Wende nach innen*

## C-Gruppen
Die Pflicht besteht aus sieben Übungen, die in zwei Blöcken ausgeführt werden.
1. Pflicht:
   - 1. Block: **Aufsprung**
     **Halbe Mühle (4er-Takt) mit Rückwärtssitz frei**
     **Stützschwung rücklings,** Abgang aus dem
     Rückwärtssitz nach innen
   - 2. Block: **C-Fahne** aus der Bank, Aufhocken zum
     **Stehen**
     **Stützschwung** vorwärts
     **Wende nach außen**
2. Kür:
   Es wird eine frei zusammengestellte Kür verlangt, bei der jedoch neben Einzel- und Doppelübungen auch max. sechs statische Dreierübungen (neben den dazugehörenden Auf-, Ab- und Übergängen) gewertet werden. Zur Ermittlung des Wertes der Schwierigkeit dient der nachfolgende Notenschlüssel.
   Notenschlüssel für den Wert der Schwierigkeit C-Gruppen

| Note | gültige Übungsteile | Schwierigkeitsgrade S | M | L |
|---|---|---|---|---|
| 7,0 | 23 | 11 | 12 | – |
| 6,5 | 21 | 9 | 11 | 1 |
| 6,0 | 19 | 7 | 11 | 1 |
| 5,5 | 18 | 5 | 10 | 3 |
| 5,0 | 16 | 2 | 9 | 5 |
| 4,5 | 14 | – | 7 | 7 |
| 4,0 | 13 | – | 5 | 8 |
| 3,5 | 11 | – | 3 | 8 |
| 3,0 | 10 | – | 2 | 8 |
| 2,5 | 9 | – | 1 | 8 |
| 2,0 | 8 | – | – | 8 |
| 1,5 | 7 | – | – | 7 |
| 1,0 | 6 | – | – | 6 |
| 0,5 | 5 | – | – | 5 |

Bewertung:
Schwierigkeit: max. 7,0 Punkte
Gestaltung: max. 7,0 Punkte
Ausführung: max. 10,0 Punkte

3. Zeit:
   Gesamtzeit für Pflicht und Kür: 11 Minuten
   Höchstzeit für die Kür: 4 Minuten

## Anforderungen/Beschreibungen der C-Pflicht

### Anlaufen, Mitgaloppieren und Aufsprung

| Bewegungsbeschreibung | Minderung der Übungsqualität |
|---|---|
| – parallel zur Longe, Richtung Schulter des Pferdes | |
| – Aufnahme des Galopprhythmus | – falscher Galopprhythmus |
| – Fassen der Griffe, Schulterachse des Voltigierers parallel zu der des Pferdes | – seitliches Mitgaloppieren |
| – Oberkörper aufgerichtet | |
| – Blick geradeaus | – Blick zum Pferd/nach unten |
| – beidbeiniger Absprung mit kurzer Stemmphase | |
| – Schulter- und Beckenachse beim Absprung parallel zu denen des Pferdes | – Fußspitzen zeigen zum Pferd |
| – nach beidbeinigem Absprung Rückschwung des rechten Beines, Höhengewinn durch Schwungübertragung in das Becken (Beckenachse über Schulterachse), linkes Bein zeigt senkrecht nach unten | – mangelnde Beinstreckung |
| | – Kopf oberhalb des Beckens |
| – Absenken des gestreckten rechten Beines an der Außenseite des Pferdes entlang unter gleichzeitigem Aufrichten des Oberkörpers | |
| – Einsitzen direkt hinter dem Gurt | – Landung zu weit hinten/innen/außen |

### Hauptkriterien
1. Becken über dem Pferd
2. Einsitzen unmittelbar hinter dem Gurt

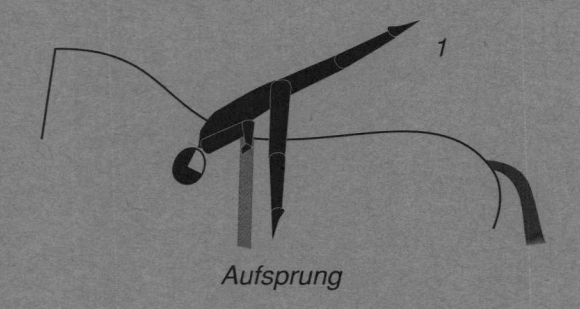

*Aufsprung*

C-Pflicht

## Halbe Mühle – Rückwärts-Sitz frei

- alle Phasen der 180-Grad-Drehung im Sitzen und das Ausstrecken der Arme in Seithalte erfolgen im 4er-Takt. Der Rückwärts-Sitz frei muss mindestens vier Galoppsprünge ausgehalten werden.
- ein Galoppsprung entspricht einem Takt
- Lösen und Wiederfassen der Hände in jeder Phase
- in jeder Sitzphase Schulterachse über der Hüftachse, Blickrichtung im rechten Winkel zur Schulterachse

### Bewegungsbeschreibung
- Führen des rechten, gestreckten Beines im hohen Halbkreisbogen zum Innensitz mit geschlossenen Beinen
- Führen des linken, gestreckten Beines im hohen Halbkreisbogen zum Rw-Sitz

### Minderung der Übungsqualität
- Schulterachse vor, hinter oder seitlich zur Hüftachse
- Rücklage des Oberkörpers
- Rundrücken

### Rückwärts-Sitz frei – vier Galoppsprünge aushalten
- aufrechter, freier Sitz rw hinter dem Gurt (im tiefsten Punkt des Pferderückens)
- Blickrichtung geradeaus nach hinten
- gleichmäßige Belastung beider Gesäßknochen links und rechts der Wirbelsäule
- Schulter- und Hüftachse parallel zu denen des Pferdes
- Kopf, Schulter, Hüfte und Knöchel bilden eine senkrechte Linie Abb. 4 (1)
- Anlegen beider Beine an das Pferd, Knie, Schienbein, Fußrist eine Linie Abb. 4 (2)

- zu weit hinter dem Gurt
- unruhiger Oberkörper

- Abheben des Gesäßes
- mangelnde/fehlerhafte Aufrichtung
- Abknicken in der Hüfte
- Verdrehen im Oberkörper

- Stuhlsitz/Spaltsitz

### Arm-, Hand- und Fingerhaltung
- Ausstrecken der Arme in Seithalte
- Schulter, Arm und Fingerspitzen bilden eine gerade Linie
- Oberlinie der Fingerspitzen auf Augenhöhe
- Finger geschlossen, Handflächen zeigen nach unten

- Handflächen abgewinkelt/verdreht
- zu hohe/tiefe Arme

### Hauptkriterien
1. Balance in der Bewegung des Pferdes
2. Haltung

C-Pflicht

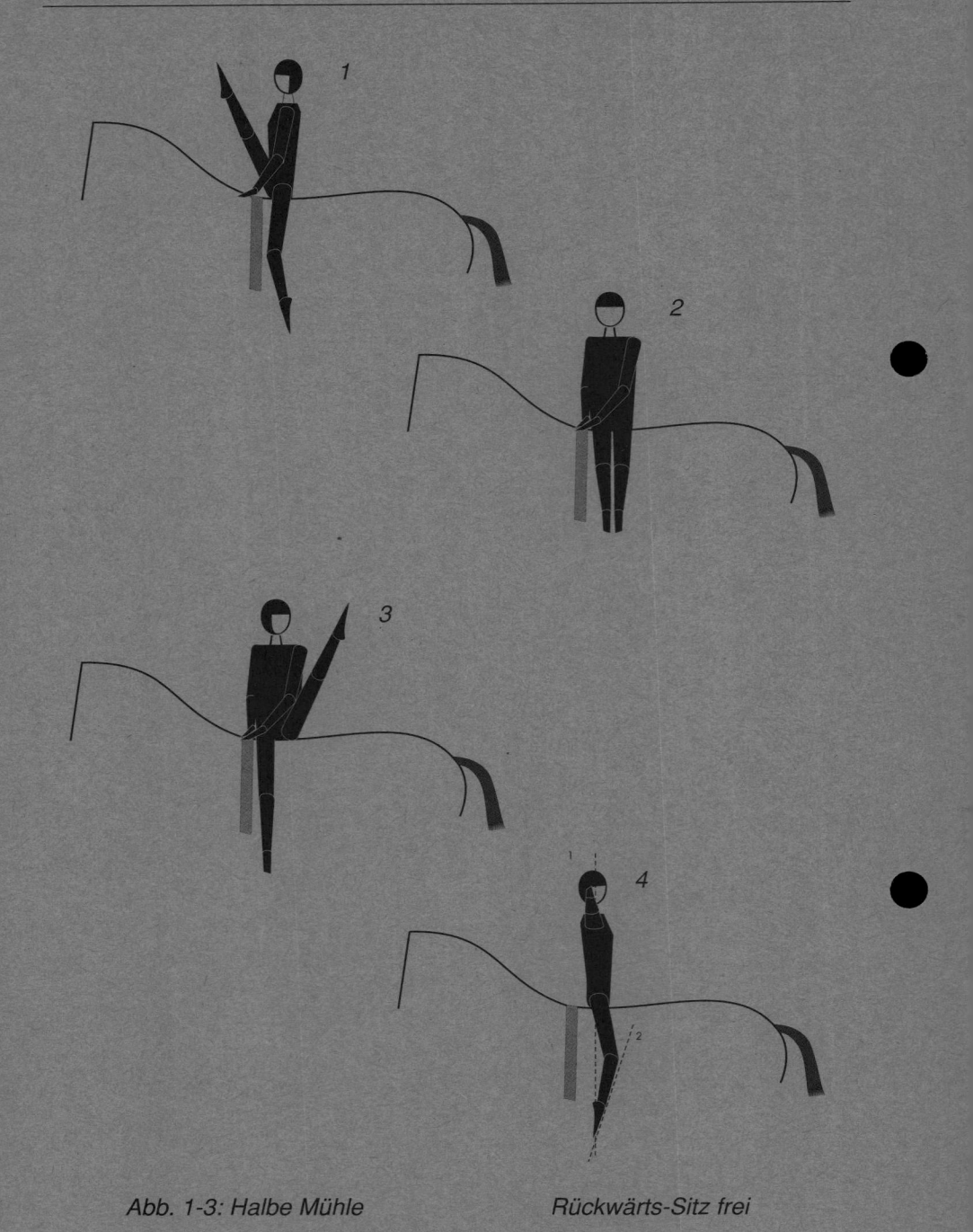

*Abb. 1-3: Halbe Mühle*  　　　　　*Rückwärts-Sitz frei*

## Stützschwung rücklings und Abgang nach innen

### Bewegungsbeschreibung
- aus dem Rw-Sitz über die flüchtige Bogenspannung schnellkräftiger Vorschwung der Beine zum flüchtigen Grätschwinkelstütz rücklings, (Beine pferdebreit) maximale Beckenhöhe bei gestreckten Armen
- Rückführen der Beine zum Rw-Sitz

### Abgang aus dem Rw-Sitz nach innen
- Führen des linken, gestreckten Beines im hohen Halbkreisbogen nach innen, Schließen der Beine und sofortiger Abdruck von den Griffen nach oben, mit gestreckter Hüfte
- beidbeinige Landung innen, Füße parallel in Hüftbreite
- Abfedern in Fuß-, Knie- und Hüftgelenken
- Auslaufen in der Bewegungsrichtung des Pferdes

### Minderung der Übungsqualität
- mangelnder Stütz
- mangelnde Beckenhöhe
- hartes Einsitzen

- Rücklage/Rundrücken
- Verharren im Innensitz
- kein bzw. geringer Abdruck/Abrutschen

- Landung in Schrittstellung oder x-beinig

- zu harte Landung

### Hauptkriterien
1. Beckenhöhe
2. Stütz

*Stützschwung rl*

## C-Fahne – aus der Bank Aufhocken zum Stehen

**Bewegungsbeschreibung**
- beidbeiniges Aufknien diagonal zur Wirbelsäule des Pferdes in die Bankstellung
- Schultern senkrecht über den Griffen, Hände auf die Griffe gefasst, leichtes Beugen der Arme (Abb. 1)
- nacheinander Ausstrecken des rechten Beines und des linken Armes in eine gleichmäßig gebogene Linie über der Horizontalen
- Schulter- und Beckenachse waagerecht und annähernd auf einer Höhe
- gleichmäßige Gewichtsverteilung auf Stützarm und -bein
- Winkel zwischen Oberkörper und linkem Oberschenkel annähernd 90 Grad
- Blickrichtung geradeaus
- Längsachse des Voltigierers entspricht der Längsachse des Pferdes (Abb. 3)
- linke Hand, linker Arm, Rücken, rechtes Bein und rechter Fuß bilden eine gleichmäßig gebogene Linie über der Horizontalen mit freier Kopfhaltung (Abb. 2)

**Minderung der Übungsqualität**
- übertriebenes Aufknien

- Schultern zu weit vorne/hinten
- Ellbogen abgespreizt/durchgedrückt

- übertriebener Bogen/Knick in der Lendenwirbelsäule

- bohrendes Knie/bohrender Fuß

- Längsachse nicht parallel zu der des Pferdes

- unphysiologischer Knick im Rücken
- mangelnde Schulterbeweglichkeit/ ausgedrehte Hüfte

**Abbau**
- gleichzeitiges Absenken von Arm und Bein in die Bankstellung
- Blickrichtung geradeaus

**Hauptkriterien**
1. Gleichgewicht
2. Bewegungsweite im Schulter- und Hüftgelenk

C-Pflicht

*1*

*2*

*3*

*4*

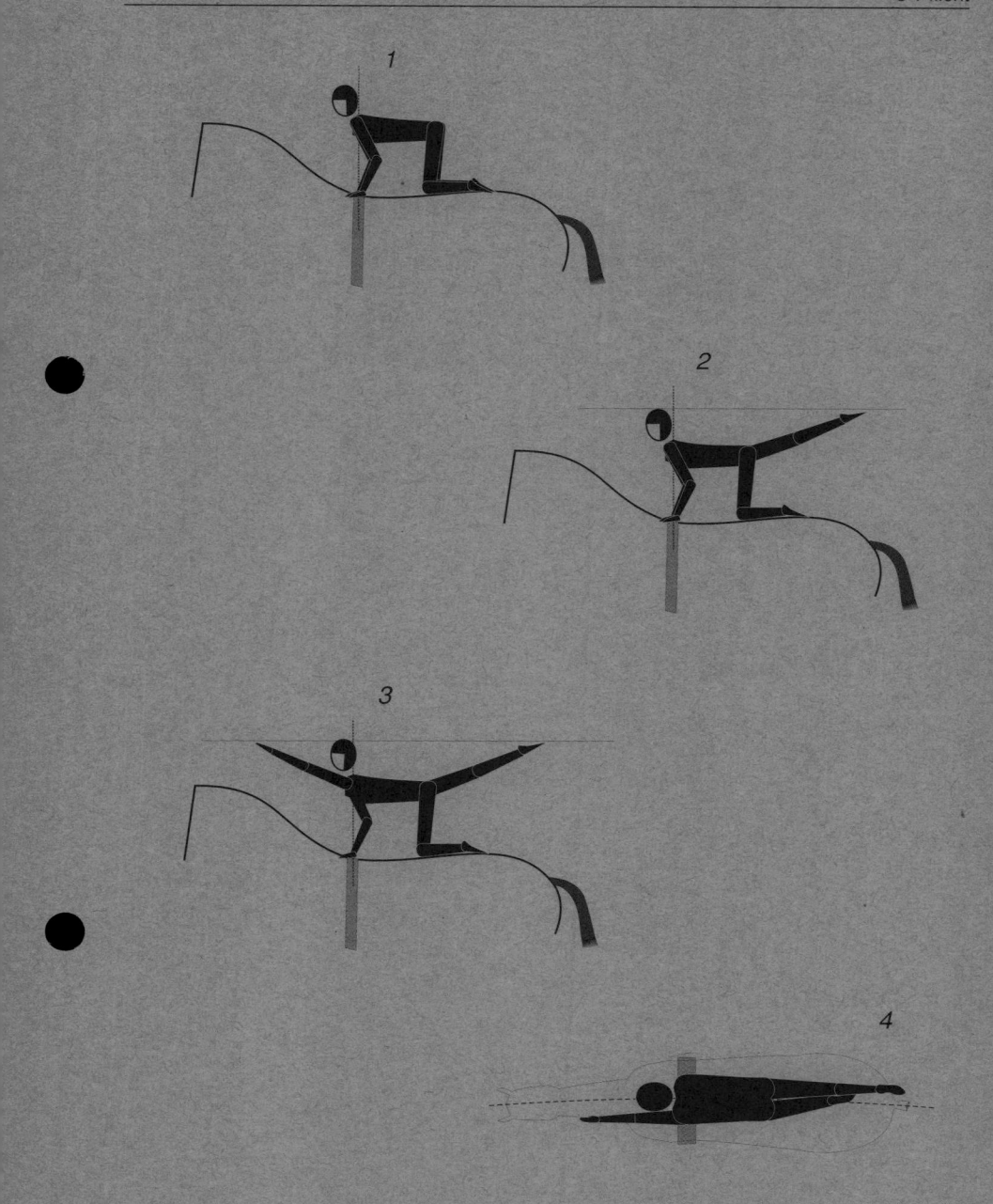

*C-Fahne*

# C-Pflicht

## Stehen

### Bewegungsbeschreibung
- Aufhocken aus der Bankstellung
- hüftbreite Fußstellung, ganze Fußsohle belastet
- Fußspitzen und Knie zeigen nach vorne
- Aufnahme der Galoppbewegung mit Fuß-, Knie- und Hüftgelenken
- gleichzeitiges Lösen der Hände von den Griffen
- zügiges Aufrichten des Oberkörpers bis zur Senkrechten, danach Führen der Arme in die Seithalte
- freies, aufrechtes Stehen hinter dem Gurt

- Blickrichtung geradeaus

### Arm-, Hand- und Fingerhaltung
- Schulter, Arm, Fingerspitzen bilden gerade Linie
- Oberlinie der Fingerspitzen auf Augenhöhe
- Finger geschlossen, Handflächen zeigen nach unten

### Abbau
- Senken der Arme und ohne Unterbrechung Wiederfassen der Griffe
- mit gestreckten Beinen Eingleiten in den Sitz direkt hinter den Gurt

### Hauptkriterien
1. Gleichgewicht
2. Haltung

### Minderung der Übungsqualität
- Aufstellen der Füße nacheinander
- zu breite Fußstellung
- Abheben der Fersen/bohrende Zehen
- Fußspitzen zeigen nach schräg außen

- mangelndes Mitgehen in der Galoppbewegung in Fuß-, Knie- und Hüftgelenken

- steife Knie/zu tiefe Hockstellung
- Stehen vor/hinter der Senkrechten
- Gleichgewichtsverlust

C-Pflicht

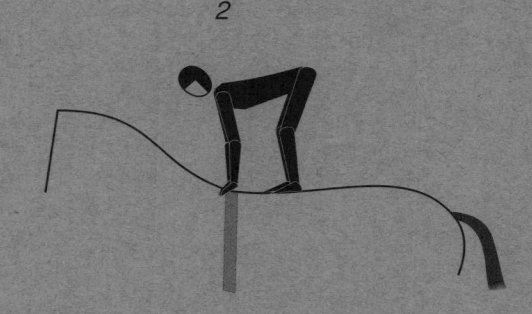

*Aufhocken aus der Bank zum Stehen*

*Stehen*

## Stützschwung

**Bewegungsbeschreibung**
- über den flüchtigen Grätschwinkelsitz schnellkräftiger Rückschwung der gestreckten Beine nach hinten oben
- Abtauchen des Oberkörpers nach vorne
- Kopf gerade in Verlängerung der Wirbelsäule
- Schließen der Beine während der Aufwärtsbewegung in den Handstütz
- durch Beugen der Hüfte mit gestreckten Beinen am Pferd entlang Eingleiten zum Vorwärtssitz direkt hinter den Gurt

**Minderung in der Übungsqualität**

- mangelndes Abtauchen


- Hohlkreuz
- hartes Einsitzen

**Hauptkriterium**
Höhe und Lage des Schwerpunktes

C-Pflicht

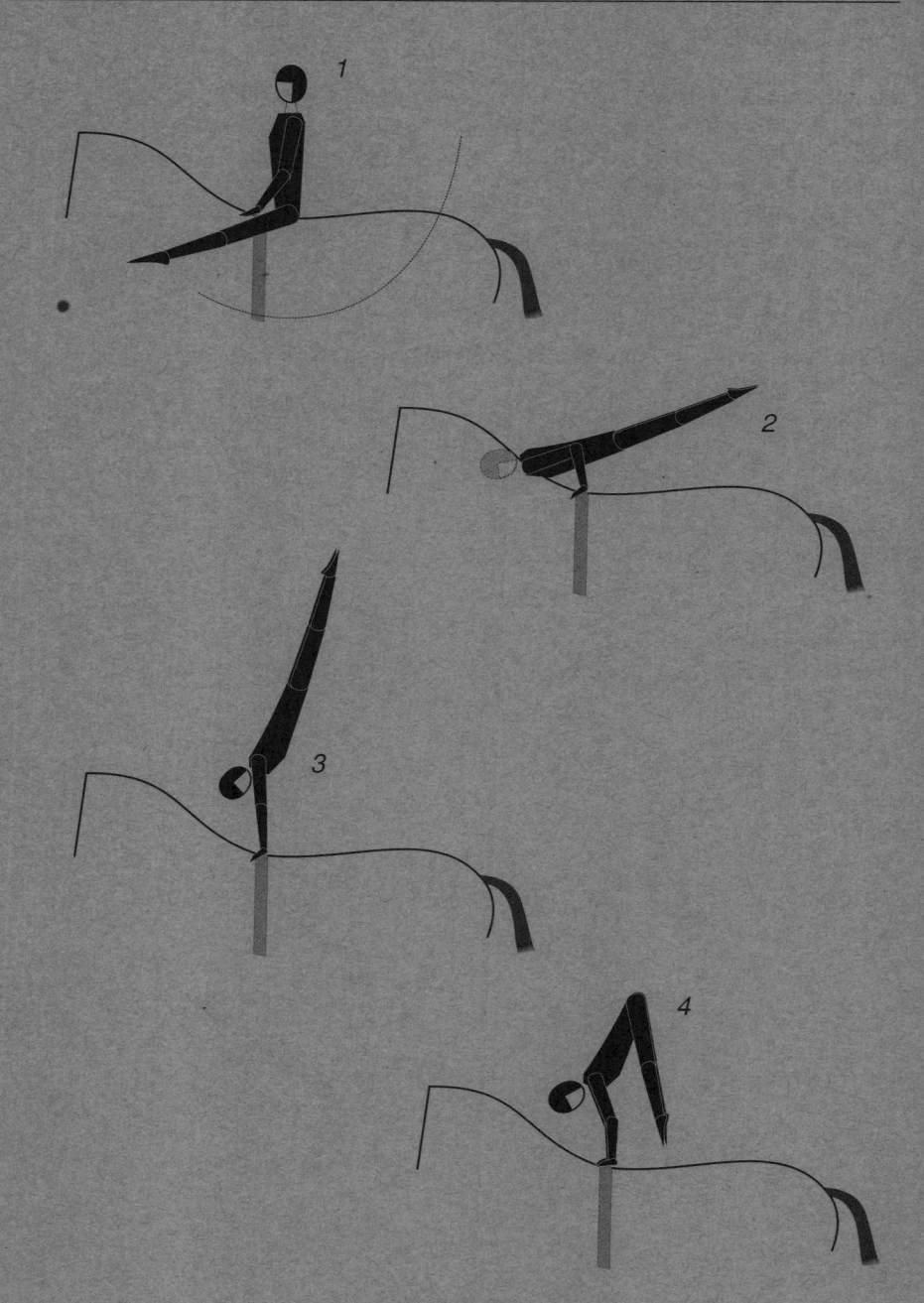

*Stützschwung*

## C-Pflicht

## Wende nach außen

### Bewegungsbeschreibung
- über den flüchtigen Grätschwinkelsitz schnellkräftiger Rückschwung der gestreckten Beine nach hinten oben
- Abtauchen des Oberkörpers nach vorne
- Kopf gerade in Verlängerung der Wirbelsäule
- Schließen der Beine während der Aufwärtsbewegung
- kurz vor Erreichen des Umkehrpunktes Abdruck von den Griffen
- beidbeinige Landung mit hüftbreiter Fußstellung
- Abfedern in Hüft-, Knie- und Fußgelenken
- Auslaufen in der Bewegungsrichtung des Pferdes

### Minderung in der Übungsqualität
- mangeldes Abtauchen des Oberkörpers
- Schwungholen gegen den Galopprhythmus
- Hohlkreuz
- kein bzw. geringer Abdruck
- Landung in Schrittstellung/x-beinig
- harte Landung (fehlendes Abfedern)

### Hauptkriterium
Koordination der Schwungübertragung und der Landung

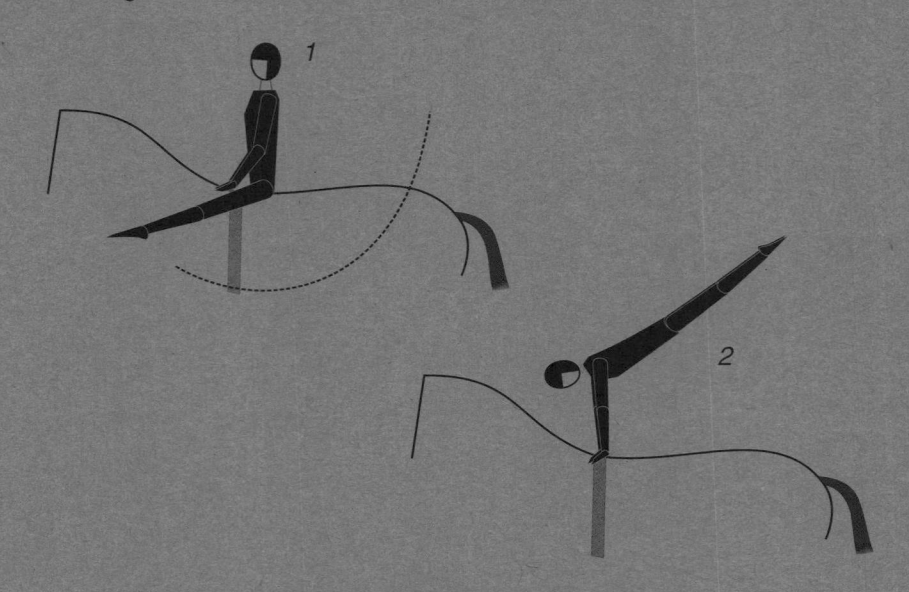

*Wende nach außen*

## A/B-Gruppen:
1. Pflicht:
   Die Pflicht besteht aus sechs Übungen, die in zwei Blöcken ausgeführt werden:
   - 1. Block: **Aufsprung**
     **Fahne**
     **Mühle**
     Abgang nach innen
   - 2. Block: **Schere**
     **Stehen**
     **Flanke**

   1.1 Kurzpflicht für A/B-Gruppen: (möglich für LP der Kat. A mit zwei Durchgängen)
   **Erster Vorschlag:**
   Aufsprung ins Knien, aus dem Knien in die
   Fahne, daraus
   Stehen, daraus Eingleiten in Rw-Sitz
   Schere 2. Teil
   3/4-Mühle rechtsherum bis Innensitz
   2. Teil Flanke
   **Zweiter Vorschlag:**
   Aufsprung ins Knien, aus dem Knien in die
   Fahne, daraus
   Stehen
   Schere
   1. Teil Flanke zum Innensitz
   3/4-Mühle mit Abgang nach innen
   **Dritter Vorschlag:**
   Aufsprung in den Außensitz
   3/4-Mühle rechtsherum
   Fahne, daraus
   Stehen, daraus Eingleiten in den Innensitz
   2. Teil Flanke

2. Kür:
   Es wird eine frei zusammengestellte Kür verlangt, die aus Einzel-, Doppel- und Dreierübungen bestehen kann. Es dürfen nicht mehr als drei Voltigierer gleichzeitig auf dem Pferd/Pony sein. Die 35 schwierigsten Übungsteile zählen S 0,3 / M 0,2 / L 0,1.
   Bewertung:
   Schwierigkeit:   max. 10,0 Punkte
   Gestaltung:      max. 10,0 Punkte
   Ausführung:      max. 10,0 Punkte

3. Zeit:
   Erlaubte Gesamtzeit für Pflicht und Kür:    12.30 Minuten
   Höchstzeit für die Kür:                      5 Minuten

A/B-Pflicht und Einzel-Pflicht

## Einzel
1. Pflicht:
   Die Pflicht besteht aus sechs Übungen, die in zwei Blöcken ausgeführt werden:
   1. Block: **Aufsprung**
   **Fahne**
   **Mühle**
   Bodensprung
   2. Block: **Schere**
   **Stehen**
   **Flanke**

2. Kür:
   Die zehn schwierigsten Übungsteile zählen HS 1,3 / S 0,9 / M 0,4
   Bewertung:
   Schwierigkeit:  max. 10,0 Punkte
   Gestaltung:     max. 10,0 Punkte
   Ausführung:     max. 10,0 Punkte
   Wird die Mindestzahl von sieben bewertbaren Übungsteilen nicht erreicht, wird die gesamte Kür mit 0 bewertet.
   Kurzkür für Einzelvoltigierer (möglich für LP Kat. A mit zwei Durchgängen)
   **Anforderungen:**
   Folgende acht Kürelemente müssen in der Kurzkür enthalten sein, um die Höchstpunktzahl 8,0 für den Wert der Schwierigkeit zu erreichen:
   → Aufsprung in den Schulterhang außen
   → Schulterstand vw
   → Prinzensitz sw
   → Stehen rw
   → Bodensprung
   → Rolle vw
   → Positionswechsel Rücken/Hals bzw. Hals/Rücken (Radbewegung)
   → Kürabgang
   Die geforderten Kürelemente müssen den Schwierigkeitsgrad S haben.
   Bewertung:
   Schwierigkeit:  max. 8,0 Punkte
   Pro nicht gezeigtem (bzw. nicht drei Galoppsprünge ausgehaltenem statischen) Übungsteil werden 1,0 Punkte vom Wert der Schwierigkeit abgezogen. Die einzelnen Teilelemente können in beliebiger Reihenfolge, auch ergänzt mit anderen frei gewählten Übungen, gezeigt werden.
   Gestaltung:     max. 10,0 Punkte
   0,5 Punkte Abzug in der Gestaltung auch bei Unterschreiten der Mindestzeit von 50 Sekunden
   Ausführung:     max. 10,0 Punkte
   Die Kurzkür wird getrennt nach Wert der Schwierigkeit, Gestaltung und Ausführung im Verhältnis 1:2:3 bewertet.

3. Zeit:
   Pflicht: keine Zeitmessung, die Übungen müssen unmittelbar nacheinander geturnt werden.
   Höchstzeit für die Kür:   1 Minute
   Kurzkür: Mindestzeit:     50 Sekunden
   Höchstzeit:               60 Sekunden

# A/B-Pflicht und Einzel-Pflicht

## Anforderungen/Beschreibungen der A/B-Pflicht und Einzel-Pflicht

### Anlaufen, Mitgaloppieren und Aufsprung

**Bewegungsbeschreibung**
- parallel zur Longe, Richtung Schulter des Pferdes
- Aufnahme des Galopprhythmus
- Fassen der Griffe, Schulterachse des Voltigierers parallel zu der des Pferdes
- Oberkörper aufgerichtet
- Blick geradeaus
- beidbeiniger Absprung mit kurzer Stemmphase
- Schulter- und Beckenachse beim Absprung parallel zu denen des Pferdes
- Höhengewinn durch Schwungübertragung des rechten Beines in das Becken, Durchdrücken der Arme zum Erreichen der maximalen Beckenhöhe
- Körperschwerpunkt am Umkehrpunkt senkrecht über den Griffen, linkes Bein zeigt senkrecht nach unten, rechtes nach oben
- Absenken des gestreckten rechten Beines an der Außenseite des Pferdes entlang unter gleichzeitigem Aufrichten des Oberkörpers
- Eingleiten zum Sitz hinter dem Gurt

**Minderung der Übungsqualität**
- falscher Galopprhythmus
- seitliches Mitgaloppieren


- Blick zum Pferd/nach unten


- Körper zum Pferd gedreht

- Auflegen der Schulter auf den Hals

- geringe Höhe des Schwerpunktes

- Schwerpunkt zu weit hinter dem Gurt

- mangelnde Spreizfähigkeit




- hartes Einsitzen
- Landung zu weit hinten/innen/außen

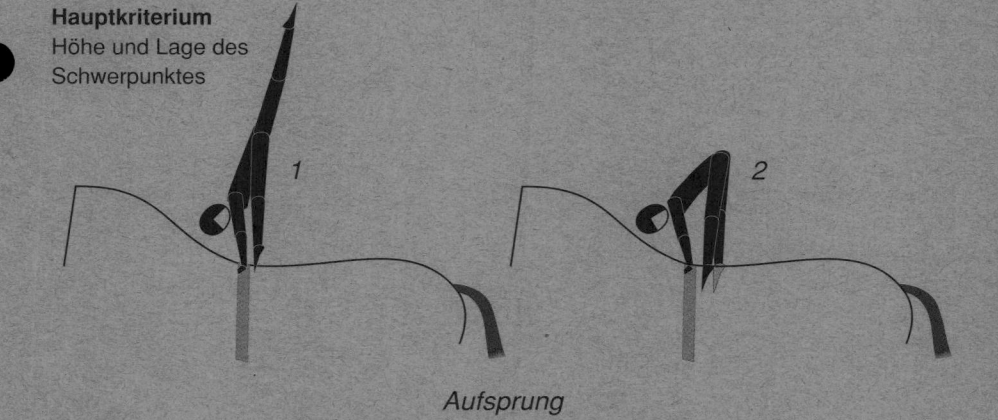

**Hauptkriterium**
Höhe und Lage des Schwerpunktes

*Aufsprung*

## A/B-Fahne

### Bewegungsbeschreibung
- beidbeiniges Aufknien diagonal zur Wirbelsäule des Pferdes in die Bankstellung
- Schultern senkrecht über den Griffen, Hände auf die Griffe gefasst, leichtes Beugen der Arme (Abb. 1)
- gleichzeitiges Ausstrecken des rechten Beines und linken Armes in eine gleichmäßig gebogene Linie über der Horizontalen
- Schulter- und Beckenachse waagerecht und annähernd auf einer Höhe
- gleichmäßige Gewichtsverteilung auf Stützarm und -bein
- Winkel zwischen Oberkörper und linkem Oberschenkel annähernd 90 Grad
- Blickrichtung geradeaus
- Längsachse des Voltigierers entspricht Längsachse des Pferdes (Abb. 3)
- linke Hand, linker Arm, Rücken, rechtes Bein und rechter Fuß bilden eine gleichmäßig gebogene Linie über der Horizontalen mit freier Kopfhaltung (Abb. 2)

### Abbau
- gleichzeitiges Absenken von Arm und Bein (Bein gestreckt an der Außenseite des Pferdes)
- Fassen des Griffes
- Einsitzen hinter dem Gurt
- Blickrichtung geradeaus

### Hauptkriterien
1. Gleichgewicht
2. Bewegungsweite im Schulter- und Hüftgelenk

### Minderung in der Übungsqualität
- übertriebenes Aufknien

- Schultern zu weit vorne/hinten
- Ellbogen abgespreizt/durchgedrückt

- Sichelarm
- übertriebener Bogen/Knick in der Lendenwirbelsäule

- bohrendes Knie/bohrender Fuß

- Stützbein zu weit vorne/hinten

- Längsachsen nicht parallel

- unphysiologischer Knick im Rücken

- mangelnde Schulterbeweglichkeit/ ausgedrehte Hüfte

A/B-Pflicht und Einzel-Pflicht

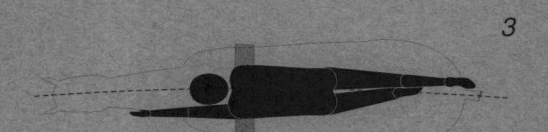

*A/B Einzel Fahne*

265

## A/B-Pflicht und Einzel-Pflicht

### Mühle und Abgang nach innen

- alle Phasen der 360-Grad-Drehung im Sitzen erfolgen im 4er-Takt
- ein Galoppsprung entspricht einem Takt
- Lösen und Wiederfassen der Hände in jeder Phase
- in jeder Sitzphase Schulterachse über der Hüftachse, Blickrichtung im rechten Winkel zur Schulterachse
- **der Abgang nach innen erfolgt im 4er-Takt**

#### Bewegungsbeschreibung
- Führen des rechten, gestreckten Beines im hohen Halbkreisbogen zum Innensitz mit geschlossenen Beinen
- Führen des linken, gestreckten Beines im hohen Halbkreisbogen zum Rw-Sitz

- Führen des rechten, gestreckten Beines im hohen Halbkreisbogen zum Außensitz mit geschlossenen Beinen
- Führen des linken, gestreckten Beines im hohen Halbkreisbogen zum Vw-Sitz

#### Minderung in der Übungsqualität
- Schulterachse vor, hinter oder seitlich zur Hüftachse
- Rücklage des Oberkörpers
- Rundrücken
- Stuhlsitz im Rw-Sitz
- Ruhebein unruhig/nicht am Pferd
- Abheben des Gesäßes

#### Abgang nach innen
- Führen des rechten, gestreckten Beines im hohen Halbkreisbogen nach innen, Schließen der Beine und unmittelbarer Abdruck von den Griffen nach oben mit gestreckter Hüfte
- beidbeinige Landung innen, Füße parallel in Hüftbreite
- Abfedern in Fuß-, Knie- und Hüftgelenken
- Auslaufen in der Bewegungsrichtung des Pferdes

- Rücklage, Rundrücken

- Verharren im Innensitz
- Abrutschen/kein bzw. geringer Abdruck

- Landung in Schrittstellung/x-beinig

- zu harte Landung (fehlendes Abfedern)

### Hauptkriterien
1. ausbalancierter, aufrechter Sitz
2. Bewegungsweite

A/B-Pflicht und Einzel-Pflicht

*Mühle*

267

A/B-Pflicht und Einzel-Pflicht

Mühle

268  Druck: April 2000

## Schere

**Bewegungsbeschreibung**
**1. Teil**
- über den flüchtigen Grätschwinkelsitz schnellkräftiger Rückschwung der gestreckten Beine in den Handstütz (Beine pferdebreit geöffnet)
- während des Hochschwingens Einleiten der Beckendrehung nach links (ohne Beinbeteiligung)
- um den Umkehrpunkt herum aneinander Vorbeiführen der Beine (rechtes Bein nach innen, linkes Bein nach außen)
- in der Abwärtsbewegung Fortsetzung der Beckendrehung und Einsitzen zum Rw-Sitz
- Umgreifen der Hände

**2. Teil**
- aus dem Rw-Sitz über die flüchtige Bogenspannung schnellkräftiger Vorschwung der Beine zum flüchtigen Grätschwinkelstütz rücklings, maximale Beckenhöhe bei gestreckten Armen
- Beine pferdebreit geöffnet
- während des Hochschwingens Einleiten der Beckendrehung ohne Beinbeteiligung
- um den Umkehrpunkt herum aneinander Vorbeiführen der Beine (rechtes Bein nach außen, linkes Bein nach innen)
- während des Absenkens zum Vw-Sitz Vollendung der Beckendrehung
- Umgreifen der Hände

**Minderung in der Übungsqualität**

- Hohlkreuz

- fehlende Beckendrehung

- „Propellerschere"

- Füße nicht auf einer Höhe
- harte Landung

- keine aktive Beckendrehung

- Landung nicht in der Längsachse des Pferdes
- harte Landung

**Hauptkriterien**
1. Koordination der Scherbewegung
2. Höhe und Lage des Schwerpunktes

A/B-Pflicht und Einzel-Pflicht

*Schere*

270
Druck: April 2000

A/B-Pflicht und Einzel-Pflicht

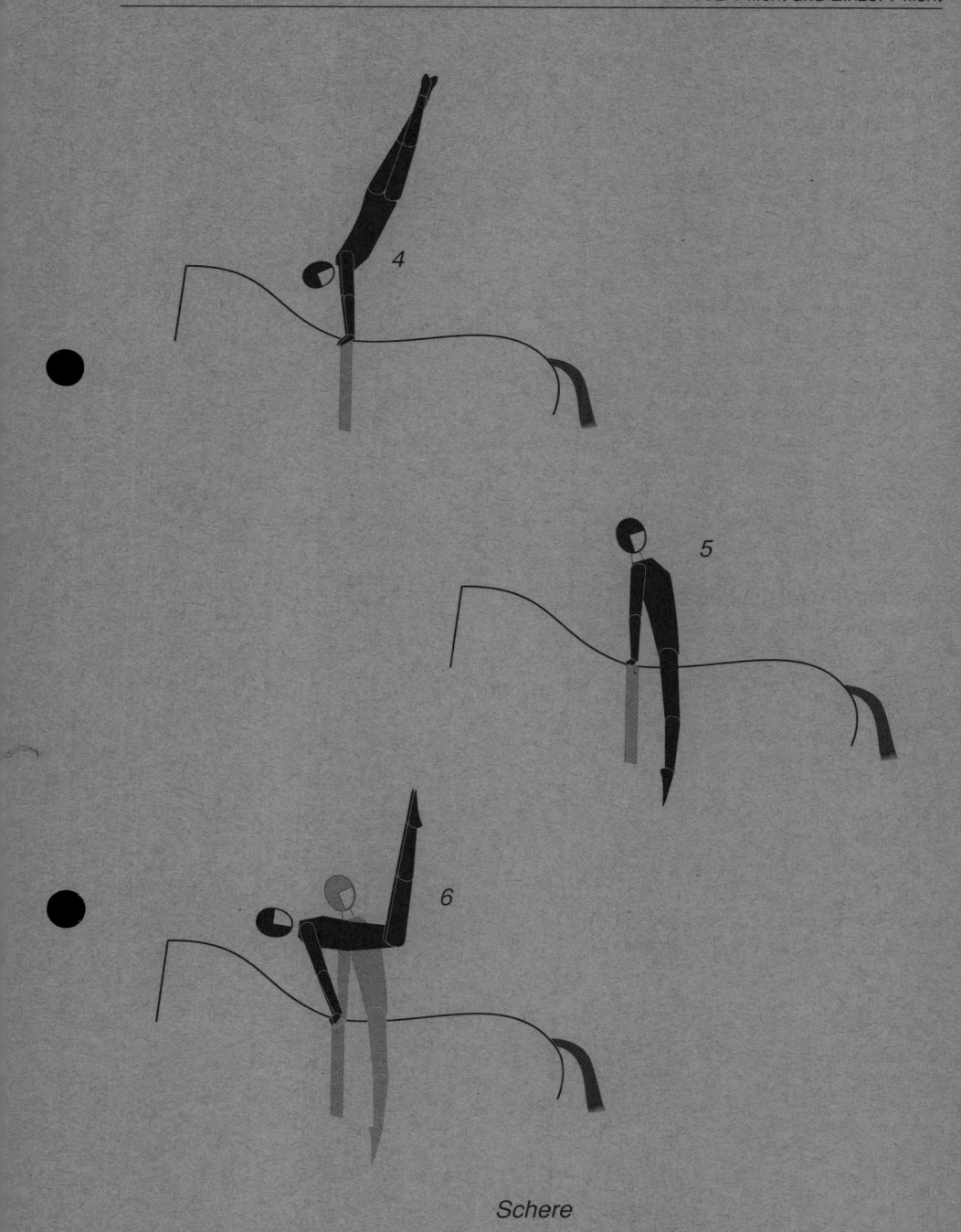

*Schere*

271

## Stehen

### Bewegungsbeschreibung
- Aufhocken über die flüchtige Bankstellung
- hüftbreite Fußstellung, ganze Fußsohle belastet
- Fußspitzen und Knie zeigen nach vorne
- Aufnahme der Galoppbewegung mit Fuß-, Knie- und Hüftgelenken
- gleichzeitiges Lösen der Hände von den Griffen
- zügiges Aufrichten des Oberkörpers bis zur Senkrechten, danach Führen der Arme in die Seithalte
- freies, aufrechtes Stehen hinter dem Gurt

- Blickrichtung geradeaus

### Arm-, Hand- und Fingerhaltung
- Schulter – Arm – Fingerspitzen bilden eine gerade Linie
- Oberlinie der Fingerspitzen auf Augenhöhe
- Finger geschlossen, Handflächen zeigen nach unten

### Abbau
- Senken der Arme und ohne Unterbrechung wieder Anfassen der Griffe
- mit gestreckten Beinen Eingleiten in den Sitz direkt hinter dem Gurt

### Haupkriterien
1. Gleichgewicht
2. Haltung

### Minderung der Übungsqualität

- zu breite Fußstellung
- Abheben der Fersen/bohrende Zehen
- Fußspitzen zeigen nach schräg außen

- Gleichgewichtsverlust
- Stehen vor/hinter der Senkrechten
- steife Knie/zu tiefe Hockstellung

A/B-Pflicht und Einzel-Pflicht

*Stehen*

# A/B-Pflicht und Einzel-Pflicht

## Flanke

| Bewegungsbeschreibung | Minderung in der Übungsqualität |
|---|---|

**1. Teil**
- über den flüchtigen Grätschwinkelsitz schnellkräftiger Rückschwung der gestreckten Beine in den Handstütz — Hohlkreuz
- maximales Beugen der Hüfte mit geschlossenen und gestreckten Beinen, Eingleiten zum aufrechten Seitsitz innen (mit der Außenseite des rechten Beines am Pferd entlang) — hartes Einsitzen
- Blickrichtung im rechten Winkel zur Schulterachse

**2. Teil**
- über den flüchtigen Winkelsitz innen, schnellkräftiger Rückschwung der gestreckten und geschlossenen Beine
  - Aufgeben der Sitzposition
  - einbeiniges Schwungholen
  - Hohlkreuz
- kurz vor Erreichen der maximalen Höhe Abdruck nach oben/außen mit Höhengewinn in der Flugphase
  - nach außen wegschleudern
  - kein bzw. geringer Abdruck
- beidbeinige, hüftbreite Landung
- Abfedern in Hüft-, Knie- und Fußgelenken, Auslaufen in der Bewegungsrichtung des Pferdes

## Hauptkriterium
Höhe und Lage des Schwerpunktes

A/B-Pflicht und Einzel-Pflicht

*Flanke*

275

Einzel-Pflicht

## Bodensprung zwischen Mühle und Schere

### Bewegungsbeschreibung
- Aufrechter Sitz
- Führen des rechten, gestreckten Beines im hohen Halbkreisbogen nach innen
- unmittelbarer Abgang mit geschlossenen Beinen nach innen mit sofortigem Wiederaufsprung ohne Loslassen der Griffe (für den Wiederaufsprung gelten die Kriterien des A/B-Aufsprunges)

## Einzelvoltigieren

### Minderung der Übungsqualität

- Verharren im Innensitz
- Landung/bzw. Absprung gegen den Galopprhythmus
- Körper zum Pferd gedreht
- mangelnde Höhe des Schwerpunktes
- hartes Einsitzen

### Hauptkriterien
1. Höhe und Lage des Körperschwerpunktes
2. „Timing"

Doppelvoltigieren

### Doppel
Die 15 schwersten Übungsteile (S und M) zählen für den Wert der Schwierigkeit
S 0,7 / M 0,3 / L ohne Punktwert
Für die Höchstnote 10 werden also mindestens 14 S-Teile verlangt. Sind keine S-Teile in der Kür enthalten, so werden höchstens 15 M-Teile berücksichtigt = Wertnote 4,5.
Wird die Mindestzahl von 10 bewertbaren Übungsteilen nicht erreicht, wird als Gesamtnote die Wertnote 0 gegeben.
→ Schwierigkeit:         max. 10,0 Punkte
→ Gestaltung:            max. 10,0 Punkte
→ Ausführung:            max. 10,0 Punkte
   Abzüge werden durch zwei dividiert.
   Zeit:                 max. 2 Minuten

# Hinweis:
Der LPO-Anhang Voltigieren (Kürkatalog, Formblätter) kann zum Selbstkostenpreis beim **FN***verlag*, Warendorf, separat angefordert werden!

# Anhang

## Wettkampfordnung für Menschen mit Behinderung im Pferdesport

Die LPO hat auch für behinderte Turnierteilnehmer volle Gültigkeit mit folgenden Ergänzungen:
Der Veranstalter kann bei der LK beantragen, dass für behinderte Turnierteilnehmer die Ausschreibung von WB Kat. C und Dressur-LP Kat. B überregional erfolgt.
Behinderte Reiter/Fahrer erhalten einen Sportgesundheitspass, in dem ggf. die Einschränkungen der Reitsporttauglichkeit (z. B. kein Springen) und die zugelassenen kompensatorischen Hilfsmittel eingetragen werden. Der Sportgesundheitspass wird auf Antrag vom Deutschen Kuratorium für Therapeutisches Reiten e.V. (DKThR) ausgestellt.
Es werden nur solche Hilfsmittel zugelassen, die nicht die Einwirkung des Reiters/Fahrers unterstützen, sondern lediglich seine behinderungsbedingten Fehlfunktionen kompensieren. Unter zusätzlicher Berücksichtigung der individuellen Beeinträchtigung werden für die Reiter z. B. genehmigt: Spezialzügel, Spezialreithandschuhe, Spezialsättel und Spezialbügel. Für die Fahrer z. B. spezielle Wagen, spezielle Geschirrtechnik, spezielle Sitzposition.
Sehbehinderten und Blinden wird eine Einweisung (Orientierungshilfe) in das Viereck oder den Parcours durch ihre Betreuer gestattet.
Hörbehinderten und Gehörlosen wird das auswendige Reiten der Dressuraufgaben gestattet.
Weitere Ausführungsbestimmungen siehe DKThR-Wettkampfordnung; die DKThR-Wettkampfordnung gilt insofern als Bestandteil der LPO.

## Tabelle 1 a
### für die Umwertung von Strafpunkten aus Springprüfungen und Hindernisfahren in Wertnoten nach dem System 10,00 bis 0,00

Formel: $10 - \dfrac{\text{Fehlersumme} \times 10}{\text{Zahl der Hindernisse} \times 3} = \text{Wertnote}$

| Straf-punkte | \multicolumn{12}{c}{Zahl der Hindernisse} |
|---|---|---|---|---|---|---|---|---|---|---|---|
|  | 6 | 7 | 8 | 9 | 10 | 11 | 12 | 13 | 14 | 15 | 16 | 17 |
| 1 | 9,44 | 9,52 | 9,58 | 9,63 | 9,67 | 9,70 | 9,72 | 9,74 | 9,76 | 9,78 | 9,79 | 9,80 |
| 2 | 8,89 | 9,05 | 9,17 | 9,26 | 9,33 | 9,39 | 9,44 | 9,49 | 9,52 | 9,56 | 9,58 | 9,61 |
| 3 | 8,33 | 8,57 | 8,75 | 8,89 | 9,00 | 9,09 | 9,17 | 9,23 | 9,29 | 9,33 | 9,38 | 9,41 |
| 4 | 7,78 | 8,10 | 8,33 | 8,52 | 8,67 | 8,79 | 8,89 | 8,97 | 9,05 | 9,11 | 9,17 | 9,22 |
| 5 | 7,22 | 7,62 | 7,92 | 8,15 | 8,33 | 8,48 | 8,61 | 8,72 | 8,81 | 8,89 | 8,96 | 9,02 |
| 6 | 6,67 | 7,14 | 7,50 | 7,78 | 8,00 | 8,18 | 8,33 | 8,46 | 8,57 | 8,67 | 8,75 | 8,82 |
| 7 | 6,11 | 6,67 | 7,08 | 7,41 | 7,67 | 7,88 | 8,06 | 8,21 | 8,33 | 8,44 | 8,54 | 8,63 |
| 8 | 5,56 | 6,19 | 6,67 | 7,04 | 7,33 | 7,58 | 7,78 | 7,95 | 8,10 | 8,22 | 8,33 | 8,43 |
| 9 | 5,00 | 5,71 | 6,25 | 6,67 | 7,00 | 7,27 | 7,50 | 7,69 | 7,86 | 8,00 | 8,13 | 8,24 |
| 10 | 4,44 | 5,24 | 5,83 | 6,30 | 6,67 | 6,97 | 7,22 | 7,44 | 7,62 | 7,78 | 7,92 | 8,04 |
| 11 | 3,89 | 4,76 | 5,42 | 5,93 | 6,33 | 6,67 | 6,94 | 7,18 | 7,38 | 7,56 | 7,71 | 7,84 |
| 12 | 3,33 | 4,29 | 5,00 | 5,56 | 6,00 | 6,36 | 6,67 | 6,92 | 7,14 | 7,33 | 7,50 | 7,65 |
| 13 | 2,78 | 3,81 | 4,58 | 5,19 | 5,67 | 6,06 | 6,39 | 6,67 | 6,90 | 7,11 | 7,29 | 7,45 |
| 14 | 2,22 | 3,33 | 4,17 | 4,81 | 5,33 | 5,76 | 6,11 | 6,41 | 6,67 | 6,89 | 7,08 | 7,25 |
| 15 | 1,67 | 2,86 | 3,75 | 4,44 | 5,00 | 5,45 | 5,83 | 6,15 | 6,43 | 6,67 | 6,88 | 7,06 |
| 16 | 1,11 | 2,38 | 3,33 | 4,07 | 4,67 | 5,15 | 5,56 | 5,90 | 6,19 | 6,44 | 6,67 | 6,86 |
| 17 | 0,56 | 1,90 | 2,92 | 3,70 | 4,33 | 4,85 | 5,28 | 5,64 | 5,95 | 6,22 | 6,46 | 6,67 |
| 18 | 0,00 | 1,43 | 2,50 | 3,33 | 4,00 | 4,55 | 5,00 | 5,38 | 5,71 | 6,00 | 6,25 | 6,47 |
| 19 |  | 0,95 | 2,08 | 2,96 | 3,67 | 4,24 | 4,72 | 5,13 | 5,48 | 5,78 | 6,04 | 6,27 |
| 20 |  | 0,48 | 1,67 | 2,59 | 3,33 | 3,94 | 4,44 | 4,87 | 5,24 | 5,56 | 5,83 | 6,08 |
| 21 |  | 0,00 | 1,25 | 2,22 | 3,00 | 3,64 | 4,17 | 4,62 | 5,00 | 5,33 | 5,63 | 5,88 |
| 22 |  |  | 0,83 | 1,85 | 2,67 | 3,33 | 3,89 | 4,36 | 4,76 | 5,11 | 5,42 | 5,69 |
| 23 |  |  | 0,42 | 1,48 | 2,33 | 3,03 | 3,61 | 4,10 | 4,52 | 4,89 | 5,21 | 5,49 |
| 24 |  |  | 0,00 | 1,11 | 2,00 | 2,73 | 3,33 | 3,85 | 4,29 | 4,67 | 5,00 | 5,29 |
| 25 |  |  |  | 0,74 | 1,67 | 2,42 | 3,06 | 3,59 | 4,05 | 4,44 | 4,79 | 5,10 |
| 26 |  |  |  | 0,37 | 1,33 | 2,12 | 2,78 | 3,33 | 3,81 | 4,22 | 4,58 | 4,90 |
| 27 |  |  |  | 0,00 | 1,00 | 1,82 | 2,50 | 3,08 | 3,57 | 4,00 | 4,38 | 4,71 |
| 28 |  |  |  |  | 0,67 | 1,52 | 2,22 | 2,82 | 3,33 | 3,78 | 4,17 | 4,51 |
| 29 |  |  |  |  | 0,33 | 1,21 | 1,94 | 2,56 | 3,10 | 3,56 | 3,96 | 4,31 |
| 30 |  |  |  |  | 0,00 | 0,91 | 1,67 | 2,31 | 2,86 | 3,33 | 3,75 | 4,12 |

| Abzüge für | 6 | 7 | 8 | 9 | 10 | 11 | 12 | 13 | 14 | 15 | 16 | 17 |
|---|---|---|---|---|---|---|---|---|---|---|---|---|
| 1/4 | 0,14 | 0,12 | 0,10 | 0,09 | 0,08 | 0,08 | 0,07 | 0,06 | 0,06 | 0,06 | 0,05 | 0,05 |
| 1/2 | 0,28 | 0,24 | 0,21 | 0,19 | 0,17 | 0,15 | 0,14 | 0,13 | 0,12 | 0,11 | 0,10 | 0,10 |
| 3/4 | 0,42 | 0,36 | 0,31 | 0,28 | 0,25 | 0,23 | 0,21 | 0,19 | 0,18 | 0,17 | 0,16 | 0,15 |

LPO 2000 – Anhang

| Straf-punkte | \multicolumn{12}{c}{Zahl der Hindernisse} |
|---|---|---|---|---|---|---|---|---|---|---|---|---|
| | 6 | 7 | 8 | 9 | 10 | 11 | 12 | 13 | 14 | 15 | 16 | 17 |
| 31 | | | | | | 0,61 | 1,39 | 2,05 | 2,62 | 3,11 | 3,54 | 3,92 |
| 32 | | | | | | 0,30 | 1,11 | 1,79 | 2,38 | 2,89 | 3,33 | 3,73 |
| 33 | | | | | | 0,00 | 0,83 | 1,54 | 2,14 | 2,67 | 3,13 | 3,53 |
| 34 | | | | | | | 0,56 | 1,28 | 1,90 | 2,44 | 2,92 | 3,33 |
| 35 | | | | | | | 0,28 | 1,03 | 1,67 | 2,22 | 2,71 | 3,14 |
| 36 | | | | | | | 0,00 | 0,77 | 1,43 | 2,00 | 2,50 | 2,94 |
| 37 | | | | | | | | 0,51 | 1,19 | 1,78 | 2,29 | 2,75 |
| 38 | | | | | | | | 0,26 | 0,95 | 1,56 | 2,08 | 2,55 |
| 39 | | | | | | | | 0,00 | 0,71 | 1,33 | 1,88 | 2,35 |
| 40 | | | | | | | | | 0,48 | 1,11 | 1,67 | 2,16 |
| 41 | | | | | | | | | 0,24 | 0,89 | 1,46 | 1,96 |
| 42 | | | | | | | | | 0,00 | 0,67 | 1,25 | 1,76 |
| 43 | | | | | | | | | | 0,44 | 1,04 | 1,57 |
| 44 | | | | | | | | | | 0,22 | 0,83 | 1,37 |
| 45 | | | | | | | | | | 0,00 | 0,63 | 1,18 |
| 46 | | | | | | | | | | | 0,42 | 0,98 |
| 47 | | | | | | | | | | | 0,21 | 0,78 |
| 48 | | | | | | | | | | | 0,00 | 0,59 |
| 49 | | | | | | | | | | | | 0,39 |
| 50 | | | | | | | | | | | | 0,20 |
| 51 | | | | | | | | | | | | 0,00 |

| Abzüge für | 6 | 7 | 8 | 9 | 10 | 11 | 12 | 13 | 14 | 15 | 16 | 17 |
|---|---|---|---|---|---|---|---|---|---|---|---|---|
| 1/4 | 0,14 | 0,12 | 0,10 | 0,09 | 0,08 | 0,08 | 0,07 | 0,06 | 0,06 | 0,06 | 0,05 | 0,05 |
| 1/2 | 0,28 | 0,24 | 0,21 | 0,19 | 0,17 | 0,15 | 0,14 | 0,13 | 0,12 | 0,11 | 0,10 | 0,10 |
| 3/4 | 0,42 | 0,36 | 0,31 | 0,28 | 0,25 | 0,23 | 0,21 | 0,19 | 0,18 | 0,17 | 0,16 | 0,15 |

LPO 2000 – Anhang

## Tabelle 1 b
### für die Umwertung von Strafpunkten aus Springprüfungen und Hindernisfahren in Wertnoten nach dem System 10,00 bis 0,00

$$\text{Formel: } 10 - \frac{\text{Fehlersumme} \times 10}{\text{Zahl der Hindernisse} \times 3} = \text{Wertnote}$$

| Straf-punkte | \multicolumn{13}{c}{Zahl der Hindernisse} |
|---|---|---|---|---|---|---|---|---|---|---|---|---|---|
| | 18 | 19 | 20 | 21 | 22 | 23 | 24 | 25 | 26 | 27 | 28 | 29 | 30 |
| 1 | 9,81 | 9,82 | 9,83 | 9,84 | 9,85 | 9,86 | 9,86 | 9,87 | 9,87 | 9,88 | 9,88 | 9,89 | 9,89 |
| 2 | 9,63 | 9,65 | 9,67 | 9,68 | 9,70 | 9,71 | 9,72 | 9,73 | 9,74 | 9,75 | 9,76 | 9,77 | 9,78 |
| 3 | 9,44 | 9,47 | 9,50 | 9,52 | 9,55 | 9,57 | 9,58 | 9,60 | 9,62 | 9,63 | 9,64 | 9,66 | 9,67 |
| 4 | 9,26 | 9,30 | 9,33 | 9,37 | 9,39 | 9,42 | 9,44 | 9,47 | 9,49 | 9,51 | 9,52 | 9,54 | 9,56 |
| 5 | 9,07 | 9,12 | 9,17 | 9,21 | 9,24 | 9,28 | 9,31 | 9,33 | 9,36 | 9,38 | 9,40 | 9,43 | 9,44 |
| 6 | 8,89 | 8,95 | 9,00 | 9,05 | 9,09 | 9,13 | 9,17 | 9,20 | 9,23 | 9,26 | 9,29 | 9,31 | 9,33 |
| 7 | 8,70 | 8,77 | 8,83 | 8,89 | 8,94 | 8,99 | 9,03 | 9,07 | 9,10 | 9,14 | 9,17 | 9,20 | 9,22 |
| 8 | 8,52 | 8,60 | 8,67 | 8,73 | 8,79 | 8,84 | 8,89 | 8,93 | 8,97 | 9,01 | 9,05 | 9,08 | 9,11 |
| 9 | 8,33 | 8,42 | 8,50 | 8,57 | 8,64 | 8,70 | 8,75 | 8,80 | 8,85 | 8,89 | 8,93 | 8,97 | 9,00 |
| 10 | 8,15 | 8,25 | 8,33 | 8,41 | 8,48 | 8,55 | 8,61 | 8,67 | 8,72 | 8,77 | 8,81 | 8,85 | 8,89 |
| 11 | 7,96 | 8,07 | 8,17 | 8,25 | 8,33 | 8,41 | 8,47 | 8,53 | 8,59 | 8,64 | 8,69 | 8,74 | 8,78 |
| 12 | 7,78 | 7,89 | 8,00 | 8,10 | 8,18 | 8,26 | 8,33 | 8,40 | 8,46 | 8,52 | 8,57 | 8,62 | 8,67 |
| 13 | 7,59 | 7,72 | 7,83 | 7,94 | 8,03 | 8,12 | 8,19 | 8,27 | 8,33 | 8,40 | 8,45 | 8,51 | 8,56 |
| 14 | 7,41 | 7,54 | 7,67 | 7,78 | 7,88 | 7,97 | 8,06 | 8,13 | 8,21 | 8,27 | 8,33 | 8,39 | 8,44 |
| 15 | 7,22 | 7,37 | 7,50 | 7,62 | 7,73 | 7,83 | 7,92 | 8,00 | 8,08 | 8,15 | 8,21 | 8,28 | 8,33 |
| 16 | 7,04 | 7,19 | 7,33 | 7,46 | 7,58 | 7,68 | 7,78 | 7,87 | 7,95 | 8,02 | 8,10 | 8,16 | 8,22 |
| 17 | 6,85 | 7,02 | 7,17 | 7,30 | 7,42 | 7,54 | 7,64 | 7,73 | 7,82 | 7,90 | 7,98 | 8,05 | 8,11 |
| 18 | 6,67 | 6,84 | 7,00 | 7,14 | 7,27 | 7,39 | 7,50 | 7,60 | 7,69 | 7,78 | 7,86 | 7,93 | 8,00 |
| 19 | 6,48 | 6,67 | 6,83 | 6,98 | 7,12 | 7,25 | 7,36 | 7,47 | 7,56 | 7,65 | 7,74 | 7,82 | 7,89 |
| 20 | 6,30 | 6,49 | 6,67 | 6,83 | 6,97 | 7,10 | 7,22 | 7,33 | 7,44 | 7,53 | 7,62 | 7,70 | 7,78 |
| 21 | 6,11 | 6,32 | 6,50 | 6,67 | 6,82 | 6,96 | 7,08 | 7,20 | 7,31 | 7,41 | 7,50 | 7,59 | 7,67 |
| 22 | 5,93 | 6,14 | 6,33 | 6,51 | 6,67 | 6,81 | 6,94 | 7,07 | 7,18 | 7,28 | 7,38 | 7,47 | 7,56 |
| 23 | 5,74 | 5,96 | 6,17 | 6,35 | 6,52 | 6,67 | 6,81 | 6,93 | 7,05 | 7,16 | 7,26 | 7,36 | 7,44 |
| 24 | 5,56 | 5,79 | 6,00 | 6,19 | 6,36 | 6,52 | 6,67 | 6,80 | 6,92 | 7,04 | 7,14 | 7,24 | 7,33 |
| 25 | 5,37 | 5,61 | 5,83 | 6,03 | 6,21 | 6,38 | 6,53 | 6,67 | 6,79 | 6,91 | 7,02 | 7,13 | 7,22 |
| 26 | 5,19 | 5,44 | 5,67 | 5,87 | 6,06 | 6,23 | 6,39 | 6,53 | 6,67 | 6,79 | 6,90 | 7,01 | 7,11 |
| 27 | 5,00 | 5,26 | 5,50 | 5,71 | 5,91 | 6,09 | 6,25 | 6,40 | 6,54 | 6,67 | 6,79 | 6,90 | 7,00 |
| 28 | 4,81 | 5,09 | 5,33 | 5,56 | 5,76 | 5,94 | 6,11 | 6,27 | 6,41 | 6,54 | 6,67 | 6,78 | 6,89 |
| 29 | 4,63 | 4,91 | 5,17 | 5,40 | 5,61 | 5,80 | 5,97 | 6,13 | 6,28 | 6,42 | 6,55 | 6,67 | 6,78 |
| 30 | 4,44 | 4,74 | 5,00 | 5,24 | 5,45 | 5,65 | 5,83 | 6,00 | 6,15 | 6,30 | 6,43 | 6,55 | 6,67 |

| Abzüge für | 18 | 19 | 20 | 21 | 22 | 23 | 24 | 25 | 26 | 27 | 28 | 29 | 30 |
|---|---|---|---|---|---|---|---|---|---|---|---|---|---|
| 1/4 | 0,05 | 0,04 | 0,04 | 0,04 | 0,04 | 0,04 | 0,03 | 0,03 | 0,03 | 0,03 | 0,03 | 0,03 | 0,03 |
| 1/2 | 0,09 | 0,09 | 0,08 | 0,08 | 0,08 | 0,07 | 0,07 | 0,07 | 0,06 | 0,06 | 0,06 | 0,06 | 0,06 |
| 3/4 | 0,14 | 0,13 | 0,12 | 0,12 | 0,11 | 0,11 | 0,10 | 0,10 | 0,10 | 0,09 | 0,09 | 0,09 | 0,08 |

LPO 2000 – Anhang

| Straf-punkte | \multicolumn{13}{c}{Zahl der Hindernisse} |
|---|---|---|---|---|---|---|---|---|---|---|---|---|---|
|  | 18 | 19 | 20 | 21 | 22 | 23 | 24 | 25 | 26 | 27 | 28 | 29 | 30 |
| 31 | 4,26 | 4,56 | 4,83 | 5,08 | 5,30 | 5,51 | 5,69 | 5,87 | 6,03 | 6,17 | 6,31 | 6,44 | 6,56 |
| 32 | 4,07 | 4,39 | 4,67 | 4,92 | 5,15 | 5,36 | 5,56 | 5,73 | 5,90 | 6,05 | 6,19 | 6,32 | 6,44 |
| 33 | 3,89 | 4,21 | 4,50 | 4,76 | 5,00 | 5,22 | 5,42 | 5,60 | 5,77 | 5,93 | 6,07 | 6,21 | 6,33 |
| 34 | 3,70 | 4,04 | 4,33 | 4,60 | 4,85 | 5,07 | 5,28 | 5,47 | 5,64 | 5,80 | 5,95 | 6,09 | 6,22 |
| 35 | 3,52 | 3,86 | 4,17 | 4,44 | 4,70 | 4,93 | 5,14 | 5,33 | 5,51 | 5,68 | 5,83 | 5,98 | 6,11 |
| 36 | 3,33 | 3,68 | 4,00 | 4,29 | 4,55 | 4,78 | 5,00 | 5,20 | 5,38 | 5,56 | 5,71 | 5,86 | 6,00 |
| 37 | 3,15 | 3,51 | 3,83 | 4,13 | 4,39 | 4,64 | 4,86 | 5,07 | 5,26 | 5,43 | 5,60 | 5,75 | 5,89 |
| 38 | 2,96 | 3,33 | 3,67 | 3,97 | 4,24 | 4,49 | 4,72 | 4,93 | 5,13 | 5,31 | 5,48 | 5,63 | 5,78 |
| 39 | 2,78 | 3,16 | 3,50 | 3,81 | 4,09 | 4,35 | 4,58 | 4,80 | 5,00 | 5,19 | 5,36 | 5,52 | 5,67 |
| 40 | 2,59 | 2,98 | 3,33 | 3,65 | 3,94 | 4,20 | 4,44 | 4,67 | 4,87 | 5,06 | 5,24 | 5,40 | 5,56 |
| 41 | 2,41 | 2,81 | 3,17 | 3,49 | 3,79 | 4,06 | 4,31 | 4,53 | 4,74 | 4,94 | 5,12 | 5,29 | 5,44 |
| 42 | 2,22 | 2,63 | 3,00 | 3,33 | 3,64 | 3,91 | 4,17 | 4,40 | 4,62 | 4,81 | 5,00 | 5,17 | 5,33 |
| 43 | 2,04 | 2,46 | 2,83 | 3,17 | 3,48 | 3,77 | 4,03 | 4,27 | 4,49 | 4,69 | 4,88 | 5,06 | 5,22 |
| 44 | 1,85 | 2,28 | 2,67 | 3,02 | 3,33 | 3,62 | 3,89 | 4,13 | 4,36 | 4,57 | 4,76 | 4,94 | 5,11 |
| 45 | 1,67 | 2,11 | 2,50 | 2,86 | 3,18 | 3,48 | 3,75 | 4,00 | 4,23 | 4,44 | 4,64 | 4,83 | 5,00 |
| 46 | 1,48 | 1,93 | 2,33 | 2,70 | 3,03 | 3,33 | 3,61 | 3,87 | 4,10 | 4,32 | 4,52 | 4,71 | 4,89 |
| 47 | 1,30 | 1,75 | 2,17 | 2,54 | 2,88 | 3,19 | 3,47 | 3,73 | 3,97 | 4,20 | 4,40 | 4,60 | 4,78 |
| 48 | 1,11 | 1,58 | 2,00 | 2,38 | 2,73 | 3,04 | 3,33 | 3,60 | 3,85 | 4,07 | 4,29 | 4,48 | 4,67 |
| 49 | 0,93 | 1,40 | 1,83 | 2,22 | 2,58 | 2,90 | 3,19 | 3,47 | 3,72 | 3,95 | 4,17 | 4,37 | 4,56 |
| 50 | 0,74 | 1,23 | 1,67 | 2,06 | 2,42 | 2,75 | 3,06 | 3,33 | 3,59 | 3,83 | 4,05 | 4,25 | 4,44 |
| 51 | 0,56 | 1,05 | 1,50 | 1,90 | 2,27 | 2,61 | 2,92 | 3,20 | 3,46 | 3,70 | 3,93 | 4,14 | 4,33 |
| 52 | 0,37 | 0,88 | 1,33 | 1,75 | 2,12 | 2,46 | 2,78 | 3,07 | 3,33 | 3,58 | 3,81 | 4,02 | 4,22 |
| 53 | 0,19 | 0,70 | 1,17 | 1,59 | 1,97 | 2,32 | 2,64 | 2,93 | 3,21 | 3,46 | 3,69 | 3,91 | 4,11 |
| 54 | 0,00 | 0,53 | 1,00 | 1,43 | 1,82 | 2,17 | 2,50 | 2,80 | 3,08 | 3,33 | 3,57 | 3,79 | 4,00 |
| 55 |  | 0,35 | 0,83 | 1,27 | 1,67 | 2,03 | 2,36 | 2,67 | 2,95 | 3,21 | 3,45 | 3,68 | 3,89 |
| 56 |  | 0,18 | 0,67 | 1,11 | 1,52 | 1,88 | 2,22 | 2,53 | 2,82 | 3,09 | 3,33 | 3,56 | 3,78 |
| 57 |  | 0,00 | 0,50 | 0,95 | 1,36 | 1,74 | 2,08 | 2,40 | 2,69 | 2,96 | 3,21 | 3,45 | 3,67 |
| 58 |  |  | 0,33 | 0,79 | 1,21 | 1,59 | 1,94 | 2,27 | 2,56 | 2,84 | 3,10 | 3,33 | 3,56 |
| 59 |  |  | 0,17 | 0,63 | 1,06 | 1,45 | 1,81 | 2,13 | 2,44 | 2,72 | 2,98 | 3,22 | 3,44 |
| 60 |  |  | 0,00 | 0,48 | 0,91 | 1,30 | 1,67 | 2,00 | 2,31 | 2,59 | 2,86 | 3,10 | 3,33 |
| 61 |  |  |  | 0,32 | 0,76 | 1,16 | 1,53 | 1,87 | 2,18 | 2,47 | 2,74 | 2,99 | 3,22 |
| 62 |  |  |  | 0,16 | 0,61 | 1,01 | 1,39 | 1,73 | 2,05 | 2,35 | 2,62 | 2,87 | 3,11 |
| 63 |  |  |  | 0,00 | 0,45 | 0,87 | 1,25 | 1,60 | 1,92 | 2,22 | 2,50 | 2,76 | 3,00 |
| 64 |  |  |  |  | 0,30 | 0,72 | 1,11 | 1,47 | 1,79 | 2,10 | 2,38 | 2,64 | 2,89 |

| Abzüge für | 18 | 19 | 20 | 21 | 22 | 23 | 24 | 25 | 26 | 27 | 28 | 29 | 30 |
|---|---|---|---|---|---|---|---|---|---|---|---|---|---|
| 1/4 | 0,05 | 0,04 | 0,04 | 0,04 | 0,04 | 0,04 | 0,03 | 0,03 | 0,03 | 0,03 | 0,03 | 0,03 | 0,03 |
| 1/2 | 0,09 | 0,09 | 0,08 | 0,08 | 0,08 | 0,07 | 0,07 | 0,07 | 0,06 | 0,06 | 0,06 | 0,06 | 0,06 |
| 3/4 | 0,14 | 0,13 | 0,12 | 0,12 | 0,11 | 0,11 | 0,10 | 0,10 | 0,10 | 0,09 | 0,09 | 0,09 | 0,08 |

LPO 2000 – Anhang

| Straf-punkte | 18 | 19 | 20 | 21 | 22 | 23 | 24 | 25 | 26 | 27 | 28 | 29 | 30 |
|---|---|---|---|---|---|---|---|---|---|---|---|---|---|
| 65 | | | | | 0,15 | 0,58 | 0,97 | 1,33 | 1,67 | 1,98 | 2,26 | 2,53 | 2,78 |
| 66 | | | | | 0,00 | 0,43 | 0,83 | 1,20 | 1,54 | 1,85 | 2,14 | 2,41 | 2,67 |
| 67 | | | | | | 0,29 | 0,69 | 1,07 | 1,41 | 1,73 | 2,02 | 2,30 | 2,56 |
| 68 | | | | | | 0,14 | 0,56 | 0,93 | 1,28 | 1,60 | 1,90 | 2,18 | 2,44 |
| 69 | | | | | | 0,00 | 0,42 | 0,80 | 1,15 | 1,48 | 1,79 | 2,07 | 2,33 |
| 70 | | | | | | | 0,28 | 0,67 | 1,03 | 1,36 | 1,67 | 1,95 | 2,22 |
| 71 | | | | | | | 0,14 | 0,53 | 0,90 | 1,23 | 1,55 | 1,84 | 2,11 |
| 72 | | | | | | | 0,00 | 0,40 | 0,77 | 1,11 | 1,43 | 1,72 | 2,00 |
| 73 | | | | | | | | 0,27 | 0,64 | 0,99 | 1,31 | 1,61 | 1,89 |
| 74 | | | | | | | | 0,13 | 0,51 | 0,86 | 1,19 | 1,49 | 1,78 |
| 75 | | | | | | | | 0,00 | 0,38 | 0,74 | 1,07 | 1,38 | 1,67 |
| 76 | | | | | | | | | 0,26 | 0,62 | 0,95 | 1,26 | 1,56 |
| 77 | | | | | | | | | 0,13 | 0,49 | 0,83 | 1,15 | 1,44 |
| 78 | | | | | | | | | 0,00 | 0,37 | 0,71 | 1,03 | 1,33 |
| 79 | | | | | | | | | | 0,25 | 0,60 | 0,92 | 1,22 |
| 80 | | | | | | | | | | 0,12 | 0,48 | 0,80 | 1,11 |
| 81 | | | | | | | | | | 0,00 | 0,36 | 0,69 | 1,00 |
| 82 | | | | | | | | | | | 0,24 | 0,57 | 0,89 |
| 83 | | | | | | | | | | | 0,12 | 0,46 | 0,78 |
| 84 | | | | | | | | | | | 0,00 | 0,34 | 0,67 |
| 85 | | | | | | | | | | | | 0,23 | 0,56 |
| 86 | | | | | | | | | | | | 0,11 | 0,44 |
| 87 | | | | | | | | | | | | 0,00 | 0,33 |
| 88 | | | | | | | | | | | | | 0,22 |
| 89 | | | | | | | | | | | | | 0,11 |
| 90 | | | | | | | | | | | | | 0,00 |

| Abzüge für | 18 | 19 | 20 | 21 | 22 | 23 | 24 | 25 | 26 | 27 | 28 | 29 | 30 |
|---|---|---|---|---|---|---|---|---|---|---|---|---|---|
| 1/4 | 0,05 | 0,04 | 0,04 | 0,04 | 0,04 | 0,04 | 0,03 | 0,03 | 0,03 | 0,03 | 0,03 | 0,03 | 0,03 |
| 1/2 | 0,09 | 0,09 | 0,08 | 0,08 | 0,08 | 0,07 | 0,07 | 0,07 | 0,06 | 0,06 | 0,06 | 0,06 | 0,06 |
| 3/4 | 0,14 | 0,13 | 0,12 | 0,12 | 0,11 | 0,11 | 0,10 | 0,10 | 0,10 | 0,09 | 0,09 | 0,09 | 0,08 |

Zahl der Hindernisse

LPO 2000 – Anhang

## Tabelle 2
### für die Umwertung von Strafpunkten aus Springprüfungen und Hindernisfahren gemäß Richtverfahren A nach dem Wertnotensystem:

$$\text{Formel: } 8 - \frac{\text{Fehlersumme} \times 2}{\text{Zahl der Hindernisse}} = \text{Wertnote}$$

| Straf-punkte | \multicolumn{13}{c}{Zahl der Hindernisse} |
|---|---|---|---|---|---|---|---|---|---|---|---|---|---|
| | 8 | 9 | 10 | 11 | 12 | 13 | 14 | 15 | 16 | 17 | 18 | 19 | 20 |
| 1 | 7,75 | 7,78 | 7,80 | 7,82 | 7,83 | 7,85 | 7,86 | 7,87 | 7,88 | 7,88 | 7,89 | 7,89 | 7,90 |
| 2 | 7,50 | 7,56 | 7,60 | 7,64 | 7,67 | 7,69 | 7,71 | 7,73 | 7,75 | 7,76 | 7,78 | 7,79 | 7,80 |
| 3 | 7,25 | 7,33 | 7,40 | 7,45 | 7,50 | 7,54 | 7,57 | 7,60 | 7,63 | 7,65 | 7,67 | 7,68 | 7,70 |
| 4 | 7,00 | 7,11 | 7,20 | 7,27 | 7,33 | 7,38 | 7,43 | 7,47 | 7,50 | 7,53 | 7,56 | 7,58 | 7,60 |
| 5 | 6,75 | 6,89 | 7,00 | 7,09 | 7,17 | 7,23 | 7,29 | 7,33 | 7,38 | 7,41 | 7,44 | 7,47 | 7,50 |
| 6 | 6,50 | 6,67 | 6,80 | 6,91 | 7,00 | 7,08 | 7,14 | 7,20 | 7,25 | 7,29 | 7,33 | 7,37 | 7,40 |
| 7 | 6,25 | 6,44 | 6,60 | 6,73 | 6,83 | 6,92 | 7,00 | 7,07 | 7,13 | 7,18 | 7,22 | 7,26 | 7,30 |
| 8 | 6,00 | 6,22 | 6,40 | 6,55 | 6,67 | 6,77 | 6,86 | 6,93 | 7,00 | 7,06 | 7,11 | 7,16 | 7,20 |
| 9 | 5,75 | 6,00 | 6,20 | 6,36 | 6,50 | 6,62 | 6,71 | 6,80 | 6,88 | 6,94 | 7,00 | 7,05 | 7,10 |
| 10 | 5,50 | 5,78 | 6,00 | 6,18 | 6,33 | 6,46 | 6,57 | 6,67 | 6,75 | 6,82 | 6,89 | 6,95 | 7,00 |
| 11 | 5,25 | 5,56 | 5,80 | 6,00 | 6,17 | 6,31 | 6,43 | 6,53 | 6,63 | 6,71 | 6,78 | 6,84 | 6,90 |
| 12 | 5,00 | 5,33 | 5,60 | 5,82 | 6,00 | 6,15 | 6,29 | 6,40 | 6,50 | 6,59 | 6,67 | 6,74 | 6,80 |
| 13 | 4,75 | 5,11 | 5,40 | 5,64 | 5,83 | 6,00 | 6,14 | 6,27 | 6,38 | 6,47 | 6,56 | 6,63 | 6,70 |
| 14 | 4,50 | 4,89 | 5,20 | 5,45 | 5,67 | 5,85 | 6,00 | 6,13 | 6,25 | 6,35 | 6,44 | 6,53 | 6,60 |
| 15 | 4,25 | 4,67 | 5,00 | 5,27 | 5,50 | 5,69 | 5,86 | 6,00 | 6,13 | 6,24 | 6,33 | 6,42 | 6,50 |
| 16 | 4,00 | 4,44 | 4,80 | 5,09 | 5,33 | 5,54 | 5,71 | 5,87 | 6,00 | 6,12 | 6,22 | 6,32 | 6,40 |
| 17 | 3,75 | 4,22 | 4,60 | 4,91 | 5,17 | 5,38 | 5,57 | 5,73 | 5,88 | 6,00 | 6,11 | 6,21 | 6,30 |
| 18 | 3,50 | 4,00 | 4,40 | 4,73 | 5,00 | 5,23 | 5,43 | 5,60 | 5,75 | 5,88 | 6,00 | 6,11 | 6,20 |
| 19 | 3,25 | 3,78 | 4,20 | 4,55 | 4,83 | 5,08 | 5,29 | 5,47 | 5,63 | 5,76 | 5,89 | 6,00 | 6,10 |
| 20 | 3,00 | 3,56 | 4,00 | 4,36 | 4,67 | 4,92 | 5,14 | 5,33 | 5,50 | 5,65 | 5,78 | 5,89 | 6,00 |
| 21 | 2,75 | 3,33 | 3,80 | 4,18 | 4,50 | 4,77 | 5,00 | 5,20 | 5,38 | 5,53 | 5,67 | 5,79 | 5,90 |
| 22 | 2,50 | 3,11 | 3,60 | 4,00 | 4,33 | 4,62 | 4,86 | 5,07 | 5,25 | 5,41 | 5,56 | 5,68 | 5,80 |
| 23 | 2,25 | 2,89 | 3,40 | 3,82 | 4,17 | 4,46 | 4,71 | 4,93 | 5,13 | 5,29 | 5,44 | 5,58 | 5,70 |
| 24 | 2,00 | 2,67 | 3,20 | 3,64 | 4,00 | 4,31 | 4,57 | 4,80 | 5,00 | 5,18 | 5,33 | 5,47 | 5,60 |
| 25 | 1,75 | 2,44 | 3,00 | 3,45 | 3,83 | 4,15 | 4,43 | 4,67 | 4,88 | 5,06 | 5,22 | 5,37 | 5,50 |
| 26 | 1,50 | 2,22 | 2,80 | 3,27 | 3,67 | 4,00 | 4,29 | 4,53 | 4,75 | 4,94 | 5,11 | 5,26 | 5,40 |
| 27 | 1,25 | 2,00 | 2,60 | 3,09 | 3,50 | 3,85 | 4,14 | 4,40 | 4,63 | 4,82 | 5,00 | 5,16 | 5,30 |
| 28 | 1,00 | 1,78 | 2,40 | 2,91 | 3,33 | 3,69 | 4,00 | 4,27 | 4,50 | 4,71 | 4,89 | 5,05 | 5,20 |
| 29 | 0,75 | 1,56 | 2,20 | 2,73 | 3,17 | 3,54 | 3,86 | 4,13 | 4,38 | 4,59 | 4,78 | 4,95 | 5,10 |
| 30 | 0,50 | 1,33 | 2,00 | 2,55 | 3,00 | 3,38 | 3,71 | 4,00 | 4,25 | 4,47 | 4,67 | 4,84 | 5,00 |
| Abzüge für | | | | | | | | | | | | | |
| 1/4 | 0,06 | 0,05 | 0,05 | 0,04 | 0,04 | 0,03 | 0,03 | 0,03 | 0,03 | 0,03 | 0,02 | 0,02 | 0,02 |
| 1/2 | 0,12 | 0,11 | 0,10 | 0,09 | 0,08 | 0,07 | 0,07 | 0,06 | 0,06 | 0,06 | 0,05 | 0,05 | 0,05 |
| 3/4 | 0,18 | 0,16 | 0,15 | 0,13 | 0,12 | 0,11 | 0,10 | 0,10 | 0,09 | 0,09 | 0,08 | 0,08 | 0,07 |

LPO 2000 – Anhang

| Straf-punkte | \multicolumn{13}{c}{Zahl der Hindernisse} |
|---|---|---|---|---|---|---|---|---|---|---|---|---|---|
| | 8 | 9 | 10 | 11 | 12 | 13 | 14 | 15 | 16 | 17 | 18 | 19 | 20 |
| 31 | 0,25 | 1,11 | 1,80 | 2,36 | 2,83 | 3,23 | 3,57 | 3,87 | 4,13 | 4,35 | 4,56 | 4,74 | 4,90 |
| 32 | 0,00 | 0,89 | 1,60 | 2,18 | 2,67 | 3,08 | 3,43 | 3,73 | 4,00 | 4,24 | 4,44 | 4,63 | 4,80 |
| 33 | | 0,67 | 1,40 | 2,00 | 2,50 | 2,92 | 3,29 | 3,60 | 3,88 | 4,12 | 4,33 | 4,53 | 4,70 |
| 34 | | 0,44 | 1,20 | 1,82 | 2,33 | 2,77 | 3,14 | 3,47 | 3,75 | 4,00 | 4,22 | 4,42 | 4,60 |
| 35 | | 0,22 | 1,00 | 1,64 | 2,17 | 2,62 | 3,00 | 3,33 | 3,63 | 3,88 | 4,11 | 4,32 | 4,50 |
| 36 | | 0,00 | 0,80 | 1,45 | 2,00 | 2,46 | 2,86 | 3,20 | 3,50 | 3,76 | 4,00 | 4,21 | 4,40 |
| 37 | | | 0,60 | 1,27 | 1,83 | 2,31 | 2,71 | 3,07 | 3,38 | 3,65 | 3,89 | 4,11 | 4,30 |
| 38 | | | 0,40 | 1,09 | 1,67 | 2,15 | 2,57 | 2,93 | 3,25 | 3,53 | 3,78 | 4,00 | 4,20 |
| 39 | | | 0,20 | 0,91 | 1,50 | 2,00 | 2,43 | 2,80 | 3,13 | 3,41 | 3,67 | 3,89 | 4,10 |
| 40 | | | 0,00 | 0,73 | 1,33 | 1,85 | 2,29 | 2,67 | 3,00 | 3,29 | 3,56 | 3,79 | 4,00 |
| 41 | | | | 0,47 | 1,10 | 1,63 | 2,08 | 2,48 | 2,82 | 3,13 | 3,40 | 3,64 | 3,86 |
| 42 | | | | 0,36 | 1,00 | 1,54 | 2,00 | 2,40 | 2,75 | 3,06 | 3,33 | 3,58 | 3,80 |
| 43 | | | | 0,18 | 0,83 | 1,38 | 1,86 | 2,27 | 2,63 | 2,94 | 3,22 | 3,47 | 3,70 |
| 44 | | | | 0,05 | 0,71 | 1,27 | 1,75 | 2,17 | 2,54 | 2,86 | 3,14 | 3,40 | 3,63 |
| 45 | | | | | 0,58 | 1,15 | 1,64 | 2,07 | 2,44 | 2,76 | 3,05 | 3,31 | 3,55 |
| 46 | | | | | 0,33 | 0,92 | 1,43 | 1,87 | 2,25 | 2,59 | 2,89 | 3,16 | 3,40 |
| 47 | | | | | 0,17 | 0,77 | 1,29 | 1,73 | 2,13 | 2,47 | 2,78 | 3,05 | 3,30 |
| 48 | | | | | 0,00 | 0,62 | 1,14 | 1,60 | 2,00 | 2,35 | 2,67 | 2,95 | 3,20 |
| 49 | | | | | | 0,46 | 1,00 | 1,47 | 1,88 | 2,24 | 2,56 | 2,84 | 3,10 |
| 50 | | | | | | 0,31 | 0,86 | 1,33 | 1,75 | 2,12 | 2,44 | 2,74 | 3,00 |
| 51 | | | | | | 0,15 | 0,71 | 1,20 | 1,63 | 2,00 | 2,33 | 2,63 | 2,90 |
| 52 | | | | | | 0,00 | 0,57 | 1,07 | 1,50 | 1,88 | 2,22 | 2,53 | 2,80 |
| 53 | | | | | | | 0,43 | 0,93 | 1,38 | 1,76 | 2,11 | 2,42 | 2,70 |
| 54 | | | | | | | 0,29 | 0,80 | 1,25 | 1,65 | 2,00 | 2,32 | 2,60 |
| 55 | | | | | | | 0,14 | 0,67 | 1,13 | 1,53 | 1,89 | 2,21 | 2,50 |
| 56 | | | | | | | 0,00 | 0,53 | 1,00 | 1,41 | 1,78 | 2,11 | 2,40 |
| 57 | | | | | | | | 0,40 | 0,88 | 1,29 | 1,67 | 2,00 | 2,30 |
| 58 | | | | | | | | 0,27 | 0,75 | 1,18 | 1,56 | 1,89 | 2,20 |
| 59 | | | | | | | | 0,13 | 0,63 | 1,06 | 1,44 | 1,79 | 2,10 |
| 60 | | | | | | | | 0,00 | 0,50 | 0,94 | 1,33 | 1,68 | 2,00 |
| 61 | | | | | | | | | 0,38 | 0,82 | 1,22 | 1,58 | 1,90 |
| 62 | | | | | | | | | 0,25 | 0,71 | 1,11 | 1,47 | 1,80 |
| 63 | | | | | | | | | 0,13 | 0,59 | 1,00 | 1,37 | 1,70 |
| 64 | | | | | | | | | 0,00 | 0,47 | 0,89 | 1,26 | 1,60 |

**Abzüge für**

| 1/4 | 0,06 | 0,05 | 0,05 | 0,04 | 0,04 | 0,03 | 0,03 | 0,03 | 0,03 | 0,03 | 0,02 | 0,02 | 0,02 |
| 1/2 | 0,12 | 0,11 | 0,10 | 0,09 | 0,08 | 0,07 | 0,07 | 0,06 | 0,06 | 0,06 | 0,05 | 0,05 | 0,05 |
| 3/4 | 0,18 | 0,16 | 0,15 | 0,13 | 0,12 | 0,11 | 0,10 | 0,10 | 0,09 | 0,09 | 0,08 | 0,08 | 0,07 |

| Straf-punkte | 8 | 9 | 10 | 11 | 12 | 13 | 14 | 15 | 16 | 17 | 18 | 19 | 20 |
|---|---|---|---|---|---|---|---|---|---|---|---|---|---|
| | | | | | Zahl der Hindernisse | | | | | | | | |
| 65 | | | | | | | | | | 0,35 | 0,78 | 1,16 | 1,50 |
| 66 | | | | | | | | | | 0,24 | 0,67 | 1,05 | 1,40 |
| 67 | | | | | | | | | | 0,12 | 0,56 | 0,95 | 1,30 |
| 68 | | | | | | | | | | 0,00 | 0,44 | 0,84 | 1,20 |
| 69 | | | | | | | | | | | 0,33 | 0,74 | 1,10 |
| 70 | | | | | | | | | | | 0,22 | 0,63 | 1,00 |
| 71 | | | | | | | | | | | 0,11 | 0,53 | 0,90 |
| 72 | | | | | | | | | | | 0,00 | 0,42 | 0,80 |
| 73 | | | | | | | | | | | | 0,32 | 0,70 |
| 74 | | | | | | | | | | | | 0,21 | 0,60 |
| 75 | | | | | | | | | | | | 0,11 | 0,50 |
| 76 | | | | | | | | | | | | 0,00 | 0,40 |
| 77 | | | | | | | | | | | | | 0,30 |
| 78 | | | | | | | | | | | | | 0,20 |
| 79 | | | | | | | | | | | | | 0,10 |
| 80 | | | | | | | | | | | | | 0,00 |

**Abzüge für**

| | 8 | 9 | 10 | 11 | 12 | 13 | 14 | 15 | 16 | 17 | 18 | 19 | 20 |
|---|---|---|---|---|---|---|---|---|---|---|---|---|---|
| **1/4** | 0,06 | 0,05 | 0,05 | 0,04 | 0,04 | 0,03 | 0,03 | 0,03 | 0,03 | 0,03 | 0,02 | 0,02 | 0,02 |
| **1/2** | 0,12 | 0,11 | 0,10 | 0,09 | 0,08 | 0,07 | 0,07 | 0,06 | 0,06 | 0,06 | 0,05 | 0,05 | 0,05 |
| **3/4** | 0,18 | 0,16 | 0,15 | 0,13 | 0,12 | 0,11 | 0,10 | 0,10 | 0,09 | 0,09 | 0,08 | 0,08 | 0,07 |

Notizen

Notizen

# Notizen

Notizen

## Notizen

Notizen

## Notizen

# Alphabetisches Sachverzeichnis

## Die Zahlen geben die betreffenden Paragraphen an

Abreiteplatz → Vorbereitungsplatz
Abteilungen 23, 50
Achenbach 715
Änderung der Ausschreibung 31
Alle Fahrer 17
Alle Reiter 17
Allgemeine Bestimmungen 23
Alter der Pferde/-ponys 15, jew. Disziplin
Andenken 24
Anzug 68, 69
Anforderungen und Beurteilung in
  Führzügelklasse 110
  Longenreiterwettbewerb 111
  Reiterwettbewerb 112
  Dressurreiterwettbewerb 113
  Springreiterwettbewerb 114
  Geländereiterwettbewerb 115
  Fahrerwettbewerb 116
Anforderung und Bewertung in
  Voltigieren 204, 206
  Reitpferde/-ponyprüfungen 302
  Eignungsprüfungen und -championate
  für Reitpferde und Reitponys 312, 317
  Eignungsprüfungen für Fahrpferde
  und Fahrponys 322, 332
  Zuchtstutenprüfungen 332
  Dressurpferde/-ponyprüfungen 352
  Springpferde/-ponyprüfungen 362, 363
  Geländepferde/-ponyprüfungen 372, 373
  Jagdpferde/-ponyprüfungen 382, 383
  Kombinierte Aufbauprüfungen 390
  Dressurprüfungen für Reitpferde
  und Reitponys 404, 405
  Springprüfungen 503, 504
  Gruppengeländeritte 682, 683
  Geländeritte 671, 672
  Vielseitigkeitsprüfungen 610, 611, 620
  640, 645, 650, 651
  Gebrauchsprüfungen 708

Dressurprüfungen für Fahrpferde
  und Fahrponys 714, 715
Gespannkontrollen 703
Hindernisfahren 722, 723
Geländefahrten, Gelände- und
  Streckenfahrten 752, 753
Vielseitigkeits- und Kombinierte
  Prüfungen für Fahrpferde und
  -ponys 761, 763
Kombinierte Prüfungen 802
Kombinierte Dressur-/Spring-
  prüfungen 812, 813
Kombinierte Dressur-/Stilspring-
  prüfungen 822, 823
Arzt 40
Aufbauprüfungen für Pferde und
  Ponys 350–390
Aufgaben der FN 4
Aufgaben der LK 5
Aufsicht über WB und LP 2
Aufsicht auf den Vorbereitungs-
  plätzen 52
Aufteilung in Einzelgeldpreise 25
Ausbildungsförderungsbeiträge 8
Ausbrechen 514, 643, 732
Ausrüstung der Fahrer und Beifahrer 69
Ausrüstung der Reiter 68
Ausrüstung der Reitpferde und Reit-
  ponys 70
Ausrüstung der Fahrpferde und Fahr-
  ponys und Gespanne 71
Ausscheidungsspringprüfungen 500
Ausschlüsse 210, 406, 519, 646, 716, 735, 759
Ausschreibungen 23, 30, 31, 32
Ausschreibungen für
  Breitensportliche Wettbewerbe 100 ff.
  Voltigieren 200
  Reitpferde/-ponyprüfungen 300

Eignungsprüfungen und -championate
für Reitpferde und Reitponys 310
Eignungsprüfungen für Fahrpferde
und Fahrponys 320
Zuchtstutenprüfungen 330
Dressurpferde/-ponyprüfungen 350
Springpferde/-ponyprüfungen 360
Geländepferde/-ponyprüfungen 370
Jagdpferde/-ponyprüfungen 380
Kombinierte Aufbauprüfungen 390
Dressurprüfungen für Reitpferde
und Reitponys 400
Springprüfungen 500
Gruppengeländeritte 680
Geländeritte 670
Vielseitigkeitsprüfungen 600
Gespannkontrolle 701
Gebrauchsprüfungen für Fahrpferde
und Fahrponys 705
Dressurprüfungen für Fahrpferde
und Fahrponys 710
Hindernisfahren 720
Geländefahrten, Gelände- und
Streckenfahrten 750
Vielseitigkeits- und Kombinierte
Prüfungen für Fahrpferde oder
-ponys 760
Kombinierte Prüfungen 800
Kombinierte Dressur-/Spring-
prüfungen 810
Kombinierte Dressur-/Stilspring-
prüfungen 820

**B**arrierenspringprüfung 531
Basisprüfungen für Reit-/Fahrpferde
und/oder -ponys 300–342
Berufssportler 19
Berufung 940
Beschwerde 929
Besitzer 12
Besitzwechsel 14
Besondere Bestimmungen 5, 23
Besondere Schwierigkeiten 636
Bestimmungen für Stechen 502, 721
Bestzeit 641, 753

Beurteilung in
Führzügelklassenwettbewerbe 110
Longenreiter 111
Reiterwettbewerb 112
Dressurreiterwettbewerbe 113
Springreiterwettbewerbe 114
Geländereiterwettbewerbe 115
Fahrerwettbewerbe 116
Voltigieren 201
Reitpferde/-ponyprüfungen 301
Eignungsprüfungen und
-championate für Reitpferde und
Reitponys 311, 316
Eignungsprüfungen für Fahrpferde
und Fahrponys 321
Zuchtstutenprüfungen 331
Dressurpferde/-ponyprüfungen 351
Springpferde/-ponyprüfungen 361
Geländepferde/-ponyprüfungen 371
Jagdpferdeprüfungen 381
Kombinierte Aufbauprüfungen 390
Dressurprüfungen für Reitpferde
und Reitponys 401
Springprüfungen 501
Gruppengeländeritte 681
Geländeritte 673
Vielseitigkeits- und Gelände-
prüfungen 601
Gespannkontrolle 702
Gebrauchsprüfung 706
Dressurprüfungen für Fahrpferde
und Fahrponys 711
Hindernisfahren 721
Geländefahrten, Gelände- und
Streckenfahrten 751
Vielseitigkeits- und Kombinierte
Prüfungen für Fahrpferde und
-ponys 762
Kombinierte Prüfungen 801
Kombinierte Dressur-/Spring-
prüfungen 811
Kombinierte Dressur-/Stilspring-
prüfungen 821
Breitensportliche Wettbewerbe 100 ff.

Championate für Reitpferde 300

Deckname 13
Definition der LPO 1
Definition der PS/PLS 3
Deutsches Reitpferde und Reitpony 16
Direktorium für Vollblutzucht und
    Rennen 16, 65, 66
Distanzritte, Distanzfahrten 250
Doppelnennung → Doppelstart
Doppelstart 66
Dressurpferdeprüfungen 350 ff.
Dressurplatz 51
Dressurprüfungen 400 ff.
Dressurprüfungen für Fahrpferde
    und Fahrponys 710
Dressurviereck 51
Durchführungsbestimmungen 1

Ehrenpreise 24
Eignungschampionate 310, 315, 320
Eignungsprüfungen für Reit-/Fahrpferde
    und/oder -ponys 310, 315, 320
Einsatz 26, 27
Einsprüche 910 ff.
Einspruchsgegner 911
Einstellung des Verfahrens 972a
Einteilung der WB und LP 74
Eintragung der Pferde 16
Einzelgeldpreise 24, 25
Erfolgsanrechnung 62
Ergebnislisten 37
Erlaubte Zeit 206, 504, 723, 753
Ermittlungen 927
Ethische Grundsätze Seite 164

Fahrer 17
Fahrerausweis 20
Fahrerwechsel 46
Fahrerwettbewerbe 116
Fehler 512, 516, 643, 644, 645
FEI 1
Fernsehübertragungen 9
Flaggen 509, 631, 728, 754
Formationsreiten und -fahren 106

Fremde Hilfe 210, 517, 646, 734, 759
Fristen 913

Gebrauchsprüfungen 705
Gebühren 26
Gelände- und Streckenfahrten 750
Geländepferde/-ponyprüfungen 370 ff.
Geländestrecke 630, 756
Geländeskizze 632, 755
Geldbußen 921
Geldpreise 24, 25
Geltungsbereich der LPO 1
Gemeinsames Richten 402, 712
Genehmigung der
    Ausschreibungen 30
Genehmigungspflicht 2
Generelle Starterlaubnis 16
Gerte 68
Gesamtgeldpreise 25
Geschicklichkeitswettbewerbe 101
Geschlecht 15
Geschwindigkeiten 504
Gespannkontrolle 701
Getrenntes Richten 402, 712
Glockenzeichen 510, 729
Glückshindernisfahren 738
Glücksspringprüfungen 522
Gnadenrecht 963
Großes Schiedsgericht 903
Gruppengeländeritte 680
Gruß der Teilnehmer 49
Gültigkeit der Ausschreibungen 30
Gültigkeit der Nennungen 35
Gütliche Erledigung 914

Hauptverband für Traber-Zucht und
    -Rennen 16, 65, 66
Hilfsmittel 68, 69
Hilfsrichter 54
Hindernisse 504, 507, 511, 620, 630,
    633, 636, 671, 723, 727, 730, 757
Hindernisfahren 51, 720, 736
Hindernisfehler 512, 643, 645, 753
Hochsprünge 507, 620, 633
Höchstzeit 504, 632, 641, 723, 753

LPO 2000 – Anhang

Höhere Gewalt 43
Hufschmied 40

Identitätskennzeichen 16
Impfung 66
Inhalt der Ausschreibungen 23
Inhalt der Nennungen 33
Internationale LP 1, 63

Jagdpferde/-ponyprüfungen 380
Jagd um Punkte 523, 739
Jahrbuch (Sport und Zucht) 4
Junge Reiter 17
Junioren 17

Kalender für Bekanntmachungen,
    Pferdeleistungsprüfungen und
    Turniersport 4, 10, 13, 30, 38, 928
Kategorien der WB und LP 2
Klasseneinteilung 74
Kombinationen 504, 508, 516, 634, 644
Kombinierte Aufbauprüfungen 390
Kombinierte Prüfungen 800 ff.
Kombinierte Wettbewerbe 100 ff.
Korrigiertes Verfahren 742, 753
Korrigiertes Verreiten 514
Kosten 962
Kostenvorschuss 961
Kür 200 ff., 400–405

Landeskommission 2, 5
Late Entry 27, 34
LK-Beauftragter 31, 43, 45, 53, 630,
    756
Leistungsklassen 63
Leitung 39
Liste I, II, III 16
Lokale Bedeutung 2

Mächtigkeitsspringprüfungen 530
Mannschaftsspringprüfungen 529
Medikationskontrollen 67(a)
Mehreinnahmen aus Nenn- und
    Startgeldern 26
Meldeschluss 45

Meldestelle 42
Meldung der Ergebnisse 37
Mindestbesetzung der Wagen 71
Mindestgeldpreise 25
Mindestleistungen 51, 340–342
Misshandlung 920, 924

Nachnennung → Nennungsbestätigung
Name siehe Pferdename 15
Namensänderung 15
Nenngeld 26, 27
Nennungsbestätigung 35
Nennungsvordrucke 33
Nennungsschluss 34
Nervenschnitt → Neurektomie
Neurektomie 66
Nummernschilder 47

Olympiareitergroschen 8
Ordnungsliste 932
Ordnungsmaßnahmen 920 ff.

Parcours 505, 724
Parcourschef 4, 5, 41
Parcoursskizze 506, 726
Pferdekontrollen 67
Pferdenachtrag 46
Pferdename 15
Pferdetausch → Pferdenachtrag
Platzierung 59
Platz für Hindernisfahren 51
Platz für Mindestleistungen 51
Ponygrößen 64
Ponyrennen 107
Preisschleifen 24
Presse 42
Produktkennzeichnung 73
Professionals (Berufssportler) 19, 20
Programm 44
Prüfungsbedingungen 56
Prüfungsplätze 51, 505, 725
Punktespringprüfungen 524
Punktsystem 802

LPO 2000 – Anhang

Rechenstelle 42
Rechtsordnung 900 ff.
Regionale Bedeutung 2
Registrierung der Erfolge 4, 5, 62
Registrierung der Ergebnisse 38
Reiter 17
Reiter-/Fahrer-/Longenführer-/Voltigierausweis 4, 20
Reiterspiele 103
Reiterwechsel → Teilnehmernachtrag
Reitpferde/-ponyprüfungen 300
Rekordspringprüfungen 532
Revision 941
RG 1
Richter 4, 54, 55, 56
Richteranwärter 54
Richterspruch 58, 60
Richtungszeichen 631, 754
Richtverfahren 57, 203, 402, 501, 712, 721
Ride and Tie 107

Sanitätsdienst 40
Schmied → Hufschmied
Senioren 17
Spezialhindernisfahren 736 ff.
Spezialspringprüfungen 520 ff.
Sporen 68
Springpferde/-ponyprüfungen 360 ff.
Springplatz 51
Schiedsgericht 61, 901 ff.
Schleifen 24
Schmied → Hufschmied40
Schwarzes Brett 42
Schwierigkeiten 636
Stafettenglücksspringprüfungen 521
Stafettenhindernisfahren 737
Stafettenspringprüfungen 521
Stallgeld 26
Stallplaketten 24
Stamm-Mitgliedschaft 18
Standardspringprüfungen 501
Start 49, 642, 758
Startfolge 48
Startgeld 26, 27

Startgenehmigung für internationale LP 63
Startlinie 511, 632, 730
Stechen 502
Stehenbleiben 514
Stilspringprüfungen 520, 820
Strafzonen 757
Streckenfahren 107, 750, 763
Streckenwettbewerbe für Reiter und Fahrer 107
Sturz 513, 643

Teilnahmeberechtigung 62 ff.
Teilnahmebeschränkungen 65, 66
Teilnehmernachtrag 46
Teilung von Prüfungen 50
Termine 10
Tierarzt 40
Tierschutzgesetz 6, 920
Tore 631, 754
Traditionsprüfungen 700
Transportkostenentschädigung 29
Turnierleitung 39, 924

Übergabe eines Staffelstabes 521
Überregionale Bedeutung 2
Ungehorsam 503, 514, 643, 732
Unreiterliches Benehmen 52
Unrichtge Nennungen 923
Umgang mit dem Pferd 100

Veranstalter 7
Verfahren 733
Verfahren 906, 927a, 950 ff.
Verfassungsprüfungen 67
Verhalten auf den Vorbereitungsplätzen 52
Verpflichtung 6
Veröffentlichung der Ergebnisse 38
Verreiten 515
Verstöße gegen die LPO 52, 920, 925
Verwarnung 921
Verweigern 643
Vielseitigkeitsprüfungen 600, 760
Volte 514, 643, 732

297

Druck: Januar 2001

Voltigieren 200
Voltigierspiele 104
Vorbereitungsplätze 51, 52 ff.

**W**agen 71
Wahlhindernisfahren 740
Wahlspringprüfungen 526
Wassergraben 51, 504, 507
Weitsprünge 507, 620, 633
Werbung 73
Wertnotensystem 802
Widersetzlichkeit 514, 732
Wiederaufnahme des Verfahrens 950 ff.

**Z**eiteinteilung 43
Zeiten 504, 723
Zeitmessung 208, 518, 642, 731, 758
Zeitplan 642, 758
Zeitspringprüfungen 501, 503
Zeitvergütung 636, 757
Ziellinie 511, 632, 730
Zuchtstutenprüfungen 330
Züchter 11
Züchterprämien 28
Zurückziehen der Ausschreibung 32
Zurückziehen der Nennung 36
Zweipferde/-ponyspringprüfungen 527
Zweikampfspringprüfungen 528
Zwei-Phasen-Hindernisfahren 741
Zwei-Phasen-Springprüfungen 525

Notizen

Notizen

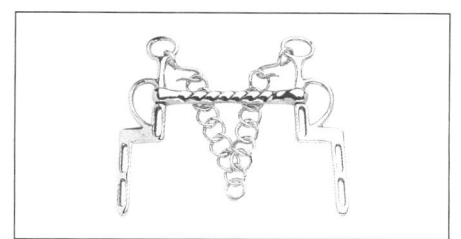

Abb. 6:
Ellbogen-Kandare; auch mit Mundstück gem. Abbildungstext 1, 2, 3 oder 4 zulässig.

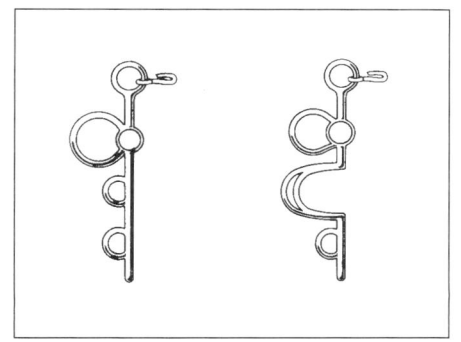

Abb. 7:
Buxton- und Tillbury-Kandare; auch mit Mundstück gem. Abbildungstext 1, 2, 3 oder 4 zulässig.

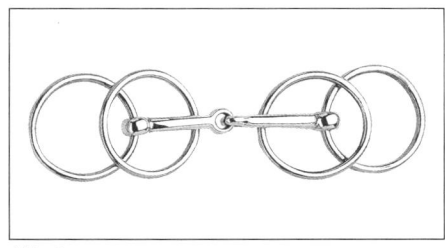

Abb. 8:
Doppelringtrense (auch mit gezacktem Außenring – Esterhazy – Juckertrense – oder mit ungebrochenem Gummimundstück) oder Trense (gem. Abb. 1–5 Reiten) zulässig.

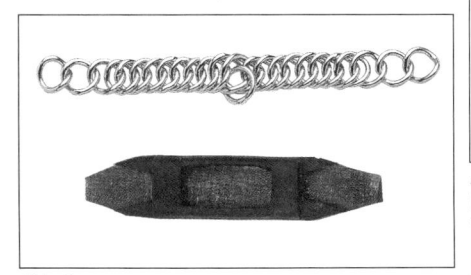

Abb. 9:
Kinnkette, auch mit Kinnkettenunterlage zulässig.

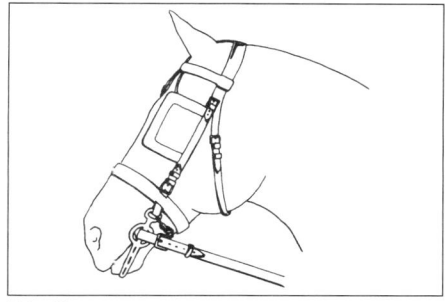

Abb. 10:
Fahrkopfstück mit Blendklappen.

## 2. Gelände-, Gelände- und Strecken- und Hindernisfahrprüfungen Kat. B und A (zusätzlich zu 1.)

Abb. 11:
Gummi-Zungenstrecker (aufsteckbar).

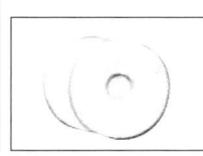

Abb. 11a
Gummischeiben.

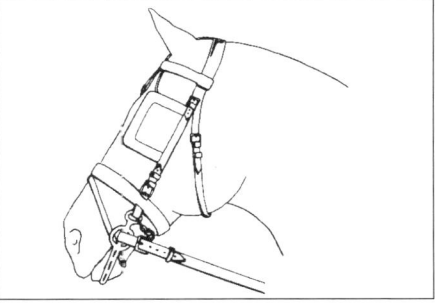

Abb. 12:
Fahrkopfstück mit Sperrriemen (in Kat. B nur in Verbindung mit Doppelringtrense zulässig).

## 3. Alle Prüfungsarten Kat. A: Beliebig; gebisslose Zäumung nicht erlaubt.

# Erlaubte Reithalfter

## 1. Alle Prüfungsarten
Zäumung auf Trense (Material Leder):

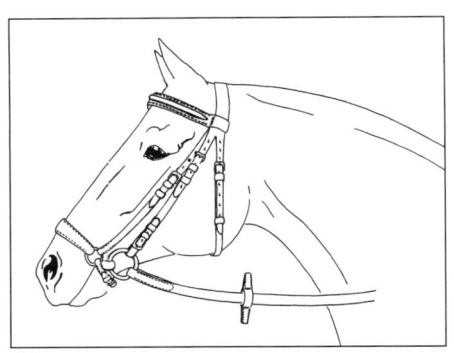

Abb. 1:
Hannoversches Reithalfter.

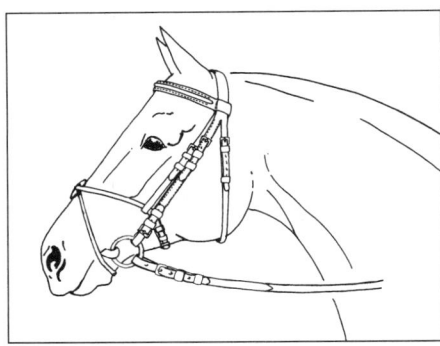

Abb. 4:
Mexikanisches Reithalfter.

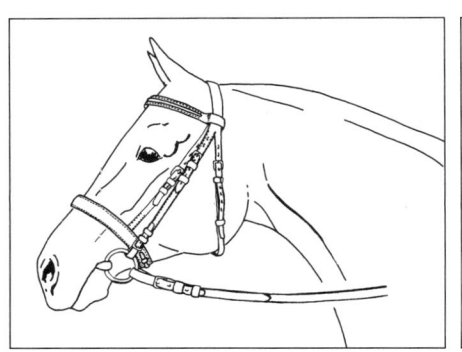

Abb. 2:
Englisches Reithalfter.

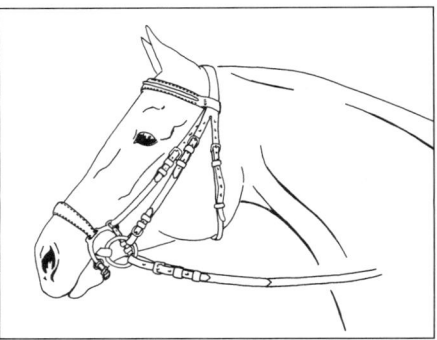

Abb. 5:
Bügel-Reithalfter.

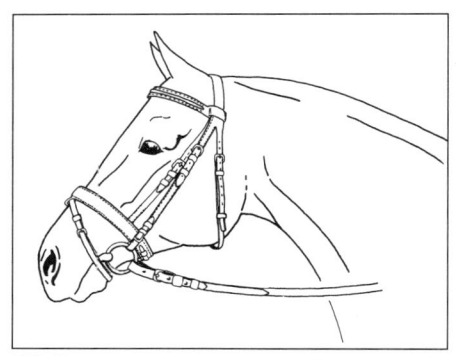

Abb. 3:
Kombiniertes Reithalfter.

## 2. Dressur-LP Kl. L (gemäß Ausschreibung), Kl. M und S (vorgeschrieben) sowie in Teilprüfung Dressur bei Vielseitigkeits-LP Kat. A (zugelassen), Zäumung auf Kandare (Material Leder):

Englisches Reithalfter, siehe Abbildung 2 „Erlaubte Reithalfter".